Kissinger the Negotiator

基辛格谈判法则

有效谈判：从战略到执行

［美］

詹姆斯·K. 塞贝纽斯
（James K. Sebenius）

R. 尼古拉斯·伯恩斯
（R. Nicholas Burns）

罗伯特·H. 姆努金
（Robert H. Mnookin）

著

龚昊
———
译

C|S 湖南文艺出版社
PUBLISHING & MEDIA   HUNAN LITERATURE AND ART PUBLISHING HOUSE

博集天卷
CS-BOOKY

Kissinger
the
Negotiator

目录
Contents

Part I
基辛格是怎样谈判的：被遗忘的南部非洲案例

Part II
"缩小焦距"

Part III
"放大焦距"

序
Foreword

亨利·A. 基辛格
（Henry A. Kissinger）

在治国之术中，战略谈判占据了首要地位。在我的职业生涯中，我进行过许多谈判，并对这一重要主题做了大量观察。我参与了确定最有效的战略和战术，以应对谈判桌前的种种挑战的过程，然而，我未曾有条理地对这些谈判进行反思。据我所知，有很多书籍的内容与我担任国务卿和国家安全顾问时留下的外交政策记录有关，但没有一本书对这个重要主题做过认真的分析。因此，本书是独一无二的，它首次深入探讨了我的谈判理念和方法。本书的主要作者詹姆斯·K. 塞贝纽斯（James K. Sebenius）和他哈佛大学的同事R. 尼古拉斯·伯恩斯（R. Nicholas Burns）、罗伯特·H. 姆努金（Robert H. Mnookin）一起，对如何在复杂的情况下缔结有价值的协议做了卓越而实用的分析。

写这样一本书不是我的主意。几年前，我还不认识吉姆[1]或鲍勃[2]。不过，

---

1. 即詹姆斯·塞贝纽斯。——译者注
2. 即罗伯特·姆努金。——译者注

我和尼克[1]很熟，在我从国务卿的位子上退下来之后，他开始为政府效力，而且干了很多年。我与这几位作者完全没有机构上的联系。这一努力始于2014年，当时这3位教授邀请我去哈佛大学，他们有一个雄心勃勃的计划，想要采访历任美国国务卿，了解他们曾进行过的最艰难的谈判，而对我的邀请就是计划的一部分。那个时候，他们已经对7位担任过这个职务的男性和女性进行了深度采访[2]。他们打算利用这些非同寻常的探讨，撰写一本关于过去40年来美国外交经验的重要书籍，作为一部三集的公共电视系列片的基础。

然而，现在你手上的这本书探讨了一个更为明确的问题：在复杂的、高层次的谈判中，什么样的分析和行动总会导致成功（或失败）？当我在哈佛大学接受采访的时候，我表示，就这个问题而言，我怀疑除了一些陈词滥调和众所周知的原则（如信用的重要性）之外，从书面记录中是得不到什么有力的答案的。我很想知道，鉴于每次谈判不同的背景、鲜明的个性和独有的特点，是否有可能对这个问题做出系统的回答。

随着谈话的继续进行，我逐渐被吉姆、尼克和鲍勃说服了，开始觉得找到一些有用的、非显而易见的处方还是有可能的。为了做到这一点，三位作者简要地叙述了我参与的一些事件。他们把谈判各方推向前台，并给出充分的历史和政策背景来使他们的分析易于理解。这些案例中，有一些是大家都很熟悉的，比如对中国开放，以及1973年阿以战争之后埃及与以色列之间达成脱离军事接触协议。而其他一些富有挑战性的案例，比如1976年为了使罗得西亚[3]实现黑人多数统治而与英国及非洲主要国家进行的谈判，虽然在当时引起了广泛的讨论，但现在已经逐渐被人们淡忘。然而，主要透过谈判这个镜头来看待这些事件，会产生新的理解。虽然我不同意作者们的一些政策判

---

1. 即尼古拉斯·伯恩斯。——译者注
2. 根据前言里的说法，是6位国务卿（包括基辛格在内）。——译者注
3. 津巴布韦的前身。——译者注

断，尤其是关于越南谈判的，但他们在研究这些复杂的谈判和提出具有可操作性的见解方面做了出色的工作。

人们在重要谈判中采用的权宜之计常常令我震惊，即便是有经验的公职人员和私企高管也免不了会犯这种错误。例如，有人会因为把精力集中在过程和战术上，从而脱离了对其根本利益和目标的战略构想，结果招致失败。另一种常见的错误是把大部分精力用于将有关各方拉到谈判桌旁，希望一旦他们面对面接触，就会自然而然地达成协议。实际上，更重大的挑战是行动，是在谈判之前和谈判之外采取行动，以使形势对自己有利。这可能意味着要对使协议无法达成的各方实施严厉的惩罚，以及安排有吸引力的奖励来促成协议。而这又可能意味着要精心建立支持者联盟，以及让潜在的妨碍者保持中立。吉姆、尼克和鲍勃从我的记录中整理出了其他许多这类的圈套，并提供了避开和逃离它们的有用建议。

这本书的重要性并不在于它讲述了我的谈判故事，虽说这些故事是丰富多彩的，而且从历史的角度来说很有趣。相反，读者会发现，这本书真正的价值在于它提炼出了有价值的原则和实践，在我担任公职期间和卸任之后，这些原则和实践基本上都是隐而不显的，有时候甚至连我自己也没有注意到它们。鉴于吉姆对相关学术研究的熟悉，再加上他对高风险交易具有丰富的个人经验，他与他的合著者尼克和鲍勃对复杂的谈判有着深刻的理解。这使得他们有能力阐释我的经验，并进行周密的提炼和概括。

在这个时代，谈判与外交的功效和前途往往被人忽视，而塞贝纽斯、伯恩斯和姆努金在本着应用历史的精神开展这个计划的过程中，为我们理解这些活动做出了重大贡献。他们具备专门的技术，又对这些利益攸关的问题有着透彻的认识，因此他们的分析一定能给外交支持带来真正的改进。每一位面临着复杂的谈判挑战的CEO、外交官和交易撮合者都将从阅读本书中获益。

前 言
Preface

　　谁是世界上最优秀的谈判家？是什么使他们如此成效卓著？当同事、学生和客户向我们提出这些问题的时候，亨利·基辛格这个名字就会自然而然地浮现。肯定有人还记得他在长年敌对的状态下为开启美中关系而进行的秘密谈判。还有人则会回想起与苏联关系的缓和，第一份限制核武器协议，埃及、叙利亚与以色列签订的脱离军事接触协议，或是有关柬埔寨或智利的争议。即使是那些对基辛格的功业不甚了解的人，在谈论伟大的谈判家时，也常常会提起这位美国前国务卿的大名。

　　这种认为基辛格的谈判技巧十分高超的普遍看法可谓根深蒂固。根据1974年6月的哈里斯民意调查，85%的美国人认为基辛格的工作做得"很出色"，而88%的人认为他是一个"技术高超的谈判家"。[1]这是"哈里

---

1. 路易斯·哈里斯（Louis Harris），《公众对亨利·基辛格的评价仍然很高》（"Public's Appraisal of Henry Kissinger Remains High"），哈里斯民意调查新闻稿，1974年8月19日，http://media.theharrispoll.com/documents/Harris-Interactive-Poll-Research-PUBLICS-APPRAISAL-OF-HENRY-KISSINGER-REMAINS-HIGH-1974-08.pdf。

斯民意调查史上政府官员所获得的最高支持率"。[1]40年之后，在2014年对1375所大学的1615位国际关系学者进行的一项调查中，亨利·基辛格被评为过去50年来美国最有影响力的国务卿。接受调查的专家包括自由主义者、中间派、保守派、男性、女性……形形色色的人都有，但绝大部分人都给了基辛格最高的评价。[2]就连为基辛格作传，时常有批评之语的沃尔特·艾萨克森（Walter Isaacson）也认为他是"（20）世纪美国首屈一指的谈判家"。[3]

关于基辛格这位有影响力的国务卿、外交史学家和外交政策分析家，他自己和其他人已经写下了数百万字的记录。与无数评论者——无论是支持的还是批判的——一起，基辛格用几十次特别的谈判把自己的角色写进了历史。然而，令我们惊讶的是，在基辛格作为谈判家的记录中，有一个重要的

1. 沃尔特·艾萨克森，《基辛格：传记》（*Kissinger: A Biography*），纽约：西蒙和舒斯特（Simon and Schuster），1992年，第549页。
2. 有关讨论请参见丹尼尔·马利尼亚克（Daniel Maliniak）、苏珊·彼得森（Susan Peterson）、瑞安·鲍尔斯（Ryan Powers）和迈克尔·J. 蒂尔尼（Michael J. Tierney），《世界上最好的国际关系学校》（"The Best International Relations Schools in the World"），《外交政策》（*Foreign Policy*），2015年2月2日，http://foreignpolicy.com/2015/02/03/top-twenty-five-schools-international-relations/。按照性别、政治归属等对调查数据所做的分类请参见《过去50年来，谁是美国最有效的国务卿？》（"Who Was the Most Effective U.S. Secretary of State in the Last 50 Years?"）（柱状图），TRIP美国教职人员调查（TRIP Faculty Survey in United States），TRIP网站，2014年9月9日，https://trip.wm.edu/charts/#/bargraph/37/1282。
3. 艾萨克森，《基辛格》，第764页。

方面似乎还没有人进行过认真的全面考察。[1]本书想要通过纵览基辛格进行过的最重要的谈判，找出其中的共同特点，它代表了我们对基辛格的谈判方法及其基本逻辑、战略和战术的批判性探索。我们的目标是形成具有规定性的见解，这些见解对理解和应对今天的冲突与交易挑战是至关重要的，不论这些冲突和挑战是国际的还是国内的，是公共的还是私人的。

　　我们寻求从基辛格的方法中学习的念头源于一个更大的正在进行的项

---

1. 这是一个强有力的主张，很显然，只要哪本书或哪篇文章我们没看到，这一主张就有可能被证明是错的。当然，有关基辛格的更一般性的书在描述他所进行的许多具体谈判时往往非常详细，是很有用的。然而，总的来说，我们没有发现哪本书对基辛格生活和工作的这一方面进行了专门的扩展分析。当我们询问基辛格本人时，他也表示不知道有这样的作品。我们所找到的最接近于对基辛格的一般方法做分析的资料出自T. G. 奥特（T. G. Otte）和沃尔特·艾萨克森之手。参见T. G. 奥特，《基辛格》（"Kissinger"），载于《从马基雅弗利到基辛格的外交理论》（*Diplomatic Theory from Machiavelli to Kissinger*），莫里斯·金斯-索珀（Maurice Keens-Soper）、G. R. 贝里奇（G. R. Berridge）和T. G. 奥特编，纽约：帕尔格雷夫（Palgrave），2001年，第195—202页；以及艾萨克森，《基辛格》。这两个人的著作用较为简短的叙述强调了基辛格的几个谈判特点，但没有全面分析他的战略和战术。例如，奥特把基辛格的方法称为"外交实践"，并描述了它的几个独特要素，比如使用"秘密渠道"、保密、联系、交换让步、按部就班的穿梭外交、依靠临时协议、举行峰会——所有这些都是以对其对手的历史认识为指导的。同样，沃尔特·艾萨克森所写的传记中有一节（第550—559页）是关于基辛格的"谈判风格"的，描述了基辛格对直接达成目标协议的偏好，他对个人因素和领导人之间的关系的重视，他对保密的爱好，他那旨在创造他期望的印象但实际上没有撒谎的陈述，"建设性模棱两可"的价值，穿梭外交，等等。除了这些简洁的描述之外，许多聚焦于谈判的分析涉及基辛格在特定的案例中所使用的方法，这对追求我们的目的来说是非常有用的。我们将在本书中引用的资料包括：杰弗里·Z. 鲁宾（Jeffrey Z. Rubin），《第三方干预的动态：基辛格在中东》（*Dynamics of Third Party Intervention: Kissinger in the Middle East*），纽约：普雷格（Praeger），与社会问题心理学研究学会（Society for the Psychological Study of Social Issues）合作出版，1981年；塔德·肖尔茨（Tad Szulc），《基辛格是如何做到的：在越南停火协议背后》（"How Kissinger Did It: Behind the Vietnam Cease-Fire Agreement"），《外交政策》，第15卷（1974年夏季）；爱德华·R. F. 希恩（Edward R. F. Sheehan），《基辛格是如何做到的：在中东按部就班》（"How Kissinger Did It: Step by Step in the Middle East"），《外交政策》，第22卷（1976年春季），第3—70页；W. 匡特（W. Quandt），《基辛格与阿以脱离军事接触谈判》（"Kissinger and the Arab-Israeli Disengagement Negotiations"），《国际事务杂志》（*Journal of International Affairs*），第9卷第1期（1975年春季），第33—48页；玛格丽特·麦克米伦（Margaret MacMillan），《尼克松与毛泽东：改变世界的一周》（*Nixon and Mao: The Week That Changed the World*），纽约：兰登书屋，2007年；贾尼丝·斯坦（Janice Stein），《调停的结构、战略和战术：基辛格和卡特在中东》（"Structures, Strategies, and Tactics of Mediation: Kissinger and Carter in the Middle East"），《谈判杂志》（*Negotiation Journal*），第1卷第4期（1985年10月），第331—347页。

目。从2001年起，由哈佛大学、马萨诸塞理工学院、塔夫茨大学联合开展的谈判研究项目（Program on Negotiation）每年都会举办一次"大谈判家"活动，不分地域、性别地表彰那些克服重大障碍，达成了有价值的协议的人。[1]

　　在把每年的"大谈判家"获奖者请到哈佛大学来之前，教师和研究生们都要进行大量的研究和案例写作，因为获奖者到来后，要接受密集的录像采

---

1. 谈判研究项目，哈佛大学法学院，http://www.pon.harvard.edu/。"大谈判家"项目自2001年起由詹姆斯·塞贝纽斯教授主持，这一奖项表彰的是世界各地的男性和女性，他们克服了重大障碍，为实现有价值的目标而达成了各种协议。这一倡议是由哈佛大学、马萨诸塞理工学院、塔夫茨大学联合开展的谈判研究项目赞助的，最近哈佛大学的外交未来计划（Future of Diplomacy Project）也在提供赞助，https://www.belfercenter.org/project/future-diplomacy-project。来自这些大学的以谈判为研究方向的教师会进行大量的前期研究和案例写作工作，再将获奖者请到学校来，进行至少一天的密集录像采访，采访主题是他们经历过的最具挑战性的谈判，然后以论文、课程素材和交互式视频报告的形式提取他们最有价值的教训。自2001年以来，这一奖项已经表彰了以下人士：参议员乔治·J. 米切尔（George J. Mitchell），奖项特别强调了他在北爱尔兰所做的工作，正是这些工作促成了《贝尔法斯特协议》（Good Friday Agreement）；布鲁斯·沃瑟斯坦（Bruce Wasserstein），他因数十年来在金融界所进行的交易谈判而获奖，他在拉扎德资产管理公司（Lazard Asset Management）所起的作用也受到了特别关注；特别贸易代表查伦·巴尔舍夫斯基（Charlene Barshefsky），特别表彰她与中国所进行的知识产权谈判；联合国秘书长特别代表拉赫达尔·卜拉希米（Lakhdar Brahimi），特别强调了"9·11"之后他在阿富汗建立一个冲突后政府所做的工作；理查德·霍尔布鲁克（Richard Holbrooke）大使，他通过谈判促成了结束波黑战争的《代顿协议》（Dayton Accords），还为解决美国拖欠联合国会费的问题对有关各方做了工作；哥伦比亚总统、2016年诺贝尔和平奖得主胡安·桑托斯（Juan Santos），他在政府与最大的游击队组织（哥伦比亚革命武装力量）之间达成协议的过程中发挥了核心作用，很显然，截至2017年年底，哥伦比亚结束了长达50年以上的内战，虽然之前也为结束内战进行了无数次谈判尝试，但都未能成功，内战造成超过22万人死亡，境内流离失所者超过500万人；斯图尔特·艾森施塔特（Stuart Eizenstat）阁下，他在瑞士和其他欧洲国家就归还纳粹大屠杀时期的资产问题进行了谈判；联合国难民事务署高级专员绪方贞子（Sadako Ogata），从伊拉克、巴尔干地区到卢旺达，她为保护难民和境内流离失所者进行了多次秘密谈判；艺术家克里斯托和珍妮·克劳德（Christo and Jeanne-Claude）夫妇，为了搭建起巨大的、富有争议的现代艺术作品，如加利福尼亚的《飞奔的栅栏》（*Running Fence*）、纽约中央公园的《大门》（*The Gates*），以及"包裹巴黎新桥"和"包裹德国国会大厦"，他们进行了多次谈判；芬兰前总统、诺贝尔和平奖得主马尔蒂·阿赫蒂萨里（Martti Ahtisaari），特别表彰他通过谈判促成科索沃独立和解决印度尼西亚政府与亚齐省长达数十年的血腥冲突的成就；美国前国务卿詹姆斯·贝克（James Baker），他为促使德国在北约内部统一而进行了谈判，还采取行动建立了海湾战争联盟，把萨达姆·侯赛因（Saddam Hussein）赶出了科威特，并为马德里会议铺平了道路；新加坡驻联合国大使许通美（Tommy Koh），他主持了海洋法谈判，还为里约地球峰会、美国—新加坡自由贸易协定以及其他多项倡议出了力。

访，采访内容将被制作成公共节目，主题是他们曾进行过的最艰难的谈判：最具挑战性的因素是什么？你是如何应对的？如果情况有所改变，你会怎么做？为什么？你从这些经历中得到了什么启示？你会给那些面对类似情况的人提出什么建议？

2012年的获奖者是前国务卿詹姆斯·A. 贝克三世（James A. Baker Ⅲ），他在促使德国在北约内部统一的谈判，建立海湾战争联盟把萨达姆·侯赛因赶出科威特的行动，以及为马德里会议铺平道路，让以色列人和阿拉伯人第一次参与多边会谈的外交活动中，都发挥了核心作用。那一年的活动实在太激动人心了，以至于我们决定在2014年到2016年期间把"大谈判家"这个活动改造一下，对所有美国前国务卿进行长时间的采访。作为这个美国国务卿计划的一部分，我们对亨利·基辛格以及乔治·舒尔茨（George Shultz）、马德琳·奥尔布赖特（Madeleine Albright）、科林·鲍威尔（Colin Powell）、康多莉扎·赖斯（Condoleezza Rice）、希拉里·克林顿（Hillary Clinton）进行了广泛的研究和长时间的采访。[1]

我们与亨利·基辛格的初次对话是在哈佛大学的一间教室里进行的，这是他45年来第一次回到这里，这次谈话表明他具有知性魅力，并且作为一名哈佛的毕业生和前教授，他还表现出了深挚的"还乡"之情。用哈佛校长德鲁·吉尔平·福斯特（Drew Gilpin Faust）的话来说，基辛格在在场的300多名学生眼里成了一个92岁的"摇滚明星"，他们向这位前国务卿提出了不少非常棘手的问题。

在这些谈话中，吉姆·塞贝纽斯引用了乔治·舒尔茨那篇富有洞察力的

---

1. 我们的美国国务卿计划将利用这许多小时的采访来创作一本书和一部纪录片，分析40多年来不同的国务卿在应对苏联/俄罗斯、中国和中东问题时所表现出的领导力和采用的谈判方法。外交未来计划，"特别倡议——美国国务卿"（Special Initiative—American Secretaries of State），哈佛大学肯尼迪学院美国国务卿计划网页，http://www.belfercenter.org/american-secretaries-state/secretaries-state-interviews。

文章《谈判十诫》（"The 10 Commandments of Negotiation"），并举出了我们从詹姆斯·贝克的外交方法中得出的几个要点。[1]我们问基辛格："如果你要像舒尔茨那样给出10条谈判戒律，你会在你的清单上列出哪些条目？"他选择不给我们开处方，并暗示这种泛泛而谈的建议不太可能适用于人们遇到的各种谈判情境。[2]

这个带有怀疑论色彩的答复不由得让我们一愣：真的不可能把"谈判家基辛格"的本质概括为一套广泛适用的规定性见解吗？受到这一挑战的吸引，吉姆决定对这几个小时的个人访谈进行认真的分析，并重读基辛格三卷本的回忆录——《白宫岁月》（*White House Years*）、《动乱年代》（*Years of Upheaval*）和《复兴岁月》（*Years of Renewal*）——再加上《大外交》（*Diplomacy*）、《论中国》（*On China*）和《世界秩序》（*World Order*），总共大约6000页书稿，其中充斥着对各种谈判的叙述。然后，吉姆在一份长长的论文草稿中对具有规定性的见解做了第一次提炼，并把它寄给了身在纽约的基辛格博士，还附上了一个简单的问题：这个分析是否准确地捕捉到了基辛格在众多谈判中所使用的方法？[3]

---

1. 乔治·P. 舒尔茨，《理念与行动：以谈判十诫为特征》（*Ideas and Action: Featuring the 10 Commandments of Negotiation*），宾夕法尼亚州，伊利（Erie）：自由选择出版社，2010年；以及哈佛大学法学院谈判研究项目。

2. 基辛格的确切回答是："当不同的国务卿来到这里或是当你把他们的经验都塞到一本书里时，我不认为贝克能用上我的方法。我也用不上贝克的方法。贝克是一个精明的人，非常注重实际。当你碰上一个特别具体的问题时，你可能会需要贝克。不过，没人会愿意夹在贝克和目标之间。我的方法更加结构化一些，我任职期间恰好出现了深刻的结构性问题。舒尔茨则介于我们两人之间。我不会说有一个绝对的规则，不管在什么样的条件下，你都能用上它。"（哈佛大学法学院谈判研究项目，亨利·A. 基辛格，采访者为R. 尼古拉斯·伯恩斯、罗伯特·姆努金和詹姆斯·K. 塞贝纽斯，2014年11月6日。）

3. 随后，我们阅读了更多基辛格的书籍和文章，还有其他珍贵的资料，包括珍贵的汇编资料：数字化国家安全档案馆（Digital National Security Archive，DNSA），《基辛格的电话会谈：1969—1977年美国外交的一份逐字记录》（"Kissinger Telephone Conversations: A Verbatim Record of U.S. Diplomacy, 1969–1977"），乔治·华盛顿大学，华盛顿特区，http://proquest. libguides.com/dnsa/kissinger1；以及我们稍后会进行详述的其他许多资料。

在与基辛格会面并对草稿进行讨论之后，基辛格对这个问题给出了肯定的答复，提出了建议，并力劝我们深入研究他的几次谈判，还指出我们做了开创性的工作。当然，关于一些具体的谈判，比如向中国开放或是结束越南战争的巴黎谈判，已经有了大量的研究，但它们都不是专门针对这个具有普遍性的主题而做的。目前关于谈判理论的见解也没有系统地与基辛格的方法联系起来。我们相信这是一个重要的主题，我们从中可以学到很多东西来推进谈判的理论和实践，因此我们决定合作撰写本书，而由吉姆作为第一作者来牵头进行分析和撰写文稿。

在这本著作中，我们试图准确地捕捉和说明潜藏在亨利·基辛格谈判方法后面的规则；我们认为这项任务就是描述"谈判家思维"的特征。在研究过19世纪伟大的政治家克莱门斯·冯·梅特涅（Klemens von Metternich）[1]之后，基辛格称赞"梅特涅具有不可思议的外交技巧"，认为"通过正确评价国际关系中的各种要素并熟练地运用它们，外交可以取得很大的成就"。[2]

从某种程度上来说，基辛格研究梅特涅是为了了解（后来则是为了运用）最有效的谈判战略和战术。我们也是本着这样的精神来研究基辛格的。然而，谈判家的高超技术有一个根本性的局限：无法识别谈判的目的，以及形成这些目的的世界观。技术不能说明谈判者的目标是善还是恶，是明智还是愚蠢。

---

1. 克莱门斯·冯·梅特涅（1773—1859），19世纪奥地利著名政治家、外交家，从1809年开始担任奥地利外交大臣，1821年起兼任首相，直至1848年才因为三月革命爆发而下台。任内推行均势外交，以维护奥地利的国际地位。——译者注
2. 亨利·基辛格，《重建的世界：拿破仑之后的欧洲》（*A World Restored: Europe After Napoleon*），纽约：格罗塞特和邓拉普（Grosset and Dunlap），1964年，第287—289页。最初出版时书名为《重建的世界：梅特涅、卡斯尔雷与和平问题，1812—1822》（*A World Restored: Metternich, Castlereagh and the Problems of Peace, 1812-22*），伦敦：韦登菲尔德和尼科尔森（Weidenfeld and Nicolson），1957年。

因此，在研究基辛格所进行的谈判时，我们努力将他的目标和他的世界观作为分析的前提，至少也要将其作为我们的出发点。基辛格从政的时期是20世纪60年代末期到70年代中期，当时为了确保美国的安全，他追求至少三个总体目标：（1）防止核战争这一大祸；（2）遏制苏联的扩张，并设法使美国在冷战冲突中占据上风；（3）在中国、苏联、美国之间构筑一个更加稳定的"和平结构"。当我们对一次具体的谈判——比如就越南战争签订《巴黎和平协定》（Paris Peace Accords）——进行分析时，我们会强调（并且常常会质疑）基辛格关于那个特定冲突的假设是如何影响他的谈判战略的。

今天的挑战与冷战时代截然不同：随着中国和印度等新兴大国的影响力日益增强，以美苏对抗为主导的两极世界已经让位给一个多极化的世界。非国家行为体（nonstate actors）和跨国问题正在增多：从全球变暖和国际金融流动到跨国犯罪和通过航班传播病毒。地缘政治的棋盘已经被许多互联的网络牢牢地包围住了。[1]但有效的谈判仍然至关重要。对那些在公共和私人领域认识到成功谈判在人类事务中的价值的人来说，从基辛格的经验中提炼出的那些教训会成为永不枯竭的源泉，为他们提供宝贵的指导，以帮助他们追求明智的目标，并适应不断变化的环境。

* * *

我们是三个不同学科的专家，有着不同的背景，但我们的知识和职业生涯都是以谈判为中心的。我们中的一员，尼克·伯恩斯，做了27年外交官，然后在哈佛大学肯尼迪政府学院教外交和国际政治。鲍勃·姆努金，在法律调解和谈判方面有着丰富的经验，在哈佛法学院教谈判。我们这个三人小组

---

1. 安妮-玛丽·斯劳特（Anne-Marie Slaughter），《棋盘与网络：网络世界中的连接战略》（*The Chessboard and the Web: Strategies of Connection in a Networked World*），康涅狄格州，纽黑文（New Haven）：耶鲁大学出版社，2017年。

中的最后一个成员，吉姆·塞贝纽斯，在华尔街工作过许多年，几十年来都在向世界各地的客户提供达成交易和解决纠纷方面的建议，目前在哈佛商学院教谈判。2010年，在我们三个人的倡议下，作为"大谈判家"奖励项目的一部分，杰出的谈判家、芬兰前总统、诺贝尔奖得主马尔蒂·阿赫蒂萨里受邀访问了哈佛大学。通过这件事，我们发现我们的经验是相互促进的，于是我们开始跨越三所专业学院，在研究和教学中把我们独特的观点和经验结合起来。

虽说这本书和我们更大的美国国务卿计划是我们三个人通力合作的成果，但是，是吉姆·塞贝纽斯首先提出想写一本关于亨利·基辛格的谈判哲学和经历的著作的。他牵头进行了分析工作，执笔了全部章节的初稿，并引导了这项具有实质性意义的研究工作。尼克和鲍勃感谢吉姆对这本书所持的坚定信念，以及他对我们共同努力从谈判家基辛格那里汲取正确教训的领导。

关于本书的方法论，可以总结为一句话：在本书所探讨的历史事件中，我们着力寻求准确性。然而，我们的主要目的是获取有用的处方，以进行有效的谈判，而不是原封不动地书写历史，或是对政策争议盖棺论定。

捕捉"谈判家思维"本质上是一项主观的任务。为了成功地做到这一点，我们非常依赖于与亨利·基辛格的对话。鉴于他如何解释自己的谈判战略和战术是非常重要的，我们广泛地引用了这些谈话和他自己的多本著作的内容。我们也参考了他的备忘录和访谈，特别是某次谈判正被讨论时的那些记录。由于我们试图去捕捉基辛格本人对这个过程的思考，因此我们在书中引用的内容大部分是没有经过缩减的，往往很长。

因为事后的回忆和写作不可避免地会对过去的事件加以粉饰，并且会向对自己有利的方向进行合理化，所以我们搜集了关于这些事件的独立的有时甚至是矛盾的资料，我们的参考书目和许多注释证明了这一点。这些资料包括许多第一手的文件、采访以及优秀的解释性摘要，这些摘要来自数字化国家安全档案馆（特别是其珍贵的汇编资料《基辛格的电话会谈：1969—1977年美国外交的一份逐字记录》）、外交研究与训练协会（Association for Diplomatic Studies and Training）、尼克松和福特总统图书馆（Nixon and Ford Presidential Libraries），还有美国国务院历史文献办公室（U.S. State Department Office of the Historian）。[1]在可能的情况下，我们会把那些与基辛格进行过谈判的人的看法包括进来。

　　我们有幸获得了基辛格博士在多次对话和访谈中的合作，特别是确保了我们在表达他对谈判战略和战术的看法时的准确性。然而他并没有要求，我们也没有给予他对本书中与他有关的部分进行编辑控制的权利。无论好坏，本书的文本和结论都是我们自己给出的。

---

1. 威廉·伯尔（William Burr），《基辛格秘录：与北京和莫斯科的绝密会谈》（*The Kissinger Transcripts: The Top-Secret Talks with Beijing and Moscow*），纽约：新出版社（The New Press），与国家安全档案馆合作出版，1999年；理查德·尼克松总统图书馆和博物馆，加利福尼亚州，约巴林达（Yorba Linda），https://www.nixonlibrary.gov/；杰拉尔德·R. 福特总统图书馆和博物馆，密歇根州，大急流城（Grand Rapids），https://www.fordlibrarymuseum.gov/contact.aspx；历史文献办公室，《美国对外关系》（*Foreign Relations of the United States*），美国国务院，华盛顿特区：美国政府印刷局（Government Printing Office），https://history.state.gov/。

导 论
Introduction

谈判家基辛格：
一个应该被讲述的故事

自约翰·F. 肯尼迪（John F. Kennedy）以来，每一位美国总统都在向亨利·基辛格寻求建议，世界各地的许多CEO和政治领袖也在这样做。他在外交政策、治国之道和世界秩序方面的见解有着广泛的影响力。然而，作为一个谈判家，他留下的令人印象深刻的全部记录不知为何没有得到系统的分析。[1]

在研究了基辛格的谈判经历和著作，以及就这个主题对他所做的长时间采访之后，我们在他的谈判方法中找到了惊人的复杂性和一致性。这使得我们想在本书中实现两个目标。

首先，我们会回顾涉及中国、苏联、越南、中东和南部非洲的多起重要谈判。在这些谈判中，作为尼克松和福特政府的国家安全顾问和国务卿，基辛格扮演了重要角色。通过这种回顾，我们试图描述"谈判家基辛格"的特

---

1. 这显然是一个强有力的主张，我们在文前第6页的注释中已经对此进行了讨论和证明。

点。然后，我们会将支持他的谈判方法的一系列特征具体化。

其次，我们将探讨前瞻性：虽然基辛格的有效谈判概念主要来自几十年前的外交活动，但我们会试着对他的谈判方法进行评估，看看这些方法对当今的外交官以及在商界、金融界、公共政策制定领域和法律界从事谈判的人士能否起到指导作用，确定其价值和局限性在哪里。在本书中，我们力求提炼出具有持久价值并且广泛适用的谈判原则和技巧。以下三点表明了读者可以从我们对谈判家基辛格的研究中学到的东西：

第一，"战略"这个术语经常被提及，仔细研究一下基辛格的方法，可以搞清楚战略性谈判在实践中到底意味着什么，以及为什么它可以成为如此有力的工具。

第二，基辛格的谈判总是表现为一种来回往复的过程，他时而"缩小焦距"，从更广泛的战略视角来观察全局；时而"放大焦距"，对某个特定的对手展现出高度的说服力。我们可以看到，一些顶级的谈判家在应对具有挑战性的交涉时，已经在战略和人际关系方面进一步发展了这种"缩放焦距"的方法。[1]对基辛格的交涉手法这一独特方面的揭示，已经使我们的许多学生和执行项目的参与者——他们通常正处于成功的职业生涯中——在他们的公共和私人谈判中取得了更大的成效。

第三，对亨利·基辛格在众多谈判中的行为进行剖析，可以发现他在"谈判桌外"所采取的广泛行动往往是与他在"谈判桌前"所使用的那些为

---

1. 虽然最初我们认为是我们创造了"缩放焦距"的术语，但其他人也有权声明自己创造了它。特别是我们哈佛商学院的同事罗莎贝斯·莫斯·坎特（Rosabeth Moss Kanter），她用这些术语构建了一篇重要论文的框架，参见她的《放大焦距，缩小焦距》（"Zoom In, Zoom Out"），《哈佛商业评论》（*Harvard Business Review*），第89卷第3期（2011年），第112—116页。也是在2011年，吉姆·柯林斯（Jim Collins）和莫滕·汉森（Morten Hansen）在探讨战略时用到了这个短语。参见吉姆·柯林斯和莫滕·T. 汉森，《做出选择，变得伟大》（*Great by Choice*），纽约：哈珀商业，2011年，第113—121页。我们可能还遗漏了其他许多在不同语境中使用过这个短语的人。

人熟知的战术相配合的，这会显著改善谈判的结果。更简单地说，观察一个特别有成效的谈判者的工作，可以把我们从认为谈判主要是一种说服性人际交往的想法中解放出来。在面对强大的障碍时，要让对方接受你的提议，需要比通常情况更广泛、更稳健的谈判理念。

当我们写完这本书时，亨利·基辛格已经95岁了，但作为一位资深的政治家、全球战略家和活跃的外交事务评论员，他仍然受到全世界的瞩目。除了时常撰写文章，他近年来出版的著作《论中国》（2011年）和《世界秩序》（2014年）都登上了畅销书排行榜，并且他还在写一本有关政治家才能的新书。[1]他也仍然是一个充满争议的人物。例如，在基辛格离开政坛大约39年之后，在2016年民主党总统候选人的首场辩论中，他的历史功过引发了一场"激烈对抗"。希拉里·克林顿对他的赞扬和伯尼·桑德斯（Bernie Sanders）对他的谴责在《纽约时报》的专栏作家中引起了一场冲突，这场冲突被冠以《亨利·基辛格：圣人还是贱民？》（"Henry Kissinger: Sage or Pariah?"）的标题刊登出来。[2]在这场公开冲突发生前一年，尼尔·弗格森（Niall Ferguson）为基辛格写的一部两卷本传记的第一卷出版了，这部传记对基辛格主要持赞同态度；与之相对，历史学家格雷格·格兰丁（Greg

---

1. 亨利·基辛格，《论中国》，纽约：企鹅出版社，2011年；以及亨利·基辛格，《世界秩序》，纽约：企鹅出版社，2014年。他的书籍、文章和演讲的完整列表请参见"亨利·A.基辛格"网站，http://henryakissinger.com/。

2. 这场"激烈对抗"在2016年2月13日的《纽约时报》上引发了一场争论。参见尼尔·弗格森和托德·吉特林（Todd Gitlin），《亨利·基辛格：圣人还是贱民？》，《纽约时报》，2016年2月13日，http://www.nytimes.com/roomfordebate/2016/02/13/henry-kissinger-sage-or-pariah。还可参见最近尼古拉斯·汤普森（Nicholas Thompson）等10位历史学家所进行的争论，《亨利·基辛格：是善是恶？10位历史学家对这位饱受争议的政治家的遗产进行评估》（"Henry Kissinger: Good or Evil? 10 Historians Assess the Controversial Statesman's Legacy"），"政客"网站，2015年10月10日，http://www.politico.com/magazine/story/2015/10/henry-kissinger-history-legacy-213237。

Grandin）写的一本新书则对基辛格的履历做了极为尖刻的评价。[1]

从20世纪70年代起到现在，无数前辈为基辛格写书撰文，但这些书籍、相关文章和媒体报道（不论是赞赏的、中立的还是批判的）普遍没有突出基辛格的谈判方法，虽说他的谈判经历往往被当成了重要的背景。相反，这些论述倾向于强调基辛格对国际关系所做的复杂分析，以及他作为一名传统的现实主义治国之道的践行者所留下的广泛记录。[2]

在基辛格参与的事件中，他的谈判主要是被放在特定事件的背景中来论述的，而没有跨各种情况来对其进行深入研究。基辛格自己的作品充满了对谈判艺术和谈判科学的观察，不过也主要是针对特定的例子。在基辛格的工作生涯中，这个重要但相对被忽视的方面应该得到明确的关注和分析，而且应该被视作他身为一个谈判家具有非凡力量的一种体现。

虽然基辛格几乎被普遍认为是卓有成效的，但他的经历也招来了许多严

---

1. 尼尔·弗格森，《基辛格：理想主义者》（*Kissinger: Volume 1, 1923-1968: The Idealist*），纽约：企鹅图书，2015年；格雷戈·格兰丁，《基辛格的影子：美国最具争议的政治家及其遗产》（*Kissinger's Shadow: The Long Reach of America's Most Controversial Statesman*），纽约：都市图书/亨利·霍尔特公司（Metropolitan Books/Henry Holt and Company），2015年。
2. 除了刚才提到的书，还可参考这些传记作品：艾萨克森，《基辛格》；马文·L. 卡尔布（Marvin L. Kalb）和伯纳德·卡尔布（Bernard Kalb），《基辛格》（*Kissinger*），波士顿：利特尔&布朗（Little, Brown），1974年；阿利斯泰尔·霍恩（Alistair Horne），《基辛格：1973，关键的一年》（*Kissinger: 1973, the Crucial Year*），纽约：西蒙和舒斯特，2009年；罗伯特·达莱克（Robert Dallek），《尼克松与基辛格：权力伙伴》（*Nixon and Kissinger: Partners in Power*），纽约：哈珀·柯林斯，2007年。弗格森的《基辛格：理想主义者》一书的导论部分对有关基辛格的著作做了一个有趣而广泛的导读。阿利斯泰尔·霍恩提供了一份强有力的"亨利·基辛格案例"，参考和引用了许多批评者对他的评价，可以作为弗格森的"概览"的补充。参见阿利斯泰尔·霍恩，《亨利·基辛格案例》（"The Case for Henry Kissinger"），《独立报》（*Independent*），2009年8月17日，基于他2009年出版的书《基辛格：1973》。基辛格坚定的批评者及其著作包括：克里斯托弗·希钦斯（Christopher Hitchens），《对基辛格的审判》（*The Trial of Henry Kissinger*），纽约：韦尔索（Verso），2001年；西摩·M. 赫什（Seymour M. Hersh），《权力的代价：尼克松执政时期的基辛格》（*The Price of Power: Kissinger in the Nixon White House*），纽约：高峰图书（Summit Books），1983年；威廉·肖克罗斯（William Shawcross），《政治杂耍：基辛格、尼克松与柬埔寨的毁灭》（*Sideshow: Kissinger, Nixon, and the Destruction of Cambodia*），纽约：西蒙和舒斯特，1979年。

历的批评，特别是在人权、秘密行动、不民主的保密以及对独裁政权的支持等方面，批评尤其集中在他在柬埔寨、老挝、北越、阿根廷、智利、东巴基斯坦（即现在的孟加拉国）和东帝汶采取的行动上。因此，我们对他的谈判方法的分析，可以马上转化为对他在职期间的行为的评价。然而，判断他是圣人还是罪人（实际上，这就是在重新挑起陈腐的争论）并不是本书的目的。此外，对这样一项任务而言，我们是没有什么比较优势的（不过有兴趣的读者可以自行查阅他的批评者和捍卫者之间的各种激烈争论）。[1]

我们的目的既不是评判一个人，也不是直书历史。相反，我们想要对基辛格在一些世界上极具挑战性的谈判中所取得的令人印象深刻的成就进行探究和评估，尽可能多地从他那里了解这个重要的主题。如果成功了，那么我们将会从最高层次的谈判艺术和谈判科学中提炼出具有可操作性的见解。

---

1. 正如前面提到的，著名的贬低者及其著作包括：格兰丁，《基辛格的影子》；赫什，《权力的代价》；希钦斯，《对基辛格的审判》；以及肖克罗斯，《政治杂耍》。在沃尔特·艾萨克森的《基辛格》中可以找到许多具有高度批判性的章节。近年来，扎克·比彻姆（Zack Beauchamp）等批评者的文章又附和了这些分析，参见扎克·比彻姆，《奥巴马政府今日表彰亨利·基辛格。不应该》（"The Obama Administration Is Honoring Henry Kissinger Today. It Shouldn't Be"），Vox网站，2016年5月9日，http://www.vox.com/2016/5/9/11640562/kissinger-pentagon-award。基辛格的赞赏者（虽然没有谁完全不批评他）及其著作包括：尼尔·弗格森，《基辛格：理想主义者》；霍恩，《亨利·基辛格案例》；罗伯特·D. 卡普兰（Robert D. Kaplan），《基辛格、梅特涅和现实主义》（"Kissinger, Metternich, and Realism"），《大西洋月刊》（The Atlantic），1999年6月；约瑟夫·约菲（Josef Joffe），《为亨利·基辛格辩护》（"In Defense of Henry Kissinger"），《评论》（Commentary），1992年12月1日。奥巴马总统的国务卿约翰·克里（John Kerry）说："亨利·基辛格……简直就像写了一本关于外交的书，这位国务卿的功绩和专长教给我们许多现代外交词语，尤其是'穿梭外交'和'战略耐心'；他对历史的特殊洞察，对他离开之后的每一位国务卿来说都是无价之宝。"参见约翰·克里，《在美国外交中心奠基仪式上的讲话》（"Remarks at the U.S. Diplomacy Center Groundbreaking Ceremony"），新闻稿，2014年9月3日，https://2009-2017.state.gov/secretary/remarks/2014/09/231318.htm。

谁是亨利·基辛格？

基辛格的生平和职业生涯，一般人都很熟悉。[1]他于1923年出生在德国的一个犹太人家庭。由于觉察到纳粹即将发动对犹太人的大屠杀，他们一家人在1938年移民到美国，几个月之后就发生了迫害犹太人的"水晶之夜"暴力事件。1943年，基辛格归化为美国公民，1943—1946年在欧洲战区服役于美国陆军。在哈佛完成本科生和研究生教育后，他被任命为学校的教师，并升任终身教授。1954—1969年，他活跃于哈佛大学的政府学系和国际事务中心。

基辛格曾担任纽约州州长纳尔逊·洛克菲勒（Nelson Rockefeller）的外交政策顾问，洛克菲勒曾三度寻求成为共和党总统候选人，是理查德·尼克松的政治对手。尽管基辛格支持洛克菲勒，但尼克松还是选择了这位哈佛教授作为他的国家安全事务顾问。在担任这一职务的同时，基辛格又于1973年9月22日宣誓成为美国第56任国务卿。在尼克松因为水门事件下台之后，基辛格继续在杰拉尔德·福特总统的政府中担任国务卿，直到1977年1月20日。

虽然在写作本书时（2018年）基辛格的公众形象仍然很好，但要回想起他当年在国内外声望的隆盛，还是很难的。在任职期间，他出现在《时代》周刊封面上的次数不少于15次，1972年还和理查德·尼克松一起被《时代》

---

1. 詹姆斯·K. 塞贝纽斯、L. 亚历山大·格林（L. Alexander Green）和尤金·B. 科根（Eugene B. Kogan），《谈判家亨利·A. 基辛格：背景与主要成就》（"Henry A. Kissinger as Negotiator: Background and Key Accomplishments"），第15-040号工作报告，2014年（修订于2016年12月），哈佛商学院，波士顿，马萨诸塞州。

周刊评为年度风云人物。[1]1973年，他和黎德寿（Le Duc Tho）一起获得了诺贝尔和平奖，因为他们两人完成了为结束越南战争而进行的谈判（不过基辛格后来试图退还这一奖项）。[2]他还在1977年被授予总统自由勋章，这是美国公民所能获得的最高荣誉。

从国务卿的职位上退下来之后，基辛格创办了一家全球咨询公司，并在一些著名的公共及私人董事会和委员会任职。[3]到了90多岁的高龄，他依然是一位多产的评论员和分析家，从贝拉克·奥巴马（Barack Obama）到唐纳德·特朗普（Donald Trump），从弗拉基米尔·普京（Vladimir Putin）到安格拉·默克尔（Angela Merkel）和习近平，世界各国的领导人仍在咨询他的意见。

除了拥有良好的公众形象，基辛格还是17本书以及无数论文、演讲词和评论文章的作者。[4]他早期的两本书，《重建的世界：梅特涅、卡斯尔雷与和平问题，1812—1822》和《核武器与外交政策》（*Nuclear Weapons and Foreign Policy*）都出版于1957年，当时他还是一个年轻学者，这两本书被广泛认为不论是在概念上还是在它们的政策含义上，都是开创性的。[5]他在离开政坛后写的三卷本回忆录特别有名，这部回忆录记述了他的职业生涯。1980年，回忆录的第一卷《白宫岁月》获得了美国国家图书奖（National Book

---

1. 弗格森，《基辛格：理想主义者》，第2页。1973年，基辛格在盖洛普的"最受人尊敬的人"调查中名列第一。在国务卿中，他单独出现在查理·罗斯（Charlie Rose）的电视访谈节目中的次数就有大约40次［更不用说他在《豪门恩怨》（*Dynasty*）和《科尔伯特报告》（*The Colbert Report*）里的客串了，他还以卡通人物的形象出现在《辛普森一家》（*The Simpsons and Family Guy*）中］。
2. 基辛格与黎德寿于1973年共同促成了《巴黎和平协定》，两人因此获得了该年度的诺贝尔和平奖。但该协议并没能结束越南战争，只是实现了暂时停火和美军撤离越南，战争一直持续到1975年才结束，黎德寿因越南尚在战乱中而谢绝领奖。——译者注
3. 更多细节请参见"亨利·A.基辛格"网站，www.henryakissinger.com/biography.html。
4. 完整的作品列表请参见"亨利·A.基辛格"网站，www.henryakissinger.com/。
5. 基辛格，《重建的世界》；以及基辛格，《核武器与外交政策》，纽约：哈珀，1957年。

Award）。[1]

　　他在1994年出版的著作《大外交》，对国际关系和外交提供了一种全景式的观察，并特别关注了20世纪和西方世界。这本书阐明了基辛格的"现实主义"取向，论证了权力平衡和"国家利益"概念的重要性。在这本书里，基辛格批评了一种过于理想化的外交政策，同时坚持认为在国外的行动必须至少符合一个国家的道德观。[2]《论中国》探讨了中国的历史和基辛格长期与这个国家进行谈判的经验，特别是与其领导人——从毛泽东到习近平——所进行的那些谈判，并对21世纪的美中关系做了远期评估。[3]他最近的一本书《世界秩序》从更加全球性和历史性的视角，对一些传统主题进行了论述，包括战争、和平和国际体系中的权力平衡。[4]

为什么要研究"谈判家基辛格"？

　　鉴于基辛格的经验和广泛的著作，研究他的外交政策思想和治国方略具有显著的意义。但是，究竟为什么应该对谈判家基辛格进行分析？他参与的主要谈判到底展示或实现了什么，以至于在这么多年之后还值得我们去仔细分析？还有，除了历史趣味性之外，我们能从这些事件中学到什么对今天和

1.《白宫岁月》，波士顿：利特尔&布朗，1979年。
2.《大外交》，纽约：西蒙和舒斯特，1994年；尤西·M. 汉希梅基（Jussi M. Hanhimäki），《有缺陷的建筑师：亨利·基辛格与美国外交政策》（ *The Flawed Architect: Henry Kissinger and American Foreign Policy* ），纽约：牛津大学出版社，2004年，第356页。
3. 基辛格，《论中国》。更多细节请参见"亨利·A. 基辛格"网站，www.henryakissinger.com/biography.html。
4. 特别是，这本新书探讨了"世界秩序"的不同概念的演变、相互作用和可能的未来。其中包括所谓的威斯特发里亚模式——起源于欧洲，由名义上平等的主权国家构成；伊斯兰教关于世界共同体的一种广阔的理念，或者说是穆斯林公社（ *ummah* ）；以及一种深深地浸润在伍德罗·威尔逊（Woodrow Wilson）口中那据称是普遍的理想中的美国秩序，这一秩序既支配着世界，又受到世界许多地区的攻讦。

未来的谈判有价值的东西？

对这些问题作答，需要回顾一下理查德·尼克松和亨利·基辛格（以及后来的杰拉尔德·福特）所面对的世界——主要是在1969—1976年期间。为此，我们特意提供了下面的简介，它们不是这一时期全部事件的记录，但它们应该能够帮助读者回忆起当时他们所面对的一些关键挑战，正是这些挑战引出了我们将在后面讨论的那些重要的谈判。[1]这些简介只突出了基辛格和他的同事们在每次谈判中所取得的成绩；至于他是如何取得这些成绩的，以及读者从中能获得哪些更广泛的经验，我们会在后面的章节中探讨。

冷战

在1969年被尼克松总统任命为国家安全顾问时，基辛格面临着一个潜在的存在性威胁：几十年来，美国和苏联陷入了一场逐渐升温的、危险的冷战。超过37,000件核武器瞄准了彼此，大部分处于一触即发的警戒状态。正如被分割的柏林一样，欧洲也被分成了东方和西方两个集团，它们分别与两个敌对的军事联盟华沙条约组织和北大西洋公约组织联系在一起，处于相互僵持的局面中。与此同时，苏联向北越提供了大量的军备，在令人痛苦的越南战争中，这些军备杀死了成千上万的美国人。

在这一险恶的背景下，基辛格利用"缓和"政策为改善美国与苏联的关系做出了重大贡献。也就是说，他缓和了美国和苏联在广阔阵线上的紧张气氛，并促使这两个超级大国签订了第一份重要的核武器控制协议。

---

1. 这些事件的摘要请参见詹姆斯·K. 塞贝纽斯、R. 尼古拉斯·伯恩斯、罗伯特·H. 姆努金和L. 亚历山大·格林，《亨利·基辛格：在南部非洲为黑人多数统治而谈判》（"Henry Kissinger: Negotiating Black Majority Rule in Southern Africa"），第17–051号工作报告，2016年12月，哈佛商学院，波士顿，马萨诸塞州。当然，正如已经被引用过的许多传记和其他资料一样，基辛格自己也在许多作品中详细叙述了这些和其他一些谈判，尤其是基辛格，《白宫岁月》；《动乱年代》，波士顿：利特尔&布朗，1982年；以及《复兴岁月》，纽约：西蒙和舒斯特，1999年。

充满敌意的美中关系

20年来，美国既没有承认中华人民共和国，也没有与它进行过任何有意义的接触，中国军队曾经在朝鲜半岛与美国士兵打过仗，后来中国又以军用物资和军事顾问支援北越。正如基辛格所说："20年来，美国的政策制定者总是把中国看成一个令人不安的、混沌的、狂热的、陌生的国度，难以理解，无法动摇。"[1]而中国也经常用喷火一般的言辞来证实这种印象。例如，1969年5月，在尼克松执政的头一年，毛泽东主席发表了一篇题为《全世界人民团结起来，打败美国侵略者及其一切走狗》的文章。[2]

在尼克松总统的密切配合下，基辛格在1971年与中国领导人毛泽东和周恩来秘密地展开了谈判。虽然此事在当时引起了激烈的争议，尤其是在美国的保守派当中，但它成为美国在1972年向中国敞开大门的关键一步，为美国承认这个拥有超过10亿人口的国家，并与之不断增进关系铺平了道路。

越南战争

到1969年，发生在越南的这场血腥的战争已经夺去了大约36,000名美国人的生命，而在战争中死亡的越南人更是远远超过这个数量。这场战争还断送了林登·约翰逊（Lyndon Johnson）的总统生涯。整个美国都爆发了校园示威活动和反战抗议活动，有时还引起了暴力冲突，这凸显了近三分之二的美国人在1968年8月投票时的观点，他们认为派遣军队到越南去是一个错误。[3]迫于强大的国内压力，尼克松决心迅速撤出印度支那的美军。他上任时，大约有55万美军在越南，而在1969—1970年，有超过20万美军撤离了

---

1. 基辛格，《白宫岁月》，第685页。
2. 基辛格，《白宫岁月》，第695页。（这篇声明实际上发表于1970年5月20日。——译者注）
3. 亚历克·盖洛普（Alec Gallup）（2006），《盖洛普民意调查：2005年公众意见》（*The Gallup Poll: Public Opinion 2005*），罗曼&利特菲尔德（Rowman & Littlefield），第315—318页。

越南。1972年，美国在越南的总兵力与其峰值相比，减少了95%，只有不到2.5万人了。[1]当基辛格开始与北越谈判时，美军加快了撤退的步伐——北越也明白这一点。在1969年开始的谈判进程中，北越坚持不肯退让的立场是，美国要自行推翻南越政府（它被普遍认为是美国的盟友），并从越南撤军。在谈判期间，美国陆军将军弗农·沃尔特斯（Vernon Walters）看到北越的主要谈判代表黎德寿"站在（巴黎的）别墅台阶顶端，带着胜利的微笑俯视基辛格，（对他说）'我真的不知道我为什么要和你谈判。我刚刚和（乔治·）麦戈文（George McGovern）参议员共度了几个小时，你的反对者会迫使你给我我想要的东西'"。[2]与此同时，南越领导人坚决反对任何有关美军回国的协议。

　　是一系列因素的综合导致了越南战争的结束，其中包括亨利·基辛格和理查德·尼克松精心策划的外交行动，我们在分析中将其称为"多边谈判战役"。在巴黎，基辛格和他的北越对手黎德寿直接交锋。他还通过谈判来改善美国与苏联、中国的关系，直接和间接地抑制这两大共产主义巨头，以削弱它们对北越的支持。这些会谈也涉及西德和西欧。1973年达成的《巴黎和平协定》意味着实行停火，释放战俘，美军撤离，而南越政府将被保留到举行新的大选时。[当然，由于水门事件、尼克松辞职以及美国不愿和（或）无力执行，北越很快就撕毁了这一协议，南越于1975年4月落入北越之手。]

---

1. 人口调查局（Bureau of the Census），《越南冲突——美国驻越南军队及其伤亡人数：1961年至1972年》（"Vietnam Conflict—U.S. Military Forces in Vietnam and Casualties Incurred: 1961 to 1972"），表590，《美国统计摘要，1977年》（Statistical Abstract of the United States, 1977），华盛顿特区：美国商务部，1980年，第369页，https://www.gilderlehrman.org/history-by-era/seventies/resources/vietnam-war-military-statistics。
2. 转引自霍恩，《基辛格：1973》，第51页。

1973年的阿以战争

1973年10月，埃及和叙利亚在犹太人一年中最神圣的一天（此时也正是穆斯林的斋月）对以色列发动了出乎意料的突然袭击，这次袭击显示出以色列在军事上的脆弱。阿拉伯军队取得了前所未有的进展，其中包括埃及军队跨越苏伊士运河。以基辛格为国务卿的美国采取了紧急行动，重新恢复了以色列国防军的力量，使以色列恢复了军事平衡并进行了反击。那个时候，苏联在中东享有非常稳固的地位，重要的阿拉伯国家都是它的盟友，其中就包括埃及和叙利亚。苏联也向它的盟友提供了援助，威胁说如果以色列继续向开罗和大马士革进军的话，它就会进行直接干预。这使得危机急剧升级，超级大国之间的对抗呼之欲出。

1973年年底和1974年年初，基辛格大展身手，通过持续的穿梭外交，让埃及和以色列、叙利亚和以色列之间通过谈判达成了脱离军事接触协议。在很大程度上，这些协议一直到今天还在起作用。基辛格在进行这些谈判时，有意识地削弱了苏联对中东的影响，这一成果基本上被保持了40多年（直到2015年9月，俄罗斯介入叙利亚内战为止）。

南部非洲

20世纪70年代中期，在接受苏联援助和古巴军队拥入安哥拉的情况下，南部非洲那些矿产资源丰富的国家似乎有被纳入苏联的势力范围，变成冷战的重要前线的危险。鉴于在越南的痛苦经历，美国没有兴趣采取对抗性军事行动，甚至连提供援助都不愿意；国会很快就宣布美国对古巴和苏联的行动所采取的一项秘密回应是不合法的。使问题更加复杂的是，在对抗苏联和古巴的行动方面可能很重要的两个国家——罗得西亚和南非，都处于明显得到美国政治支持的白人少数政权的统治下。在美国，保守派控制的地区尤其支持这两个政权。1965年，罗得西亚非法宣布脱离英国独立。在那之后，英国花了好几年时间试图说服罗得西亚白人少数政权的领导人伊恩·史密斯（Ian Smith），想让他哪怕考虑一下由处于不到30万白人控制下的600万非洲黑人来实行多数统治，却彻底失败了。（例如，罗得西亚宪法规定立法议会由50名欧洲裔成员和16名非洲裔成员组成，只有一半成员是通过直接选举产生的。[1]）

1976年，亨利·基辛格采取了一次鲜为人知的主动行动——我们将在后面的章节中对它进行相当详细的分析——他与一系列非洲国家进行了谈判，不论它们是激进的还是温和的。最后，他通过这次行动说服了极为顽固的罗得西亚，使它同意在两年之内接受黑人多数统治的原则。特别值得称道的是，他说服了南非对罗得西亚施加强大的压力，尽管南非实行的也是白人少数统治，对罗得西亚施压无疑会反过来对它自己造成影响。这些谈判的开展明显牵制了古巴和苏联在安哥拉的行动，为罗得西亚最终赢得独立铺平了道路，帮助这一地区避免了一场可怕的"种族战争"；还可以说，也使南非朝着实现黑人多数统治迈出了重要的一步。

回顾这份充实的外交成就记录（缓和政策、军备控制，中国、越南、中东和南部非洲），我们不禁感到好奇，如果对它进行一次更为详细的考察，会揭示出什么：基辛格是怎样准备、设计和执行这些复杂的、举步维艰的谈判的？他的谈判方法中，有哪些方面对于应对今天的谈判挑战——不论是公共的还是私人的——是有价值的？

当然，我们并不认为只靠谈判本身——就谈判这个词的狭义而言——就能产生这些结果，还有许多互为补充的政策和行动牵涉在内。我们也不认为有任何一个人能对这些结果负完全的责任。其他各方——还有机会——都对

---

1. 细节请参见A. B. 穆蒂蒂（A. B. Mutiti），《罗得西亚及其四项歧视性宪法》（"Rhodesia and Her Four Discriminatory Constitutions"），《非洲存在》（*Présence Africaine*），新系列，第90号（1974年第二季度），第261—275页。

结果有明显的影响。[1]在考虑到这些应该注意的地方后，我们探索基辛格的行动和著作，以寻求能帮助我们克服艰难险阻，达成理想协议的见解。有了这些见解，我们打算进行更好的分析，开发更有效的药方，以帮助每个谈判者取得更好的结果。[2]

"谈判"是什么意思？

简而言之，我们可以把国际关系背景中的双边或多边"谈判"描述为外交和外交政策的交易子集。既然被归入这一类别，那么，在通常以不同方式看待事物并且有利益冲突的各方中周旋，一名谈判者在心里必须至少有一个目标协议。

在此预先声明一点：对"谈判"一词的普遍用法和大部分关于谈判的当代学术研究往往都只狭隘地关注谈判进程中纯粹的"会谈部分"，或是主要

---

1. 我们的叙述之下潜藏着一个长期存在的方法论问题，国际关系学者以及其他观察和分析谈判的社会科学家经常提起这个问题：个别谈判者的行为对最终结果是否有——或者说，能否造成——重大影响？最终结果难道不是"结构"或"更大的力量"（制度、经济、文化、历史或其他什么）的产物吗，它们无情地自行运作，以人类为代理不过是一种"副现象"罢了？或者说得更富有诗意一些，最终结果难道不是充满着"喧哗与骚动，却没有任何意义"吗？对这一困境问题的经典陈述可参见亚历山大·E. 文特（Alexander E. Wendt），《国际关系理论中的代理—结构问题》（"The Agent-Structure Problem in International Relations Theory"），《国际组织》（*International Organization*），第41卷第3期（1987年），第335—370页。在我们的分析中，我们回避了这个深层次的问题，简单地采用了这一观点：个别代理者对结果和塑造结构有很大的作用，同时很显然，既有的结构也会约束和塑造代理者。有关讨论请参见下一条注释；奥迪·克洛茨（Audie Klotz）等，《超越代理—结构争论》（"Moving Beyond the Agent-Structure Debate"），《国际研究评论》（*International Studies Review*），第8卷第2期（2006年），第355页。
2. 毕竟，为了在谈判中取得成功，我们每个人都必须作为个人和团队成员，根据我们自己的利益和观点采取行动。因此，通过基辛格的眼睛来观察这些事件是有用的——就像我们必须通过自己的眼睛观察我们的谈判挑战一样。从一个参与者的角度分析事件，不可避免地会有选择性地看问题和只做对自己有利的判断的风险。然而，为了有效地进行谈判，不论对我们来说还是对基辛格来说，都必须努力避免成为短视或扭曲的观点的俘虏。至少，我们必须理解谈判发生的背景，包括其他参与者可能会有的看法、行动和反应。当我们研究和详述基辛格的交涉时，我们会记住这些警告，经常借助其他资料来求得事件的确证。

发生在"谈判桌前"的人际关系变化。这通常包括面对面的交流、移情、魄力、有说服力的论证、肢体语言、处理跨文化和个性差异问题、讨价还价的模式等等。[1]然而，基辛格的谈判战略和战术还包含在"谈判桌外"采取行动，以提高获得更好的结果的可能性，这与更为广泛的谈判研究的传统是一致的。[2]举例来说，这样的行动可能是采取措施将某方纳入或赶出谈判进程、建立或打破联盟，以及强化或削弱陷入僵局的后果。

把这一更广泛的谈判概念与"治国之道"或"外交"明确区分开来的尝试，只会变成毫无意义的语义学练习。这些密切相关的活动之间即使有界限，也是模糊不清的。因此，我们根据基辛格的著作和实践，始终坚持采用一种宽泛的"谈判"观点，把谈判桌前和谈判桌外的行动都包括进来，而采取这些行动的目的是让谈判者能够以称心如意的条件达成协议。在许多书籍和文章中，基辛格参与的谈判只是一个更大的关于治国之道的故事中的一段

---

1. 对各种行动及其心理层面做讨论的例子，可参见利·L. 汤普森（Leigh L. Thompson），《谈判者的头脑与心灵》（*The Mind and Heart of the Negotiator*），第5版，波士顿：培生，2012年；玛格丽特·安·尼尔（Margaret Ann Neale）和马克斯·H. 巴泽曼（Max H. Bazerman），《谈判中的认知与理性》（*Cognition and Rationality in Negotiation*），纽约：自由出版社；多伦多，1991年。

2. 托马斯·C. 谢林（Thomas C. Schelling），《冲突的战略》（*The Strategy of Conflict*），剑桥（Cambridge）：哈佛大学出版社，1960年；托马斯·谢林，《军备及其影响》（*Arms and Influence*），康涅狄格州，纽黑文：耶鲁大学出版社，1966年；戴维·A. 拉克斯（David A. Lax）和詹姆斯·K. 塞贝纽斯，《三维谈判：在至关重要的交易中扭转局面》（*3-D Negotiation: Powerful Tools to Change the Game in Your Most Important Deals*），波士顿：哈佛商学院出版社，2006年。关于谈判分析的更多技术基础，包括"谈判桌外"的行动，请参见詹姆斯·K. 塞贝纽斯，《谈判算术：增加和减去问题和当事人》（"Negotiation Arithmetic: Adding and Subtracting Issues and Parties"），《国际组织》，第37卷第2期（1983年春季），第281—316页；詹姆斯·K. 塞贝纽斯，《国际谈判分析》（"International Negotiation Analysis"），载于《国际谈判：分析、方法、问题》（*International Negotiation: Analysis, Approaches, Issues*）第2版，维克托·克列梅纽克（Victor Kremenyuk）主编，圣弗朗西斯科：约塞-巴斯（Jossey-Bass），2002年，第229—252页。对这类行动的大量解说性案例研究，可参见迈克尔·沃特金斯（Michael Watkins）和苏珊·罗斯格兰特（Susan Rosegrant），《突破国际谈判：伟大的谈判家如何化解世界上最严酷的冷战后冲突》（*Breakthrough International Negotiation: How Great Negotiators Transformed the World's Toughest Post-Cold War Conflicts*），圣弗朗西斯科：约塞-巴斯，2001年。

重要插曲；但在本书中，我们把视角颠倒过来，重点关注他参与的谈判，对其进行宽泛的解读，而把更大的故事当作背景。

本书的计划

我们的追求就是阐明、学习基辛格的谈判方法，并评估其实用性。为了做到这一点，我们会根据需要对上面做过简单介绍的事件进行叙述，利用这样的叙述来补充背景，但大多数情况下，我们不会做详细的案例分析。

然而，为了传达一种亨利·基辛格作为谈判家的更为细腻的感觉，我们将以探究1976年他在福特政府中的任期行将结束之际，在南部非洲所进行的谈判作为下一部分的开始。虽说我们在这里简要提过的这些复杂的谈判在当时也得到了许多赞美，但是在今天，它们的知名度远比他与苏联、中国、北越或中东的各大势力所做的交涉低得多。基辛格在南部非洲开展外交，起初是受到了苏联和古巴进驻安哥拉的刺激，但他的目标是在后来成为津巴布韦和纳米比亚的地区结束根深蒂固的白人少数统治——这一行动对共和党政府来说可能是出乎意料的。

在南部非洲所进行的这些谈判本身确实很有趣，但我们是想利用它们来引出和说明基辛格的战略和战术所体现的一些规定性见解。在接下来的三章中，我们将用包含了对基辛格谈判方法的更广泛观察的文本框（用双横线来标示）来跳出叙述。在分析完南部非洲的会谈之后，我们会在单独的章节中发展和概括这些见解，并从基辛格的一系列其他交涉中找出例证来说明它们。最后，我们会对这些概括性见解进行评估，看看它们对当前发生在外交和其他领域的谈判有多少实用价值。

到本书结尾之时，读者将见识到一系列极其复杂且往往非常有趣的谈判。了解基辛格是如何破解这些难题的，能为我们提供在极具挑战性的情况下显著改善谈判结果的见解。这些见解包括：

· 在谈判中，"战略"实际上意味着什么。

· 如何现实地评估一个协议是否有达成的可能。

· "广角镜头"和改变游戏的行动是如何在谈判桌外为达成交易创造空间，并使得在谈判桌前获得有利结果成为可能的。

· 确定行动顺序、建立联盟以及应对那些阻碍交易的人是有效地进行多方谈判的关键。

· 真正地理解、看懂你的对手并与他建立融洽关系的重要性。

· 强势和移情是如何有效地结合起来的。

· 怎样在保持战略视角的同时，随形势的变化采取机会主义式的行动。

· 为何成功的必要因素往往是坚持不懈，而不是出色的洞察力。

· 不论有效与否，都要提出建议，表达让步，建立信用，利用"建设性模棱两可"；在各方之间进行穿梭，而不是把他们聚在一起来讨论；根据情况选择公开会谈或秘密会谈。

在本书中，读者将会看到基辛格这一实践的价值：不断缩小焦距关注战略和放大焦距关注人际关系。然而，支撑我们对谈判的诸多方面进行探索的是一个朴素的真理：不论达成协议的技术多么有创造性，人们最终能否取得成功，都取决于他们关于世界的基本假设的准确性、对有关各方真正利益的判断，以及对历史、政治、经济和文化的了解。对谈判进程的洞察力若是服务于有缺陷的目标或是脱离对真实情况的理解，就不可能有多大的价值。然而，通过研究像基辛格这样的伟大的谈判家，我们可以学会在我们的职业生涯中更有效地进行商业、法律和政府谈判。

Part I

基辛格是怎样谈判的：
被遗忘的南部非洲案例

Kissinger
the
Negotiator

第一章

制定谈判战略[1]

任何一个美国政治的观察家都不曾预料到，共和党政府会率先在南部非洲实现多数统治的突破。多数统治是一项自由主义事业，从来没有被转化为一项可操作的政策。[2]

——亨利·基辛格

"我不相信黑人多数统治会出现在罗得西亚，再过1000年都不会。"罗得西亚的白人总理伊恩·史密斯在1976年3月20日曾这样郑重宣告。[3]在那个南部非洲国家里，黑人与白人的比例超过22：1，自10多年前史密斯单方面宣布罗得西亚从大不列颠"独立"以来，大约27万白人公然统治着600多万黑人。

---

1. 本章内容在很大程度上依赖于亚历山大·格林的广泛研究和建议，在此深表感谢。
2. 基辛格，《复兴岁月》，第903页。
3. 伊丽莎白·诺尔斯（Elizabeth Knowles），《牛津现代引用语词典》（*Oxford Dictionary of Modern Quotations*），第3版，纽约：牛津大学出版社，2008年，第296页。

自从"独立"以来，罗得西亚没有得到过世界上任何其他国家的承认，英国进行了密集的最高级别的外交努力，但完全无法说服顽固的史密斯接受黑人多数统治。（当时，罗得西亚宪法有效地给予了白种的欧洲裔少数群体充分的立法控制权。）尽管有这样的历史，亨利·基辛格还是在杰拉尔德·福特政府行将下台之际，主动在这个地区发起了复杂的联合谈判。在史密斯发表"再过1000年都不会"的宣告之后仅6个月，通过基辛格的精心策划，罗得西亚总理来了一次180度的大转变。史密斯在电视上发表声明，表示罗得西亚接受多数统治原则，该原则将在两年内生效，这使得他的白人同胞和全世界的观众都大为震惊。[1]

更令人惊讶的是基辛格是如何使史密斯改变态度的。通过与温和的和激进的非洲黑人国家合作，他说服了最顽固的"种族隔离堡垒"[2]南非对邻国罗得西亚施加决定性的压力，迫使其放弃白人少数统治的政策。值得注意的是，尽管显而易见的事实是，如果罗得西亚屈服，反种族隔离势力将会（后来确实如此）把他们的精力转移到该地区主要的白人统治国家南非头上，但南非还是同意施加这种压力。

在当时，这是一条大新闻。《时代》周刊在1976年10月11日的封面故事中称赞亨利·基辛格"对南部非洲进行了令人目眩神迷的外交突袭"，这使得"罗得西亚和南部非洲的其他大部分国家都有可能在和平的边缘稳住，而不至于落入一场曾经被认为不可避免的种族战争"。[3]英国《观察家》（Observer）杂志也紧跟着世界新闻媒体的大量报道，鼓吹这一精心编排的复杂过程在"看似棘手的危机"中体现出了"惊人的外交策略"。[4]

尽管伊恩·史密斯态度的转变后来被证明是关键性的，但基辛格却没有

---

1. 基辛格，《复兴岁月》，第1011页。
2. 基辛格，《复兴岁月》，第961页。
3. 《时代》周刊，《和平与战争之间的平衡》（"Poised Between Peace and War"），1976年10月11日，第44页。
4. 《观察家》，《通往津巴布韦之路》（"The Road to Zimbabwe"），1976年9月26日，第8页。

时间去促成黑人多数统治在罗得西亚的实现了。在史密斯宣布接受多数统治原则之后不久，杰拉尔德·福特在1976年的总统选举中落败，基辛格成了只跛脚鸭，于1977年从国务卿的职位上退了下来。这实际上也结束了他在这场谈判中所发挥的作用，之后谈判陷入僵局，引发了一拨游击战和外交活动的热潮。直到1979年，根据一份在英国的主导下于伦敦的兰开斯特宫（Lancaster House）辛苦达成的协议，多数统治在罗得西亚才终于得以实现，这一协议基本上遵循了基辛格的蓝图。

我们当中有很多人都还记得当纳尔逊·曼德拉（Nelson Mandela）和F. W. 德克勒克（F. W. de Klerk）一起结束了南非的种族隔离制度，并在那里实行了黑人多数统治时，全世界对此的颂扬，他们两位因此获得了1993年的诺贝尔和平奖。然而距此大约17年前，基辛格在南非的邻国罗得西亚所进行的外交推动基本上被遗忘了，这可能是因为他在别处所采取的高调行动盖过了这场谈判，也可能是因为津巴布韦（1980年前称"罗得西亚"）的首任总统罗伯特·穆加贝（Robert Mugabe）那长达37年的灾难性统治，早已磨灭了很多年前民主原则战胜白人少数统治所带给人们的希望之光。然而，正如一些人所暗示的，基辛格先前的谈判为南非种族隔离制度的终结奠定了基础。

在亨利·基辛格启动对罗得西亚问题的谈判时，他在两位总统之下已经花了将近8年的时间来应对各种谈判挑战。这些挑战包括向中国开放，结束越南战争，与苏联的"缓和"和限制军备，以及在1973年的战争之后，使埃及、以色列和叙利亚达成长期的脱离军事接触协议。但在他的回忆录的最后一卷《复兴岁月》中，基辛格的一句话让本书的三位作者大为震惊："在我迄今为止所进行过的所有谈判中，最复杂的是有关南部非洲的多数统治的。"[1]实际上，《复兴岁月》用了超过5章，一共157页的篇幅来探讨这一事件。[2]在研

---

1. 基辛格，《复兴岁月》，第972页。
2. 基辛格，《复兴岁月》，第26、29、30、31、32章。

究了基辛格自己的叙述，采访他，并深入研究了许多有关这一案例的其他描述和分析之后，我们得出了两个结论。[1]

第一，虽然这些谈判远不如基辛格的其他许多交涉知名度高，但一个高度简约的版本使得这个故事在今天也很引人入胜：历史意义重大，由令人难忘的人物主演，并且其内在的价值值得讲述。

第二个结论与本书的核心有关，在介绍和说明基辛格谈判方法的关键特征方面，罗得西亚事件是一个极好的工具，我们在后面的章节中会对这些

---

1. 我们所利用的对这些非凡谈判的详细叙述资料包括：塞贝纽斯、伯恩斯、姆努金和格林，《亨利·基辛格：在南部非洲为黑人多数统治而谈判》；苏·翁斯洛（Sue Onslow），《"我们必须赢得时间"：南非、罗得西亚和基辛格1976年的倡议》（"'We Must Gain Time': South Africa, Rhodesia, and the Kissinger Initiative of 1976"），《南非历史杂志》（*South African Historical Journal*），第56卷第1期（2006年），第123—153页；威廉·L. 毕晓普（William L. Bishop），《对黑人与白人的外交：美国与津巴布韦独立的探索，1965—1980》（"Diplomacy in Black and White: America and the Search for Zimbabwean Independence, 1965–1980"），博士学位论文，范德比尔特大学（Vanderbilt University），2012年；斯蒂芬·洛（Stephen Low），《津巴布韦问题的解决，1976—1979》（"The Zimbabwe Settlement, 1976–1979"），载于《国际调解的理论和实践》（*International Mediation in Theory and Practice*），萨阿迪亚·图瓦尔（Saadia Touval）和I. 威廉·扎特曼（I. William Zartman）编，华盛顿特区：韦斯特维尔出版社（Westview Press），1985年；杰米·米勒（Jamie Miller），《一个非洲民族：种族隔离制度及其生存之路》（*An African Volk: The Apartheid Regime and Its Search for Survival*），纽约：牛津大学出版社，2016年；安德鲁·诺瓦克（Andrew Novak），《保全颜面的策略与强有力的第三方调停：关于津巴布韦—罗得西亚的兰开斯特宫会议》（"Face-Saving Maneuvers and Strong Third-Party Mediation: The Lancaster House Conference on Zimbabwe-Rhodesia"），《国际谈判》（*International Negotiation*），第14卷第1期（2009年），第149—174页；威廉·E. 肖费勒（William E. Schaufele），《小威廉·E. 肖费勒大使访谈》（"Interview with Ambassador William E. Schaufele Jr."），外交事务口述史计划（Foreign Affairs Oral History Project），1994年11月19日，http://www.adst.org/OH%20TOCs/Schaufele,%20William%20E.%20Jr.pdf；伊恩·道格拉斯·史密斯（Ian Douglas Smith），《收获苦果》（*Bitter Harvest*），伦敦：布莱克（Blake），2001年；艾萨克森，《基辛格》；本书作者对弗兰克·G. 威斯纳（Frank G. Wisner）大使的采访，2016年5月5日；玛丽安娜·施皮格尔（Marianne Spiegel），《纳米比亚谈判和中立问题》（"The Namibia Negotiations and the Problem of Neutrality"），载于《国际调解的理论和实践》，图瓦尔和扎特曼；莫迪凯·塔马金（Mordechai Tamarkin），《津巴布韦的形成：区域和国际政治中的非殖民化》（*The Making of Zimbabwe: Decolonization in Regional and International Politics*），马里兰州，萨维奇（Savage）：F. 卡斯（F. Cass），1990年；I. 威廉·扎特曼，《解决问题的时机成熟：非洲的冲突与干预》（*Ripe for Resolution: Conflict and Intervention in Africa*），纽约：牛津大学出版社，1985年；格兰丁，《基辛格的影子》；安迪·德罗什（Andy DeRoche），《肯尼思·卡翁达、美国和南部非洲》（*Kenneth Kaunda, the United States and Southern Africa*），伦敦：布卢姆斯伯里（Bloomsbury），2016年。

特征进行更深入的分析。新闻报道赞扬基辛格具有"出色的外交技巧，轻松地把罗得西亚拼图中的黑色和白色碎片拼在了一起"（《华盛顿邮报》），还有他"对权力现实的神秘理解"以及"他掌握时机的眼光"（《时代》周刊）。[1]但这些溢美之词并没有告诉我们他的谈判方法的实际逻辑、战略和战术，我们将在下面的分析中寻求阐明它们。

$$* * *$$

我们已经提到了南部非洲这一地区以及南非这一国家。为了把问题说得更清楚，我们要指出，基辛格的谈判集中在三个白人统治的政治实体上（见图1.1）。在1975年，它们是：

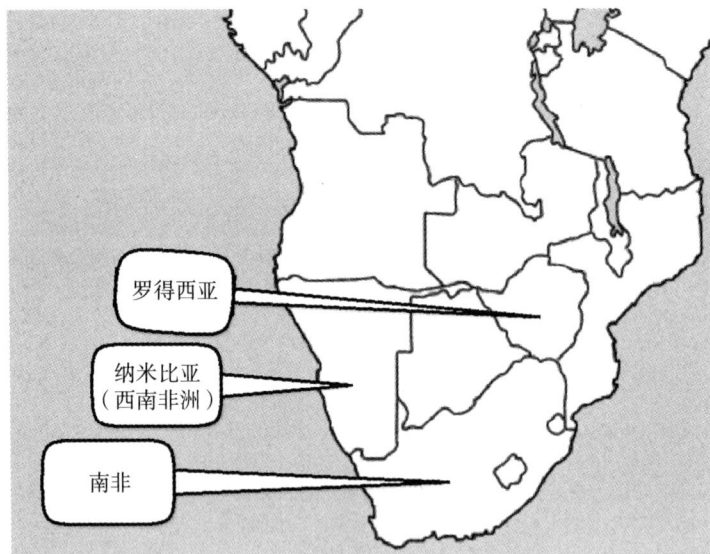

图1.1　白人统治的政权

---

1. 《他们无法拒绝的K博士的提议》（"A Dr. K. Offer They Could Not Refuse"），《时代》周刊，第108.14号，1976年10月4日，第43页。

·**南非**——一个日益孤立但在这一地区仍然占有主导地位的国家，当时它有2200万人口，其中有大约400万是白人，建立了种族隔离制度。这是一项残酷、野蛮的政策，按照种族将人们分离开来，对非白人实行严格的民事、法律和经济限制，剥夺他们享有许多白人公民可以享有的权利。

·**罗得西亚**——英国的前殖民地，后来改名为津巴布韦。正如前面所提到的，在这里，大约27万白人控制着600多万非洲黑人。在伊恩·史密斯的领导下，罗得西亚于1965年非法宣布独立，史密斯在第二次世界大战时期曾是英国皇家空军的一名战斗机飞行员。没有任何国家承认这个公然违反国际法的国家，它是国际社会的孤儿，遭到联合国实施的全面经济制裁，试图推翻白人至上主义政权的游击队力量对它造成的军事压力也与日俱增。

·**纳米比亚**——德国的前殖民地，过去曾被称为西南非洲。第一次世界大战后，纳米比亚在国际联盟的有限授权下由南非管理。虽然联合国于1966年撤销了这项授权，但南非仍然把纳米比亚当成它事实上的"第五个省"，继续统治着这块只有不到100万人口的庞大领土。

对非洲成为冷战前线的恐惧、安哥拉危机以及秘密反应的失败

1975年4月29日，绝望的越南人和美国人乘坐直升机从西贡撤离的戏剧性照片占据了美国报纸的头版；与此同时，在南部非洲，一场正在酝酿的危机开始引起白宫的注意。美国的外交相对来说比较忽视这一地区，但是在1975年和1976年，也就是福特（共和党）政府执政的最后18个月里，这一地区具有了新的重要性，因为新近脱离葡萄牙的殖民统治而独立的安哥拉和莫桑比克开始落入反殖民主义和反种族主义者的支配之下。

冷战可能降临到南部非洲的头一个迹象出现在1974年，当时葡萄牙发生

的一次左翼政变终结了它对莫桑比克的殖民统治。莫桑比克在1975年宣布独立，一个本土的反殖民主义和反种族主义组织在这个东非国家迅速获得了权力。1975年4月，赞比亚总统肯尼思·卡翁达（Kenneth Kaunda）在华盛顿进行国事访问时警告说，随着葡萄牙殖民力量离开邻国安哥拉，该国的反殖民主义和反种族主义者起义正在兴起。这个安哥拉起义组织得到了苏联的支持，苏联给它提供了越来越多的重要军事援助，而且古巴也派来了作战部队，其人数最终达到了大约两万人。从某种意义上说，这些运动只是一个更大的趋势的一部分；自从加纳在1957年获得独立以来，其他许多非洲国家陆续赶走了以前对他们进行殖民统治的欧洲人。但华盛顿是以冷战的眼光来看待这件事的，在他们看来，到1976年年初，南部非洲的两个重要沿海国家——西海岸的安哥拉和东海岸的莫桑比克，正迅速落入苏联和古巴之手。

在以争夺影响力和资源为特征的冷战中，在苏联的赞助下，古巴和非洲的反殖民主义和反种族主义者结成了一个联盟，这使得基辛格和福特大感惊恐；而在南部非洲地区，从坦桑尼亚、赞比亚到白人统治下的罗得西亚、南非，这些近来才实现了非殖民化的非洲国家的领导人同样感到恐慌。除非进行有效的对抗，否则苏联和古巴可以通过直接干预和支援各国的游击队来扩大起义规模。（图1.2标明了在白人统治下的罗得西亚周围的"前线国家"。）即使这些游击队的主要目标是白人统治的政权，它们在赞比亚和坦桑尼亚等邻国的存在，也足以动摇甚至颠覆这些脆弱的"东道主"政府。如果美国不采取行动，就会把主导这个矿产丰富的地区的权力拱手让给苏联。更广泛地说，福特和基辛格认为，如果美国不做出有效的反应，就清楚地证明了在主导地缘政治的冷战当中，经历过越南战争的美国丧失了意志。

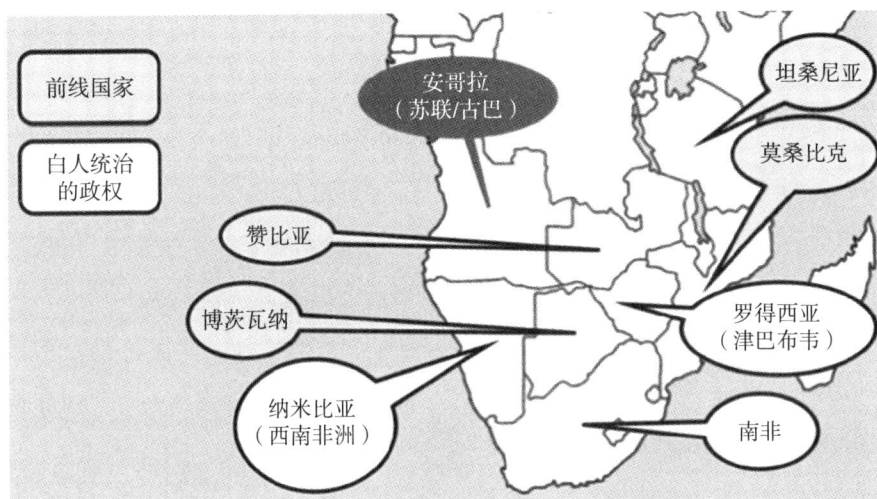

图1.2　白人政权与前线国家，外加安哥拉（1975）

除了地缘政治之外，在南部非洲，尤其是在罗得西亚，人们广泛地——近乎是宿命论——谈论着即将到来的"种族战争"。例如，1976年美联社的一篇新闻报道说："最让白人们担心的是，在安哥拉的苏联武器和古巴军队可能会被用来支持罗得西亚激进的黑人运动，冲突可能会越过边界，吞没整个地区。邻近的黑人统治国家——坦桑尼亚、安哥拉、莫桑比克和赞比亚——都警告说，一场种族'大屠杀'即将在罗得西亚发生。"[1]甚至连总是保持清醒的外交家乔治·凯南（George Kennan）在谈到黑人统治那个国家的前景时，也发出了白人会遭受"某种形式的种族灭绝"，以及"杀戮的代价是如此惊人，连国际生活的稳定都会被动摇"的不祥警告。[2]

---

1. 《非洲的白人害怕种族战争》（"Whites in Africa Fear Race War"），《晨报—记录》（*Morning Journal-Record*），1976年2月28日，第7页。
2. 乔治·F. 凯南，《罗得西亚的黑人统治：一些可能引发的后果》（"Black Rule in Rhodesia: Some Implications"），《纽约时报》，1976年5月2日，第E15版。

越来越明显的是，基辛格在南部非洲的行动有着多个相互牵连的动机：阻止冷战对手主导该地区，通过促成黑人多数统治来推进民主原则，以及防止种族战争。毫无疑问，他早期的行动优先考虑冷战地缘政治：为了对抗在安哥拉的苏联和古巴人，他在法国的帮助下策划了一次秘密军事行动。当他悄悄地通知国会时，秘密计划的曝光导致国会迅速通过一条法律完全禁止这一行动。由于水门事件、尼克松的辞职以及越南战争的惨痛经验对美国人来说记忆犹新，因此国会做出这样的反应一点也不令人惊讶。无论如何，随着秘密途径被完全堵死，采取军事行动的选项实际上不可能被提上台面，基辛格只能考虑利用外交力量在南部非洲实现美国的目标了。

一种替代策略：通过谈判促进多数统治

基辛格逐渐认为，如果美国通过外交手段说服南部非洲国家拒绝任何外国对该地区的干涉，苏联和古巴的威胁就有可能被削弱。正如他所观察到的，"如果我们想抵制未来苏联和古巴在南部非洲的冒险，并且在那里减少和排除苏联及古巴的影响——就像我们在中东所做的那样——我们的政策就必须反映非洲大陆上绝大多数人的愿望"。[1]这些强烈的愿望就包括在罗得西亚，在西南非洲（纳米比亚），最终在南非结束白人少数统治。

美国对罗得西亚和南非既有的温和政策被（满不在乎地）称为"焦油娃娃选择"（Tar Baby option）。[2]1969年尼克松政府采纳这项政策的机密文件中指出："我们将继续公开反对种族压迫，但会放松对白人（统治）国家的

---

1. 基辛格，《复兴岁月》，第917—918页。
2. 安东尼·莱克（Anthony Lake），《"焦油娃娃"选择：美国对南罗得西亚的政策》（The "Tar Baby" Option: American Policy Toward Southern Rhodesia），纽约：哥伦比亚大学出版社，1976年。（"焦油娃娃"出自美国作家乔尔·钱德勒·哈里斯（Joel Chandler Harris）创作的"雷木斯大叔讲故事"系列儿童文学作品。狐狸老兄用焦油做了一只娃娃，用它来诱捕兔子老弟，被焦油娃娃粘住的兔子老弟越挣扎反抗，就被粘得越紧。这个故事一般用来比喻越插手干预，越难以解决的棘手情况。——译者注）

政治孤立和经济限制。"[1]基辛格的新方法（说服该地区的国家拒绝外国的干预）需要美国放弃"焦油娃娃选择"，代之以积极支持罗得西亚和纳米比亚实行黑人多数统治。[2]

为了进一步实现这一目标，基辛格希望策划一系列谈判，使罗得西亚和纳米比亚能够按照既定的时间表，走上一条通往黑人多数统治的明确道路。除了南非，这一地区的所有国家都热切地期待这一结果。然而，尽管在20世纪60年代，英国、美国和其他世界大国都坚决支持结束非洲的白人少数统治，但这个目标似乎仍然遥不可及。英国奉行的是在白人殖民者少数群体把选举权还给多数人之前，不同意殖民地独立的政策，按照这一政策，自1965年以来，英国一直积极地寻求说服罗得西亚的白人政权不要宣布独立并接受黑人多数统治。为了戏剧化地展现英国的力量，哈罗德·威尔逊（Harold Wilson）首相在1966年和1968年两次召唤伊恩·史密斯，分别把他叫到英国战舰"无畏"号和"猛虎"号的甲板上来，直接与他进行高级别的谈判。这些谈判彻底失败了，这使得英国放弃了他们的努力，不想再跟史密斯打任何交道了。[3]不管是面对说服还是威吓，罗得西亚总理史密斯都坚持立场，毫不妥协——"1000年之内"罗得西亚都不会实行黑人多数统治——这反映了一个事实：如果在罗得西亚实现了黑人多数统治，那么白人少数群体所享有的政治、司法和经济权利必然要受到损害。〔后来在1976年3月22日，英国首相詹姆斯·卡拉汉（James Callaghan）公布了一项新

---

1. 艾萨克森，《基辛格》，第822页。
2. 基辛格，《复兴岁月》，第925页。
3. 请参见戴维·R. 斯莫克（David R. Smock），《被遗忘的罗得西亚人》（"The Forgotten Rhodesians"），《外交事务》（*Foreign Affairs*），第47卷第3期（1969年），第532页；苏·翁斯洛，《时间问题：南非和罗得西亚的单方面独立宣言，1964—1965》（"A Question of Timing: South Africa and Rhodesia's Unilateral Declaration of Independence, 1964–65"），《冷战史》（*Cold War History*），第5卷第2期（2005年），第129—159页；路易丝·怀特（Luise White），《不受欢迎的主权国家：罗得西亚独立与非洲非殖民化》（*Unpopular Sovereignty: Rhodesian Independence and African Decolonization*），芝加哥：芝加哥大学出版社，2015年。

提案，其主要内容是"在18—24个月内实现多数统治的精确时间表"。尽管基辛格支持这一提案，称赞它是"建设性"的，但伊恩·史密斯在24小时之内就拒绝了它。][1]

如何与伊恩·史密斯谈判

让我们先暂停一下，想想怎样才能最有效地与罗得西亚的白人领袖伊恩·史密斯谈判，说服他在两年之内接受多数统治。自然，人们会调查史密斯的背景，结果发现他于1919年出生在罗得西亚的一个农场主家庭，家里是苏格兰移民。在学校里，他更喜欢运动，而不是学习。第二次世界大战期间，他是英国皇家空军的一名飞行员，曾两次被击落，还负了伤。他的脸有一部分瘫痪了，许多观察家认为这是一种永久性的严厉表情。史密斯步入政坛后，宣布罗得西亚从英国的殖民统治下独立，并将他的叛逆政府称为"对抗国际共产主义的前线"，还宣称"白人是罗得西亚的主人。他们建造了它，并且打算留住它"。[2]正如基辛格所观察到的，英国人"憎恶伊恩·史密斯，认为他先是用宣布独立，然后又用一系列陷入僵局的谈判来欺骗他们，使他们难堪"。[3]

假设某人以更深层次的心理和背景研究充实了这一纲要式的史密斯简介，那么什么样的谈判方法最有可能获得成功？自从罗得西亚宣布独立之后，在10多年的时间里，在英国外交官和首相本人的领导下，一个还算称职的谈判者在面对这一挑战时，应该会精心选择一个地点，安排与伊恩·史密斯进行一次高风险的会谈，以此作为谈判的开始。然后，在与史密斯面对面时，谈判者会把奉承、坚定的凝视、暧昧的警告或威胁、历史的论证和巧舌

1. 基辛格，《复兴岁月》，第915页。
2. 艾伦·考埃尔（Alan Cowell），《伊恩·史密斯，非洲白人统治桀骜不驯的象征者，于88岁时去世》（"Ian Smith, Defiant and Steadfast Symbol of White Rule in Africa, Is Dead at 88"），《纽约时报》，2007年11月21日，第A25版。
3. 基辛格，《复兴岁月》，第975页。

如簧结合起来，试图说服这位胆大包天的领导人为罗得西亚的黑人公民提供某种形式的多数统治。

亨利·基辛格可不会这么做。在1976年9月5日的一次记者招待会上，当被问及与史密斯"会谈的可能性"时，基辛格回答说："我目前没有与史密斯先生会谈的计划，只有在保证谈判会取得成功时，我才会这么做。"[1]他直率地评价说："以前的努力之所以全都失败了，是因为他们以与这位白人少数群体的代表进行会谈为谈判的开始，而你根本想不出他所代表的群体有什么动机放弃其统治地位。"[2]

通用的方法：迄今为止，即使是经验丰富的交易撮合者也常常把谈判的实质看成精心安排会议，凭借说服力来尽全力达成他们所期望的交易。这是一种"直接"的方法——英国人采用了它，而基辛格在许多情况下拒绝了它。如果当事人缺乏对你所寻求的交易说"好"的动机，那么交易往往会失败。

更广泛的谈判见解：决定在什么时候和什么情况下，你应该与你的对手见面。对达成协议的主要障碍进行评估，并考虑是用直接的还是间接的方法来克服这些障碍。认为谈判就是"在谈判桌前进行会谈"往往会导致失败，这取决于达成协议的障碍。障碍可能会以多种形式出现：经济上的（例如，你的对手出价更高）、心理上的（例如，存在着不信任、厌恶、沟通不良或自负）、战术上的（例如，一方采取

---

1. 黑尼斯·沃尔顿（Hanes Walton），《国务卿亨利·基辛格的非洲外交政策：文献分析》（*The African Foreign Policy of Secretary of State Henry Kissinger: A Documentary Analysis*），马里兰州，拉纳姆（Lanham）：列克星敦图书（Lexington Books），2007年，第208页。
2. 基辛格，《复兴岁月》，第918页。

强硬的行动、撒谎）、与组织有关的（例如，关键的盟友不愿参与，自私的代理人有选择性地过滤信息）等。[1]与史密斯达成协议的根本性障碍是：对多数统治说"好"意味着他的白人选民会丧失大部分权力和财富，而说"不"则给了白人一个进行斗争以保护其特权地位的机会。考虑到这个障碍，任何成功的谈判策略都必须提高说"好"对史密斯的吸引力，或者是提高说"不"的代价，又或者是双管齐下。为了实现这一目标，基辛格选择了一种"间接"的方法，在"谈判桌外"采取行动来精心策划激励和惩罚。虽然努力进行直接说服起着至关重要的作用，但基辛格就像其他高效的谈判家一样，在与对手见面之前，会通过想象来越过谈判桌观察形势，以构筑起更有希望取得成功的局面。

评估局势：有关各方、利益、资源和障碍

基辛格注意到，这将是历史上美国国务卿第一次对南部非洲进行实质性（非礼仪性）访问，他务实地评估了局势，特别是不同利益相关者的利益所在，以及他在可能要进行的谈判中所拥有的资源和要克服的障碍。接下来的六段内容是他自己的话，是他对局势的评估：

"在我们进入非洲之前，我们必须从有关各方部分重叠、部分不相容的目标中提炼战略。我们的主要资产是非洲国家自己敦促我们参与进来，而与其他任何国家相比，或者就此事而言，与美国其他任何领导集团相比，白人少数政府更信任我们。至于其他各方或潜在的当事者：

---

1. 拉克斯和塞贝纽斯，《三维谈判》，第21—34页。

· 前线国家，即毗邻或靠近罗得西亚的国家——莫桑比克、赞比亚、坦桑尼亚和博茨瓦纳，在它们的领土上，游击队正在组织起来，这些游击队是来自非洲大陆之外的武器、外国顾问和古巴军队拥入非洲的管道。（见图1.2）但他们的领导人也知道罗得西亚的军队装备精良，坚强不屈。战争是代价高昂的，而且说不定到最后，游击队将不再是客人，他们会反过来控制东道主国家。

· 其他非洲国家较少被直接卷入，它们原则上支持多数统治，但准备合作阻止非洲大陆成为冷战的战场。

· 南非（长期以来都是罗得西亚的支持者）担心罗得西亚的武装斗争可能成为攻击南非本身的序幕。与此同时，所有前线国家都认识到只有得到南非的帮助，才有可能解决罗得西亚的问题，否则转变就会是血腥的，最终结果也无法确定，而整个地区将会不可避免地陷入激进化。

· 对英国而言，罗得西亚是一个令人痛苦的提醒，表明它的国际地位正在下降。英国无力迫使罗得西亚屈服，这削弱了它通过与其前殖民地合作，在非洲发挥新作用的努力。这也解释了为何许多英国领导人对伊恩·史密斯怀有个人仇恨，在和他打交道时，这种感情会使英国人把问题搞复杂，还常常会导致失败。

· 至于罗得西亚当局，他们能得到的是最少的……无论少数群体权利的保障是否与多数统治有关，欧洲人口的地位都不可避免地会衰落……只有让伊恩·史密斯政府明白，我们正在制定的政策是他们所面临的痛苦选择中最不令人讨厌的一种，才有可能说服他们去解决问题。"[1]

从这份对非洲和英国各方的评估中，基辛格明确了这一谈判挑战的关键

---

1. 基辛格，《复兴岁月》，第916—917页。

部分："这是一个不可通约的迷宫——那些拥有权力的人没有合法性，那些具有合法性的人没有权力，各方的激情与他们的相互猜疑正好相配——这明确了我们的非洲战略的限制及其前景。"[1]

最后，基辛格还必须考虑自家门口那危险的政治分歧。在美国，民权运动在过去15年中的艰难推进使白人少数统治的政权和种族隔离制度特别容易引起争议。国会内外的一个团体，在政治上通常倾向于自由主义，相信逐渐增加的制裁压力会加速种族隔离制度的灭亡，主张加强对白人少数政权的孤立和施压。与之对立的团体，通常倾向于保守，则强烈反对美国做出任何削弱南部非洲白人少数政权的举动。该组织的一些成员认为，与南非关系的正常化将随着时间的推移缓和白人少数政权的政策。这个比较保守的团体认为，冒着抛弃白人的危险，对这些政权施加制裁和过大的压力，很容易导致血腥的种族战争，使对西方怀有敌意的国家出现，并使该地区陷入无政府状态。

美国政治中长期存在的这一分歧在即将到来的共和党初选中呈现出新的强度。1976年举行的这场初选，是由保守派的偶像罗纳德·里根（Ronald Reagan）对阵接替理查德·尼克松成为时任总统的杰拉尔德·福特。许多参加共和党初选投票的选民本来就对基辛格与苏联缓和以及向中国开放的政策心存怀疑，现在他们也强烈反对他那似乎是支持罗得西亚和南非的黑人多数统治的政策。但福特总统坚决支持基辛格，他始终坚持占据道德制高点："我不能判断政治会带来好的影响还是坏的影响。但我们必须着手去做，因为这就是正确的做法。"[2]

---

1. 基辛格，《复兴岁月》，第917页。
2. 杰拉尔德·R. 福特，《治愈的时代：杰拉尔德·R. 福特自传》（*A Time to Heal: The Autobiography of Gerald R. Ford*），纽约：哈珀&罗（Harper and Row），1979年，第380页。

更广泛的谈判见解：为了制定战略，要用"广角镜头"来评估潜在的有关各方。许多谈判者对谈判各方的看法过于狭隘，把他们的注意力全部集中在签订协议所必需的人或他们的直接代理人身上。相比之下，基辛格在定下谈判战略之前，全面地评估了局势，特别是对关键国家所有具有潜在关联和影响力的各方进行了评估（罗得西亚、南非、前线国家和其他非洲国家，以及来自英国、法国、美国政府内外的各方）。虽然他的目标交易对象是罗得西亚人，但他对有关方面的评估要比这广泛得多，不仅包括了"外部"的各方，也包括了美国"内部"的各方。尤其是，基辛格把他的老板美国总统也当成评估的一部分；通过评估，他确信自己的努力能得到总统的全面支持。

从对各方及其利益的评估来看，基辛格需要制定一个战略来避免先前的失败："以前的努力之所以会失败，是因为没能在奖励和惩罚之间取得平衡，以调和南部非洲这口大锅里那些彼此冲突的动机。"[1]（图1.3展示了这次谈判中的关键各方。）

---

1. 基辛格，《复兴岁月》，第918页。

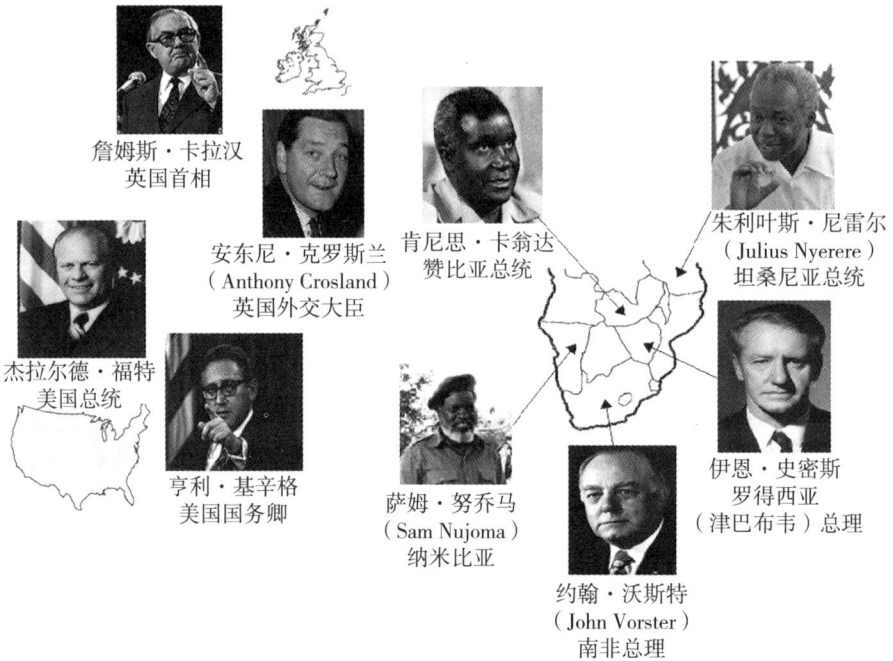

詹姆斯·卡拉汉
英国首相

安东尼·克罗斯兰
（Anthony Crosland）
英国外交大臣

肯尼思·卡翁达
赞比亚总统

朱利叶斯·尼雷尔
（Julius Nyerere）
坦桑尼亚总统

杰拉尔德·福特
美国总统

亨利·基辛格
美国国务卿

萨姆·努乔马
（Sam Nujoma）
纳米比亚

伊恩·史密斯
罗得西亚
（津巴布韦）总理

约翰·沃斯特
（John Vorster）
南非总理

图1.3　南部非洲谈判中一些关键的领导人[1]

包含七个部分的谈判战略

为了建立先前谈判中没能取得的奖惩平衡，基辛格开始制定"一种可以彻底打破僵局的连贯战略"。[2]指导他的行动（与他精心挑选的团队紧密合作）的战略包含了七个广泛的要素，基辛格对它们做了概述：[3]

---

1. 这张简明的示意图省略了许多人物，在更详细地叙述这些谈判时，他们将会登场。这些人物包括埃布尔·穆佐雷瓦（Abel Muzorewa）、乔莫·肯雅塔（Jomo Kenyatta）以及许多非洲国家的首脑和外交部长。
2. 基辛格，《复兴岁月》，第918页。
3. 同上。

1. 这一战略将会"为前线国家提供一条捷径，让它们可以利用美国外交这个砝码来增加自己目标的分量，从而实现多数统治。它们将免于遭受长期斗争所造成的破坏，也不用冒着损害国内稳定的风险，在自己的土地上建立大规模的游击队"。作为回报，基辛格会坚决要求"它们拒绝外国军队介入冲突，承担起以罗得西亚解放运动的立场来参加谈判的责任，并为（白人）少数群体的权利提供担保"。

2. 基辛格将与"温和的非洲领导人密切合作，特别是在肯尼亚、扎伊尔[1]、塞内加尔和象牙海岸，以帮助非洲统一组织（Organization of African Unity）达成共识，支持我们的政策，并保护前线国家的总统免受激进的非洲和国际势力的影响"。

3. 基辛格期待"英国重新介入南部非洲的外交，并在宪法会议中发挥重要作用，这一会议将是我们希望实现的突破的高潮"。

4. 基辛格会向南非领导人表示，"他们将在塑造一个和平、稳定和种族平等的非洲的过程中扮演一个负责任的角色。如果南非能帮助南部非洲走向一个新的政治体制，那么它将被视为一个有价值的对话者，并将得到喘息的空间来处理其自身的问题"。但是，基辛格强调，"我们要讲得非常清楚，我们对多数统治的支持不会止于南非的国境"。

5. 正如前面所指出的，关于罗得西亚领导人伊恩·史密斯，基辛格观察到，"以前的努力之所以全都失败了，是因为他们以与这位白人少数群体的代表进行会谈为谈判的开始，而你根本想不出他所代表的群体有什么动机放弃其统治地位。因此我们建议，先使其他各方都承诺赞成此事，再来跟史密斯打交道。史密斯和他的白人少数群体从我们的外交当中几乎什么都得不到，这是我们无法改变的事实。但我们建议，可以通过尊重他来减轻转变的痛苦。我没有和他打交道的经历，好的坏的都没有，我只把他当成一个要处

---

1. 刚果民主共和国的旧称。——译者注

理的问题，而不是一个要战胜的敌人"。[1]

6. 基辛格计划与法国接触，它"仍然是对非洲事务有着可能最强大的影响力的欧洲国家……法国总统［吉斯卡尔·德斯坦（Giscard d'Estaing）］强烈支持（这项）政策……吉斯卡尔认为，把非洲和西方联系起来的任务太大了，美国没有能力单独完成它，应该进行分工。由美国来引导南部非洲走向多数统治的外交工作。英国应该对……（最终的和正式的）谈判负起责任来；而他，吉斯卡尔，准备提出一项由西方国家联合实行的经济发展计划，旨在重振这一计划的主要受益者——那些温和国家的经济"。[2]

7. 最后，在整个过程中，基辛格将一直保持对国内战线的关注："当我们冒险进入迄今未知的领域时，我们做出了重大努力来获取国内的支持。"[3]这涉及与国会的广泛磋商，会晤有影响力的非裔美国领袖，以及最关键的，培养和依靠对一个美国国务卿来说最重要的关系——总统的支持。

这可不是一个"临场发挥"的例子。实际上，基辛格精心构思的与史密斯达成最终协议的战略导致了将所有各方都卷进来的会谈——我们称之为"多边谈判战役"，这无疑是为了克服他在评估中确定下来的那些障碍。[4]涉及许多不同方面和利益的辅助谈判将被仔细排序，最终形成一个强大的事实上的联盟，史密斯根本无法与之对抗。如果基辛格的战略得以按计划实行，那么说"不"对伊恩·史密斯来说就不再是一个可行的选择了。我们观察

---

1. 基辛格，《复兴岁月》，第918—919页。
2. 基辛格，《复兴岁月》，第955页。然而，作为预期战略的一部分，随着外交进程的推进，法国战线的重要性逐渐下降了。
3. 基辛格，《复兴岁月》，第921页。
4. 詹姆斯·K. 塞贝纽斯，《超越交易：实施一场"谈判战役"》（"Beyond the Deal: Wage a 'Negotiation Campaign'"），《谈判杂志》，第13卷第11期（2010年），第1—4页。对事件背景更全面的阐述，请参见戴维·A. 拉克斯和詹姆斯·K. 塞贝纽斯，《交易撮合2.0：复杂谈判指南》（"Deal Making 2.0: A Guide to Complex Negotiations"），《哈佛商业评论》，第90卷第12期（2012年11月），第92—100页。

到，基辛格一次又一次地"缩小焦距"，把焦点放到这一战略构想上来，即使是在他"放大焦距"来观察他的个别对手时，也是如此。

基辛格究竟是怎样对上述策略中的几个关键因素进行排序的，可以看看下面这个简化的版本（见图1.4）：

1. 在国内取得对这一方法的批准；

2. 与英国磋商，并就其在谈判中的临时性角色达成协议；

3. 获取前线国家的支持；

4. 争取更远的非洲国家；

5. 说服南非向罗得西亚施压；

6. 与罗得西亚谈判，使它接受按照时间表实现多数统治原则；

7. 落实英国的支持，依靠英国来组织一个会议，有关各方全部出席会议，商讨在罗得西亚实现黑人多数统治的全部补充性地区条款，以及创建一个新的独立的国家津巴布韦来继承罗得西亚的事宜。

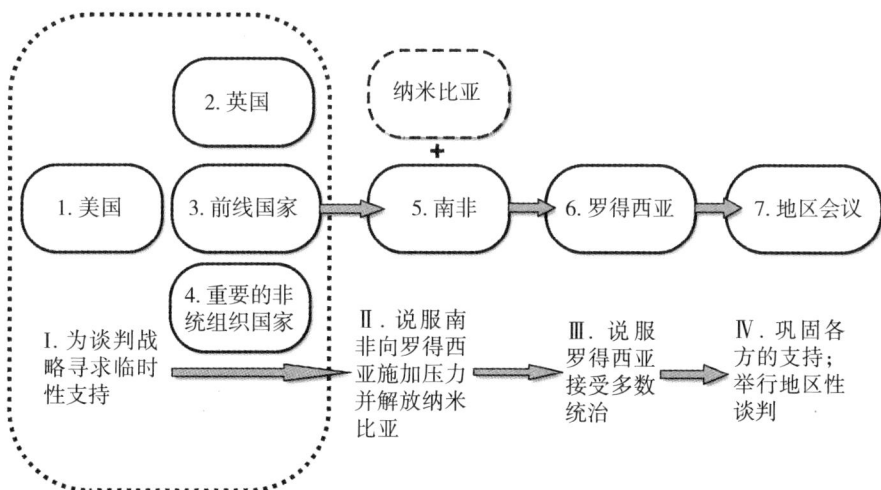

图1.4 计划好的谈判战略（简化版）

在图1.4中，我们并不是很严谨地把这一计划好的谈判分成了四个主要阶段，强调了仔细排序和联盟的复杂性对基辛格的重要。

更广泛的谈判见解： 从你的目标交易中进行"地图回退"（map backward），设计一场循序渐进的"谈判战役"。[1]时刻记住你和关键方之间有一个目标协议，考虑清楚到底是直接的还是间接的方法更有可能达成它。如果你选择了间接的方法，那就仔细考虑如何安排谈判的顺序，这一顺序要能落实最有可能使你和关键方的最终谈判取得成功的安排。为了决定这一顺序，可以进行地图回退，把视点从关键方身上转移到弄清楚在你和关键方进行谈判之前，取得谁的支持是最有价值的。然后再进行地图回退，逐个阶段回溯，以确定怎样才能将最有价值的支持安排到位，以此类推。就伊恩·史密斯的情况而言，需要用间接的方法来使他"对多数统治说不"的后果变得更严重。为了安排一次最有希望与史密斯达成协议的谈判，可以考虑从最终阶段进行地图回退来确定哪些条件必须实施到位，以最大限度地提高他说"好"的可能性。对基辛格来说，这意味着要让南非、前线国家、英国和美国走到一起，以便向史密斯施加有意义的压力。南非是这一顺序安排的关键。因此，基辛格实际上也是从南非（尤其是其总理约翰·沃斯特）出发进行了地图回退，以确定为了让南非同意向史密斯施压，需要进行什么样的安排才是最理想的——以此类推，直到明确了获胜概率最大的战役顺序为止。

---

1. 基辛格，《复兴岁月》，第903、74—75页；肖费勒，《小威廉·E. 肖费勒大使访谈》，第151页。

虽说基辛格将是这场依序进行的谈判战役的主要演奏者和指挥，但精心编排这样一个复杂的战略需要熟练的合奏。在针对安哥拉策划秘密行动失败之后，基辛格重新组建了国务院非洲事务局（State Department's Bureau of African Affairs），配备的人员都是值得信赖的外交官。[1]他经常向温斯顿·洛德［当时任职于国务院政策计划处（State Department's Policy Planning Bureau）］和威廉·肖费勒（负责非洲事务的助理国务卿，后来出任大使）咨询，并和他们一起出访，还定期派遣他们到南部非洲国家的首都去收集情报和传达敏感信息。[2]为了与肖费勒一起出行，基辛格又找来了他的老朋友，负责经济事务的副国务卿威廉·D. 罗杰斯（William D. Rogers，与前国务卿没有关系[3]），他参与罗得西亚外交的经历可以回溯到约翰逊政府时期。[4]除了他长期以来的助手彼得·罗德曼（Peter Rodman），基辛格也求助于年轻的职业外交官。弗兰克·威斯纳在南非协助威廉·鲍德勒（William Bowdler）大使（后来还参加了地区会议），斯蒂芬·洛被带进班子来负责对自赞比亚始的前线国家做报告，还有约翰·E. 莱因哈特（John E. Reinhardt），他陪同基辛格访问了比勒陀利亚（Pretoria）。[5]不论是通过电报还是通过人，基辛格几乎是连续不断地依靠他的团队向他提供情报和更新

1. 温斯顿·洛德（Winston Lord），《温斯顿·洛德大使访谈》（"Interview with Ambassador Winston Lord"），外交事务口述史计划，1998年4月28日，http://www.adst.org/OH%20TOCs/Lord,%20Winston.pdf。
2. 肖费勒，《小威廉·E. 肖费勒大使访谈》。
3. 这里提到的前国务卿指的是威廉·P. 罗杰斯，他于1969—1973年担任美国国务卿，其继任者就是亨利·基辛格。——译者注
4. 威廉·罗杰斯，《副国务卿威廉·D. 罗杰斯访谈》（"Interview with Under Secretary William D. Rogers"），外交事务口述史计划，1992年7月8日，http://www.adst.org/OH%20TOCs/Rogers,%20William%20D.toc.pdf；肖费勒，《小威廉·E. 肖费勒大使访谈》。
5. 外交研究与训练协会，《弗兰克·G. 威斯纳大使访谈》（"Interview with Ambassador Frank G. Wisner"），外交事务口述史计划，1998年3月22日，http://www.adst.org/OH%20TOCs/Wisner,%20Frank%20G.toc.pdf；肖费勒，《小威廉·E. 肖费勒大使访谈》；斯蒂芬·洛，《斯蒂芬·洛访谈》（"Interview with Stephen Low"），外交事务口述史计划，1997年12月5日，http://adst.org/wp-content/uploads/2012/09/Low-Stephen.-1997-.toc_1.pdf；《威廉·D. 罗杰斯访谈》；基辛格，《复兴岁月》，第995—996页。

信息，向不同的参与者传递信息，并且在多条战线上保持势头。[1]

普遍的谈判见解： 虽说"队长"是关键，但复杂的谈判是一项团体性的运动。通过速记式的描述把这类事件说成是由最显眼的运动员构思和执行的，并不困难。然而，无论是跨国并购、复杂的销售还是外交战役，这样的谈判在现实中不可避免地涉及一个熟练团队经过精心协调的努力。

---

1. 参见《对罗得西亚国家情报预测草案的评论》（"Comments on Draft National Intelligence Estimate on Rhodesia"），备忘录，美国国务院，1976年9月19日；唐纳德·B. 伊萨姆（Donald B. Easum），《尼雷尔和奥巴桑乔论罗得西亚，对国务卿亨利·A. 基辛格的报告，1976年11月23日》（"Nyerere and Obasanjo on Rhodesia, Report to Secretary of State Henry A. Kissinger, Nov. 23, 1976"），美国国务院，1976年；美国国务院，《国务卿访问坦桑尼亚》（"Secretary's Visit to Tanzania"），谈话备忘录，维基解密电文1976DARES01504_b，日期为1976年3月25日，https://wikileaks.org/plusd/cables/1976DARES01504_b.html；伊恩·道格拉斯·史密斯，《史密斯的讲话》（"Smith Speech"），谈话备忘录，美国国务院，维基解密电文1976SECTO27255_b，日期为1976年9月21日，https://wikileaks.org/plusd/cables/1976SECTO27255_b.html。

第二章

从战略到执行

基辛格最初的战略

基辛格最初的战略的头一步是从美国、英国和前线国家获得至少是临时性的支持。这一战略是在福特总统的同意下制定的，主要是基于美国对南部非洲政策的彻底重新定位。正如基辛格所述，"3月13日，福特首次承诺美国明确支持在南部非洲实行多数统治：（总统说）'美国全心全意致力于使多数群体成为罗得西亚的统治力量'"。[1]后来，福特强调了这样做的一个关键动机："（南部非洲）所有地方的政治稳定都在崩溃，必须把亨利·基辛格派到非洲大陆去，看看他能否阻止一场种族战争。"[2]

尽管这次对非洲所采取的主动行动是一个极大的挑战，但基辛格是在他的外交声望达到顶峰时来处理这个问题的，此时他已经在与中国、苏联、北越和中东的外交当中获得了显著的成功。他克服艰难险阻达成协议的全球声誉，使得非洲各方即使心存疑虑，也不得不认真对待他的行动。

在福特对多数统治发表评论九天之后，基辛格在一次演讲中把自己的具

---

1. 基辛格，《复兴岁月》，第914页。
2. 福特，《治愈的时代》，第380页。

体目标与英国提出的条件紧密结合起来。作为罗得西亚的前殖民宗主国，英国多年来一直未能让史密斯放弃权力，这使他们感到沮丧。他们警惕着过度卷入，不愿被拖进一场可能发生的军事纠葛，国内的经济衰退也让他们穷于应对。尽管如此，他们仍然密切关注着该地区的动态。[1]但传来的消息并不好。

1974年，赞比亚总统肯尼思·卡翁达和南非总理约翰·沃斯特做了一次区域性的努力，想让史密斯和罗得西亚的黑人反对派举行谈判。就像他以前对英国人所做的那样，史密斯首先破坏了在他们的斡旋下进行的谈判，然后又对随后的谈判采取了拖延战术。两年之后，在3月22日的一次演讲中，詹姆斯·卡拉汉公开提出了四个条件，英国打算通过这些条件来支持在该地区达成和平解决方案的再次尝试：

"第一，接受多数统治的原则；第二，在18个月到两年之内，为实现多数统治而进行选举；第三，在实现多数统治之前不（承认罗得西亚）独立；第四，谈判不能拖得太久。"[2]

基辛格觉得，确保英国的支持以及吸收卡拉汉框架中的要素会是一笔政治上和法律上的资产。英国那前宗主国的身份会提高国际上的支持，使基辛格获得对这一地区的深刻见解，这是新近进行改革的国务院非洲事务局提供不了的。此外，任何有关罗得西亚的协议都必须以宪法的制定和合法的权力移交作结。由于史密斯政权没有任何国际地位，基辛格认为英国必须对这一努力进行正式的监督，以确保协议的合法性。

在与英国就其在这一进程中所扮演的角色达成共识后，基辛格计划在1976年4月进行一场前所未有的访问，面对面地会见非洲领导人，以获取

1. 米勒，《一个非洲民族》，第219页。翁斯洛，《"我们必须赢得时间"》，第130页。
2. 詹姆斯·卡拉汉，《罗得西亚》（"Rhodesia"），1976年3月22日在英国下议院所做的辩论，第908cc29–45卷，http://hansard.millbanksystems.com/commons/1976/mar/22/rhodesia。

非洲统一组织中的强大成员的支持。[1]他此行的焦点是在赞比亚的卢萨卡
（Lusaka）发表的一次演讲，在演讲中，他将公开宣布美国支持多数统治的
新政策。基辛格希望他的讲话远不只是向前线国家的领导人传达一种共同的
价值观。他将概述他认为在罗得西亚和纳米比亚开创非洲黑人领导所必需的
具体步骤和条件（与卡拉汉提出的四个条件相吻合）。[2]

非洲之行与"放大焦距"关注朱利叶斯·尼雷尔

基辛格首先访问了肯尼亚，对其广受尊重的总统乔莫·肯雅塔描述了他
的倡议，以寻求肯雅塔的支持。接下来，他又从肯尼亚飞往坦桑尼亚，与朱
利叶斯·尼雷尔总统会面，坦桑尼亚是前线国家的重要成员，也是发展中国
家不结盟运动的成员国，这一运动寻求一条独立于东方和西方的政治道路。

作为基辛格如何在其谈判对手个人身上"放大焦距"的例子，我们对他
与尼雷尔的互动所做的考察比其他几个人物（如肯雅塔）更为详细，原因
很简单，这是一个他与一位至关重要的非洲领导人进行往来的很好的研究案
例。基辛格把尼雷尔描述为"一个瘦小纤细的人，邀请我去他那简朴的私人
住宅……他举止优雅，双眼炯炯有神，手势用得很流畅。尼雷尔的英语水平
惊人［曾经把《尤利乌斯·恺撒》（*Julius Caesar*）译成斯瓦希里语］，在谈
话时表现得非常有魅力。但他也有着钢铁般的敌意……他对于自己被人民当
成'Mwalimu'（'导师'）感到非常自豪"。[3]

尼雷尔支持罗伯特·穆加贝在罗得西亚领导的激进反政府派别，以及西
南非洲人民组织（South West Africa People's Organization，SWAPO）
的游击运动，他还被认为是莫桑比克总统、激进的反殖民主义和反种族主义
者萨莫拉·马谢尔（Samora Machel）的盟友，同时也是温和的赞比亚总统

---

1. 基辛格，《复兴岁月》，第925页。
2. 基辛格，《复兴岁月》，第916、925页。
3. 基辛格，《复兴岁月》，第932—933页。

肯尼思·卡翁达的对头。尽管有着这种意识形态上的分歧，并且尼雷尔对美国的政策抱有根深蒂固的怀疑，基辛格还是与这位坦桑尼亚总统建立了良好的关系，他写道："他是个自己做主的人。西方自由主义修辞、社会主义实践、不结盟的正义和非洲部落主义在他身上形成了独特的混合，这种混合是由一种强烈的愿望驱动的：他要把他的大陆从西方思想的范畴解放出来。他的想法明显是他自己的。"基辛格接着说："我和前线国家的总统们相处得很好，包括尼雷尔，尤其是他，因为我认真对待他们。我按照他们的条件与他们结交，不把他们当成——就像西方许多赞赏他们的人所做的那样——西方既存之见的衍生品。"[1]

尼雷尔和基辛格表现得就像一对娴熟的搭档一样。《观察家》常驻非洲的记者戴维·马丁（David Martin）嘲讽地评论说："一个人起头引用一句莎士比亚的话……或是某个希腊哲学家的话，另一个人就接着把这句话引完。然后尼雷尔引用了一个美国作家的话。基辛格笑了：尼雷尔知道这些话是基辛格写的。"[2]

这两个人很快就发现，他们都是实用主义者，都期望稳定。尽管倾向于激进，但尼雷尔赞同基辛格对这一地区所做的评估，他也认为古巴在安哥拉的成功可能会导致古巴军队在这一地区到处插手，潜在地破坏现有的政权。虽然前线国家的总统们一致认为有必要结束罗得西亚的少数统治，但是关于如何实现这一目标，他们之间存在着重大分歧。尼雷尔同意支持一个由美国提供保证的和平倡议，后来他评论说："我们希望两大力量来源站在我们这

1. 基辛格，《复兴岁月》，第932页。
2. 戴维·马丁，《纪念导师朱利叶斯·坎巴拉格·尼雷尔》（"Mwalimu Julius Kambarage Nyerere Remembered"），未注明日期的博客，南部非洲研究和文献中心（Southern Africa Research and Documentation Centre），http://www.sardc.net/en/mwalimu-julius-kambarage-nyerere-remembered-a-candle-on-kilimanjaro-by-david-martin/。

边——神和基辛格。"[1]

基辛格不认为尼雷尔的支持是无条件的。"对尼雷尔来说,美国是被用来加速解放斗争的武器。为此,他准备付出一些代价来安抚他的同行们。虽然很不情愿,但他准备给予白人少数群体一些权利;而且,虽然更不情愿,但他打算把古巴从这场斗争中排除出去。"[2]

当基辛格离开坦桑尼亚时,他相信他已经争取到了尼雷尔这个重要的盟友,也是获取前线国家支持的关键。他写道,尼雷尔将会是"一座桥梁,这头是赞比亚的肯尼思·卡翁达和博茨瓦纳总统塞雷茨·卡马(Seretse Khama)等温和派,而葡萄牙前殖民地莫桑比克和安哥拉的……激进派在另一头"。[3]

然而,这位美国国务卿向福特总统提交了一份详细的报告。"我不抱有幻想,"他说,"(尼雷尔)将保持意识形态上的对立,并非常严格地观察我们未来的行动。另一方面,他无疑对我们的动机和意图有了更好的理解;看到了采取平行行动的机会;聪明地理解了我对美国公众舆论的看法;明白了为我们解决问题,符合他自己的利益。他应该会动用自己可观的影响力来改变其他人对南部非洲问题的看法。"[4]

当与尼雷尔进一步协商时,基辛格改善了自己的心理理解,并有意识地对坦桑尼亚总统那独特的战术进行了归类,包括对不同的受众传递不同的信息。例如,基辛格曾经向福特报告说,尼雷尔私底下"接受了我们对罗得西亚和纳米比亚的大多数建议,但是在公开场合,他总是抨击我们"。[5]在另一

1. 赫伯特·豪(Herbert Howe),《蜘蛛网上的舞蹈:美国对1976年罗得西亚和平进程的外交参与》(*Dancing on Cobwebs: American Diplomatic Participation in the 1976 Rhodesian Peace Process*),皮尤国际事务案例研究(Pew Case Studies in International Affairs),华盛顿特区:皮尤慈善信托基金会(Pew Charitable Trusts),1988年,第6页。
2. 基辛格,《复兴岁月》,第931页。
3. 基辛格,《复兴岁月》,第936页。
4. 同上。
5. 基辛格,《复兴岁月》,第990页。

处，基辛格观察到，"我对尼雷尔的方法已经非常熟悉了，我明白我在看一场艺术大师的表演，事实上，他支持我们的外交，但同时他也要对冲掉失败所带来的风险"。[1]

更广泛的谈判见解："放大焦距"关注你的对手，同时"缩小焦距"关注你的战略。与"缩小焦距"关注整体战略——想象一下一位大师以一个地区或全球为棋盘，巧妙地移动棋子——相配合，基辛格总是在"放大焦距"观察他的对手个人。这是一种很有价值的操作：可以用来确定最有效的方法，以应对每个与你交涉的人，研究并密切关注他或她的特点、心理、历史、兴趣、动机、关系、潜在影响范围、政治背景和风格。根据我们的经验，谈判者往往倾向于成为"战略家"型或"关注个人"型谈判家，很少有人会有意识地一直将微观与宏观视角结合起来。为了将你的谈判维持在轨道上，请不断地进行"放大焦距"和"缩小焦距"。[2]

卢萨卡讲话

在结束了与尼雷尔的谈判后，基辛格前往赞比亚的卢萨卡，在那里会晤了肯尼思·卡翁达总统。按照计划，美国国务卿在那里发表了一次重要的讲

---

1. 基辛格，《复兴岁月》，第992页。
2. R. M. 坎特，《放大焦距，缩小焦距》，《哈佛商业评论》，第89卷第3期（2011年），第112—116页。也可参见吉姆·柯林斯和莫滕·T. 汉森，《做出选择，变得伟大》，纽约：哈珀商业，2011年，第113—121页。

话，向这一地区的领导人们概述了他打算在该地区发起谈判的意图。他宣布史密斯政权和南非对纳米比亚的占领都是非法的，敦促这两个政府提出转交权力和建立多数统治的时间表。

基辛格描述了美国在帮助前线国家的同时，进一步孤立史密斯的措施。他承诺美国会把为发展撒哈拉以南非洲而提供的资金增至原来的三倍，还将为莫桑比克提供财政支持。因史密斯拒绝放弃权力，暴力冲突日益加剧，使许多人流离失所成为难民，美国也会努力为这些人提供援助。基辛格敦促美国公民立即离开罗得西亚，避免前往该国旅行。他宣布他将寻求废除1971年的《伯德修正案》（Byrd Amendment），该修正案允许美国绕开联合国对罗得西亚的主要产品（例如铬）所实施的禁运，这遭到了国际社会的持续谴责。[1]（铬被认为是一种在战略上很重要的金属，美国所需的铬有大约40%来自罗得西亚，同时美国还要依赖它的冷战对手苏联提供另外40%这种重要的材料。[2]）

基辛格把罗得西亚称为"津巴布韦"，非洲黑人更喜欢这个名字，他抨击种族分离，要求在一个独立的国家里实现权利平等。"所以，让这一场景被人们传颂吧，"他总结道，"黑人与白人共同努力，在这块遭受了这么多苦难、看到了这么多不公正的大陆上，实现一个和平、幸福和人类享有尊严

---

1. 《美国对外关系，1969—1976，第28卷：南部非洲》（*Foreign Relations of the United States, 1969-1976, Volume XXVIII: Southern Africa*），迈拉·F. 伯顿（Myra F. Burton）和爱德华·C. 基弗（Edward C. Keefer）编，华盛顿特区：美国政府印刷局，2011年，文档195，https://history.state.gov/historicaldocuments/frus1969-76v28/d195；迈克尔·T. 考夫曼（Michael T. Kaufman），《铬的禁运要求：国务卿在赞比亚声明非洲政策并承诺提供援助。基辛格逼迫罗得西亚实行黑人多数统治》（"Chrome Ban Asked: Secretary, in Zambia, States Africa Policy and Promises Aid. Kissinger to Press Rhodesia on Rule by Black Majority"），《纽约时报》，1976年4月28日，第1版。
2. 参议院对外关系委员会（Senate Committee on Foreign Relations），跨国公司附属委员会（Subcommittee on Multinational Corporations），《跨国公司和美国外交政策》（*Multinational Corporations and United States Foreign Policy*），第93次国会会议，1973年，第77页。

的新时代。"[1]

卢萨卡讲话向全世界传达了美国政策的一个重大转变，这对在场的那些人来说是显而易见的。当基辛格结束讲话时，赞比亚总统肯尼思·卡翁达拥抱了他。"我们中的一些人，"他说，"在你讲话的时候情绪非常激动。我们简直不敢相信这些话是一位来自华盛顿特区的美国国务卿说出来的。"[2]卡翁达代表前线国家的领导人当场向基辛格做出回应，告诉他"请向福特总统转达我们的支持"。[3]

从卢萨卡到内罗毕

"通过卢萨卡讲话，"基辛格评论说，"我们的非洲战略正在得到落实：首先，与前线国家就南部非洲的整体战略达成了协议；其次，访问了主要的中非和西非国家，打消了他们对美国耐力的疑虑，并在非洲人的论坛上赢得了他们的支持。"[4]他在整个非洲大陆为他的努力寻求支持，特别留意了许多非洲领导人之间的亲密关系，这种关系是在他们共同与殖民统治做斗争，寻求独立的过程中铸就的。[5]当基辛格与法国前殖民地的领导人接触时，他发现法国总统瓦莱里·吉斯卡尔·德斯坦（Valéry Giscard d'Estaing）非

---

1. 《美国对外关系，1969—1976，第38卷，第1部分，外交政策的基础，1973—1976》（*Foreign Relations of the United States, 1969-1976, Volume XXXVIII, Part 1, Foundations of Foreign Policy, 1973-1976*），克里斯廷·L. 阿尔伯格（Kristine L. Ahlberg）和亚历山大·威兰（Alexander Wieland）编，华盛顿特区：美国政府印刷局，2012年，文档77，https://history.state.gov/historicaldocuments/frus1969-76v38p1/d77（访问于2017年12月20日）。
2. 基辛格，《复兴岁月》，第939页。
3. 考夫曼，《铬的禁运要求》。
4. 基辛格，《复兴岁月》，第942页。
5. 例如，基辛格与科特迪瓦总统费利克斯·乌弗埃–博瓦尼（Félix Houphouët-Boigny）建立了亲密关系，乌弗埃–博瓦尼曾是法国国会议员，在整个谈判过程中，基辛格经常向他征询意见。请参见《给乌弗埃–博瓦尼总统的消息》（"Message for President Houphouët-Boigny"），维基解密电文1976SECTO27213_b，日期为1976年9月20日，https://wikileaks.org/plusd/cables/1976SECTO27213_b.html；也可参见基辛格，《复兴岁月》，第939页。

常有帮助。[1]

关于卢萨卡之后的头一站，基辛格认为美国的长期盟友，扎伊尔的蒙博托·塞塞·塞科（Mobutu Sese Seko）是一个可以接受的选择，因为他和基辛格一样，都很担心苏联可能介入。虽然他因独裁统治而备受争议，但"多届美国政府一直与蒙博托保持着合作关系，因为没有谁想要在已经过多的外国危机列表里再加上一条中非混乱"。基辛格抱着蒙博托会支持他的努力的确信，结束了会议。[2]

在访问过利比里亚后，基辛格会见了塞内加尔总统列奥波尔德·桑戈尔（Léopold Senghor）——一位"诗人和哲学家"，他对美国提出的外交倡议表示了赞同。基辛格后来写道，桑戈尔是他在这趟行程中所遇到的极为杰出的领导人之一。他把这位塞内加尔领导人视为"一位自学了权力语法的知识分子"。基辛格指出，桑戈尔"把发生在安哥拉的事情（苏联和古巴的介入）解读为所有温和的非洲国家的失败"。[3]他回忆说："印象十分深刻的是，我告诉桑戈尔：'如果你强烈地感受到某些事情——如果你觉得我们做错了，或者，如果你觉得我们可以做得更好——就跟我或是直接跟福特总统联系，我会把事情办妥的。'"[4]

基辛格以参加在肯尼亚的内罗毕（Nairobi）举行的第四届联合国贸易与发展会议作为其行程的终点，他承诺美国会向非洲国家提供经济支援，让它们也加入全球经济发展的背景中。[5]就在基辛格抵达肯尼亚首都的时候，坦桑尼亚总统尼雷尔也在前线国家中为美国的倡议赢得了初步的支持。[6]

---

1. 基辛格，《复兴岁月》，第943页。
2. 基辛格，《复兴岁月》，第946—947页。
3. 基辛格，《复兴岁月》，第950页。
4. 基辛格，《复兴岁月》，第952页。
5. 基辛格，《复兴岁月》，第953—954页。
6. 同上。与他们的支持相一致，部长们同意只保留一个渠道向罗得西亚反对派提供武器，从而限制了古巴穿越该地区运送武器的能力。

国内战线

卢萨卡讲话发表之后仅仅四天，1976年5月1日，在得克萨斯州举行的共和党初选中，杰拉尔德·福特惨败给了罗纳德·里根。[1]基辛格的努力激怒了保守派。正如哥伦比亚广播公司新闻广播中报道的那样，"里根迅速抓住了基辛格在非洲的新主题，指责国务卿准备在罗得西亚发起一场大屠杀"。[2]后来发表在《外交史》（*Diplomatic History*）上的一篇文章生动地说，"共和党右翼……义愤填膺地指责基辛格故意背叛白人同胞"。[3]基辛格注意到了一些更为冷静的评论，"一些政治专家随后声称，正是我们对多数统治的支持——这被解释为抛弃了南部非洲的白人人口——使得福特从可能遭遇失败变成了输得一干二净"。[4]

除了在初选投票中表达出来的情绪，国务院还收到了1700封左右的来信，都是批评基辛格的讲话的，表示支持的来信只有23封。[5]基辛格加倍努力，通过尽可能多地与美国国内的利益相关者会面，并定期向国会的主要成员通报情况，来抑制国内对其倡议的批评。[6]

例如，他与大约30名非裔美国领袖进行了商谈，以解释他的目标，更好地理解他们的担忧，并寻求他们的支持。[7]杰西·杰克逊牧师（Rev. Jesse Jackson）对四次这样的会议中的一次做了如下总结："其他国务卿从未对美国黑人共同体给予这样的尊重……我们支持你所阐述的非洲政策。在这方

---

1. 初选是美国总统选举的第一阶段，在这个阶段，共和党和民主党会在全国选出参加本党全国代表大会的代表，这些代表要公开宣誓根据地方意愿支持本党的某个竞选人，在全国代表大会上获得半数以上代表支持的竞选人就会成为本党的总统候选人。在1976年，福特最终还是战胜了里根，取得了共和党总统候选人的资格。——译者注
2. 马文·卡尔布，《一线报道》（*First Line Report*），哥伦比亚广播公司广播，1976年5月4日。
3. 皮耶罗·格莱吉塞斯（Piero Gleijeses），《意志的考验：吉米·卡特、南非和纳米比亚的独立》（"A Test of Wills: Jimmy Carter, South Africa, and the Independence of Namibia"），《外交史》，第34卷第5期（2010年），第862页。
4. 基辛格，《复兴岁月》，第940页。
5. 基辛格，《复兴岁月》，第983页。
6. 基辛格，《复兴岁月》，第967—968页。
7. 基辛格，《复兴岁月》，第983页。

面，你有我们的支持。其他国务卿也不会像你这样会见我们。"[1]

对美国国务卿的倡议来说，至关重要的是，基辛格培养了并享受着福特总统坚定的支持，尽管这在政治上对他获得连任的前景造成了严重影响。[2]在基辛格出访期间，福特向新闻界发表了以下声明："总统制定外交政策，基辛格博士执行并阐释该政策，这就是他在此次非洲之行中所做的。"[3]基辛格返回华盛顿后，福特举行了高调的会议来与他讨论其非洲倡议，并着重做了宣传，其中一场会议是与国家安全委员会（National Security Council）一起开的，另一场是在白宫与两党在国会里的领导人一起开的。[4]

取得南非的同意

如图2.1所示（暂时告一段落的第一阶段用阴影做了标示），到1976年5月，基辛格已经获得了美国政府对其南部非洲战略的批准，以及前线国家、其他主要非洲国家和英国的支持——至少是暂时性的支持。他的战略的下一个至关重要的因素是通过谈判让南非对伊恩·史密斯施加压力，以促使这位罗得西亚领导人同意遵照严格的时间表来实行黑人多数统治。南非向罗得西亚提供了至关重要的经济和军事支持，还有关键的运输路线和通往世界其他地区的通道，在1976年3月莫桑比克向罗得西亚关闭了它的边境之后，这一点显得尤为重要。"很不协调地，"基辛格注意到，"国际社会的贱民，种族隔离的堡垒南非，正逐渐成为南部非洲走向多数统治的关键。所有非洲黑人领导人都严厉地谴责它，他们都敦促我们与南非领导人进行对话。"[5]

---

1. 沃尔顿，《国务卿亨利·基辛格的非洲外交政策》，第71、73页。
2. 基辛格，《复兴岁月》，第921—922页；沃尔顿，《国务卿亨利·基辛格的非洲外交政策》，第73页。
3. 基辛格，《复兴岁月》，第921—922页。
4. 基辛格，《复兴岁月》，第956页。
5. 基辛格，《复兴岁月》，第961页。

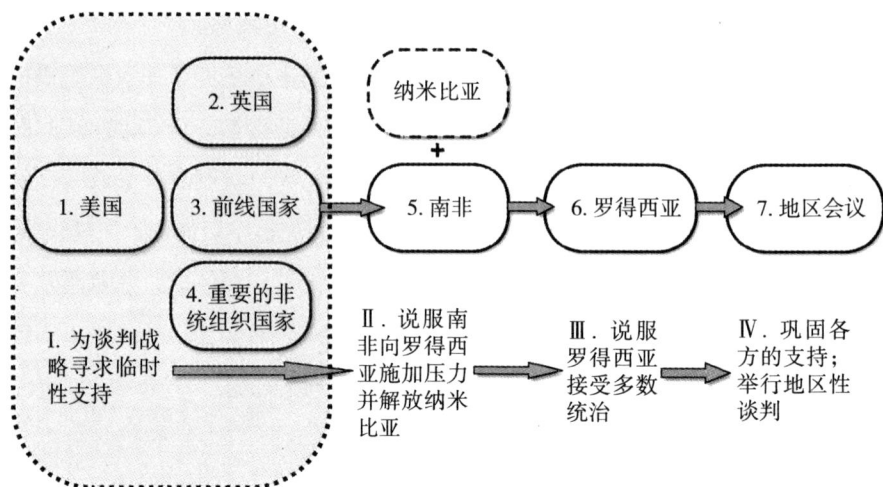

图2.1 谈判战略——第一阶段已完成（阴影部分）

乍一看，白人少数统治的南非逼迫白人少数统治的罗得西亚接受黑人多数统治的景象似乎是不可思议的。如果罗得西亚和纳米比亚的白人政权垮台，那么南非将要"孤立无援地面对要求它结束种族隔离制度的非洲国家联盟……不论是早是晚，这样的要求必定会变得不可抗拒"。[1]

如果南非对罗得西亚施压，迫使它接受多数统治，就一定会祸及自身。尽管如此，基辛格还是在至少四个相关因素的基础上，向南非总理沃斯特发出了有吸引力的呼吁：第一，南非在国际上正变得越来越孤立，这部分是因为国际上的谴责和制裁，部分是因为美国的行动。例如，在1976年1月，美国投票赞成联合国要求南非为结束它对纳米比亚的非法占领制定时间表的决议。[2]两个月后，联合国通过了另一项决议——这次美国同样投了赞成票——谴责南非对安哥拉的军事介入。[3]又过了几个星期，基辛格在卢萨卡讲话中明

---

1. 基辛格，《复兴岁月》，第961页。
2. 联合国安理会第385号决议，由联合国安理会第1885次会议通过，S/RES/385，1885，1976年1月30日。
3. 翁斯洛，《"我们必须赢得时间"》，第131页。

确要求南非采取措施废除种族隔离制度。如果南非能采取与其受国际社会唾弃、不断恶化的名声截然相反的行动，帮助美国、英国和前线国家实现罗得西亚的黑人多数统治，那么比勒陀利亚的国际声誉就有可能得到改善，其孤立的处境也会有所缓和。

第二，南非国内的不稳定趋势正在加剧，其边境的军事前景也在恶化。[1]国际上的孤立和制裁使这些情况更加严重，同时，由于全球能源危机的综合影响和近期莫桑比克关闭边境造成的区域贸易损失，南非的经济状况急剧下滑。[2]提供军事支援的需求超过了南非政府的支付能力，在纳米比亚与游击队斗争、确保边境安全、国内安全管理以及支持伊恩·史密斯政权的花费不断增加，使得南非政府囊空如洗。[3]

第三，从南非的立场来看，在相对温和的黑人领导下就罗得西亚的多数统治达成协议，总比让更为激进的势力夺取政权要好一些。基辛格做了一个基本判断："从国际上来说，罗得西亚和纳米比亚已经成了南非的负担，消耗掉了它的资源……南非领导人试图避免的是，当罗得西亚的白人少数群体被黑人游击队蹂躏时，他们只能袖手旁观。毫无疑问，他们也希望在激进的潮流抵达南非边境之前，能够在罗得西亚和纳米比亚建立阻止它的后继政

---

1. 翁斯洛写道，西南非洲和罗得西亚的军事需求加在一起，造成了"日益严重的安全困境"和"南非国家安全的潜在危险"。参见翁斯洛，《"我们必须赢得时间"》，第126—127页；也可参见第29—30页和第40—41页。

2. 翁斯洛，《"我们必须赢得时间"》，第140页。在1976年9月4日与基辛格的会谈中，沃斯特指出了南非对莫桑比克劳工的依赖，他说："我们雇佣了成千上万来自莫桑比克和莱索托（Lesotho）的劳工。"参见美国国务院，《与B. J. 沃斯特的谈话备忘录，苏黎世，瑞士》（"Memcon with B. J. Vorster, Zurich, Switzerland"），1976年9月4日，资料来源于《基辛格的电话会谈》，http://search.proquest.com.ezp-prod1.hul.harvard.edu/docview/1679067316?accountid=11311。

3. 翁斯洛，《"我们必须赢得时间"》，第129—130页。翁斯洛援引沃斯特在1976年8月3日的内阁会议上的发言说："结论是：'不论是经济上还是政治上，前线都向我们刮来了凛冽的寒风。我们不能惊慌失措，或是采取危机决策。'"参见翁斯洛，《"我们必须赢得时间"》，第140页。米勒在《一个非洲民族》的第208—213页详细叙述了在对安哥拉进行干涉之后，南非国防军军费开支猛增的情况。

权，哪怕掌权的是黑人。"[1]南非政府觉得，与其等着让罗伯特·穆加贝的游击队最终接管政权，还不如及早采取行动支持基辛格的倡议，这可能会增加更温和的乔舒亚·恩科莫（Joshua Nkomo）掌权的机会，恩科莫致力于地区对话而不是暴力。[2]

第四，我们观察到，由于沃斯特本人在过去几年里致力于促进地区性的缓和，他至少有点倾向于接受基辛格的论点。沃斯特早先的倡议中，有一个要素是迫使罗得西亚给予其黑人公民更多的发言权，与当时的情况相比，这或许是以一种有所保留但限制较少的形式赋予了黑人公民权。[3]然而，南非对安哥拉的军事入侵使他的努力黯然失色，这次入侵打破了南非白人政权长期以来的主张，即他们不会插手邻近非洲国家的事务。用来替干涉安哥拉这一行动辩护的框架（受冷战驱动的反共产主义）所起到的作用只是进一步刺激了这一地区，使南非遭受了更大的压力。[4]此外，伊恩·史密斯拒绝承认罗得

---

1. 基辛格，《复兴岁月》，第958页。
2. 基辛格，《复兴岁月》，第995页。基辛格注意到卡翁达渴望看到恩科莫的政治地位超过被称为"带着枪的男孩"的穆加贝。这个说法通常被认为出自尼雷尔之口，据称他是支持穆加贝的。1976年9月6日，基辛格在与卡拉汉以及英国外交大臣安东尼·克罗斯兰会谈时，描述了沃斯特支持恩科莫的倾向。基辛格告诉英国代表团，沃斯特希望在边境上看到"罗得西亚会成为另一个赞比亚，而不会成为另一个莫桑比克"。参见美国国务院，《南部非洲》（"Southern Africa"），谈话备忘录，外交和联邦事务部（Foreign and Commonwealth Office），伦敦，1976年9月24日，资料来源于《基辛格的电话会谈》。基辛格在总结这次谈话时指出，沃斯特同意"恩科莫的领导不应被当成谈判的先决条件"，但沃斯特仍然认为"当黑人们前来参加谈判时，他们可能会回到恩科莫这边来"。然而，基辛格的评估是恩科莫已经"失势"了。参见美国国务院，《南部非洲》，谈话备忘录，外交和联邦事务部，伦敦，1976年9月24日，资料来源于《基辛格的电话会谈》。
3. 沃斯特的缓和倡议在米勒的《一个非洲民族》的第4章有详细描述，翁斯洛著作的第125—126页有对该倡议的简要概括。
4. 南非在安哥拉的政治动荡中——从葡萄牙人离开安哥拉开始——对安哥拉发动了一系列灾难性的军事入侵。米勒认为，南非从根本上把他们对安哥拉采取的行动框定为反共产主义，这给其对手提供了机会去做同样的事情，并利用这种对立来反对已经十分孤立的南非。这导致了日益加剧的地区紧张局势，使得"沃斯特必须寻求解决罗得西亚问题……这在1976年要比在1974—1975年时更难"。鉴于解决方案可以被视为"一个机会"，米勒写道："到1976年时，这已经是必要的了。一方面，他（沃斯特）亟须在地区紧张局势升级之前找到解决方案；另一方面，从地区局势来说，他又必须防止史密斯被激进派取代，这些激进派会为决心推翻共和国的革命骨干提供庇护，甚至为了他们自己的利益而邀请外国势力进行军事支持。他被夹在这两者之间进退两难。"参见米勒，《一个非洲民族》，第223页。更广泛的叙述请参见米勒著作的第5、6、7章。

西亚的前景日益恶化，也削弱了沃斯特促进地区缓和的能力。沃斯特在私底下明确表示了他对史密斯的失望，尤其是在先前举行的地区会谈期间，这次会谈最终被史密斯弄砸了。[1]沃斯特也很难采取可能揭示罗得西亚和南非在立场上存在分歧的公开措施，因为这会遭到南非各政治选区的激烈反对。[2]所以，在沃斯特先前的缓和倡议受到阻挠之际，基辛格就这一事业提出了一个更强有力的倡议版本，这并非完全不受这位南非总理的欢迎。

考虑到这四个因素，基辛格史无前例地向南非人提供了一次在欧洲举行会谈的机会，这为他日后访问南非打开了一个口子。他强调了美国愿意明显地缓和南非日益加剧的孤立的重要性："30多年来，没有哪位美国国务卿打算会见南非领导人，更不用说和他们谈判了——哪怕是在联合国这样的世界论坛上，也是如此。实际上，我在塑造南部非洲的未来的过程中，给南非提供了一个角色。作为回报，南非要承诺会帮助它的邻国实现多数统治，并最终在他们自己的国土上也这样做。"[3]为了使基辛格的提议更有吸引力，福特

---

1. 南非政府声明他们在外国事务中保持中立的立场。当然，南非在1975年对安哥拉的秘密入侵表明情况并非如此。然而，南非的公众舆论和政府的公开立场使得与史密斯公开决裂将成为一个打击。因此，翁斯洛指出，沃斯特"厌恶"因为与史密斯公开闹翻而被视为破坏了政府的"官方立场"。参见翁斯洛，《"我们必须赢得时间"》，第128—130页。米勒在《一个非洲民族》的第7章中详述了沃斯特的困境。1976年9月4日，在与基辛格会谈时，沃斯特描述了他在维多利亚瀑布城（Victoria Falls，沃斯特采取缓和行动时举行关键会谈的地点）与史密斯的互动："在桥上，我和卡翁达谈起了他在经济上遇到的困难——他如何把他的铜运出去的问题。我说：'你知道，你只能通过罗得西亚的铁路把这些铜运出去。'他说：'是的，我考虑过了。假如我这么做了，用了史密斯的铁路，在最后一刻，他把我卡住了怎么办？我的处境会比之前更糟。'于是我们去找史密斯。他说他会帮忙。我说：'他担心的是你可能会在一个尴尬的时刻阻挡他。我现在告诉你——当着卡翁达的面——如果你做了保证又反悔，那么我会抛弃你，公开地。'你可以去问卡翁达。"参见美国国务院，《与B. J. 沃斯特的谈话备忘录》。
2. 米勒在《一个非洲民族》中详述了沃斯特和史密斯之间长期而复杂的关系，参见第142、148、157页，更为广泛的叙述参见第119—161页以及第225—259页。尽管沃斯特在维多利亚瀑布城对史密斯表现得很强硬，但在1976年9月4日与基辛格的那次会谈中，他对自己在让史密斯下台这件事上公开发挥作用的能力持更谨慎的态度，他告诉基辛格，"我们不能被视为想要罢免伊恩·史密斯。罗得西亚人可以罢免他，但我们不行"。参见美国国务院，《与B. J. 沃斯特的谈话备忘录》。
3. 基辛格，《复兴岁月》，第964页。"没有哪个（南非）国民党的总理曾经与美国国务卿会面过。"（米勒，《一个非洲民族》，第221页。）

总统公开表示"如果在某个时间点上，与罗得西亚和南非的两位领导人会面是明智的，那我当然会这样做"。[1]

沃斯特同意在1976年6月16日举行会谈，但就在这一日期临近之时，南非当局凶残地镇压了索韦托（Soweto）的黑人抗议活动，杀害了400多名平民。政府的暴行引发了黑人城镇长达数月的抗议活动。[2]联合国对南非政府的暴力和不恰当的镇压行动进行了谴责，美国也加入了谴责的行列。

顶着这样尖锐的国际批评，基辛格仍然愿意在德国会见沃斯特，哪怕这肯定会招致数千名反种族隔离者的抗议，因此这次会面对南非领导层来说就更有价值了。

最后，在6月23日，基辛格与沃斯特面对面地坐在"一间小小的起居室里，我首先——按照我在几乎所有谈判中的习惯——对我们所要达成的目标进行了哲学上的讨论"。[3]出于地缘政治和道德这两方面的原因，美国正在寻找使该地区和平过渡到多数统治的方法。但是，基辛格认为，"如果沃斯特认为罗得西亚和纳米比亚的命运就是自己国家的未来，就会使结果变得非常复杂，而且肯定会大大延迟它的到来。但最终，多数统治在罗得西亚是不可避免的……暴力将会增加；激进派会主导武装斗争，还可能会得到外国势力

---

1. 基辛格，《复兴岁月》，第964页。沃斯特绝不是肯定会接受与基辛格会面的提议的，他把一年前南非对安哥拉进行灾难性军事入侵未遂的责任归于基辛格。米勒指出，南非人夸大了遭到背叛的感受，但他同时也指出，通过沃斯特当时对《新闻周刊》（Newsweek）所做的评论，人们深深地感到被背叛了。沃斯特说："美国国务卿亨利·基辛格强烈要求南非国防军入侵安哥拉，但不提供必要的支援。"参见米勒，《一个非洲民族》，第201—202页。米勒写道，因此，"沃斯特对安哥拉行动之后再次与华盛顿合作持怀疑态度"。正是基辛格和福特两人的主动表态，以及基辛格与南非大使鲁洛夫·"皮克"·博塔（Roelof "Pik" Botha）进行的多次会谈，说服了沃斯特这样做。参见米勒，《一个非洲民族》，第219页。
2. 基辛格，《复兴岁月》，第966页；苏·翁斯洛，《"幕后音"：南非与兰开斯特宫协议1979—1980》（"'Noises Off': South Africa and the Lancaster House Settlement 1979–1980"），《南部非洲研究杂志》（Journal of Southern African Studies），第35卷第2期（2009年），第490页。米勒把南非国内黑人反对派的崛起与干涉安哥拉失败联系起来，指出南非的努力证明了南非黑人日益认为南非政府没有决心进行任何实质性的改革。参见米勒，《一个非洲民族》，第203—205页。
3. 基辛格，《复兴岁月》，第969页。

的援助。到那个时候，南非将面临两难的选择，是要在罗得西亚和纳米比亚的欧裔人口被驱逐出境时袖手旁观，还是要加入这场冲突"。[1]

然而，基辛格向沃斯特表明，通过与美国人合作，他可以"基于即使是在非洲，南非也被视为一个非洲国家，而不是一个殖民国家的事实，在南非与它的北方邻国之间划清界限——不论其国内机构会对此感到多么怨恨。我遇到的每一位非洲领导人都强调了这一点……我给沃斯特机会，是为了让他获得一定的喘息空间，以使他的国家和平解决自己的问题，而不是给他一种逃避这些问题的手段"。[2]

基辛格既不威胁也不指责南非。福特政府不是要"发动一场针对他们个人的十字军东征；实际上……对于前几代人留给他们的痛苦的困境，我们深感同情……我们不是为了惩罚他们的父辈，甚至他们自己——在西方，许多他们的批判者正是这样做的。相反，我们的目的是使他们面对现实，并尽可能温和地引导他们接受这一事实：正是这些（现实）决定了道德和政治基础的改变"。[3]因此，基辛格"更多地以遗憾而不是愤怒的态度来表达这些观点，不过多地争论南非的过去，而是把重点放在对其未来的选择上"。[4]

南非总理沃斯特通常表现得很强硬，却被这种语气和论据的组合打动了。他"所有的举止都表明，面对一个为他们做了某些考虑的超级大国，阿非利坎人[5]没有围绕着他们的马车布阵顽抗，就像他们在过去那段艰难的历史中不得不经常做的那样"。[6]

总的来说，沃斯特同意提供帮助，以促使罗得西亚和纳米比亚依据民族自决的原则进行变革。基辛格总结说："前提是不能要求他放弃罗得西亚的

---

1. 基辛格，《复兴岁月》，第968页。
2. 同上。
3. 同上。
4. 基辛格，《复兴岁月》，第959页。
5. 南部非洲的民族，荷裔白人，主要分布在南非。——译者注
6. 基辛格，《复兴岁月》，第969页。

欧裔人口，使他们得不到任何权利。满足了这个条件，他就会支持我们在罗得西亚催生多数统治的努力。他同意只有尽早结束武装斗争，才有可能在罗得西亚取得一个温和的结果。"[1]

　　"考虑到他们的孤立状态和（他们的）不祥预感，南非人应该会欣然接受我为了换取他在罗得西亚和纳米比亚问题上的合作而提供的补偿，这是我能够提供给他们的唯一的东西：用来解决他们自己问题的时间。……'我认为历史不站在你这边，'我告诉南非大使鲁洛夫·'皮克'·博塔，'但我们至少要争取时间……如果我们能把南非的问题和罗得西亚分开，就有更多的时间来处理南非的问题了——除非在解决罗得西亚的问题时所采用的方法加速了问题的恶化。'"[2]

　　更广泛的谈判见解：移情和强势是一种强有力的组合。[3]但许多谈判者表现得就像一个人可以移情，也可以强势，但不能两者兼而有之。基辛格对南非所采用的方法（以及我们将要展示的他后来对罗得西亚所采用的方法）结合了这两个被认为不相容的要素。通过移情获得的理解使他洞察到了南非最要紧的利益：彻底改变这个国家不断加剧的受排斥的地位，避免因支持罗得西亚和纳米比亚而付出高昂的代价，并防止出现更糟的结果。谈判中的移情并不同于表达同意或同情，它涉及向另一

---

1. 基辛格，《复兴岁月》，第969页。
2. 基辛格，《复兴岁月》，第959页。
3. 参见罗伯特·H. 姆努金、斯科特·R. 佩珀特（Scott R. Peppet）和安德鲁·S. 图卢梅洛（Andrew S. Tulumello），《超越胜利：在交易与争议中创造价值的谈判》（*Beyond Winning: Negotiating to Create Value in Deals and Disputes*），马萨诸塞州，剑桥：贝尔纳普出版社（Belknap Press）/哈佛大学出版社，2000年。更完整的探讨参见罗伯特·H. 姆努金、斯科特·R. 佩珀特和安德鲁·S. 图卢梅洛，《移情与强势之间的冲突》（"The Tension Between Empathy and Assertiveness"），《谈判杂志》，第12卷第3期（1996年），第217—230页。

方展示你对其观点的理解。这种方法可能缓和了南非的戒备心。与此同时，基辛格的行动和要求（美国对南非政策的谴责，美国支持联合国严厉谴责南非的决议，以及美国要求沃斯特对罗得西亚施加沉重的压力）本质上是非常强势的——即便他是在面对面的谈判中，以"温和"的语气来表达这些要求的。

在基辛格坚定的压力下，沃斯特也就举行谈判商讨纳米比亚独立问题做出了几项让步——迄今为止，纳米比亚的独立一直受到南非的限制。至少在原则上，南非同意在日内瓦就纳米比亚的独立举行会谈，最后期限定为1978年年底，联合国可以正式参与这次会议。此外，实际上，会议的大门还将向由萨姆·努乔马领导的西南非洲人民组织游击队敞开，使他们能在未来的谈判中发挥核心作用。[1]

只要基辛格在与其他非洲国家进行谈判时，谨慎地对南非政策上这些潜在的重大改变加以展开，就能提高他的可信度，并建立起使史密斯接受多数统治的势头。如图2.2所示，基辛格所制定的战略的第一阶段和第二阶段正在按计划进行，战略中已经告一段落的部分用阴影做了标示。

基辛格担心，如果前线国家得知南非在罗得西亚和纳米比亚问题上做出了史无前例的让步，他们就会收回之前所做的妥协，开始漫天要价。因此，在实施下一个阶段的战略时，他坚持要对他与沃斯特之间的谈判结果保密。他和他的团队打算在适当的时候访问该地区的国家，并灵活地把南非提供协助的可能性——他私下里明白，这实际上已经有保证了——当成诱饵，用以巩固前线国家对美国和英国计划的支持。

---

1. 基辛格，《复兴岁月》，第970—972页。

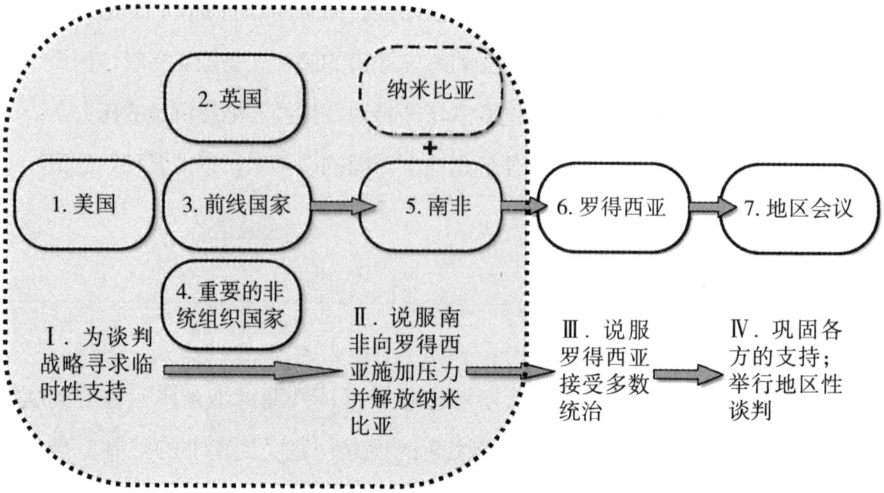

图2.2 谈判战略——第二阶段已完成（阴影部分）

更普遍地说，基辛格的谈判有时候要依赖保密、非正式渠道和信息的选择性披露。这样的选择可以使谈判向前推进——这是一个基本目标。（我们将在第十一章和第十三章中详细分析这些选择。）但是，这些战术也可能会招致怀疑和损害信任，特别是当这样的战术被觉察到，或是某一方感到受了骗时；确实，批评者后来把这一类战术都描述为"撒谎"。[1]

英国和前线国家暂时性的支持受到了侵蚀

英国的积极支持是成功的关键。由于史密斯那未得到承认的"独立宣言"，英国丧失了对罗得西亚的统治权，基辛格的计划是在起草新宪法的时候，由英国暂时性地重新接管罗得西亚，然后再由它来主持合法的权力移

---

1. 翁斯洛，《"我们必须赢得时间"》，第148页。

交。基辛格对这种情况所导致的双重谈判挑战做了阐释："如果黑人前线国家不提出请求的话，英国绝不会同意承担这个任务。因此，我们只好去完成一个具有讽刺意味的双重使命，说服不情愿的英国在一段短暂的时期内再次承担起它已经抛掉30年的帝国职责，并说服其前殖民地臣民邀请他们昔日的统治者回来，以便正当、合法地抛弃帝国统治。"[1]

不幸的是，由于这个"双重使命"，英国似乎越来越不愿意在谈判中发挥更积极的作用了。英国首相卡拉汉和外交大臣克罗斯兰表面上都承诺要为基辛格的外交出力，但到了要在重大问题上与美国人的想法保持一致的时候，他们却表现出了令人恼火的暧昧。这些问题包括：在罗得西亚过渡时期，政府高级职位中白人和黑人的平衡；财产和政治保护的范围；对罗得西亚白人的补偿。英国国内有严重的经济问题，他们很担心被卷入罗得西亚的军事纠纷，而且英国曾屡次遭伊恩·史密斯耍弄，区区一个各方承诺协助谈判的保证无法使他们安心。

前线国家的支持也在一天天地减弱，各方面都在倒退。英国的骑墙观望和前线国家持续的犹豫不决相互加强。基辛格推测，尼雷尔期待游击队给罗得西亚造成更大的压力，推迟会谈将削弱白人政权讨价还价的能力。不论确切的原因是什么，他的战略在非洲和英国都受到了侵蚀，而且国内的共和党也向他施加了强大的压力，叫他终止外交。这让基辛格踌躇再三，觉得"在这个时间点上，放弃谈判的诱惑是压倒性的"。[2]然而，诱人的成功似乎唾手可得，而放弃的后果又似乎过于沉重，基辛格决定坚持下去，但要重新思考他的战略和战术。

---

1. 基辛格，《复兴岁月》，第973页。
2. 基辛格，《复兴岁月》，第979页。

大幅度修改谈判战略

简而言之，"起初的战略是和前线国家一起找到一个共同的立场，带着它去找沃斯特，然后强迫史密斯接受它"。[1]鉴于英国的矛盾心理——这种心理部分起因于前线国家领导人与日俱增的逃避行为，基辛格大幅度改变了他的做法，颠倒了他起初精心安排的谈判进行顺序。为了组建一个联盟支持他向史密斯施压，他现在决定"推翻这个程序……（他）将试着同卡拉汉一道制定一个详细的（书面）建议，获得沃斯特的支持，与前线国家的总统们一起明确这一建议的原则，在沃斯特的帮助下说服史密斯，然后再把它带回给前线国家的总统们，让他们做最后的批准"。[2]（见图2.3）

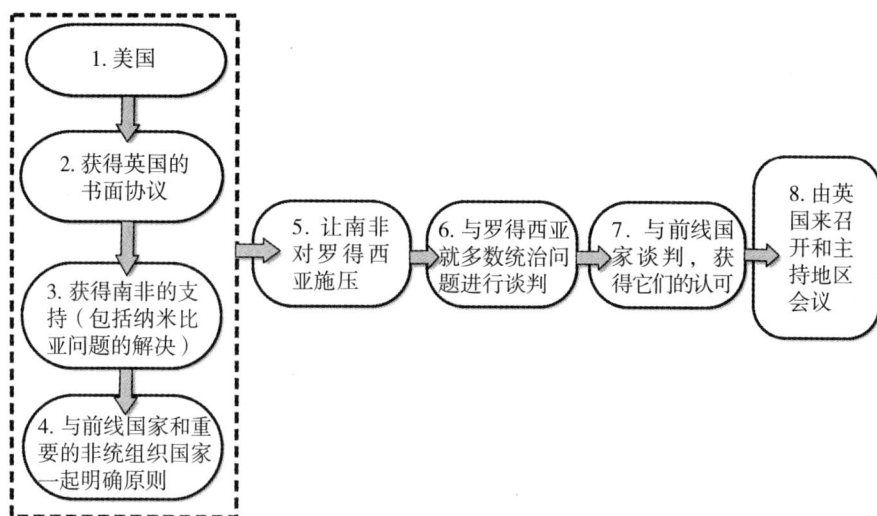

图2.3　大幅度修改谈判战略

---

1. 基辛格，《复兴岁月》，第980页。
2. 同上。

这样的重新安排和战术转变需要很好的技巧和运气。"这是一个复杂的方案，"基辛格说，"它的关键在于我们的幕后指挥，最终的突破应该以这样一种方式来呈现：史密斯接受了英国和美国提出的条件，而前线国家受邀对此做出回应。它不能以非洲人向史密斯让步的形式告终。"[1]此时，基辛格知道，如果提议被看作来自南非或罗得西亚，它就根本不可能被该地区接受。

更广泛的谈判见解：战略性地思考，但机会主义地行动。在情况发生变化时，许多谈判者死抱着一个战略，或者更糟糕，死抱着一个固定的脚本，全然不顾新信息的出现，或是其他方面的行动已经削弱了他们最初的战略。相比之下，基辛格似乎总是在遵循"战略性地思考，但机会主义地行动"这条格言。他在安哥拉采取秘密行动的计划被阻止时，就是如此，当时他转而采取外交手段。他的战略的基本原理是明确的，然而情况发生了变化。因此，他的谈判方法也要根据新情况做出调整。随着他起初的排序观念的崩塌，他修改过的战略要求他排出一个完全不同的顺序，以建立一个事实上的联盟，以便成功地向史密斯施压，并且确保英国的参与。

为了预先封堵将来英国可能出现的摇摆不定或倒退，基辛格催逼英国以书面形式提出建议。到8月底，一个英美联合工作组拟定了必需的文件。英国

---

1. 基辛格，《复兴岁月》，第980页。

首相卡拉汉和外交大臣克罗斯兰在伦敦的内阁会议室里把它交给了基辛格。现在，基辛格可以使用这一文本来巩固南非的承诺，并说服犹豫不决的坦桑尼亚总统（尼雷尔）回到船上来，和他达成协议，以召集前线国家的领导人，说服他们支持这次交涉。

1976年9月4日，星期六，基辛格在两个月内第二次会见沃斯特。这次会议"本身就是南非人的一件大事，对他们来说，这为他们的孤立状态画上了一个象征性的句号"。[1]南非人更加坚定地致力于对罗得西亚施压，对纳米比亚问题的态度也变得更加明确、友好。基辛格这次还是打算在接下来与前线国家的谈判中隐瞒这一信息，正如他向福特解释的："我不打算——重复一次，不打算——在这一阶段向任何人披露这些文件，因为在非洲黑人自己做出更为具体的承诺之前，我们不透露南非即将采取的立场是很重要的。"[2]

这种选择性的信息披露有助于推动谈判进程，至少有助于推动它向下一个阶段发展。朱利叶斯·尼雷尔非常怀疑基辛格能够确保南非或英国做出这样的承诺，他评论说："假设奇迹发生了——我真的觉得这就像奇迹一样——沃斯特让史密斯说出'多数统治必须实现；最好能以和平的方式实现，所以我接受卡拉汉先生的主张'。……如果……英国召开一次宪法会议，我会感到非常高兴。"[3]当然，基辛格已经"从（外交大臣）克罗斯兰那里得知，英国同意召开这样的会议。我还从沃斯特那里得知——虽然尼雷尔不知道——史密斯接受多数统治的'奇迹'已经在（南非首都）比勒陀利亚等着我了"。[4]基辛格接着说，尼雷尔"实际上支持我们的外交"。[5]接下来与其他非洲领导人进行的会谈普遍都取得了成功；图2.4中的阴影部分表明了到此时为止，基辛格修改后的战略所取得的进展。

---

1. 基辛格，《复兴岁月》，第985页。
2. 基辛格，《复兴岁月》，第986—987页。
3. 基辛格，《复兴岁月》，第991页。
4. 同上。
5. 基辛格，《复兴岁月》，第992页。

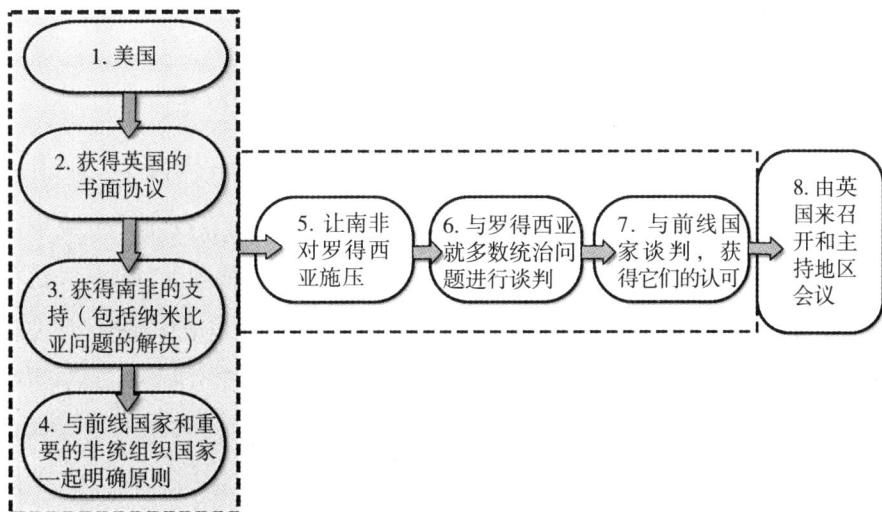

图2.4　修改后的谈判战略（阴影部分表示已完成）

使伊恩·史密斯说"好"和处理伦敦的横生枝节

当南非公开承诺会在纳米比亚独立问题上采取更加灵活的态度，而英国的支持也得到了巩固时，基辛格和他的团队展开了第二次非洲之行。他们准备再次与沃斯特会面，这次是在比勒陀利亚——但只有当沃斯特迫使伊恩·史密斯同意于两年之内在罗得西亚实现黑人多数统治时，会面才能实现。这是一次艰难的推销。即使罗得西亚的军事前景日益恶化，区域贸易正在崩溃，伊恩·史密斯依然桀骜不驯，他坚信美国和南非将被迫前来援助他，否则这整个地区都会被古巴和苏联夺走。[1]他坚定不移地拒绝任何南非让他缓和自己方针的要求。就在8月初，史密斯的军队突袭了邻国莫桑比克，在一个游击队营地里屠杀了大约1000名男子、妇女和儿童，这震惊了国际社

---

1. 翁斯洛，《"我们必须赢得时间"》，第146页。

会，并使沃斯特遭受了事实上的指责。[1]

沃斯特发出最后通牒

8月底，被史密斯的行为激怒的南非人从罗得西亚撤走了他们长期驻扎在那里的军用直升机机组人员和信号员。[2]沃斯特发来一条信息：他与史密斯政府中走强硬路线的国防部长的交涉结束了，并希望与更温和的财政部长进行对话。[3]在莫桑比克于3月份关闭边境之后，罗得西亚已经越来越依赖于南非向它提供与外部世界联系的通道。维持罗得西亚的经济和史密斯的军事努力所必需的进出口贸易（包括农产品、石油、武器和矿产）现在只能通过南非来进行。[4]因此，当沃斯特在与基辛格会晤之前，向史密斯发出最后通牒，威胁他接受英美备忘录中的原则时，这位罗得西亚领导人被逼上了绝路。

与伊恩·史密斯会面

伊恩·史密斯怀着一种不安——如果不是害怕的话——的感觉，设想着他与基辛格之间即将进行的谈判，他刚刚经历了另一轮"沃斯特的施压"，并且听到了南非对"基辛格会带来什么样的计划"所做的解释。[5]长期以来，史密斯一直认为白人统治的罗得西亚是西方的反共产主义堡垒，他在他1997年出版的书（书名很引人注目，叫作《大出卖》）中讲述了他很快就要面

---

1. 翁斯洛，《"我们必须赢得时间"》，第142页。
2. 翁斯洛，《"我们必须赢得时间"》，第143页。
3. 翁斯洛，《"我们必须赢得时间"》，第128页。伊恩·道格拉斯·史密斯，《大出卖：伊恩·道格拉斯·史密斯回忆录》（*The Great Betrayal: The Memoirs of Ian Douglas Smith*），伦敦：布莱克出版有限公司（Blake Publishing Ltd），1997年，第196页。
4. 翁斯洛，《"我们必须赢得时间"》，第144页；亨利·卡姆（Henry Kamm），《南非全神贯注于罗得西亚戏剧》（"Rhodesian Drama Engrosses South Africa"），《纽约时报》，1976年3月22日，第3版；罗宾·赖特（Robin Wright），《沃斯特和史密斯就基辛格的非洲穿梭举行会谈》（"Vorster and Smith Hold Talks on Kissinger's Africa Shuttle"），《华盛顿邮报》，1976年9月15日，第A10版。
5. 史密斯，《大出卖》，第198—199页。

对的"霍布森选择"（Hobson's choice）[1]，并哀叹"对可怜的罗得西亚人来说，（这是）多么绝望的处境"。[奇怪的是，史密斯记得他"从美国某个利益相关者那里收到了一本书，书名为《基辛格——共产党的代理人！》（*Kissinger—Communist Agent!*）"。][2]

基辛格计划于1976年9月19日在比勒陀利亚会见伊恩·史密斯和他的罗得西亚同事，这位美国人说："即使正是我用外交手段封死了史密斯的每一条逃生路线，我还是不愿意告诉我的对话者，他们的生活方式行将结束。"[3]随后进行的谈判虽然殷勤有礼，但十分漫长，在答应支持（与已经给沃斯特看过的美英文件相一致）保护白人少数群体的财产和政治权利的规定，以及讨论了对被迫放弃土地者提供补偿的可能性之后，基辛格终于把事情搞定了。作为回报，基辛格提出的条件也得到了明确：史密斯必须参加有关各方全体参与的谈判，以两年内在罗得西亚实现黑人多数统治为前提，公开地接受谈判。

罗得西亚总理后来仔细回想了基辛格在这些持续一整天的谈判中所采取的忧郁甚至移情的态度，这实际上是对这个白人政权发出的残酷的最后通牒。用史密斯的话来说，"基辛格承认他提供的这一揽子交易是没有吸引力的，但这是他能够从其他各方——英国政府和前线国家，他们被拉在一起了——那里搞来的最好的东西了"。史密斯哀叹道，即使是美国国会中的保守派，那些可能会对任何共产主义威胁采取有力行动的人，也在对安哥拉采取秘密行动的问题上做出了让步，他们不能在未来可靠地支持罗得西亚。史密斯接着说："（基辛格）没看到自由世界出半分力来帮助我们，随着时间的推移，他只看到我们的处境越来越艰难。从现有的迹象来看，

---

1. 英国剑桥商人霍布森经营马匹生意，他承诺自己的马价格低廉，可随意挑选，但实际上他只允许顾客挑选能牵出马圈的马，而他的马圈只留有一个小门，好马根本出不去。后人就用"霍布森选择"来比喻这种没有选择余地的选择。——译者注
2. 史密斯，《大出卖》，第200页。
3. 基辛格，《复兴岁月》，第998页。

杰拉尔德·福特似乎会在年底的总统选举中失败，（吉米·）卡特（Jimmy Carter）会当选，到那时，上帝会帮助我们……再一次地……（基辛格）强调，对于我们，他感到非常难过……如果我们拒绝这个提议，他会理解和同情我们，绝不会责难我们……这个决定要由我们来做。"[1]

史密斯回忆道："（基辛格）说话很诚恳，他的声音里带着强烈的感情。有段时间，他说不出话来……如果那天我们接受提议，他将立即飞走，去找卡翁达和尼雷尔重新确认计划。如果我们拒绝，他会离开此地，前往世界的另一边去处理那里的事务，而罗得西亚就会被他抛在脑后了……我们所有人都对基辛格的真诚和直率的态度印象深刻。"[2]长期负责罗得西亚情报部门的肯·弗劳尔（Ken Flower）也参加了这些会谈，他在日记中写道："让人印象最深刻的是基辛格对形势的把握。当争论点冒出来时，他在做出回答方面远远强于他的团队成员……当我们休息吃午饭的时候，基辛格一直在说他多么理解罗得西亚的处境：如果他和伊恩·史密斯易地而处，他会有多么困惑，多么难以决断。"[3]

更广泛的谈判见解：不论要传达的信息多么刺耳，传达方式都可以是温和的。虽然基辛格传达给沃斯特和史密斯（特别是后者）的信息内容非常强硬，但他的态度是低调和感同身受的，而不是指责或苛求的。这样的态度更有可能诱使对方接受基辛格所寻求的协议，而更具对抗性的态度常常只能引起对方的防御和拒绝。基辛格后来告诉我们，根据他

---

1. 史密斯，《大出卖》，第201—202页。
2. 史密斯，《大出卖》，第203、207页。
3. 肯·弗劳尔，《秘密工作：一个情报主管的记录——从罗得西亚到津巴布韦，1964年至1981年》（*Serving Secretly: An Intelligence Chief on Record: Rhodesia into Zimbabwe, 1964 to 1981*），伦敦：J. 默里（J. Murray），1987年，第170页。

的判断，对沃斯特或史密斯采取直率的态度"会毁掉整个进程"。正如
我们在前面的"谈判见解"中所指出的，不太有成效的谈判者往往认为
要在移情和强势之间做权衡，实际上，一个在实质上非常强势的人，也
可以采取移情的态度。[1]然而，采取移情的态度是有风险的：当一个外
部的观众（在这件事中指的是一个更为激烈地反对种族隔离制度的人）
注意到这种似乎是和解的谈判行为时，他会把它推断为对种族隔离的认
可，并大声地反对。

不管怎样，信息是传达出去了，史密斯在回忆那个具有决定性的因素
（当然，这个因素是基辛格通过早先的谈判安排好的）时满心苦涩："南非
人在极度恐慌中迫切地想把我们扔进狼群里，试图用解决罗得西亚问题来为
他们赢得时间和信用……我们面对的是这个世界上控制着我们的生命线的那
个国家（南非），它现在已经向我们发出了最后通牒，让我们别无选择。"[2]
罗得西亚总理走投无路，接受了这个框架。

值得注意的是，基辛格是怎样通过在"谈判桌外"采取有条不紊的行
动，封死史密斯不做交易的选项，从而实现英国人花了10年时间进行外交
都没能达成的目标的，这其中还包括哈罗德·威尔逊首相在英国战舰甲板上
直接与伊恩·史密斯进行谈判的两次高调尝试。回想起那些谈判，史密斯悲
伤地说，基辛格"毫不含糊地表明，这是一揽子交易，打包绳一头攥在英国
人、美国人和南非人手里，另一头攥在黑人总统们（卡翁达和尼雷尔）手
里，而且再也不可能完全回到从前。我们的选项只有接受或拒绝。如果我们

---

1. 参见姆努金、佩珀特和图卢梅洛，《超越胜利》。更完整的探讨请参见姆努金、佩珀特和图卢
   梅洛，《移情与强势之间的冲突》。
2. 史密斯，《大出卖》，第207、209页。

拒绝，下一次的提议只会更糟"。[1]

更广泛的谈判见解：有效的谈判所需要的远不只是说服性的口头交流；在谈判桌外采取行动来仔细安排激励和惩罚，对诱导出你想要的那句"好"而言是至关重要的。许多人把"谈判"定义为谈判桌前的会谈。基辛格精心策划的行动（涉及美国、英国、前线国家、重要的非洲统一组织国家以及南非）使罗得西亚继续说"不"的代价变得太高昂了。在我们看来，这种行为——不论是提高交易对目标方的吸引力，还是提高使交易陷入僵局的代价，都应该被视为高效的谈判者的工具箱里固有的一部分。

罗得西亚的黑人领袖之一埃布尔·穆佐雷瓦主教［统一非洲人全国委员会（United African National Council）领导人，在短暂的过渡时期出任政府总理］强调了"激进派"的决定——加强与白人政权的武装斗争——对谈判的影响，认为这在暗中强化了基辛格的外交策略："我们的战斗似乎只会使基辛格博士大大地强化他的和平倡议。实际上，我们的行动可能使他在面对沃斯特和史密斯时更有底气了，因为他们两人都厌恶那个替代解决方案——旷日持久的游击战。"[2]

当史密斯返回罗得西亚时，基辛格带着史密斯接受提议以及沃斯特承诺

---

1. 史密斯，《收获苦果》，第202—203页。
2. 埃布尔·滕德卡伊·穆佐雷瓦（Abel Tendekayi Muzorewa），《起来行走：一部自传》（*Rise Up and Walk: An Autobiography*），诺曼·E. 托马斯（Norman E. Thomas）编，伦敦：埃文斯图书（Evans Books），1978年，第208页。

解决纳米比亚问题的消息，再次与尼雷尔和卡翁达会面。[1]鉴于前线国家的总统们早先的判断是与史密斯的会谈不会取得什么成果——还记得吗，尼雷尔把这个可能的结果称为"奇迹"——基辛格预测他取得突破的消息将会被欣然接受。在卢萨卡和达累斯萨拉姆（Dar es Salaam），两位总统对这项交易表示了欢迎，但他们都只是在私底下表示支持，对于明确地公开表示赞同，则有所保留。虽然基辛格确信他们会参加有关各方的全体会谈，但他明白，这两位总统都有持强硬态度的选民和盟友。他们必须谨慎行事。

在基辛格四处奔走的同时，很明显，尼雷尔和卡翁达把英美框架的"细节"看成了要由有关各方一起来协商解决的问题。相比之下，史密斯则致力于在谈判前说服基辛格的同僚，以对罗得西亚有利的形式，越过书面框架本身把细节确定下来。这些"细节"包括在过渡时期为白人提供制度性保护，为罗得西亚白人建立合理的补偿基金，以及两年过渡期政权的种族构成。但除了已经被写下来的内容，美国团队拒绝增加任何东西，他们也不会超越基辛格的口头承诺，从罗得西亚人的利益出发去探索协议的方方面面。更确切地说，在未来的谈判中，什么是已经商定的以及是由谁商定的，将被证明是有争议的。

英国传来的坏消息

基辛格认为，现在有关各方的全体会谈实际上已经是确定无疑的了。但当他返回赞比亚时，传来了一个令他震惊的消息，英国准备取消对这场交易的支持，也不打算参加全体会议了。[2]基辛格很想知道，为何这个时候英国政府突然不能接受这份书面协议（由他、英国首相和外交大臣达成，并作为一项美英联合提出的提议，展示给整个非洲看）了？

---

1. 基辛格，《复兴岁月》，第985—987页。
2. 基辛格，《复兴岁月》，第1006页。

基辛格试图联系他的英国谈判对手，但没成功，于是他马上飞往伦敦。在那里，卡拉汉和克罗斯兰尴尬地接待了他。[1]由于担心这份承诺英国要与不可靠的史密斯进行谈判的协议会遭到执政联盟成员的阻挠，卡拉汉没有把这份文件给他的内阁成员看。为了做出补救，卡拉汉提出了一个很不寻常的要求：基辛格能否自己直接向英国内阁提交该提案，以获得他们的批准？不论如何，他已经想办法把基辛格在整个南部非洲把这份文件描述成美英官方提议之事给搪塞过去了。基辛格很有说服力，英国内阁批准了这个方法。[2]

史密斯公开做出承诺

与基辛格会谈五天之后，9月24日，星期五，史密斯在电视上做了一次宣告，公开承认他已经同意在两年之内接受多数统治的原则，并答应参加谈判。[3]他把这一声明描述为一次"残忍的打击"。[4]而此时，在一架飞机上，美国团队则在为这条新闻欢呼。[5]近距离的观察者记录下了"史密斯的电视广播对罗得西亚白人人口造成的震撼"。[6]对史密斯的情报主管肯·弗劳尔来说，这次宣告"把大多数罗得西亚人的世界颠倒过来了"。[7]用埃布尔·穆佐雷瓦主教的话来说，则是史密斯的广播"使全世界为之激动"。[8]

仅仅6个月之前，史密斯还轻蔑地宣称黑人多数统治"在1000年内"都不会到来。9月19日，基辛格的助理国务卿威廉·肖费勒在举行于比勒陀利亚的

---

1. 基辛格，《复兴岁月》，第1007—1008页。
2. 基辛格，《复兴岁月》，第1011页。基辛格向英国内阁所做陈述的详细文本，请参见美国国务院，《南部非洲》，谈话备忘录，唐宁街10号，伦敦，1976年9月23日，资料来源于《基辛格的电话会谈》。
3. 基辛格，《复兴岁月》，第1011页。
4. 史密斯，《大出卖》，第210页。
5. 本书作者对弗兰克·G.威斯纳大使的采访，2016年5月5日。
6. 详尽的阐述请参见翁斯洛，《"我们必须赢得时间"》，第123页。
7. 弗劳尔，《秘密工作》，第152页。
8. 穆佐雷瓦，《起来行走》，第208页。

一次会议上挖苦地评论说："我们把这一期限缩短了……98.9%。"[1]

在一份"战斗性的声明"中，前线国家的总统们对史密斯的声明公开表示欢迎，称它代表了非法的、种族主义的罗得西亚政权的"崩溃"，并把它说成为自由而战的游击队所取得的胜利，却没有提及美国和英国的外交行动。但在私下里，基辛格确认总统们已经接受了谈判的框架和计划。同时他强调，谈判者的坚定理解与公开声明之间经常会有冲突，这是为了让关键的幕后团体继续——至少在谈判进入下一阶段之前——发挥作用。[2]尼雷尔完全依照基辛格观察到的模式解释道："基辛格博士，你和我要考虑的'政治支持者'迥然不同，不可避免地，在应对他们时，我们彼此都会对对方的问题不敏感，这里就存在风险了……我希望通过坦诚、友好的联系，最大限度地减少我们之间的误解。"[3]

普遍的谈判见解：至少，有成效的谈判者会对另一方"台面下"的支持者问题很敏感，甚至经常积极地出手援助对方。[4]人们往往认为，协议的实际条款决定了它会被接受还是被拒绝。然而，就一笔交易能否被接受而言，各方的支持者怎样看待它是一个至关重要的问题。不太有效的谈判者总是觉得，让内部人士和主要的利益相关者赞同交易完全是"对方的问题"。但是，如果对方内部或选民中的反对派阻挠交易，这

1. 肖费勒，《小威廉·E.肖费勒大使访谈》，第177页。
2. 亨利·基辛格，与本书作者的个人通信，2017年8月31日。
3. 基辛格，《复兴岁月》，第1013—1014页。
4. 詹姆斯·K.塞贝纽斯，《二级谈判：帮助对方应对其"台面下"的挑战》（"Level Two Negotiations: Helping the Other Side Meet Its 'Behind-the-Table' Challenges"），《谈判杂志》，第29卷第1期（2013年），第7—21页。

就会成为双方的问题。[1]基辛格和尼雷尔都明白，把谈判的私下和公开方面区分是非常重要的。正如基辛格在一些棘手的谈判中所观察到的，对谈判进行"幕后操纵"常常是很重要的，这能使各方看上去都取得了胜利，或者至少赢得了一个可以接受的结果。

一次"壮观高潮"

在全球范围内，罗得西亚政府令人震惊和意外的转变使得各大媒体都以通栏标题报道"基辛格惊人的外交胜利……电视和报纸上的照片展示了他手持肯尼亚总统乔莫·肯雅塔赠予他的仪式性部落宝剑和盾牌，宣布这一协议的场景……（基辛格）……成了新闻杂志封面的主角，《时代》周刊则宣称这是'一次精心策划的争取和平的壮观高潮'"。[2]《华盛顿邮报》认为，让各方走上地区谈判的轨道是一个"小小的奇迹"。[3]如图2.5所示，基辛格修改后的战略只差一个阶段就能完成了。

---

1. 罗伯特·H. 姆努金和埃胡德·艾兰（Ehud Eiran），《"台面下"的龃龉：以色列犹太人关于约旦河西岸和加沙地带定居点之未来的内部冲突》（"Discord 'Behind the Table': The Internal Conflict Among Israeli Jews Concerning the Future of Settlements in the West Bank and Gaza"），《解决争议杂志》（*Journal of Dispute Resolution*），第1期（2005年），第11—44页。
2. 艾萨克森，《基辛格》，第691页。
3. 《罗得西亚的抉择》（"Rhodesia's Alternatives"），《华盛顿邮报》，1976年11月2日。

```
┌─ ─ ─ ─ ─ ─ ─ ─ ─ ─ ─ ─ ─ ┐
│      1. 美国            │
│                        │
│   2. 获得英国的         │
│      书面协议           │
│                        │      5. 让南非      6. 与罗得西亚      7. 与前线国      8. 由英
│   3. 获得南非的支       │      对罗得西      就多数统治问      家谈判，获得     国来召
│      持（包括纳米比     │      亚施压        题进行谈判        它们的认可       开和主
│      亚问题的解决）     │                                                      持地区
│                        │                                                      会议
│   4. 与前线国家和重     │
│      要的非统组织国家   │
│      一起明确原则       │
└─ ─ ─ ─ ─ ─ ─ ─ ─ ─ ─ ─ ─ ┘
```

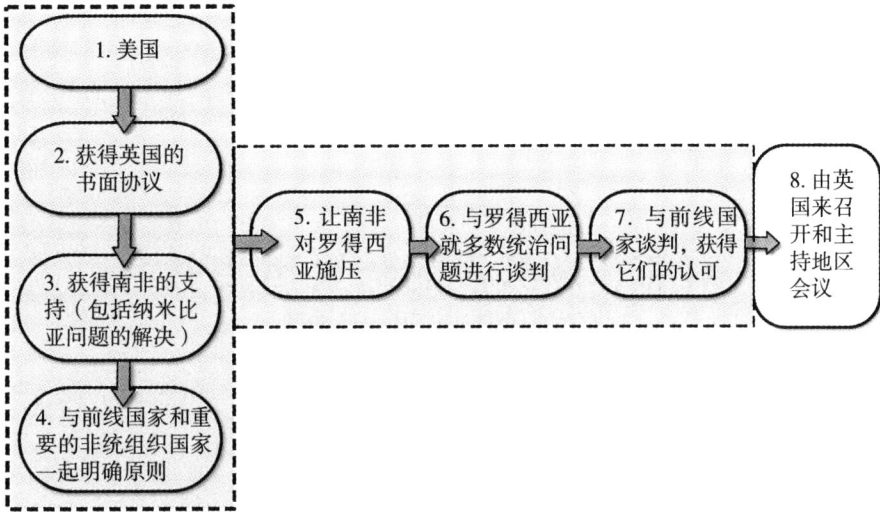

图2.5　修改后的谈判战略（阴影部分表示已完成）

第三章

南部非洲战役的结果和关于
有效谈判的见解

日内瓦会议是基辛格为了实现罗得西亚的多数统治而发动的谈判战役的顶点，但它很快就归于失败。虽然由于一系列因素，还要再等三年才会有结果，但许多知晓内情的观察者都认为，史密斯的宣告是该地区摆脱白人少数统治的漫长道路的转折点。[1]

这条道路崎岖不平，迂回曲折。1976年11月2日，英国刚刚在其外交大臣缺席的情况下召集各方开始谈判，吉米·卡特就在美国总统选举中击败了杰拉尔德·福特。尽管福特在共和党初选中击败了罗纳德·里根，却没能赢下总统选举，这使得基辛格变成了"跛脚鸭"国务卿，没有能力再把谈判进程整合起来了。随着基辛格退出舞台，英国对日内瓦谈判的信心和投入程度都急剧下降。卡特很快就要上任，他是坚定的反种族隔离制度者，这迅速削弱了沃斯特继续对罗得西亚施加压力的动机。[2]

在接下来的几年里，由于史密斯试图与罗得西亚的黑人领袖谈判，却又

---

1. 这些看法的出处将在本书第65—66页的注释中指明。
2. 格莱吉塞斯，《意志的考验》；苏·翁斯洛，《南非与1977年的欧文/万斯计划》（"South Africa and the Owen/Vance Plan of 1977"），《南非历史杂志》，第51卷第1期（2004年）。

没能取得成果，游击队的武装斗争愈演愈烈。直到保守党的玛格丽特·撒切尔（Margaret Thatcher）成为英国首相时，她才在伦敦的兰开斯特宫就罗得西亚独立的条件召集各方谈判。许多罗得西亚白人都觉得，跟撒切尔夫人打交道比跟之前的工党政府打交道舒服得多。即便如此，谈判在很大程度上还是遵循了基辛格的剧本。1979年12月谈判结束时，津巴布韦制定了一部新宪法，确保了黑人多数统治的实行。

在津巴布韦实现多数统治是民主政治原则的胜利，但是在实践中，它将会招来一个灾难性的政权。1980年，罗伯特·穆加贝在选举中获得了压倒性的胜利，成为新独立的津巴布韦的第一位黑人总理。[1]而哪怕是10万白人逃离了这个国家，伊恩·史密斯也坚持留在自己的农场里，直到重病缠身，才前往开普敦治病，并于2007年在那里去世。[2]

正如基辛格所预料的那样，少数统治在罗得西亚的灭亡为南非赢得的是时间，而不是稳定。接替约翰·沃斯特的是走强硬路线的P. W. 博塔（P. W. Botha），在博塔执政期间，民间骚乱、暴力冲突和抵制与日俱增，而他无可奈何，直到他的对手F. W. 德克勒克接掌政权，情况才有所改变。[3]通过纳尔逊·曼德拉和F. W. 德克勒克所进行的谈判，最终南非也实现了黑人多数统治，其结果比津巴布韦强得多。[4]纳米比亚的情况和南非相似，也是在暴力冲突不断升级的情况下努力争取多数统治，直到1990年，西南非洲人民组织的领导

---

1. 《取得压倒性胜利的津巴布韦领导人》（"Zimbabwe's Landslide Leader"），《基督教科学箴言报》（*Christian Science Monitor*），1980年3月5日。
2. 丹·范德尔·瓦特（Dan Van Der Vat），《伊恩·史密斯，88岁，政治家》（"Ian Smith, 88, Politician"），《环球邮报》（*Globe and Mail*），2007年11月21日。
3. 《比勒陀利亚的黄昏》（"Twilight in Pretoria"），《纽约时报》，1989年2月5日。
4. 肯尼思·R. 多姆布罗斯基（Kenneth R. Dombroski），《后种族隔离时代的南非》（"South Africa After Apartheid"），《民主期刊》（*Journal of Democracy*），第17卷第3期（2006年），第43—57页。

人萨姆·努乔马被选为这个国家的首任总统，斗争才终于告一段落。[1]

对基辛格谈判结果的评价

如果以说服看似不可动摇的伊恩·史密斯接受黑人多数统治原则为标准来检验基辛格的外交战役，那么当时各家媒体热情洋溢的新闻标题就表明他显然取得了成功——正如前面提到的罗得西亚中央情报部门主管（肯·弗劳尔）和统一非洲人全国委员会领导人（埃布尔·穆佐雷瓦主教）所做的评论。英国多年来想要达成这个目标而未果，其首相詹姆斯·卡拉汉彬彬有礼地称赞基辛格的"卓越贡献"，他说："没有美国的决定性干预，我不相信史密斯先生的态度会发生改变。"[2]

然而，基辛格在史密斯里程碑式的让步基础上设计的日内瓦会议，却没能就罗得西亚的黑人多数统治达成地区性的协议；这一成果要在三年后的兰开斯特宫谈判中才能取得。因此，一些学者把基辛格在南部非洲进行的谈判评价为——甚至可以说谴责为——"失败"或更糟糕的结果。[3]由此产生了一个名副其实的作坊式行业，专门为基辛格没能实现目标之事寻找责任人。[4]简

---

1. 格雷琴·鲍尔（Gretchen Bauer），《纳米比亚独立的第一个10年：民主状况如何？》（"Namibia in the First Decade of Independence: How Democratic?"），《南部非洲研究杂志》，第27卷第1期（2001年），第33—55页；罗伯特·罗特伯格（Robert Rotberg），《纳米比亚的国家地位》（"Namibia's Nationhood"），《基督教科学箴言报》，1990年3月20日。
2. 詹姆斯·卡拉汉，"领导人讲话"（Leader's Speech），工党年度大会，1976年9月28日，布莱克浦（Blackpool），http://www.britishpoliticalspeech.org/speech-archive.htm?speech=174。
3. 翁斯洛，《"我们必须赢得时间"》；以及毕晓普，《对黑人与白人的外交》。对基辛格在南部非洲的谈判持最严厉态度的或许是格雷格·格兰丁，他认为"为了防止卡斯特罗（Castro）再次取得胜利，基辛格协助了迫使罗得西亚白人至上主义政府屈服的谈判"，他随即断言，"尽管有这次转向，但还是造成了损害。基辛格留下了一处恐怖分子的基础设施，这处基础设施将由新右派重新启动"。（格兰丁，《基辛格的影子》，第122页。）
4. 参见格莱吉塞斯、洛（《津巴布韦问题的解决，1976—1979》）、毕晓普、塔马金所做的各种断言。

单来说，以下是罪魁祸首的几个有力竞争者：

福特：福特竞选失败，使基辛格丧失了影响力，而对于把难以驾驭的各方团结起来，并促使他们达成协议，基辛格的影响力是至关重要的。特别是，由于基辛格马上就要出局了，英国人认为成功的机会变得很渺茫，所以他们对日内瓦会议就只是虚应故事而已了。

卡特：卡特政府对南非采取了不妥协路线，使基辛格用来鼓励南非向罗得西亚施压，迫使它接受交易的动机不存在了。没有来自南非的压力，罗得西亚就有可能恢复其反抗的姿态，实际上也确实如此。

英国：英国人一直都不愿意卷入此事，基辛格的突然退场加重了他们的抵触情绪，使他们没有热心地支持日内瓦会议和他们勉强赞同的条款。例如，他们没有让外交大臣安东尼·克罗斯兰来主持谈判，而是派出了一位级别较低的外交官艾弗·理查德（Ivor Richard），他几乎没有得到高层的支持，而且对非洲事务也缺乏经验。

史密斯：伊恩·史密斯虚情假意地做了一个引人注目的宣告，但根本不想照着做。一旦情况发生变化，他就成功地把南非对罗得西亚施加的压力引开了。

前线国家：前线国家表面上是支持英美框架的，但这只是战术上的权宜之计，只要史密斯屈服，他们就会抛弃它（至少在原则上）。

游击队：由于早先没能给白人政权带来足够的军事压力，游击队无法在罗得西亚造成"伤害性僵局"，这意味着争端还没真正"成熟"，不足以在日内瓦形成决议。

　　基辛格：基辛格缺乏对非洲的深刻认识，他用基于冷战的地缘政治思维去解释一个地区性事件，再加上他的"战术性模棱两可"，甚至是"谎言"，使得有关各方是在受骗的情况下前往日内瓦的，他们的期望相互冲突，缺乏达成协议的真实基础。[1]又或者，可能是因为太晚才开始这一行动，他才会失败：如果他早在美国大选之前就启动这一进程，他的谈判是否更有机会取得成功？

　　幸运的是，我们不需要像陪审团一样对"是谁/什么扼杀了日内瓦会议"或"为何基辛格会失败"做出判断。日内瓦会议虽然没有结果，但据此宣称基辛格的一系列谈判是失败的，这抹杀了它们的显著贡献。我们可以肯定地说，导致史密斯做出宣告的过程就像这一宣告本身一样，是非常重要的。

　　20年后，时任美国驻赞比亚大使斯蒂芬·洛评论道："基辛格完全改变了美国的政策，接管了非法独立的南罗得西亚白人政府与非洲人之间的谈判，使多数统治原则成为世界各国承认南罗得西亚独立的基础，并迫使该国的史密斯白人统治政府接受了这一原则。"[2]国务院政策计划处负责人，后来的美国驻中国大使温斯顿·洛德在1998年总结道："由于基辛格的外交，罗得西亚最终独立了……（这是）基辛格的主要外交成就之一，也是最鲜为人知的。"[3]美国外交官杰弗里·达维多夫（Jeffrey Davidow）曾经对最终把黑人多数统治带给罗得西亚的兰开斯特宫谈判做过一个被广泛引用的研究，他

---

1. 在探讨基辛格于这些谈判中所使用的战术的著作中，这一说法反复出现。例如，翁斯洛在《"我们必须赢得时间"》中引用了基辛格的"谎言"（第148页），并说他"故意欺骗罗得西亚人"（第152页）。或是这一论述："基辛格带着一种紧迫感在南部非洲进行了谈判，但他对待具体细节并不很认真，这使得他可以为实现自己的目标而欺骗和撒谎。"〔阿里戈·帕洛蒂（Arrigo Pallotti）和科拉多·托尔宁贝尼（Corrado Tornimbeni），《南部非洲的国家、土地与民主》（State, Land and Democracy in Southern Africa），伦敦：劳特利奇（Routledge），2015年，第107—108页。〕
2. 洛，《斯蒂芬·洛访谈》。
3. 洛德，《温斯顿·洛德大使访谈》。

观察到缔结兰开斯特宫协议之前的那些"未能取得成功"的谈判"有助于显著地改变罗得西亚的情况。史密斯在接受基辛格的计划时,至少承认有可能在数年之内实现多数统治"。[1]

弗兰克·G.威斯纳(后来曾担任过驻印度、菲律宾和埃及大使)充实了洛、洛德和达维多夫得出的结论:"基辛格的计划是提出一套建议,围绕着这套建议,经过一段时间之后,过渡到选举和多数统治:他首先把这套建议兜售给非洲人,这就已经开始对约翰·沃斯特起作用了;在完成了与南非人的交涉之后,再让他们帮忙把建议推销给罗得西亚人,然后把两方拉到一起——让白人少数政权与争执不休、四分五裂的民族主义者一起参加一场最终会议,把罗得西亚交还给英国管理,再让英国人来抓住这个大好机会。基辛格的设想很棒,执行得也很好。他没能百分之百地成功,并不能否定这样一个事实:他让我们在这条路上走了很远,为日后津巴布韦的独立打开了大门……(这些努力有助于)为玛吉·撒切尔(Maggie Thatcher)[2]创造登场的条件,使她能够快速启动兰开斯特宫谈判,达成协议,使罗得西亚获得独立。"[3]

随着白人少数统治在纳米比亚和津巴布韦的终结,只剩下南非还在苦苦维持它那越来越脆弱的不民主状况。虽然比勒陀利亚确实通过与基辛格合作赢得了一些时间,但罗得西亚的转变也加剧了它的政治脆弱性。威廉·肖费勒大使在这次外交行动中是负责非洲事务的助理国务卿,他认为,实际上基

---

1. 杰弗里·达维多夫,《南部非洲的和平:关于罗得西亚的兰开斯特宫会议,1979年》(*A Peace in Southern Africa: The Lancaster House Conference on Rhodesia, 1979*),韦斯特维尔非洲专题研究(Westview Special Studies on Africa),科罗拉多州,博尔德(Boulder):韦斯特维尔出版社,1984年,第21页。
2. 即撒切尔夫人。——译者注
3. 本书作者对弗兰克·G.威斯纳大使的采访,2016年5月5日。

辛格的任务可以被理解为废除种族隔离制度的开端。[1]

　　或许是这样。即使考虑到他们都与基辛格共事过，并对他赞誉有加，我们还是倾向于赞同洛、洛德、达维多夫、威斯纳和肖费勒的话。起码可以说，基辛格在南部非洲所进行的复杂谈判反映出了塔列兰（Talleyrand）[2]那句名言："治国的艺术就是预见不可避免的事情，并加速它的发生。"[3]

　　本着这样的精神，沃尔特·艾萨克森注意到，给整个进程画上句号的兰开斯特宫谈判在很大程度上是基于基辛格的计划进行的。他指出："尽管基辛格的穿梭外交并没有像人们在9月份庆祝的那样立即解决问题，但它在更大的目标上成功了。黑非洲[4]国家对美国所持的态度原本是从怀疑到敌视，而现在，他们开始相信华盛顿是一股能帮助他们争取多数统治的力量。苏联日益增长的吸引力被抵消了。"[5]

　　在这些事件发生大约23年之后，基辛格给出了自己的结论："从地缘政治的角度看，我们的非洲外交达成了目的。在安哥拉崩溃6个月之后，美国展示出它有持续的能力来控制非洲的局势……罗得西亚和纳米比亚独立了，在非洲穿梭期间就执行原则和程序达成了共识——虽然比较慢，而且出现的政府比我们所希望的更为激进，特别是在罗得西亚。南部非洲的国际战争得以

---

1. 肖费勒回想起他以前（在基辛格提出他的罗得西亚倡议之前）所做的评价："如果我们在罗得西亚实现了多数统治，也让纳米比亚独立了，南非自然就被削弱了，也就是说，它在面对黑人国家的时候得不到多少保护了。然后，我们就可以去处理种族隔离制度的问题了。"他后来补充说："如果纳米比亚和罗得西亚都获得了独立并实现了多数统治，那么可以说，南非已经开辟了它自身的解放之路。事情基本上就是这样。"（肖费勒，《小威廉·E. 肖费勒大使访谈》。）
2. 夏尔·莫里斯·塔列兰（Charles Maurice de Talleyrand，1754—1838），法国大革命时期著名政治家、外交家，以老谋深算、权变多诈著称，曾担任外交部长、外交大臣、总理大臣等职。——译者注
3. 塔列兰的这句名言被广泛引用，但在当时，用这句话来评论基辛格在南部非洲的行动的是C. L. 苏兹贝格（C. L. Sulzberger）。参见苏兹贝格，《政策与政治家》（"Policy and Politicians"），《纽约时报》，1976年5月12日，第41版。
4. 即撒哈拉以南非洲。——译者注
5. 艾萨克森，《基辛格》，第691—692页。

避免……在南部非洲寻求独立的斗争中，古巴没有再次进行冒险。"[1]

通过南部非洲战役的棱镜来看谈判家基辛格的见解

毫无疑问，亨利·基辛格主要是出于与冷战有关的考虑而采取这一举措的，尽管他这个最终动机在南部非洲促进了民主和避免了一场潜在的种族战争。就像他参与的所有其他谈判一样，他很重视这一举措对自己声誉的影响。不论人们怎么评判他这些行动的动机或它们的长期影响，我们叙述发生在南部非洲的这一系列事件，主要是为了强调那些更广泛的谈判原则，就是这些原则支撑着他的方法。正如我们对他与中国、苏联、越南、中东以及其他地方进行的交涉做分析时所发现的那样，这些谈判展现了我们反复观察到和阐述过的一些特征（其中一部分我们在展开叙述时提炼在文本框里了）。总结这些原则，我们发现：

· 他细致而深远地理解了有关各方及其利益在谈判进程的每个层面是如何潜在地与其他当事方相联系的，就此而言，他的谈判是战略性的。基辛格精心策划了一场有多条战线的谈判战役，这场战役包含了直接和间接的因素，能把一系列行动与他期望的结果联系在一起。他的战略计划——具体的战术从属于它——看起来远远超出了他的目标谈判（在这个案例中是指他最后与史密斯进行的直接交涉）的范围，在一个仔细排序的过程中涉及一系列其他当事方和问题，从而提高了取得较好结果的概率。

· 对基辛格来说，谈判战略并不是一张只需要有条不紊地执行的静态蓝图，而是一个概念，这个概念会随着其他参与者采取的行动、新信息的出

1.基辛格，《复兴岁月》，第1015页。

现、其他方面所做出的反应以及环境的变化而进行演变和适应。他战略性地思考，但机会主义地行动。（还记得吗，他在无法采取秘密行动时就转而采取外交手段，当英国人在进程的后半段变得胆怯，而前线国家对要不要支持他的计划犹豫不决时，他把谈判的顺序彻底改变了。）

·他的谈判方法是现实主义的，因为他不认为谈判会使双方自然而然地达到目的，也不觉得谈判就是在一方对另一方建立起绝对优势之后走的一个过场。正好相反，谈判是在对所有潜在的相关因素——在本案例中指的是美国、英国、前线国家、非洲统一组织、南非、纳米比亚以及罗得西亚——进行理解，以便判断令人满意的协议可能出现在哪里以及有哪些手段可供利用的基础上，为实现特定的目的而设计出来的。只有通过评估对方是怎样对"不做交易"和按照提议"做交易"的价值进行比较的，才能制定出战略和战术，以开辟一块有可能达成协议的区域。

·基辛格把激励与惩罚当成谈判过程固有的组成部分。令人痛心的是，许多人都把"谈判"概念化为"在谈判桌旁会谈"的那部分过程，把它当成纯粹的口头交流，以致限制了自己的谈判效率。基辛格不这样。为了诱导出他想要的"好"，他既在谈判桌旁也在谈判桌外采取行动，以便向当事各方提供激励。他断言，之前的谈判尝试之所以会失败，就是"因为没能在奖励和惩罚之间取得平衡，以调和南部非洲这口大锅里那些彼此冲突的动机"。[1]

·对所有实际上和潜在地与协议有关系的各方来说，他的谈判展现出极为精妙的联盟手段。通过在各方中谨慎地挑选参与者并巧妙地对它们进行排序，基辛格有效地建立了一个多方联盟来对伊恩·史密斯施压，之后再继续利用这个联盟召开一场全体会议。这个顺序是以从目标交易进行"地图回退"，一步步退回起点的方式来间接地确定的：基辛格认为史密斯是最终谈判的关键，南非是拿下史密斯的关键，而建立一个美国、英国和前线国家的

1.基辛格，《复兴岁月》，第918页。

联盟是说服南非的关键。

·基辛格十分注重"缩小焦距"以考察战略，而作为对这种方法的补充，他会"放大焦距"来关注他的谈判对手个人：关注他们的个性、经历、动机和政治背景。举例来说，请回想一下他对朱利叶斯·尼雷尔和伊恩·史密斯所做的富有洞察力的描述。基辛格不仅仅是作为一个地缘政治大师在冷静地移动着地区内的棋子以获取优势，同时他也把对个人的深刻理解看作谈判取得成功的关键。在"放大焦距"关注个人时，基辛格证明了移情和强势可以被有效地结合起来，它们并不是相互对立的。

·基于他的心理洞察力，基辛格认为与关键的参与者搞好关系是非常重要的——尼雷尔和沃斯特无疑是关键人物，但更重要的是他的老板，美国总统杰拉尔德·福特。虽然这些关系是很有用的信息渠道，但基辛格对它们的局限性了解得很清楚：与一国领袖的良好的个人关系在谈判中可能是至关重要的，但这种关系绝不会优先于该国的国家利益。

·虽说毫无疑问是基辛格本人在这些复杂的谈判中发挥了主要作用，但这些成果是通过团队的努力取得的，他的团队由精心挑选的成员组成，他们在整个进程中一直处于中心地位。这些人都表示，为基辛格工作，既令人振奋，又使人筋疲力尽。作为一个老板，基辛格很少直接表扬团队成员，但他发自内心地尊重他们，他们可以对他说不，并坚持自己的看法。[1]

除了上述这些基辛格谈判方法的广泛特征，我们还将在随后的章节中对他在南部非洲故事中所采用的具体战术进行分析：以对利益攸关的大目标进行哲学上的讨论作为谈判的开始、语气的选择、措辞、保密、"建设性模棱两可"等。不过，接下来我们要深入探讨的是基辛格所说的"谈判战略"究竟指的是什么。

---

1. 肖费勒，《小威廉·E. 肖费勒大使访谈》，第170—171页。

Part II

"缩小焦距"

Kissinger
the
Negotiator

第四章

战略：总揽全局的谈判

我们用"战略"这一术语来简要表达基辛格谈判方法中最具特色的一面。通过多个案例，我们重点强调了这种重视战略的谈判方法的五个特征因素：

1. 设定明确的长期目标——不要把短期焦点加进去。

2. 强调更广泛的背景，以及随着时间的推移，有关各方、各种问题和不同地区之间可能出现的联系——不要根据谈判"各自"的特点来分别对待每一次谈判。

3. 制订周密的计划，为了实现谈判目标，不但要在"谈判桌前"采取直接行动，还要经常性地在"谈判桌外"采取间接行动来制造奖励和惩罚，以造成最大程度的影响——不能主要依靠那种仅限于口头劝说的即兴谈判方法。

4. 让计划能够适应新信息、其他方面的行动以及不断变化的环境，同时又能坚定地追随长期目标——不要坚持那种固定的行动蓝图，别以为只要有条不紊地执行蓝图就能达到目的。

5. 随着时间的推移，在不同的谈判中逐步建立起恪守信用的声誉——不要忽视在一次谈判中所采取的行动对其他谈判的影响。

粗略地说，战略型谈判家基辛格对这些因素"缩小焦距"，以确定在哪里以及如何集中他的精力。在他为罗得西亚的多数统治而进行的谈判中，我们能够清楚地看到这一点，并且我们很快还将看到，这种方法也被应用于他关于实现中东和平以及向中国开放的计划。

提高中东地区的稳定性和减少苏联影响的战略性谈判

基辛格强调，战略性谈判的概念——很早就得到了清楚表达——可以为协商相互关联的具体问题提供一个有用的框架。这样的问题可能会不可预测地出现。当一场危机袭来时，基辛格说："这永远不会是一个说一句'现在我们来应付俄罗斯吧，现在我们来应付中国吧'就能打发的问题，我们试图制定·个连贯的政策。"

举例来说，在1973年的中东战争中，在阿拉伯国家组成的联盟（由埃及和叙利亚领导）发动攻击之后，基辛格指出："我们没能预料到中东战争的爆发。但我们曾经考虑过这个问题。我们所考虑的是怎样才能解决它——我们在中东面临的困境是苏联源源不断地向埃及输送武器，并怂恿其他一些国家。我们怎样才能发起一次谈判，并让它看起来不像是在苏联的胁迫下举行的呢？为此我们制定了一个战略……当（1973年的）战争爆发时，我们有两个问题：第一个是如何利用极为有限的时间去处理这场危机，第二个是我们怎样把它放到一个更大的框架里去。不过我们考虑过这个问题。"[1]所谓"更大的框架"，指的是一个能够结束战争并服务于美国的长期目标的方法，这

---

1. 基辛格，《美国国务卿计划文字整理稿：亨利·A. 基辛格》（"Transcript of the American Secretaries of State Project: Henry A. Kissinger"）。

个长期目标就是在中东创造更稳定的地区局势，并大大减少苏联在那里的影响——在1973年的战争爆发之前，基辛格就已经清楚地阐述过这一目标。他解释道："只要美国小心谨慎地打好手上的牌，要么苏联就不得不出力促成一个真正的解决方案，要么它的某个阿拉伯盟友就会跟它反目，并开始贴近美国。不管是哪种情况，苏联在激进的阿拉伯国家中的影响力都会降低。这就是在尼克松的第一个任期之初，我有足够的信心告诉记者新政府将设法排除苏联对中东的影响的原因。

"尽管这一不谨慎的言论引起了轩然大波，但它准确地描述了尼克松政府即将实施的战略……最好的战略是证明苏联煽动危机的能力与其解决危机的能力不相称。"[1]

关于那些"不谨慎"的言论，在基辛格构想的战略于1973年和1974年发挥作用之前的几年，1970年7月，《华盛顿邮报》上有一个具有代表性的（惊慌失措的）新闻标题是"美国试图赶走在埃及的苏联人员：美国在中东寻求苏联撤退"，紧接着是一篇对"把俄国人从中东'排除'出去"持怀疑态度的社论。[2]

缺乏战略性的视角可能会让人把注意力集中在具体的、表面上没有关联的谈判上，这些谈判进而会主导新闻。例如，在1973年的战争之后，基辛格在1974年和1975年与埃及和叙利亚就它们与以色列脱离军事接触的问题展开了一场戏剧性的谈判。这两组穿梭谈判促使这些国家达成了牢固的协议，这些协议一直到今天（2018年）仍然有效。在与这些穿梭外交相同的时间框架里，基辛格还与苏联就柏林和欧洲安全问题进行了谈判，旨在普遍降低

---

1. 基辛格，《大外交》，第738页。
2. 对基辛格在1970年所做的预示他的战略的声明，部分媒体做出的反应请参见默里·马德（Murrey Marder），《美国试图赶走在埃及的苏联人员：美国在中东寻求苏联撤退》（"U.S. Seeking to Oust Soviet Units in Egypt: U.S. Seeks Soviet Pullback in Mideast"），《华盛顿邮报》，1970年7月3日，第A1和A4版；或专栏《关于把俄国人从中东"排除"出去》（"On 'Expelling' the Russians from the Mideast"），《华盛顿邮报》，1970年7月7日，第A14版。

局势的紧张程度（"缓和"），并启动与苏联的贸易和其他一系列可能的事情。请注意基辛格是如何把这些谈判与更大的战略——在中东削弱苏联的影响和在缓和的背景下遏制苏联的行为——组织到一个框架里的："为了实现这个目标，美国……阻止了每一次由苏联的军事支持所导致的或是包含了苏联的军事威胁的阿拉伯国家的行动；它还接管了因为陷入僵局而一度受挫的和平进程，而受挫使得一些关键的阿拉伯国家的领导人脱离苏联，转向美国。

"美国的战略基于这样一个观点：苏联将要面对一个二选一的局面，要么和它的激进的阿拉伯盟友分手，要么接受它的影响力的降低。最后，这一战略削弱了苏联的影响，使美国在中东外交中处于举足轻重的地位。为了实现这一目标，尼克松政府推行了两条路线。在中东战争期间，我们几乎每天都与克里姆林宫保持沟通，以避免一时冲动或是在缺乏信息的情况下做出决定……

"……同时，我们就一系列问题进行了谈判，以便给苏联领导人一些他们不愿危及的利益。柏林的谈判使苏联在中东有所克制，直到1973年。随后，在多次穿梭外交期间，欧洲安全会议帮助我们缓和了苏联的反应，这些穿梭把苏联赶到了中东外交的边缘地带……缓和政策不仅给国际形势降了温，它还起到了抑制作用，使苏联领导人接受了一次重大的地缘政治上的撤退。"[1]

其他分析家也证明这些表面上相互独立的谈判对苏联造成了重大的经济影响。如果莫斯科不期望与西方大大加强贸易往来，这些彼此关联的谈判在

---

1. 基辛格，《大外交》，第738、740页。

围绕中东冲突所进行的外交活动中就不会起到如此重要的作用。[1]

基辛格成功地限制了苏联以及之后的俄罗斯在中东的影响力，这一成果被保持了40年以上，直到2015年9月，奥巴马总统减弱了美国的参与度之后，俄罗斯总统弗拉基米尔·普京才在叙利亚采取军事行动。

这个例子凸显了战略型谈判家基辛格的特征：明确的长期目标（确保地区稳定，推动缓和，减少苏联在中东的影响）；关注更广泛的背景以及有关各方和问题之间可能会有的联系，而不是将它们视为彼此独立（在关于脱离军事接触的谈判与涉及柏林和欧洲安全问题的有关缓和的谈判之间建立联系，这种联系把苏联、欧洲、埃及、叙利亚和以色列都包括进去了）；一个包含了直接和间接要素的明确计划；提高美国的信誉；在坚定地追求目标的同时，保持手段的灵活。

战略性谈判vs战术性谈判

基辛格对"律师型"国务卿威廉·罗杰斯重视战术的倾向做了描述，他称赞罗杰斯具有"精明的分析头脑和杰出的判断力……（但罗杰斯的）视角是战术性的；作为一名律师，他被训练成在处理问题时，总认为问题是'因为自身的特点'而产生的"。[2]

相比之下，基辛格认为自己是一名战略型的谈判家。我们赞同这种评

---

1. 更具体地说，《安全研究》（*Security Studies*）上的一项分析"显示，在1973年的中东危机中，缓和政策对苏联的行为有强大作用……如果没有对美苏贸易不断增加期望这根胡萝卜，莫斯科将更有可能积极地介入阿拉伯和以色列的争端，而超级大国之间发生危险冲突的可能性也会更大"。戴尔·C.科普兰（Dale C. Copeland），《对贸易的期望与和平的突然降临：缓和政策1970—1974与冷战的结束，1985—1991》（"Trade Expectations and the Outbreak of Peace: Détente 1970–74 and the End of the Cold War, 1985–91"），《安全研究》，第9卷第1—2期（1999年秋季—2000年冬季），第37页。
2. 基辛格，《白宫岁月》，第31页。

价。如果他设想出一个能够促进更广泛利益的令人满意的协议，但目前还遥不可及，那么他会先构想他可以提前并跨越不同的问题或地区去采取的行动。这样的举措往往会催生出一个更有希望的方案来实现他的目标交易。用他的话来说："我试图把事件联系起来，在世界的某个地方创造激励或压力来影响发生在其他地方的事件。罗杰斯在把握单个谈判的需求方面非常敏锐，而我想要把细微的变动累积起来，为一个长期的战略服务。罗杰斯很关注国会和媒体的直接反应，这在一定程度上是他身为外交事务主要发言人的责任，而我更关心几年之后的结果。"[1]与他的深谋远虑相一致，基辛格发起谈判时，总是以稳定为关注的重点。正如他在2016年对《大西洋月刊》的编辑杰弗里·戈德堡（Jeffrey Goldberg）所说："因此，我们面临的挑战是设计一个能够适应变化而不产生混乱的系统。"[2]

其他老练的观察家也强调了基辛格重视战略的倾向，以及这种倾向与他如何进行谈判之间的关系。最为典型的一条评价出自杰拉尔德·福特和乔治·H. W. 布什（George H. W. Bush）的国家安全顾问布伦特·斯考克罗夫特（Brent Scowcroft）之口。斯考克罗夫特认为基辛格拥有"我所见过的最好的战略头脑。他可以协调许许多多不同的问题，并且在一到两年内把它们全部联系起来。那种头脑是非常罕见的。几年之后，所有的线就会拧成一股绳"。[3]在基辛格身上，战略家、战术家和谈判者的角色紧密地结合在了一起。

有些人可能会认为基辛格"从战略层面"给谈判"定向"的做法仅限于

---

1. 基辛格，《白宫岁月》，第31页。

2. 杰弗里·戈德堡，《世界混乱与世界秩序：与亨利·基辛格的对话》（"World Chaos and World Order: Conversations with Henry Kissinger"），《大西洋月刊》，2016年11月10日，https://www.theatlantic.com/international/archive/2016/11/kissinger-order-and-chaos/506876/。

3. 霍恩，《基辛格：1973》，第30页。同样，正如基辛格的同事温斯顿·洛德所观察到的，基辛格是"一位了不起的战略家和概念性思想家……在实施战略方面，他也是一个很好的战术家。他是一位出色的谈判家"。（洛德，《温斯顿·洛德大使访谈》，第97页。）

用在20世纪70年代追求他定下的冷战总体目标的时候。在我们看来，这种观点过于狭隘，把时间界限定得太死。细心观察的话，可以发现基辛格对他自己和威廉·罗杰斯的谈判方法所做的比较（如上所述），以及斯考克罗夫特对基辛格的战略意识所做的评判，都指出了"战略性谈判"更为普遍的含义。我们解析出来的五个因素——一个长期的焦点，以广角镜头观察更广阔的背景，一个包含了直接和间接要素的计划，一张具有适应性的蓝图，以及恪守信用的名声——不会受限于任何时期的特定外交政策目标，还能够扩展到以复杂谈判为特征的商业、法律以及其他领域。

不懈地关注战略，以之指导谈判

在进入政府任职之前，还在哈佛大学搞学术时，基辛格严厉批评了那些不追求一组明确的、更大的利益的谈判，在他看来，这些谈判大多是毫无意义的战术选择。例如，就军备控制而言，他认为"由于我们缺少一个战略原则……不可避免地，我们的计划……总是断断续续……发展成了相互竞争的集团之间的妥协，没有一种整体的目标意识……我们总是被迫拼凑出一套草率的计划，因为世界舆论的压力迫使我们去参加某个会议……注意力被集中在……关于我们应该'安抚'还是'强硬'、'灵活'还是'顽固'的毫无争议的争论上"。[1]后来，奥巴马总统的外交政策缺乏长期的战略主动性，特别是在中国和伊朗问题上，于是基辛格又重复了他早期的批评："我们要小心，不要让奥巴马主义（Obama Doctrine）从本质上变成一种反应性的、被动的外交政策。"[2]更广泛地说，他认为"在我们的公开讨论里，战术上的权

---

1. 亨利·基辛格，《选择的必要》（*The Necessity for Choice*），纽约：哈珀兄弟（Harper and Brothers），1961年，第4—5页。
2. 戈德堡，《世界混乱与世界秩序》。

宜之计太多了。我们需要的是一个战略理念和确定优先事项"。[1]

在操作上和团队方面，他强调了持续、明确地关注更大的战略目标的重要性："我一直在强调让我的同事们分析他们在哪里，他们想去哪里，我们的国家应该去哪里，然后再根据分析结果回过头来制定实际的解决方案……当我来到华盛顿时，我组织了一个团队……由真正年轻、能干、敬业的人组成。我每星期都会和他们见好几次面，条件允许的话，就天天见面，询问他们，我们要做什么？我们在世界上的战略是什么？"[2]

基辛格的部下都清楚地认识到了战略视角的重要性。例如，后来在1978年《戴维营协议》（Camp David Accords）的签署和伊朗人质危机中扮演了重要角色的哈罗德·桑德斯（Harold Saunders）强调："不管短期内我们会做什么样的努力，我们总是要以长期战略为目的。"在叙利亚和以色列之间进行艰苦的穿梭外交时，桑德斯在特拉维夫和大马士革之间往返了26次，每次为行程做准备时，他"都会写一份备忘录，分析当时的形势、我们努力要去实现的长期目标，以及这次特定的行程要如何推动谈判沿着长期的路线前进……详细的协议是这条路上的另一步"。[3]

对基辛格和他的同事来说，战略理念不仅仅是一个抽象的指导，它也可以在战术上起到关键作用。在缓冲区内允许有多少火炮和坦克的问题上，以色列和叙利亚的立场都非常坚定，而且相互冲突。关于这个问题，桑德斯叙述了基辛格与以色列总理果尔达·梅厄（Golda Meir）之间的一个紧张时刻。基辛格"放下他作为一位正在试图为协议做调停的美国国务卿的身

1. 亨利·基辛格，《摆脱中东崩溃的一条途径》（"A Path out of the Middle East Collapse"），《华尔街日报》，2015年10月16日，https://www.wsj.com/articles/a-path-out-of-the-middle-east-collapse-1445037513。
2. 基辛格，《美国国务卿计划文字整理稿：亨利·A.基辛格》。
3. 哈罗德·桑德斯，引自《再次上路——基辛格的穿梭外交》（"On the Road Again—Kissinger's Shuttle Diplomacy"），美国外交史上的瞬间（Moments in U.S. Diplomatic History），外交研究与训练协会，http://adst.org/2016/03/on-the-road-again-kissingers-shuttle-diplomacy/。

份"，变成了"一位在向以色列提供咨询的美国教授，凑巧的是，他也是犹太人，经历过犹太人所经历的那些事"。据桑德斯说，基辛格"表示，他想把数字问题先放一放。然后，他开始提醒大家注意他所追求的基本战略。他指出，临时协议旨在控制和平进程，使苏联不再参与该地区的事务，并通过解除石油禁运来获得欧洲对和平进程的支持……他列出所有这些目标，通过这样做，他消除了以色列人的沮丧。他温和地提醒他们，此时基本战略和长期目标正处于成败关头……火炮和坦克的数量只是从属于总体方向和应达成的最终目标的一个问题。基辛格把大局描绘得很精致"。[1]在与她的团队商量之后，果尔达·梅厄允许基辛格从叙利亚人那里搞到他所能得到的最好的"数字"，以色列会接受它。

谈判利益的扩展性观点：随着时间的推移，有关各方及其利益之间的潜在联系

更大的框架或战略视角这样的词语听起来很威风，但它们很可能并没有多少实质性的内容。然而，在基辛格心里，它们都有着相当精确的含义。回想一下罗得西亚的例子，基辛格要与伊恩·史密斯达成目标交易，就需要有更开阔的眼界。只有通过一场把美国、英国、法国、坦桑尼亚、赞比亚、南非以及其他一些国家都卷进来的事先排好序的谈判战役，基辛格和史密斯的会面才能取得成功。同样，考察一下基辛格在跨重要地区——中国、越南、苏联、中东，还有欧洲——的谈判中所看到并打造的联系也是有益的。"因此，我们尝试为美国的外交政策提供一个视角……有可能开辟更广阔的和平前景。因此……我们……开始在我们够得到的任何地方，与苏联对话，向中

---

1. 桑德斯，引自《再次上路》。

国开放，还在中东采取各种行动……所以，当我有幸被尼克松总统选为第一位美国特使（前往中国执行秘密任务）时，在那个7月9日（当我开始执行这项任务时），我没有从解决眼前问题的角度来看待它，（而是）把它看成一个机遇，我们将打开一张画布，并随着事态的发展在它上面作画。"[1]

基辛格认为，改善中美关系是尼克松政府对苏联策略的重要一环。[2]此外，他强调："我们也一直记得，我们想同时解决越南战争问题。我们不想要小小的胜利，我们想要的是结构上的改进。"[3]基辛格和尼克松寻求与苏联的缓和，特别是在军备控制和首脑会谈方面，而就在此时，苏联日益成为中国的一个直接威胁（它们之间有实际的军事冲突，我们稍后会做更详细的阐述）。这种威胁使得中国更容易接受美国的提议，该提议正是由基辛格培育出来的。

美国向中国开放这件事本身是很重要的，但它的意义不仅在于此，它还是促进与苏联之间的缓和的一种手段，苏联一直在拖延缓和的进程，可能是想让美国做出更大的让步。当苏联人猛然发觉尼克松和基辛格对中国采取的秘密行动时，他们开始接近美国，以避免形成一个中美轴心。美苏缓和与军备控制得以重生。所谓的美、中、苏三角协商关系正在形成，而美国处于支点的位置。在这种环境中，基辛格和尼克松抢在其他许多人之前注意到，多年以来，这三个大国之间潜在的相互联系是具有决定性意义的。

随着基辛格与这两个共产主义巨人之间既平行又有关联的谈判取得进展，中国和苏联都开始注意到与美国改善关系具有更大的价值。反过来，正如我们将要在第六章中详细叙述的，基辛格试图利用这个精心设计的前景（与美国建立更有价值的关系）来说服中国和苏联减少对其盟友北越的外交

1. 基辛格，《美国国务卿计划文字整理稿：亨利·A. 基辛格》。对向中国开放所做的一个重要总结以及原始文档和分析，可以在伯尔的《基辛格秘录》中找到。该书中包含的文档的可检索数据库可以在《基辛格的电话会谈》中找到。
2. 基辛格，《大外交》，第719页。
3. 基辛格，《美国国务卿计划文字整理稿：亨利·A. 基辛格》。

和物质支持，从而在为结束越南战争而举行的巴黎和平谈判中加强美国的优势。（与在实践中被证明有效的美、中、苏三角关系不同，对于基辛格努力把越南问题联系起来这一做法的效果，分析家们的看法有分歧，虽说他的谈判逻辑是很清楚的。[1]）

　　把目光投向越南与缓和政策之外的范围来看，谈判者在考虑问题时，更大的难关是判断问题、有关各方和地区之间潜在的联系的程度和性质。而战略型的谈判者应当对这种潜在性保持警惕，把问题（包括利益攸关的问题对各方的相对重要性）联系起来或分离开来的尝试能否成功，完全取决于经验。[2]

---

1. 第六章将对此进行更详细的探讨。但在这个阶段，为了满足读者的好奇心，我们给出一些重要的相互冲突的观点。马文·卡尔布和伯纳德·卡尔布做了积极的评价："（1972年）6月15日，（尼古拉·）波德戈尔内（Nikolai Podgorny）主席飞往河内。由于俄国人对尼克松的殷勤接待，北越感到被背叛了，尽管如此，他们还是要依靠莫斯科作为他们战争物资的主要供应者，他们仔细倾听了波德戈尔内带来的信息。这个信息很简单，但很重要：他表示，改变策略，与美国认真进行谈判的时候到了。他认为，风险不是关键；毕竟，尼克松在撤军这件事上似乎是认真的，而且美国的新立场不再要求北越军队撤出南方……这是俄国人的新词汇——他们还是第一次如此公开地以他们的威望来保证要恢复谈判。这清楚地反映了苏联的结论，对莫斯科来说，在诸如贸易、信贷和限制战略武器会谈等方面与华盛顿打交道所带来的利益，足以让它出手帮助尼克松解决越南战争问题。"（卡尔布和卡尔布，《基辛格》，第336—337页。）相比之下，阿利斯泰尔·霍恩主要是用赞赏的态度来叙述基辛格的外交的，然而他指出"尼克松和基辛格都希望利用他们对中国的开放以及与莫斯科的缓和来向北越施加压力……然而，就与越南有关的事务而言，美国从两大共产主义巨头那里取得的成功非常有限——莫斯科和北京划下了界限：'我们不会干涉越南的事务。'尽管苏联武器的流入确实减少了"（霍恩，《基辛格：1973》，第155页）。温斯顿·洛德直接参与了与中国、苏联和北越的谈判，他评论说"我们认为，通过与共产主义世界中的两大巨头打交道，我们会对河内造成一些心理上的影响。这向河内表明，莫斯科和北京更关心他们与美国的双边关系，而不是他们与河内的关系。他们不会冷落河内，但在心理上，这将有助于孤立河内。例如，当我们在1972年冬季和春季与河内举行会谈时——此时河内正在进攻南越——我们也在北京和莫斯科举行高层会议。无论是莫斯科还是北京，都没有切断对北越的援助，也不会真的去逼迫河内。然而，在我们试图摆脱越南战争这个问题上，莫斯科和北京都与我们有利害关系……我们相信，苏联和中国都与河内进行了会谈，并向北越建议，为了自身的利益，他们应该满足于一个军事解决方案……我们相当确定莫斯科和北京对河内提出了这样的主张，为了自身的利益，他们会与我们一起前进"（洛德，《温斯顿·洛德大使访谈》）。类似的观点可参见艾萨克森，《基辛格》，第19章。
2. 拓展分析请参见塞贝纽斯，《谈判算术：增加和减去问题和当事人》，第281—316页。

战略性地思考，机会主义地行动

考虑到情况经常发生不可预知的变化，基辛格对某次特定的谈判所采用的方法可能会包含对这种变化的灵活应对，同时也坚持追求既定的更大目标和利益。我们用格言"战略性地思考，但机会主义地行动"来描述其谈判方法的这一方面。[1]例如，在那些有关南部非洲的谈判中，当英国和前线国家的支持在进程中意外地受到侵蚀时，基辛格机会主义地推翻了他起初确定的建立联盟的顺序（在原先的计划中，从英国获取书面协议是整个过程的顶点，而在修订后的顺序中，它成了整个过程的起点）。

关于战略上的坚定和战术上的灵活相结合，哈罗德·桑德斯提供了另一个例子。正如上文所述，在1973年的战争之后，桑德斯陪着基辛格努力就埃及和叙利亚与以色列之间达成脱离军事接触协议进行谈判。作为团队的一名成员，桑德斯强调他们总是"有一个基本的分析、一个长期的战略，还有无数的细节（原文如此）要谈判。一个一个细节问题的解决最终将使我们的长期目标得以实现……细节从来不会决定我们的战略，但偶尔需要在中途对它进行修改"。他用基辛格的团队完全没有考虑过往西奈山口派驻美国监察员——像以色列在1974年6月所建议的那样——的事来说明这一点。"我们的战略没有改变"，桑德斯评论道，但美国愿意默许这个新想法使得交易"更容易被以色列人接受，同时又不会使把整个西奈半岛归还给埃及——正如后来所实现的那样——的可能性被排除掉"。[2]

---

1. 详细的阐述请参见拉克斯和塞贝纽斯，《三维谈判》，第15章。
2. 桑德斯，引自《再次上路》。

培养信用

基辛格非常关注有关各方以及各种问题随着时间的推移所表现出来的潜在的相互依存关系，这也有助于解释为什么他认为"恪守信用"的名声在谈判中起着核心作用。

简而言之，一个人的信用就是在别人眼中，他的威胁或承诺会被兑现的可能性有多高。对许多人来说，培养信用似乎是一个常识问题，尽管长期以来，这一概念对那些参与和分析外交政策的人来说一直是一个有争议的关注对象。一些人认为，美国因为过分强调政策的这一方面而犯了代价高昂的错误，他们嘲笑这是"信用上瘾"，基辛格强烈反对这种看法："没有哪个认真的政策制定者"能驳斥或忽视美国的信用，因为"几十个国家和数百万人民要依靠我们支持盟友的意愿来保证他们的安全"。[1]在基辛格看来，看似彼此独立的谈判，通过谈判对手认为美国会（或不会）信守诺言的信念紧密联系在了一起。在一次谈判中，这种信念的建立在很大程度上取决于美国在别处的行动。例如，基辛格担心，太快从越南撤军会损害中国对美国实力的尊重。毕竟，这种实力是促使面对苏联威胁的中国寻求与美国建立邦交的一个主要因素。基辛格表示，"北京没兴趣看美国准备抛弃朋友的景象；从长远的角度来看，北京在寻求能制衡苏联的力量，他们实

---

1. 斯蒂芬·A. 沃尔特（Stephen A. Walt），《信用上瘾》（"The Credibility Addiction"），《外交政策》，2015年1月26日，http://foreignpolicy.com/2015/01/06/the-credibility-addiction-us-iraq-afghanistan-unwinnable-war/；基辛格，《白宫岁月》，第228页。关于信用在国际关系和谈判中的重要性的争论仍然很火热，想要更全面地了解这一争论，可以从著名的经典著作开始：谢林，《冲突的战略》；以及谢林，《军备及其影响》。接下来可以阅读克里斯托弗·费特魏斯（Christopher Fettweiss），《信用与反恐战争》（"Credibility and the War on Terror"），《政治科学季刊》（Political Science Quarterly），第122卷第4期（2007—2008年）；罗伯特·J. 麦克马洪（Robert J. McMahon），《信用与世界强国：战后美国外交的心理维度探析》（"Credibility and World Power: Exploring the Psychological Dimension in Postwar American Diplomacy"），《外交史》，第15卷（1991年秋季）。

际上很重视我们值得信赖的名声"。[1]然而，经过在东南亚的多年苦战，观察家们都不太清楚，相对军事成功的成本和前景、国内的凝聚力，以及美国的国际声望、威信和判断力等其他因素来说，美国的信用应该受到多大的重视。

虽然不是绝对的，但保持一个人的话语、承诺和威胁的可信度显然是谈判中的一个重要因素。正如基辛格所强调的："我会考虑的一条一般原则是，除非有80%的把握获得成功，否则我绝不会试图离开华盛顿去进行一场谈判……身为国务卿，不能冒这个风险，因为这很容易把你的威信耗光。"[2]

在谈判和外交政策中维护美国恪守信用的声誉，领会这一点的重要性，仍然是一个普遍性的问题。在重大事项上，特朗普总统的国际和国内声明经常是相互矛盾的，这种倾向更为广泛地损害了他的信用，引起了分析家和业内人士的普遍批评。[3]在2016年，基辛格将民族国家所表现出来的信用与个人的重要品质做了一番比较："国家的信用与人的品质所起的作用是一样的。它为朋友能不能信任你的保证、敌人会不会把你的威胁当真提供了一种担保。"[4]

---

1. 基辛格，《白宫岁月》，第1304页。基辛格一再重申，美国支持南越对维护美国的全球信用至关重要。例如，参见基辛格，《白宫岁月》，第109、292、307、311、324和1038页。
2. 基辛格，《美国国务卿计划文字整理稿：亨利·A.基辛格》。
3. 菲利普·拉克（Philip Rucker）、肖恩·沙利文（Sean Sullivan）和保罗·凯恩（Paul Kane），《伟大的交易者？议员们发现特朗普是一个不可信赖的谈判者》（"The Great Dealmaker? Lawmakers Find Trump to Be an Untrustworthy Negotiator"），《华盛顿邮报》，2017年10月23日，https://www.washingtonpost.com/politics/the-great-dealmaker-lawmakers-find-trump-to-be-an-untrustworthy-negotiator/2017/10/22/7709aea8-b5d4-11e7-be94-fabb0f1e9ffb_story.html?utm_term=.208fb983dd4b。也可参见杰弗里·弗兰克尔（Jeffrey Frankel），《交易者特朗普不会做交易》（"Deal-maker Trump Can't Deal"），"对经济和世界的看法"博客，2017年8月28日，https://www.belfercenter.org/publication/deal-maker-trump-cant-deal。
4. 戈德堡，《世界混乱与世界秩序》。

＊＊＊

简而言之，我们认为亨利·基辛格的谈判方法是"战略性"的，这体现在几个方面，包括：该方法与长期目标的一贯联系；特定的交涉与其他谈判可能存在的联系中蕴藏着重大利益的宏大构想；由它发展出来的能够把直接和间接因素都包括进去的战术计划；在适应变化的情况下，追随核心目标的能力；对信用重要性的强调。

我们强调，用战略理念来指导谈判，在国际关系——想一想关于朝鲜和伊朗核问题的谈判——和商业环境中具有更广泛的适用性。例如，在20世纪90年代中后期发生的所谓的浏览器大战中，羽翼未丰的网景（Netscape）凭借卓越的技术，与当时的市场领导者微软（Microsoft）竞争，看谁家的浏览器会被美国在线公司（AOL）选中。然而，在互联网时代早期，这场竞争所关系到的战略利益远远超出了美国在线会成为哪家公司的客户这个范围。网景错判了这场竞争的战略意义，仅仅把它当作一笔大买卖；而微软则认为，如果它在竞争中落败，那么它的"核心资产将会处于危险中"。因此，微软调动了被一些人视为不成比例的资源来确保赢下这笔买卖。[1]（微软赢了，而网景则没能作为一个独立的实体存续下去。）当然，其他许多谈判（购买一幢大楼，卖掉一个外围部门，制定为大使馆提供食品服务的供应合同）主要是交易性的，几乎没有或完全没有战略意义。一个有效的战略型谈判者应该训练有素，对于要解决的问题，能够评估它更广泛的意义，并据此来进行交易。

当我们开始研究基辛格的谈判时，我们切合实际地把他的工作按地区划分开：苏联、中东和中国/亚洲。然而，当我们更加深入地理解了这些谈判

---

1. 詹姆斯·K. 塞贝纽斯，《从浏览器大战中吸取的谈判教训》（"Negotiating Lessons from the Browser Wars"），《马萨诸塞理工学院斯隆管理评论》（*MIT Sloan Management Review*），第43卷第4期（2002年夏季），第43—50页。

之后，我们意识到，对基辛格的战略性谈判方法来说，我们所做的事是画蛇添足，甚至是误导性的。实际上，这种做法违背了他的战略的精髓，他的战略是在这些地区性的谈判中寻找并利用强有力的潜在联系，并随着时间的推移，在别处取得成果。这意味着什么？不要只关注表面上仅与这个或那个问题相关的谈判。在有必要的时候，"缩小焦距"来观察更大的战略框架，并以此作为指导，通过谈判来推进你的战略构想。

第五章

现实主义：掌握交易/不交易平衡

我们所说的基辛格的"现实主义"谈判方法，与被他带着几分戏谑嘲讽为"神学"和"精神病学"谈判观的方法截然不同。专制主义的"神学家"认为谈判主要是一种有用的工具，当一方完全支配了另一方时，就用它来从事实上把"条款"强加给对方。"精神病学家"则真心相信，在几乎所有的情况下，谈判都是有价值的。

在冷战语境中，"神学家"指的是那些建议在转向谈判之前，先取得压倒性的军事和经济优势的人。他们认为，接下来谈判就会——或多或少自动地——通过某个神秘的过程，认可这种不对称的权力关系。基辛格评论道："由于［像约翰·福斯特·杜勒斯（John Foster Dulles）[1]这类的'神学家'］相信苏联夺取世界霸权的倾向是先天性的，所以在克里姆林宫放弃其意识形态之前，他们不认为苏联领导人是合适的谈判伙伴。而由于美国外交政策的主要任务被认为是推翻苏联，所以全面谈判，甚至为实现全面谈判而设计的外交蓝图，都是毫无意义的（如果不邪恶的话），除非'实力的地位'改变了苏联的目的。"[2]

---

1. 美国前国务卿，冷战初期美国外交政策的主要制定者。——译者注
2. 基辛格，《大外交》，第709页。

在基辛格和尼克松为了向中国开放以及与苏联缓和而寻求谈判的时代，许多美国人是站在"神学家"那边的。除了意识形态或言论上的考虑，中国和苏联都是北越的主要盟友和武器供应者。到1969年，已经有超过36,000名美国人在东南亚这场依然狂暴的战争中死去。尽管有这些障碍，但基辛格还是认为，总的来说，比起或热或冷的持续冲突，精心设计的协议能更充分地满足各方的利益，他在这里看到了现实的可能性。

每个时代都有类似冷战"神学家"的人物，他们认为谈判没多大用处，只能用来发出最后通牒，同时附上可信的、压倒一切的后果，以防目标说"不"。副总统迪克·切尼（Dick Cheney）有句著名的话（在提到朝鲜、伊朗、恐怖分子时，以及在其他一些场合都用过）："我们不跟邪恶谈判，我们会击败它。"在激烈的商业或法律纠纷中，过于迅速地拒绝考虑谈判也可能有类似的"神学"根源——例如，一方从一开始就坚持认为"他们所理解的唯一语言就是权力"，或是一个问题被反射性地定义为"原则上的"，或是愿意谈判就"意味着软弱"。这样的观点驱使许多人反对2015年奥巴马总统就伊朗的核计划问题与该国举行的谈判。

在光谱的另一端，与基辛格的现实主义谈判方法形成鲜明对比的是那些被他称为"精神病学家"的人的观点。这些人同样也以某种形式出现在每个时代里，他们通常是天真的理想主义者，往往极力主张谈判本身总是有价值的，认为分歧主要是不幸的误解或纯粹的过程失败，并且把有形的和战略性的因素归类为背景。

基辛格评价说："按照'精神病学学派'的说法，苏联领导人在渴望和平这一点上，与美国领导人没有什么不同。他们采取了不妥协的行动，部分原因是美国让他们感到不安全。'精神病学学派'主张要耐心，以便让苏联领导层中爱好和平的那部分人强大起来，据说苏联领导层也以和美国政府大致相同的方式，分成了鹰派和鸽派。"[1]

基辛格和尼克松避开"神学"和"精神病学"，清楚地阐述了一种与苏联谈判的现实方法，它会"把超级大国关系中的许多要素整合到一个既不是完全对抗（就像'神学家'所主张的），也不是完全和解（就像'精神病学家'所主张的）的整体方法中。这个点子就是强调那些有可能进行合作的领域，并以这些合作为杠杆，在两个国家发生争执的领域改变苏联的行为"。[2]

按照这个思路，本书的其中一位作者（姆努金）写了一本书，名为《与魔鬼讨价还价》（*Bargaining with the Devil*），对如何用类似的方法与被视为邪恶之人的对手进行谈判做了分析。[3]有些人永远不会跟魔鬼讨价还价（神学家），而有些人则永远都会这样做（精神病学家）。按照基辛格的方式，更好的建议是对背景做个现实主义的评估，以确定跟魔鬼讨价还价有没有意义——并且，如果有意义的话，该怎样去做交涉。

当我们用"现实主义"这个术语来描述基辛格的谈判方法时，我们指的是一种受环境驱动的方法，把基本特征赋予该方法的是有关各方的利益——从他们觉察到这些利益时起——而不是关于谈判过程有何作用的意识形态。从根本上说，按照基辛格对谈判的意义所做的描述，"现实主义"谈判是务实的："你试着去影响对方的结论，并试着去寻找双方都有充分兴趣采纳的东西。这就是谈判的本质。"[4][在用"现实主义"一词来描述基辛格谈判方法的特征时，我们所指要比这个词在成熟的"现实主义"学派或"现实政治"（realpolitik）中的含义狭窄得多，在国际关系中，这个词假定理性的国家行为体（state actors）会在持久的相互冲突状态中不断争夺和（或）运用

1. 基辛格，《大外交》，第710页。
2. 基辛格，《大外交》，第714页。
3. 罗伯特·H. 姆努金，《与魔鬼讨价还价：何时该谈判，何时该战斗》（*Bargaining with the Devil: When to Negotiate, When to Fight*），纽约：西蒙和舒斯特，2010年。
4. 基辛格，《美国国务卿计划文字整理稿：亨利·A. 基辛格》。

权力。] [1]

虽然基辛格从不主张把谈判当成一种普遍的解决冲突的方法，但他在谈判中有一个非常清晰的"进展标准"，这个标准是实质性的，"以反映相互利益的精确协议而非气氛来表示。最重要的是，紧张局势的缓和必须从广泛的方面着手：我们将首先把我们的共产主义对手看作追求自身利益的国家——在他们意识到这些利益时，这就像我们在看到我们自己的利益所在时去追求它们一样。我们将通过他们的行动来评判他们，就像我们希望他们也根据我们的行动来评判我们一样。具体的协议，以及在他们的协助下建立的和平结构，将来自对利益冲突所做的现实主义调整"。[2]

利益这个概念是现实主义谈判方法的核心。对基辛格来说，评估复杂的利益不仅需要仔细探讨对手的观点，还需要仔细研究塑造了这些观点的历史背景。这"需要一种历史感，一种对不在我们控制范围内的各种力量的理解，以及一种对事件结构的广泛看法"。[3]

利益当然包括领土、军队、经济或其他有形的资产，但这个概念其实更广泛。事实上，当事各方在谈判中真正关心的任何东西，不论它是有形的还是无形的，都可以被理解为一种利益。[4]相互承认、停火、名誉或未来的信用，这些都可以被视作谈判中的利益。因此，当一个"现实主义"的谈判者，并不意味着对道德或伦理问题漠不关心。实际上，基辛格相信，谈判者

---

1. 对国际关系学者来说，我们在使用"现实主义"这个术语时简化过头了，而对新现实主义者来说，这个术语更适合用来指代一些我们没有用它来指代的内容。如果你想要对此做更详细的了解，请参见戴维·艾伦·鲍德温（David Allen Baldwin），《新现实主义和新自由主义：当代争论》（*Neorealism and Neoliberalism: The Contemporary Debate*），纽约：哥伦比亚大学出版社，1993年。
2. 基辛格，《大外交》，第712页。
3. 基辛格，《白宫岁月》，第130页。
4. 对谈判中的利益概念更为详细的阐述，请参见拉克斯和塞贝纽斯，《三维谈判》，第5章，第69—84页。

可以也应该在如何最好地进行谈判，以推进理想主义目标上高度务实。[1]

2014年，基辛格在一篇文章中强调了这一点，但是他尖锐地批评在没有现实主义战略的情况下，靠夸夸其谈来推行原则或理想："如果说旧外交有时候未能向道德上值得帮助的政治力量施以援手，那么新外交就是在冒脱离战略四处乱插手的风险。在有可能对主要演员的长期意图、他们取得成功的希望或执行长期政策的能力做出评估之前，它先向全球的观众做出宣告，说道德是绝对性的……秩序不应该优先于自由。但是，对自由的肯定应该从一种情绪提升为一种战略。"[2]

现实主义谈判者的材料：有关各方、利益、可能的交易和备选的谈判协议方案

正如在罗得西亚案例中那样，为了准备与伊恩·史密斯的谈判，基辛格一如既往地对所有有关各方——不论是实际的还是潜在的——做了评估，并对他们的全部利益以及陷入僵局可能引发的后果也做了评估，这些是他经常要加以利用的。对于一个具有现实可能性的协议，它的签署者们必须根据他们自己的利益来判断是接受它，还是接受未能达成协议的后果。这是达成任何协议所需的最低必要条件，它使得现代谈判分析家的注意力集中在每一方的"达成谈判协议的最佳选择方案"（best alternative to negotiated

---

1. 尼尔·弗格森提出，对亨利·基辛格来说，做一个"现实主义者"在实践中并不意味着"不道德"、成为"理想主义者"的对立面，或漠视原则。例如，基辛格多次主张"用美国人的生命去维护南越的自决权是值得的"，并且自由的理由应该是内在的，而不是以资本主义的任何物质优势为基础。基辛格进一步认为，"理想主义"对纯粹的道德形式的坚持会使人们在邪恶面前束手无策，而现实主义的方法能更有效地挑战邪恶。参见尼尔·弗格森，《基辛格：理想主义者》；弗格森，《基辛格的意义：一个现实主义者的反思》（"The Meaning of Kissinger: A Realist Reconsidered"），《外交事务》，第94卷第5期（2015年9月/10月），第134—143页。
2. 基辛格，《世界秩序》，第134页。

agreement）上（或者用行话来说，集中在BATNA上），这是至关重要的。[1]

基辛格不断地寻求评估和影响双方的"交易vs不交易"平衡，对他的谈判对手强调他的目标交易的价值，并拿它与不做交易的成本做比较。[2]他常常主张，对一笔既有吸引力也有可持续性的交易来说，必须让每一方都获得一项重大利益，或是让他们看到，与不交易相比，交易真正的价值在哪里。而且，对基辛格来说，价值是要根据各方对利益的评判来衡量的。

基辛格不仅强调交易可以给各方带来的利益，还常常向他的谈判对手强调无法达成交易的高昂代价。对罗得西亚的伊恩·史密斯来说，对多数统治说"不"就意味着在基辛格的策划之下，铁路线被切断，来自南非的重要军事支持中止，再加上游击行动的升级。对中国人来说，不与美国做交易就意味着要单独面对越来越咄咄逼人的苏联。而基辛格在描述没有达成协议的后果时，是非常有说服力的。沃尔特·艾萨克森有点戏剧性地描述了在敦促以色列对叙利亚的要求更合作一些的时候，基辛格那带着"末日临近"意味的论辩："基辛格承认，对戈兰高地这块领土做让步（对以色列来说）是不利的，但是让谈判失败会更糟糕。他说：'我认为理解失败的严重性是很重要的。'……他警告说，如果发生这种情况，美国（和基辛格）将不再愿意充当调解人。华盛顿那个建立在'一个奇怪组合'基础上的亲以色列联盟马上

---

1. 这一流行的行话来源于罗杰·费希尔（Roger Fisher）、威廉·尤里（William Ury）和布鲁斯·巴顿（Bruce Patton），《达成交易：毫不退让地谈判协议》（*Getting to Yes: Negotiating Agreement Without Giving In*），第2版，纽约：企鹅出版社，1991年。更有深度的分析（以及更古老的谈判概念）请参见詹姆斯·K.塞贝纽斯和戴维·A.拉克斯，《可选择方案的力量或谈判的限制》（"The Power of Alternatives or the Limits to Negotiation"），《谈判杂志》，第1卷第2期（1985年），第77—95页。本质上，本段所描述的倾向反映了被哲学家们称为"结果主义"的方法，即根据谈判对所关注的结果——不论是交易还是不交易——造成的影响（就各方的利益而言）来评价它们（而不是根据一个人对谈判行为本身的看法来评价，不论这个人的看法是神学的、精神病学的，还是现实主义的）。
2. 基辛格，《美国国务卿计划文字整理稿：亨利·A.基辛格》。

就会瓦解。以色列会发现自己孤立无援。"[1]

当成功不现实时："不"压倒"好"时的无果谈判

对一个现实主义的谈判者——按照我们对这个术语的定义——来说，一场谈判被搁置或失败的一个根本原因是很简单的：就一方或几方的重大利益而言，拒绝达成协议看起来比说"好"更有吸引力。例如，当英国首相把与罗得西亚的伊恩·史密斯的谈判安排在皇家海军战舰"无畏"号和"猛虎"号上时，会谈并不是因为错误的过程、不祥的地点、糟糕的沟通、跨文化造成的误解、个性冲突或缺乏准备而彻底失败的。相反，他们未能取得任何进展，是因为对史密斯来说，达成协议意味着白人权力和地位的巨大损失，而说"不"则能带来继续顽抗的机会。（相比之下，基辛格的谈判方法最终使史密斯面临这样一种局面：对多数统治说"不"的后果会比说"好"更为可怕。）当谈判中的一方或双方在面对任何看似合理的交易时，都更愿意说"不"（或不交易），而不愿意说"好"（或达成交易），我们把这种状况称为逆交易/不交易平衡（adverse deal/no-deal balance）；简单地说，这里没有能够达成协议的空间。

到目前为止，我们已经引用了基辛格谈判成功的一些例子，但现在我们要考察两个事件，在这两个事件中，他没能达成他所寻求的交易。这两个案例（第一个是未能与巴基斯坦就其中止核武器开发达成协议，第二个是未能让约旦和以色列达成脱离军事接触协议）为达成交易所需的最低条件提供了有用的见解。（当然，基辛格还有其他许多"失败"案例：其中一些是因为没有可以达成协议的空间，其他一些则是由于用了错误的方法或其他因素。

---

1. 艾萨克森，《基辛格》，第568页。

为了达到我们的目的，我们在后文中将对这些案例的一部分进行探究。）[1]这些见解可以帮助人们评估一次潜在的谈判取得成功的可能性，还能帮助人们确定何时应该放弃达成协议的努力。正如我们马上就要加以说明的，在巴基斯坦和约旦这两个案例中，人们越来越清楚地发现，基辛格的谈判对手认为不交易比美国人可能提供的任何协议都好。当谈判进程到了这一步时，现实主义的谈判者会放弃努力，除非有其他因素，例如国内政治情势迫使谈判继续下去。

失败的努力：说服巴基斯坦中止其核武器开发计划

1976年，在福特总统的任期接近尾声之时，基辛格试图阻止核武器扩散到巴基斯坦。五年前，作为理查德·尼克松总统的国家安全顾问，基辛格与巴基斯坦建立了密切的关系，这种关系在促成对中国开放的谈判方面发挥了关键作用。现在，他希望阻止巴基斯坦与其邻国印度所进行的一场危险的军备竞赛，这场竞赛破坏了全球核不扩散机制。尽管基辛格付出了艰辛的努力，但他与巴基斯坦的谈判还是失败了。探讨这次失败的原因，有助于阐明交易/不交易平衡作为诊断工具的重要性。

---

1. 他最引人注目的"失败"可能是促成了结束越南战争的《巴黎和平协定》，这份协议的效力没能维持多久，我们将在第六章对此进行分析。基辛格未能完成第二阶段限制战略武器会谈的有关条约，其原因与我们将在第十三章对保密进行的扩展探讨有关。在1973年中东战争之后的石油禁运期间，他没能成功地使日本与美国的中东政策保持一致，我们会在第九章对这一事件做简单的评价。从理论上说，他在1973年提出的"欧洲年"本应是一整套旨在全面改组北约以及调整美国和西欧之间的经济安排的举措。理想情况下，这将减轻美国军事支持的负担，降低贸易关税，并阐明共同防御和合作战略。不幸的是，正如基辛格明确承认的那样，他"仅仅"是国家安全顾问，没有能力与欧洲最高领导人进行有效的谈判。此外，协议的预期覆盖范围太大，而且1973年基辛格正全神贯注于推动与中国建交，促进与苏联的缓和和军备控制，结束越南战争，以及应付1973年的阿以战争。其结果是，与欧洲的会谈只得到了美国间断时续的关注。等到尼克松开始面对水门事件的最终阶段时，与基辛格进行过谈判的四位重要的欧洲领导人已经全部下台了。参见基辛格，《动乱年代》，第128—195、700—746页；艾萨克森，《基辛格》，第557—558页；以及《欧洲年？》（"The Year of Europe?"），《外交事务》，第52卷第2期（1974年1月），第237—248页。

　　在1971年与印度的战争中遭遇屈辱的失败之后，巴基斯坦加快了其核武器开发的秘密计划。[1]而在印度于1974年5月成功地对核弹进行了测试之后，巴基斯坦进一步加强了这种努力。[2]从巴基斯坦的角度来看，只有自己拥有核武器，才能对抗印度那巨大的常规军事优势和不断发展的核能力。[3]然而到了1976年，福特政府和美国国会决心阻止潜在的全球核武器扩散，包括巴基斯坦在内。[4]但巴基斯坦坚决要得到这种武器，其总理佐勒菲卡尔·阿里·布托（Zulfikar Ali Bhutto）有一句著名的公开承诺："如果印度造出了核弹，那我们哪怕吃草、吃树叶，甚至挨饿，也要给我们自己造一颗。"[5]

　　福特政府中的部分成员，包括迪克·切尼和唐纳德·拉姆斯菲尔德（Donald Rumsfeld），提出了一个想法——支持伊朗的核能开发计划，并向巴基斯坦提供使用核能的途径，但基辛格尝试了一个更为直接的方法。[6]为

1. 这一努力开始于东巴基斯坦（后来的孟加拉国）脱离巴基斯坦之后，在这次脱离中，发生了可怕的侵犯人权暴行，数十万人死亡，这在很大程度上是由巴基斯坦军方造成的。可能是部分考虑到巴基斯坦在与中国的谈判中的关键作用，美国对此采取了沉默的态度，这招致了严厉的指责，特别是指责基辛格冷漠地把地缘政治置于人权之上。印度对东巴基斯坦（孟加拉国）的军事援助引发了印度与巴基斯坦的战争。对此事的总结，可参见艾萨克森，《基辛格》，第18章。
2. 沃伦·H.唐纳利（Warren H. Donnelly），《巴基斯坦的核活动：四个时代的年表》（"Pakistan's Nuclear Activities: A Chronology of Four Eras"），载于《美国国会研究服务》（*United States Congressional Research Service*），华盛顿特区：环境与自然资源政策司（Environment and Natural Resources Policy Division）/国会图书馆，1987年，第22页。
3. 如果当时美国与印度有更好的关系——这至少是可以想象的，虽然很难实现——那么美国就有可能促成这两个对头之间的协议，这将阻止进一步的核扩散。
4. 联合国，《不扩散核武器条约》（Treaty on the Non-Proliferation of Nuclear Weapons），联合国裁军事务厅（United Nations Office for Disarmament Affairs），1970年3月5日，纽约，第21页，http://disarmament.un.org/treaties/t/npt；威廉·伯尔，《美国和巴基斯坦对核弹的追求》（"The United States and Pakistan's Quest for the Bomb"），载于《核武库简报第333册》（*The Nuclear Vault Briefing Book 333*），国家安全档案馆，乔治·华盛顿大学，http://nsarchive.gwu.edu/nukevault /ebb333/。
5. 《经济学人》（*The Economist*），《蜘蛛的诡计》（"The Spider's Stratagem"），2008年1月3日，http://www.economist.com/node/10424283。
6. 塔里克·阿里（Tariq Ali），《决斗：位于美国强权飞行路线上的巴基斯坦》（*The Duel: Pakistan on the Flight Path of American Power*），纽约：斯克里布纳（Scribner），2008年，第110—113页。

了获得核部件，巴基斯坦政府于1974年求助于法国，向它购买核原料回收设备。[1]1976年6月，美国通过核供应国集团（Nuclear Suppliers Group）施加压力，想说服法国人取消协议，但没能成功。[2]（推测一下在更早些的时候，像基辛格在罗得西亚所做的努力那样，发动一场密集的谈判战役，能否建立起足够的优势来劝阻法国，是一件很有趣的事。比如，基辛格是否可以更早、更有力地赢得英国或西德的帮助，来说服法国？）

　　无论如何，基辛格于1976年8月飞往巴基斯坦，与布托总理展开直接谈判，强烈敦促他中止核计划。美国每年对巴基斯坦的援助超过一亿美元，这笔援助现在变得岌岌可危。基辛格表示，如果布托同意中止核计划，那么援助将会继续，并且美国还将向巴基斯坦提供110架A7军用飞机和额外的军事援助。[3]这是一个强有力的诱惑，巴基斯坦空军支持这笔交易，但布托不答应。[4]

　　虽然没有经过独立的验证，但关于这场讨论，有一则饶有趣味的记述广为流传：布托带着微笑询问基辛格，如果他（布托）拒绝这笔交易，会发生什么。据说基辛格火冒三丈，回答道："那我们就拿你开刀，以儆效尤！"布托回应说，就算没有美国的支持，巴基斯坦也可以存活下去，但美国将不得不在该地区寻找其他盟友。然后他立即丢下基辛格走出房间，协议没有达

1. 彼得·曾（Peter Tzeng），《核杠杆：美国在20世纪70年代对敏感技术转移的干预》（"Nuclear Leverage: US Intervention in Sensitive Technology Transfers in the 1970s"），《核不扩散评论》（*The Nonproliferation Review*），第20卷第3期（2013年），第479页。
2. 同上。
3. 曾，《核杠杆》，第480页。
4. 希林·塔希尔-赫里（Shirin Tahir-Kheli），《美国与巴基斯坦：一种影响关系的演变》（*The United States and Pakistan: The Evolution of an Influence Relationship*），纽约：普雷格出版社（Praeger Publishers），1982年，第90页。

成。[1]且不说这则记述的细节是否真实，布托确实处境艰难。为了维持与印度的战略均势和国家威望，同时也为了即将到来的选举，他已经公开采取了强硬立场支持巴基斯坦的核武器计划，如果在这个时候退缩，他会彻底失去公众的支持。[2]基辛格同样也处境艰难，印度似乎正在向苏联靠拢，巴基斯坦是一个很有价值的地区盟友。

9月，基辛格开始重新努力，想要靠提高出价来达成一个协议。除了提出新的财政和军事诱惑，他还预言说，巴基斯坦拒绝交易将会损害其国家利益，如果吉米·卡特在11月就要到来的总统大选中获胜，就更是如此。他强调，更倾向于自由主义的卡特很可能会切断美国对巴基斯坦的所有援助，包括至关重要的防御性军事装备。[3]因此，基辛格力劝巴基斯坦趁福特政府还没下台，现在就把交易敲定。

1976年8月，法国总理雅克·希拉克（Jacques Chirac）辞职，他一直把持着法国的核出口政策，这给基辛格的努力打了一针强心剂。现在法国总统瓦莱里·吉斯卡尔·德斯坦接管了这件事。9月，基辛格与吉斯卡尔见了面，

---

1. 阿里，《决斗》，第110页。在无数提到这次交流的参考文献中，可参见贝娜齐尔·布托（Benazir Bhutto），《东方的女儿》（*Daughter of the East*），伦敦：哈米什·汉密尔顿（Hamish Hamilton），1988年，第86页。据说基辛格否认曾说过这样的话，参见沙希德-乌尔-拉赫曼（Shahid-ur-Rahman），《通往贾盖的漫长道路》（*Long Road to Chagai*），伊斯兰堡：印刷智者（Print Wise），1999年，第101页，转引自里兹瓦纳·卡里姆·阿巴西（Rizwana Karim Abbasi）2010年7月在莱斯特大学（University of Leicester）发表的博士论文《理解巴基斯坦的核行为（20世纪50年代—2010年）：评估国家动机及其国际影响（一种有三个模型的方法）》["Understanding Pakistan's Nuclear Behaviour (1950s–2010): Assessing the State Motivation and Its International Ramifications (a Three Models Approach)"]，https://lra.le.ac.uk/bitstream/2381/27568/1/2010abbasirkdsocsci.pdf。然而，彼得·曾在《核杠杆》第480页引用了基辛格的有关话语："在9月11日与巴基斯坦大使萨哈卜扎达·雅各布·汗（Sahabzada Yaqub Khan）的会谈中，基辛格国务卿强调，如果吉米·卡特赢得即将到来的选举，那么新政府'最想要的莫过于找个人开刀，杀鸡儆猴'。"引自美国国务院，《巴基斯坦核原料回收问题》（"The Pakistan Nuclear Reprocessing Issue"），"诺迪斯谈话备忘录1976年9月/2"（Nodis Memcons Sept. 1976/2）文件夹，国家档案和记录管理局（National Archives and Records Administration），美国国务院，马里兰州，科利奇帕克（College Park）。
2. 《华尔街日报》，《基辛格在巴基斯坦的会谈再次显示出限制核武器流动的问题》（"Kissinger Talks in Pakistan Again Show Problems of Curbing Nuclear-Arms Flow"），1976年8月10日，第8版。
3. 曾，《核杠杆》，第480—481页。

比起商业问题，吉斯卡尔愿意优先考虑防止核扩散的问题。法国总统还建议基辛格向伊朗国王求助，以进一步向布托施加压力。然而，新的挫折接踵而至。法国人悄悄地告诉基辛格，尽管他们支持核不扩散，但还是不能停止向巴基斯坦出售核设备，因为没有人能证明这些设备将被用于制造武器。同样，与伊朗的交涉也举步维艰。[1]

11月，卡特在大选中击败了福特。基辛格在谈判解决方面做了最后一次努力，再度加大筹码向巴基斯坦提出建议。1977年1月，他向布托提出，只要巴基斯坦答应"无限期推迟"其核武器计划，美国就将向巴基斯坦提供大量的军事和经济援助，还会支持它获取核能开发项目所需的基础设施。他表示，布托要么现在就答应，要么就得面对即将上台的卡特政府所提出的严苛得多的条件。然而，面临即将到来的选举，布托起码也要等到投票之后才能答应。[2]1月20日，吉米·卡特就任美国总统。基辛格没有时间了，他没能达成交易。

从巴基斯坦的角度来看，这是一个逆交易/不交易平衡的案例。事实上，对布托来说，基辛格所能提供的任何协议，其战略和政治价值都不会高过不交易（这意味着巴基斯坦可以继续寻求核武器）。简而言之，虽然进行尝试显然是有价值的，但不利的条件压倒了成功的希望。[3]

随后发生的事件使这个结论变得更有说服力了。那年晚些时候，卡特政府未能用一纸条件优厚的经济协议诱使布托答应中止核计划。1977年7月，布托在政变中被赶下台，最后被处决。美国于1977年9月切断了对巴基斯坦的所有经济和军事援助。援助在随后的几年中得以恢复，但巴基斯坦对核武器公开和秘密的寻求未能被阻止。该国在1998年进行了五次成功的核试验，现在

---

1. 曾，《核杠杆》，第480—481页。
2. 曾，《核杠杆》，第481页。
3. 更详细的分析请参见尤金·B. 科根，《强迫盟友：朋友们为什么放弃核计划》（"Coercing Allies: Why Friends Abandon Nuclear Plans"），博士学位论文，布兰迪斯大学（Brandeis University），2013年。

其武器库中已经储备了许多核武器。[1]

失败的努力：在埃及、叙利亚与以色列达成脱离军事接触协议之后，尝试缔结"约旦协议"

1973年10月6日，在犹太人一年中最神圣的这一天，由埃及和叙利亚领导的阿拉伯军队突袭了以色列，这次突袭的部分理由是为他们在1967年的战争中所受的屈辱复仇。虽然阿拉伯人在战争初期取得了巨大的成功，但以色列在美国提供的大量补给下重整旗鼓，最终把每支敌军都赶回了他们自己的国土。阿拉伯石油生产国对战争期间美国及其盟国支持以色列的行为大为愤恨，对美国及其盟国（加拿大、日本、荷兰和英国）实行了石油禁运，使得世界油价飙升了四倍，全球经济陷入困境。

随着1973年战争的结束，基辛格设想，如果以色列有可能与它的邻国达成三个协议，那将会大大增强该地区的稳定。这三个协议是：埃及和以色列脱离军事接触协议、叙利亚和以色列脱离军事接触协议，以及约旦和以色列条约，虽然约旦并没有参与进攻以色列。缔结这些协议的一个直接好处就是，这应该会使对美国及其盟国的石油禁运被解除。

这些外交倡议中的每一项都可谓异想天开，特别是考虑到还没有一个阿拉伯国家肯承认以色列。然而到了1974年5月，通过亨利·基辛格极具挑战性的调停（如我们在第四章中所见），在埃及和叙利亚战线上达成了脱离军事接触协议，这令全世界赞叹不已。但是，在约旦这个阿拉伯国家中最小、实力最弱的成员身上，美国的努力却落了空，没能让它与以色列达成协议。因此，这是一次"失败"的交易。是什么导致了这个结果？我们从中可以学到

1. 阿希列什·皮拉拉马里（Akhilesh Pillalamarri），《巴基斯坦的核武器计划：你需要知道的五件事》（"Pakistan's Nuclear Weapons Program: 5 Things You Need to Know"），《国家利益》（*The National Interest*），2015年4月21日，http://nationalinterest.org/feature/pakistans-nuclear-weapons-program-5-things-you-need-know-12687?page=2。

什么，尤其是关于作为诊断工具的交易/不交易平衡？

1950年，约旦王国吞并了约旦河西岸（包括东耶路撒冷），但后来在1967年的六日战争[1]中，这些领土又被以色列给占了去。随后几年里，约旦国王侯赛因（Hussein）在私底下煞费苦心地缓和与以色列的关系。尽管两国在公开立场上仍然是对立的，但侯赛因对谈判的兴趣足以让基辛格在1973年12月提议——于埃及和叙利亚与以色列签订协议之前——让以色列开始与约旦谈判，至少把部分西岸地区还给约旦。[2]然而，以色列政府否决了这一提议，拒绝任何这样的领土让步。[3]

在以色列成功地与埃及缔结了西奈脱离军事接触协议（Sinai Disenga-gement Accords）之后，不死心的侯赛因和基辛格又在1974年1月提出了新倡议。但他们两人最终都认为，计划中的谈判还需要推迟。1973年的战争刚刚结束，阿拉伯石油输出国组织（Organization of Arab Petroleum Exporting Countries，OAPEC）就发起了对美国及其盟国的石油禁运。与此同时，以色列和叙利亚边境上不断发生小规模冲突，有可能引发新的战争。包括约旦国王侯赛因在内的地区领导人一致认为，只有在以色列与走强硬路线的叙利亚领导人哈菲兹·阿萨德（Hafez al-Assad）达成了协议的情况下，约旦和以色列之间的协议才有达成的可能性。[4]

基辛格于1974年3月初返回约旦首都安曼（先于他即将在4月份开始的以色列和叙利亚穿梭外交）。他判断以色列一次只能理性地就一项协议进行谈

---

1. 即第三次中东战争。——译者注
2. 根据基辛格的《复兴岁月》第356页的说法，到1974年时，侯赛因已经与以色列领导人进行了"长达500小时的秘密会谈"。在美国的压力下，以色列也对约旦表示了支持，1970年数百辆叙利亚坦克入侵约旦时，以色列在戈兰高地集结了军队，准备向约旦提供军事援助，最终叙利亚军队被约旦军队击退了。丹尼斯·罗斯（Dennis Ross），《注定成功：从杜鲁门到奥巴马时期的美以关系》（*Doomed to Succeed: The U.S.-Israel Relationship from Truman to Obama*），纽约：法勒、斯特劳斯和吉鲁（Farrar, Straus, and Giroux），2015年，第115—118页；基辛格，《动乱年代》，第847—848页。
3. 基辛格，《动乱年代》，第847—848页。
4. 基辛格，《动乱年代》，第847页。

判（按顺序，下一个该轮到叙利亚了），但他还是希望能为约旦和以色列在西岸问题上的谈判奠定基础。以色列控制和占领了约旦河西岸，但此地的人口绝大部分是巴勒斯坦人，巴勒斯坦解放组织（Palestinian Liberation Organization，PLO）已经把这里当作巴勒斯坦建国的一个焦点了。当时，以色列、美国和约旦都强烈反对让巴解组织参与未来的任何会谈，认为它是一个恐怖组织，一个按照其宪章致力于摧毁以色列，并对约旦政府抱有敌意的组织。尽管对基辛格关于巴解组织的真实观点有各种各样的解读，但他本人认为"巴解组织的主要武器是针对认同和平谈判的个人或团体的恐怖行动。它的政策是激进的和亲苏联的"。[1]

---

1. 基辛格，《复兴岁月》，第352页。根据2017年的一次调查，关于基辛格对巴勒斯坦人的态度，历史学家们的观点差别很大。詹姆斯·R.斯托克（James R. Stocker）总结说：一方面，一些历史学家认为美国与巴勒斯坦人的接触是所谓"暧昧的灵活性"政策的一部分。为了不引起阿拉伯国家及其民众的反感，美国必须被视为朝着承认巴勒斯坦人权利的方向前进。因此，与巴勒斯坦解放组织的接触可能会使等式的一头满意。但是，以色列不承认巴勒斯坦人对以色列控制下的领土所发出的主权声明是正当的，并希望把巴解组织排除在任何谈判之外，即使他们获得的合法性正与日俱增。因此，基辛格被迫十分谨慎地对待这些接触。同时，他的政策并不是有意要伤害巴勒斯坦人的。例如，爱德华·希恩写道，基辛格"并非天生就对巴勒斯坦人的愿望抱有敌意，虽然他并不同情他们的解放运动"。

　　史蒂文·施皮格尔（Steven Spiegel）认为，一般来说，基辛格希望通过"回避基本问题的临时协议"来增强美国的影响力，比如回避了巴勒斯坦人的角色问题。对威廉·匡特（William Quandt）和凯瑟琳·克里斯蒂森（Kathleen Christison）来说，这部分是因为基辛格对巴勒斯坦问题的重要性"视而不见"。

　　而另一方面，许多人断言基辛格并不仅仅是试图忽视巴勒斯坦人：他积极地寻求帮助来压制他们。按照这种解读，他的做法或许可以被称为"战略拖延"，与巴解组织的接触可以安抚阿拉伯国家的领导人，但更重要的是，他们赢得了时间，无限期地把巴解组织排除在和平谈判之外，希望出现巴勒斯坦问题的另一种解决方案，例如约旦同意充当巴勒斯坦人民的代表。对萨利姆·雅各布（Salim Yaqub）来说，基辛格政策的动机是"使以色列不至于被迫从1967年阿以战争中占领的全部或大部分领土上撤出"。道格拉斯·利特尔（Douglas Little）认为，基辛格和尼克松对巴勒斯坦游击队员的"蔑视"就表达出了他们的观点。保罗·钱伯林（Paul Chamberlin）断言，美国的政策具有强烈的意识形态成分：尼克松和基辛格试图在中东建立反巴勒斯坦联盟，将巴勒斯坦激进派与"美国学生中的激进分子"相比，认为他们"同样是对秩序和国家权威的跨国挑战的一部分"。杰雷米·苏里（Jeremi Suri）把这个问题与基辛格的种族背景联系在一起，声称他对中东的政策产生自"一个德国犹太人的世界观，即寻求从极端政治政策中保护他的民族所珍视的价值和遗产"。在这些描述中，基辛格似乎坚定不移地反对任何承认巴勒斯坦组织，尤其是巴解组织的外交行动。

　　基辛格的回忆录中包含了可以支持这两种解读的证据［参见詹姆斯·R.斯托克，《历史的必然性？基辛格和美国与巴勒斯坦人的接触（1973—1976）》（"A Historical Inevitability? Kissinger and US Contacts with the Palestinians [1973–76]"），《国际历史评论》（*The International History Review*），第39卷第2期（2017年），第316—337页］。

　　美国、以色列和约旦对巴解组织的这种反对，与巴解组织的声望在阿拉伯世界的大部分地区不断提高是背道而驰的。巴解组织声望提高的部分原因是它对以色列的"英勇"抵抗，在阿拉伯世界中，越来越多的人把巴解组织视为巴勒斯坦人民的真正代表。[1]（基辛格发现这种观点也正出现在其他地方："越来越多的旁观者——欧洲政府、美国知识分子——提出，巴解组织是一把时髦的钥匙，可以打开西岸的门锁。我倒是确信它会堵死解决的大门。"[2]）因此，他始终强调这一观点："通过尽快确立约旦在西岸的存在，每个人的利益都能得到最好的满足。这将使得温和的约旦成为巴勒斯坦和平进程的谈判代表。"[3]基辛格对速度的强调源于他的判断——把约旦当作一个选项的机会正在迅速消失，因为要求巴解组织成为巴勒斯坦人民正式代表的呼声日益高涨。

　　他之所以觉得这场潜在的谈判具有很高的利益价值，是因为在合理的安排下，以色列和约旦签下的一份协议可以预先堵住巴解组织未来对西岸领土的主张，增加温和的约旦（而不是巴解组织）在未来的阿以和平谈判中（如果能在日内瓦召开一次会议）代表巴勒斯坦人的希望。正如他所强调的："我们认为解决巴勒斯坦问题的最好办法是让以色列和约旦谈判。这就是我们多次公开表达的意思，这是我们真正的政策。因此，我们认为约旦的谈判是重要的。"[4]如果成功了，这样一场谈判将"把有关巴勒斯坦问题的争论变成约旦人和巴勒斯坦人之间的争论，而不是巴勒斯坦人和以色列人之间的争论"。[5]

　　随着埃及和以色列之间敌对状态的结束，阿拉伯国家对美国及其盟国的石油禁运于1974年3月解除。但是，为了继续向美国施压，让它进行调停，以

---

1. 基辛格，《复兴岁月》，第352页。
2. 基辛格，《动乱年代》，第1141—1142页。
3. 基辛格，《动乱年代》，第1138页。
4. 基辛格，《复兴岁月》，第358—359页。
5. 基辛格，《动乱年代》，第1139页。

促使以色列和叙利亚之间达成协议，解除禁运的申请是在6月1日才提交给石油部长会议审核的。叙利亚与以色列在5月31日缔结了脱离军事接触协议，石油的运输也恢复了，基辛格又重新把他的谈判活动集中在了约旦身上。[1]美国高层几乎立即就对此进行了关注：1974年6月，尼克松总统前往中东，在耶路撒冷和基辛格一起敦促以色列总理伊扎克·拉宾（Yitzhak Rabin）与约旦就西岸问题达成协议。[2]

基辛格试图为以色列和约旦的谈判营造一种紧迫感。他对以色列国防部长摩西·达扬（Moshe Dayan）强调，机会正在消失："有两种可能的战略——把约旦人带进西岸，或是和约旦拖时间，那么巴勒斯坦人迟早会搞得天下大乱。"[3]而对以色列外交部长伊加尔·阿隆（Yigal Allon），基辛格则主要指出要么现在就把约旦当成一个选择，要么就永远错过这个机会："以色列没有维持西岸的现状，以期日后随时与约旦进行谈判的选项。如果以色列现在不和侯赛因做交易，巴解组织的领导人亚西尔·阿拉法特（Yasser Arafat）在一年之内就会被视为西岸的代言人。"[4]

那么，为什么即使有总统的直接支持，还有广为人知的让埃及和叙利亚与以色列缔结脱离军事接触协议的荣誉加身，基辛格还是无法使以色列和弱小的约旦缔结在他看来非常重要的协议，哪怕这个协议只需要让以色列做出很小的领土让步（只涉及约旦河以西10—12公里的土地）？通过现实地比较说"不"对主要当事方（以色列与约旦）的吸引力和说"好"的结果，我们

---

1. 基辛格，《动乱年代》，第978页。
2. 内森·思罗尔（Nathan Thrall），《他们唯一理解的语言》（*The Only Language They Understand*），纽约：亨利·霍尔特公司，2017年，第44页。在叙利亚和以色列缔结脱离军事接触协议之后的几天里，基辛格对有关巴解组织、约旦、以色列、埃及和叙利亚的中东政策所发表的意见，可参见美国国务院，《与摩西·达扬和西姆哈·迪尼茨大使的会议》（"Meeting with Moshe Dayan and Ambassador Simcha Dinitz"），谈话备忘录，美国国务院，1974年6月8日，资料来源于《基辛格的电话会谈》。
3. 基辛格，《动乱年代》，第1139页。
4. 基辛格，《复兴岁月》，第358页。

可以找到大部分答案。

造成这种局面的一个因素是以色列和美国政府内部的混乱。由于未能预料到1973年那场近乎灾难性的战争，果尔达·梅厄于1974年6月辞去了以色列总理的职务，接替她的是伊扎克·拉宾。而尼克松总统在6月访问了中东之后，很快就因为水门事件被迫于1974年8月9日辞职。副总统杰拉尔德·福特接任总统后，继续让基辛格担任他的国务卿和国家安全顾问。因此，以色列和美国的新政府都在忙着应对最近遭受的国家创伤。

侯赛因国王是福特就任总统后第一位访问华盛顿的国家元首（其他中东国家的领导人很快也跟了上来），这凸显了约旦和以色列协议的重要性。福特—侯赛因公报宣称"国王陛下与总统和国务卿之间的讨论是一项建设性的贡献……（朝着）及早在一个适当的时间……缔结约旦和以色列脱离接触协议"。[1]

从8月到10月，基辛格和福特一直在试图重启约旦和以色列之间的谈判。然而，接替果尔达·梅厄的伊扎克·拉宾总理面对着一个严重分裂的内阁和国家。他的联合政府在以色列议会中只有一个议席的优势[2]，而且他已经做出保证，只要没有举行选举或全民公决，西岸的状况就不会改变。[3]不论是与埃及还是与叙利亚的脱离军事接触协议，都是在美国和以色列政府的大力推动下缔结的，其实它们都不受欢迎，尤其是在一些保守的和宗教性的以色列团体中。[4]关于可能和约旦缔结的协议，许多以色列人强烈反对在西岸重建任何

---

1. 杰拉尔德·R. 福特和侯赛因国王，《与约旦国王侯赛因讨论后的联合声明》（"Joint Statement Following Discussions with King Hussein of Jordan"），新闻稿，1974年8月18日，http://www. presidency.ucsb.edu/ws/index.php?pid=4454。
2. 此处描述可能有误，以色列议会共有120名议员，政府至少要得到其中61名议员的支持，这样最少也有两个议席的优势。——译者注
3. 基辛格，《复兴岁月》，第361页。
4. 《以色列议会在右翼集团的反对下批准协定》（"Israeli Parliament Approves Pact over Right-Wing Bloc Objections"），《波士顿环球报》（Boston Globe），1974年5月31日，第26版。

阿拉伯政府。[1]

为了解决这个问题，据说基辛格"动用了美国所有的外交支持"来大力推进让以色列和约旦达成协议的计划，他吩咐"推迟坦克和其他武器的预定装运，以色列对脱离接触计划的接受直接关系到它们什么时候才会起运"。[2]但这无济于事：对拉宾来说，与约旦做交易的政治风险太大了。由于担心选举的对抗性反应会导致政府垮台，以色列内阁甚至不准备与约旦展开谈判。[3]从10月9日到15日，基辛格密集的穿梭外交（不断来往于以色列、约旦、埃及、叙利亚、沙特阿拉伯、阿尔及利亚和摩洛哥）也没有带来任何进展。（后来有报道说，基辛格向侯赛因国王承认他错估了"我们的操纵能力"。[4]他还承认，为了让约旦成为一个选项而向以色列施压，或是让以色列第二次撤离西奈半岛是如此困难，连他也心生犹豫。其他人则提供了更为曲折的解释。[5]）

尽管侯赛因国王寻求达成协议，但阿拉伯国家的首脑们于10月28日在摩洛哥的拉巴特（Rabat）召开峰会，一致同意将巴勒斯坦解放组织视为"巴勒斯坦人民唯一的合法代表"。现在，对侯赛因来说，与他的阿拉伯同胞对着干，与以色列进行任何有关约旦河西岸的谈判，已经是绝无可能的了；正如

---

1. 基辛格，《动乱年代》，第1139—1140页。
2. 克林顿·贝利（Clinton Bailey），《约旦的巴勒斯坦挑战，1948—1983：一部政治史》（*Jordan's Palestinian Challenge, 1948-1983: A Political History*），科罗拉多州，博尔德：韦斯特维尔出版社，1984年，第71—72页。
3. L. 卡尔·布朗（L. Carl Brown），《尾声》（"The Endgame"），载于《十月战争》（*The October War*），理查德·B. 帕克（Richard B. Parker）主编，盖恩斯维尔（Gainesville）：佛罗里达大学出版社，2001年，第234—235页。
4. 爱德华·R. F. 希恩，《基辛格是如何做的：在中东按部就班》，《外交政策》，第22卷（1976年春季），第47页。
5. 在《动乱年代》中（第1141页），基辛格表示，"被夹在我们的分析和客观条件之间进退维谷，我只好拖延时间，保持埃及和约旦作为选项的可能性——最后都没起作用——希望形势能解决我们的困难"。其他人则声称这里有个马基雅弗利式的盘算，基辛格本来就计划要逐步削弱约旦作为选项的可能性。参见阿维·施莱姆（Avi Shlaim），《约旦的狮子：侯赛因国王在战争与和平中的一生》（*Lion of Jordan: The Life of King Hussein in War and Peace*），纽约：艾尔弗雷德·A. 克诺夫（Alfred A. Knopf），2008年，第376—380页。

他宣称的那样，"当我的部族误入歧途时，我选择跟随他们"。而在基辛格这位现实主义的谈判家看来，"侯赛因（现在）出局了……鉴于巴解组织对以色列生存权的强烈否定，以及它积极利用恐怖主义作为政策工具的做法，拉巴特决定导致有关西岸的谈判在之后19年里都陷入了僵局"。[1]

一开始，对基辛格来说，寻求通过谈判缔结一份以色列和约旦脱离接触协议可能是一场值得一试的赌博。但到了这个时候，情况已经很清楚了，就拉宾和侯赛因的重大利益而言，说"不"决定性地压倒了说"好"，使协议变为现实的最低条件无法得到满足，基辛格有理由放弃尝试，并把他对谈判的注意力转移到别处去。

不过，让我们假设基辛格能够在某种程度上达成一份脱离接触协议，让约旦得以代表巴勒斯坦人。鉴于在阿拉伯世界和其他地区，支持巴解组织代表巴勒斯坦人民发声的呼声不断增强，我们有充分的理由说，约旦的这份协议是维持不了多长时间的。一些人甚至进一步主张说："1993年所取得的成果（奥斯陆协议）是有可能在1974年就取得的，而且也不会流这么多血，如果当时（基辛格）不反对巴勒斯坦人的话。"[2]当然，这样的推测性判断主要与支撑和驱使基辛格行动的那些假设有关，与他的谈判方法并没有多大关系。而正如我们将要再度看到的，关于美国在印度支那的政策，如果它们所依据的实质性前提有误，那么谈判的战略和战术再精妙，也不管用。

---

1. 本段中的引文均出自基辛格，《复兴岁月》，第383页。
2. 凯瑟琳·克里斯蒂森说："此外，基辛格一再表示，他认为把巴勒斯坦人包括进来会使事情复杂化。他的结论和他手下大部分中东大使的判断不同，他认为让巴解组织参与和平进程将会使这一进程变得激进，因为巴勒斯坦人会'提出以色列人无法解决的所有问题'（第1053页）——这令他不寒而栗。这本回忆录不仅包含了许多类似的自私自利的政治回忆，还是政治短视和即使面对与之相矛盾的迹象，也要坚持思维定式的证明。"凯瑟琳·克里斯蒂森，《基辛格：复兴岁月（书评）》［"Kissinger: Years of Renewal (Review)"］，《巴勒斯坦研究杂志》（*Journal of Palestine Studies*），第29卷第1期（1999/2000年），http://www.palestine-studies.org/jps/fulltext/40756。同样，汉希梅基也认为："基辛格未能在巴勒斯坦问题上采取行动'将会持续破坏为世界上极为动荡的地区之一寻求全面解决方案的任何努力'。"参见汉希梅基，《有缺陷的建筑师》，第331页。

＊＊＊

约旦谈判之所以会"失败"，是因为基辛格想达成的协议超过了他力所能及的范围，至少不可能在他所考虑的时间框架中实现。然而，就像那次他想通过谈判阻止巴基斯坦的核计划所遭遇的失败一样，我们对这次失败的考察也突出了"交易/不交易平衡"作为现实地分析谈判成功或失败前景的关键工具的重要性。从这两个例子中，我们可以总结出一种缺少达成协议空间的显著情况：出于种种原因，对至少一个关键方来说，不交易是一个比达成任何看似合理的交易更好的选择。不过，这种"失败"是否意味着基辛格启动与约旦或巴基斯坦的谈判完全是一个错误？或者，这是否意味着在交易前景暗淡时，他应该坚持不懈？

一般来说，相对让谈判陷入僵局给每一方造成的成本（以及参与谈判造成的其他成本）而言，一笔交易所表现出的潜在价值越高，成功的机会就越大，参与谈判的意义也就越大。相反，当成功的机会看起来很小和（或）谈判的成本太高时，启动或延长谈判就可能是不明智和适得其反的。比如，情况也许是这样的，对方只是把谈判当作一种拖延战术，以便重新武装、等待援军，或是坐观敌手的成本在谈判过程中变得越来越高昂。启动谈判的成本可能包括树立一个坏的先例，引发"台面下"的关键群体的强力反对，以及在未来的谈判尝试中承受更大的"交易疲劳"。

然而，就算出现了逆交易/不交易平衡，也至少有四个理由能使启动谈判变得有意义。第一，谈判的替代品（例如战争）可能更为昂贵，那么即使交易的成功率很低，也值得一试。第二，通过启动谈判，人们可以收集到新的信息，从而改变原来估计的成功率。第三，交易/不交易平衡可能不是静态的。例如，在谈判的过程中，局势的变化可能会影响成功的概率。第四，正如我们很快就要详细探究的，人们会在谈判桌外采取行动，以使交易/不交易平衡朝更合心意的方向倾斜。

因此，根据我们的判断，基辛格尝试启动约旦与以色列的谈判是有意义的，虽说以色列（出于明确的选举原因）对这笔交易没兴趣。当阿拉伯人让巴解组织成为巴勒斯坦人唯一的合法代表时，侯赛因国王显然出局了。在那一刻，达成交易的机会消失了，基辛格明智地放弃了通过谈判缔结以色列—约旦协议的努力。同样，在我们看来，寻求通过谈判阻止巴基斯坦的核计划也是有价值的。

总而言之，行走在被基辛格讽刺为"神学家"（认为谈判除了对绝对优势进行认可之外，别无用处的人）和"精神病学家"（认为谈判永远都是在寻求相互理解的人）的两个极端之间，"现实主义"的谈判者寻求达成那种比不做交易更能满足各方利益的协议。

现实主义的定位提供了一种系统化的方法来评估形势是支持还是不支持交易。一个人应该广泛地审视所有的相关因素：实际和潜在的当事方，对每一方如何看待其利益的细致入微的理解，可能达成的协议和它们所提供的价值，以及对谈判陷入僵局会造成什么后果的评估。只有在交易vs不交易（或"好vs不"，或"交易/不交易平衡"）可能是有利的情况下，现实主义的谈判者才会把协议视为可以达成的。

我们把交易/不交易平衡视为"现实主义"谈判方法的基础：如果在对达成协议起关键作用的一个或多个当事方眼中，相对交易的价值而言，不交易似乎具有不可逆转的优势，那么达成交易的必要条件就得不到满足。到了这种时候，尝试不同的战术、更换场地或选择另外的谈判过程都将是徒劳的。除非有其他非常强烈的理由（拖延时间、希望会有某种外部事件来改变平衡、安抚重要的选区）使谈判继续下去，否则现实主义的谈判者应当把精力转移到别的地方。

因此，基辛格认同的理想谈判者应该既是战略性的，又是现实主义的。正如下一章将要阐述的，这极有力地意味着谈判不仅是在"谈判桌前"进行，还必须在"谈判桌外"采取行动来改变游戏，并使胜利的天平朝称心如意的方向倾斜。

第六章

改变游戏：塑造交易/不交易平衡[1]

除了"缩小焦距"以获得更大的战略概念和采取现实主义的立场，基辛格还建议谈判者采用被我们称为以"广角镜头"观察进程的方法，这种方法能让谈判者在远远超出会议室中的唇枪舌剑的范围内去寻找影响力的来源。用基辛格的话来说，作为一名谈判者，"你试着去影响对方的结论，并试着去寻找双方都有充分兴趣采纳的东西。这就是谈判的本质……在一场国际谈判中，你所能列举出来的压力和激励是至关重要的"。[2]也就是说，为了利于达成目标协议，要去改变交易/不交易平衡。

为了确定可能会"影响对方结论"的潜在的激励和压力，基辛格经常寻求在即将到来的谈判之外，或者说在"谈判桌外"采取行动。面对不情不愿、看起来说"不"比说"好"对他诱惑更大的对手，基辛格往往会改变游戏以诱导对方接受协议。不要画地自限，只把谈判当作你和你的直接对手之间的双边互动，要去改变游戏。这可能意味着把某些当事方牵涉进来或排除出去，改变正在考虑的问题组合，和（或）提高你自己选择不交易的价值，或是贬损对方选择不交易的价值。更传统一些的谈判者往往把精力集中在直

1. 尤金·科根为本章的写作提供了大量的帮助，我们对此表示感谢。
2. 基辛格，《美国国务卿计划文字整理稿：亨利·A.基辛格》。

接说服对方上；相比之下，基辛格经常重塑谈判结构，以提高协议的价值，增加陷入僵局的成本，或双管齐下。

　　回想一下对罗得西亚案例的研究（第一章至第三章），英国首相两次与伊恩·史密斯在英国战舰的甲板上就黑人多数统治问题一对一地展开谈判，但都没能成功，基辛格对这两次失败的根本原因进行了诊断。毫无疑问，首相把"谈判"视同于两方之间的人际交流了。很明显，英国失败的现实原因是：对史密斯来说，对英国的要求说"不"至少还能留下几分保住白人权力和特权的机会，而说"好"则意味着罗得西亚的白人很快就要屈从于那个国家的黑人。

　　根据这一诊断，基辛格可以通过改变谈判游戏本身来让交易/不交易平衡倒向美国提出的协议，诱使史密斯说出"好"来。在与史密斯进行最终的会谈之前，基辛格采取了复杂的行动来建立联盟。他以一种会导致南非向罗得西亚施加决定性压力的方式，积极地把英国、坦桑尼亚、赞比亚以及其他非洲统一组织国家和南非带到谈判进程中。而在谈到向白人提供关键的过渡时期政治和经济保证时，基辛格采用了一种移情和强势相结合的手段来对付沃斯特和史密斯——尤其是后者。史密斯原本非常强硬地宣称，黑人多数统治再过"1000年"都不会在罗得西亚实现，短短几个月之内，他就被迫改口说会在"两年内"实行黑人多数统治。

　　谈判和改变游戏的行动所导致的结果之间具有不可分离性，这对许多人来说似乎是不证自明的。然而，尽管存在一些重要的例外，但基辛格的谈判方法与当前有关这一问题的学术观点相去甚远。[1]对基于实验室实验的研究来

---

1. 当然，许多关于谈判的学术著作与基辛格的观点完全一致，其中最显著的就是关于建立一个不交易选项（或称为BATNA——"达成谈判协议的最佳选择方案"）的标准规定性建议。这一缩写可参见费希尔、尤里和巴顿，《达成交易：毫不退让地谈判协议》。有关这些问题的谈判分析著作，可参见拉克斯和塞贝纽斯，《三维谈判》；以及戴维·A. 拉克斯和詹姆斯·K. 塞贝纽斯，《三维谈判：从整体上玩游戏》（"3-D Negotiation: Playing the Whole Game"），《哈佛商业评论》，第81卷第11期（2003年）。除了谈判之外，与基辛格的方法一致的学术研究可以在国际关系研究人员关于"强制外交"的著作以及其他五花八门的学者对"谈判分析"的松散的研究中找到。参见G. A. 克雷格（G. A. Craig）和A. L. 乔治（A. L. George），《武力与治国才能：我们时代的外交问题》（Force and Statecraft: Diplomatic Problems of Our Time），纽约：牛津大学出版社，1995年；谢林，《冲突的战略》；以及谢林，《军备及其影响》。

说，尤其如此，这些实验有着特定的设置，根据实验设计，受试者/参与者无法改变谈判的相关因素（例如有关各方、问题、交易底线等）。现代谈判行为研究几乎总是每次专门针对谈判桌前一个因素的变化对谈判结果的影响，同时保持其他因素不变。这些因素可能包括问题的数量、时间限制、最后通牒vs讨价还价的动态学、让步模式以及谈判者的特性（例如竞争或合作倾向、民族文化、性别等）。[1]哈佛大学《谈判杂志》的首席编辑，一位杰出的心理学家，以一种颇具代表性的学术观点把谈判描述为"通过语言交流来解决分歧和展开冲突"。[2]

　　基辛格强调了这一观点的狭隘性和在实践中的局限性。"从历史上看，很少有谈判者完全依赖其论点的说服力。"他断言，"传统上，一个国家的谈判地位不仅取决于其提议的逻辑性，还取决于对方不答应时，它所能采取的惩罚。"[3]对基辛格来说，人为地把谈判桌前和谈判桌外的行动分开，不论是在分析上还是在实践中，都是不合逻辑的："我从外交中学到的一个基本原则是，你不能把外交与行动的结果分开。那种认为你能像在研究生研讨会上那样，不牵涉奖励和惩罚地进行外交的想法，只是一种幻想而已。"[4]

通过强制行动来改变游戏的特殊案例

　　改变游戏涉及很多因素，如当事方、问题和不交易的选项等，其中基辛格特别关注武力与谈判的密切关系。在《选择的必要》一书中，他指出：

---

1. 可参见汤普森，《谈判者的头脑与心灵》；尼尔和巴泽曼，《谈判中的认知与理性》。
2. 杰弗里·Z.鲁宾，《编者的话》（"Editor's Introduction"），《谈判杂志》，第1卷第1期（1985年），第5页。
3. 基辛格，《选择的必要》，第170页。
4. 亨利·A.基辛格，"美国海军学院福里斯特尔讲座"（U.S. Naval Academy Forrestal Lecture），安纳波利斯（Annapolis），马里兰州，2007年，演讲与公开声明（Speeches and Public Statements），http://www.henryakissinger.com/speeches/041107.html。

"即使是长期以来被视为外交会议典范的维也纳会议，它那维持了欧洲和平长达一个世纪的成果也是靠战争的威胁才取得的。"[1]

按照基辛格的经验，那种把谈判看成纯粹的语言交流的狭隘观念，其传播的范围已经远远超出了学术界："美国政治体中普遍存在一种观念，认为军事力量和外交在本质上是彼此分离的，是不同的行动阶段。军事行动偶尔会被视作为谈判创造了条件，但一旦谈判开始，它们就被视为只受它们自己的内在逻辑推动。"[2]

在阐述了这种普遍观点之后，基辛格继续强调——在他看来——这个共同的谬误（把谈判和诱因分开）是怎样在实践中损害美国的许多谈判的效率的："在美国，我们发现，要理解这一点是很困难的……因为我们倾向于把外交表现为施压一段时间，然后谈判一段时间，这两者是分开的……所以在朝鲜战争中，我们刚刚开始谈判，就停止了军事行动……因此，你自己抹消了其中的一个诱因。"[3]

虽然在谈判期间以停止轰炸或停火的形式中断军事行动会暂时消除使对方同意的一个诱因，但出于其他原因，这样做可能也是有道理的。如果最终协议得以达成，那么人们会信赖你对停止暴力的呼吁，同时也能让对方尝到和平的滋味。这可能会巩固对方内部赞同交易的派系，或安抚你国内的某个关键选区。还有，也可能只是因为在伦理上，这是正确的做法，例如避免对平民造成破坏性影响。当然，基辛格往往是正确的：暂停军事行动可能只是为一方或双方提供了一个喘息的空间，来重新武装、召集盟友和重组军队。

就基辛格所指出的对武力与谈判之间关系的普遍认识而言，今天已经没有几个专家会把武力和外交看成彼此分离且相互对立的行动了。在美国的高级公务员和政治任命官员中，绝大多数人都认为，外交和谈判在与国家权力

1. 基辛格，《选择的必要》，第170页。
2. 基辛格，《论中国》，第221—222页。
3. 基辛格，《美国国务卿计划文字整理稿：亨利·A.基辛格》。

的其他工具相结合的时候，是最有效的，其中包括经济制裁以及威胁和使用武力。然而，在坚称改变游戏的行动具有关键性作用的同时，基辛格也警告讨价还价者不要粗暴地使用大棒和胡萝卜来影响对方的行为："你必须小心，不要以一种看起来像是投降要求的方式来列举（它们），因为这样做会给对方一个额外的诱因，迫使他反抗。"[1]他在2016年的一次采访中对这一点做了扩展："外交和武力不是分离的活动。它们是彼此联系的，但这并不是说每当谈判陷入停滞时，你都要诉诸武力。这只是说，要让你的谈判对手知道，你有一个爆发点，一旦达到这个点，你就会尝试强行贯彻你的意志。否则，谈判就会陷入僵局，或者这次外交就会失败。"[2]

不过，一旦强迫和谈判被明确地联系起来，就会有两组问题随之出现。第一，在什么样的状况下，强制手段作为谈判战略的一部分是有效的？第二，就算强制手段可能是有效的，那么在什么样的状况下，它们是道德的呢？我们之所以要强调这些问题，是因为它们出现在了基辛格的谈判中，特别是在关于越南和柬埔寨的军事行动里，我们很快就会对这些行动进行深入研究。考虑到印度支那（即越南、柬埔寨和老挝）的例子，我们将在本章末尾安排单独的一节——武力与外交：对伦理和效率的思考——来更全面地再次探讨这个重要的话题。

虽然让对方拒绝交易的后果变得更严重的行动有可能涉及军事力量，但这种情况是很极端的；大多数谈判跟B-52轰炸机没有关系。相反，如果对方不同意交易，更为常见的后果有承担经济成本、在竞争中处于劣势或面临法律风险。选择不交易可能意味着建立一个反补贴联盟，或是给另一个供应商一笔大订单。当然，虽说最好是有一个很有吸引力的不交易选项，但有时候你的不交易选项实在是很糟糕。这会让你的对手占据优势——除非你能通过

1. 基辛格，《美国国务卿计划文字整理稿：亨利·A.基辛格》。
2. 戈德堡，《世界混乱与世界秩序》。

改善你的交易底线和（或）贬损对方的交易底线来改变游戏。然而，从分析上来看，核心要点仍然是：有效的谈判往往同时涉及谈判桌前的话语和谈判桌外的行动。

越南谈判的教训

通过艰苦的会谈，基辛格在1973年1月促成了《巴黎和平协定》，重新审视这一事件，我们能从中学到一些什么呢？毕竟，这个协议只维持了两年，在北越占领越南南部之后就失效了。我们既非历史学家，也非研究这场战争的专家；也不可能给有争议的"越南的教训"（2017年，这个词在谷歌上被搜索的次数不少于184,000次）增添一些什么东西。

尽管有这些限制，但我们认为重新审视越南谈判是有价值的，因为：首先，它们展现了一个具有挑战性的案例，说明了在处于弱势谈判地位时，如何去增强自己；其次，它们凸显了在这种情况下，具有创造性的改变游戏的行动的潜在作用，包括强制行动的伦理和效率；再次，它们强调了即使是技巧非常娴熟的谈判者，能否取得谈判的成功也要看他对状况的基本假设是否正确。

我们认为，基辛格早期的谈判地位与北越相比处于弱势，这可能会使部分读者感到惊讶。在对这个判断进行解释之后，我们会把注意力集中在他为把一手坏牌变成较好的牌而采取的复杂行动（大部分不明显，而且多半是在谈判桌外进行的）上。军事行动固然重要，但其他一些不太为人所知的因素同样也是重要的，它们表明了一种相当有创意的方法，可以用在非常艰难的谈判中。这种在弱势地位上进行讨价还价的挑战经常以各种不同的形式出现，它们是普遍的、重要的和困难的。全面考虑的话，尽管有重新揭开越南伤疤的痛苦和《巴黎和平协定》的最终失败，但我们还是能够通过一种新的观察获得有价值的见解。

越南战争的背景

关于越南这场南北分立的战争，人们写下了数不清的书籍；对战争的完整叙述以及对其意义的分析是复杂的，存在着持久的分歧。[1]与其加入这场辩论或力求对越南战争做全面的叙述，我们宁愿试着提供必要的背景，并突出越南传奇中与我们所关注的在谈判中改变游戏的行动最相关的那些部分。[2]

印度支那曾经是法国的殖民地，大约有4200万人口，在第二次世界大战期间被日本占领。二战之后，越南在名义上又回到了法国的统治之下，于是，共产主义游击队在中国的支持下发起了反对殖民、争取独立的斗争。

随着1950年朝鲜战争的爆发以及对所谓的"多米诺理论"的讨论，哈里·杜鲁门（Harry Truman）总统开始对法国在印度支那进行的战争提供

---

1. 2017年，电影制作人肯·伯恩斯（Ken Burns）和林恩·诺维克（Lynn Novick）以这场战争为主题制作了一部广受好评的、长达18个小时的公共电视系列片，证明了这场战争持久的重要性和对美国（以及越南和其他国家）观众的吸引力。肯·伯恩斯和林恩·诺维克，《越南战争》（*The Vietnam War*），纪录片，美国公共广播公司（PBS），新罕布什尔州，沃波尔（Walpole）：佛罗伦萨电影，2017年。这里列举部分有关越南战争的著作：弗雷德里克·罗格瓦尔（Fredrik Logevall），《战争的余烬：法兰西殖民帝国的灭亡及美国对越南的干预》（*Embers of War: The Fall of an Empire and the Making of America's Vietnam*），纽约：兰登书屋，2012年；罗格瓦尔，《选择战争：和平机会的丧失和越南战争的升级》（*Choosing War: The Lost Chance for Peace and the Escalation of War in Vietnam*），伯克利：加利福尼亚大学出版社，1999年；戴维·哈伯斯塔姆（David Halberstam），《出类拔萃之辈》（*The Best and the Brightest*），纽约：兰登书屋，1972年；迈克尔·麦克利尔（Michael Maclear），《越南：10000天的战争》（*Vietnam: The Ten Thousand Day War*），纽约：梅休因（Methuen），1981年；斯坦利·卡诺（Stanley Karnow），《越南：一段历史》（*Vietnam: A History*），纽约：企鹅出版社，1984年；迈克尔·林德（Michael Lind），《必要的战争：重新解释美国最具灾难性的军事冲突》（*The Necessary War: A Reinterpretation of America's Most Disastrous Military Conflict*），纽约：自由出版社，1999年。
2. 在本章中，我们为越南战争相关事件的许多日期提供了明确的来源。没有标明来源之处，我们通常依赖于菲利普·加文（Philip Gavin）整理的详细的战争时间表，"美国在越南，1945—1975年：附引文和分析的综合时间表"（United States in Vietnam, 1945–1975: Comprehensive Timelines with Quotes and Analysis），http://www.historyplace.com/unitedstates/vietnam/index.html；或参见菲利普·加文，《越南的沦陷》（*The Fall of Vietnam*），世界历史系列，纽约：朗讯出版社（Lucent Press），2003年。

援助。在冷战的背景下，这一理论认为，一旦某个国家被共产党控制，该地区其他的"多米诺骨牌"就会倒下，共产主义就会传播开来。这就意味着，即使是在那些对美国没有重大战略意义的地区，也必须抵制共产主义势力的扩张。在奠边府战役[1]中失败后，法国遵照1954年7月20日签署的《日内瓦协议》撤出了越南，以北纬17度线为界，越南被划分成南北两个实体。[2]（事实上，考虑到那个时代苏联和中国的威胁，杜鲁门及其继任者担心两个共产主义强国会在西方散布分歧，这并没有错。但是，多米诺理论是否适用于印度支那，是有疑问的。）出于对法国失败的担忧，美国在1955年承认了南越。到其任期结束时，艾森豪威尔政府已经向南越提供了超过10亿美元的援助，还派遣了692名美国"军事顾问"帮助南越训练军队。[3]为了遏制共产主义的传播，同时也为了遵循美国外交政策的指导原则，约翰·F.肯尼迪总统把派往南越的军事顾问从900名增加到了16,263名，增强了美国在越南的存在。[4]到1963年，南越总统吴庭艳（Ngo Dinh Diem）——他的政策与华盛顿的意愿有冲突——在一场政变中被赶下台并遭到杀害，而美国起码是被动地容忍了此事的发生。政变的领导者之一阮文绍（Nguyen Van Thieu）将军于1967年成为南越总统，在尼克松执政期间，他一直坐在这个位子上。[5]

---

1. 越南在抗法战争中取得决定性胜利的战役。——译者注

2. 分裂的越南不得不依赖于他国，可以说，这正符合中国的利益。参见基辛格，《大外交》，第635页。例如，历史学家亚当·乌拉姆（Adam Ulam）认为，"对中国来说……（1954年日内瓦）协议的签署是一次完全的外交胜利。持续战斗意味着美国有可能在中国边境上建立基地和驻扎士兵。现在那里将会有一个共产主义缓冲国家，而胡志明（Ho Chi Minh）非常不完全的成功会使他更依赖于中国"。参见亚当·B.乌拉姆，《扩张与共存：苏联外交政策史，1917—1967》（*Expansion and Coexistence: The History of Soviet Foreign Policy, 1917-67*），纽约：普雷格，1968年，第553页。

3. 基辛格，《大外交》，第639页。

4. 基辛格，《大外交》，第653页。1961年5月，肯尼迪授权向越南派遣500名士兵和顾问，使得美国驻越南顾问的人数增至900人。

5. 福克斯·巴特菲尔德（Fox Butterfield），《阮文绍在76岁时去世，南越最后的总统》（"Nguyen Van Thieu Is Dead at 76; Last President of South Vietnam"），《纽约时报》，2001年10月1日，第A1版。

约翰·F. 肯尼迪遇刺之后，林登·约翰逊在1964年以绝对优势赢得大选，成为美国总统。约翰逊政府继续支持多米诺理论，国防部长罗伯特·麦克纳马拉（Robert McNamara）对美国政策制定者的共同观点做了阐述："河内（在南越）的胜利将会是中国在两个越南和东南亚称霸的第一步，也是它在世界其他地区实施新（解放战争）战略的第一步。"[1]

1964年8月，据称北越袭击了两艘美国驱逐舰，国会随即通过了《东京湾决议》（Gulf of Tonkin Resolution）。后来，关于这次袭击的报道是否准确的问题引发了争论，争论的主题还包括是否真的有过这样一次袭击。但无论如何，《东京湾决议》给了约翰逊总统以武力阻止侵略的权力，实际上，这大幅度扩大了印度支那战争。[2]

苏中关系

虽然在20世纪50年代和60年代，美国公众和政策制定界普遍认为共产主义国家是铁板一块，但其实苏联和中国的关系在20世纪60年代变得越来越紧张。这种"中苏分裂"在苏联和中国争抢北越的主要支持者这一地位时，很

---

1. 杰弗里·雷科德（Jeffrey Record），《错误的战争：为什么我们在越南失败了》（*The Wrong War: Why We Lost in Vietnam*），马里兰州，安纳波利斯：海军学院出版社，1998年。
2. 许多学者认为，约翰逊政府利用了东京湾事件（不管实际发生了什么）作为在印度支那发动战争的借口。例如，可参见埃德温·莫伊兹（Edwin Moise），《东京湾与越南战争的升级》（*Tonkin Gulf and the Escalation of the Vietnam War*），北卡罗来纳州，查珀尔希尔（Chapel Hill）：北卡罗来纳大学出版社，1996年。对与《东京湾决议》有关的事实、法律和政策问题以及之后该决议授权总统在越南发动战争的评论，可参见威廉·W. 范阿尔斯丁（William W. Van Alstyne），《国会、总统和宣战权：越南的安魂曲》（"Congress, the President, and the Power to Declare War: A Requiem for Vietnam"），《宾夕法尼亚大学法律评论》（*University of Pennsylvania Law Review*），第121卷第1期（1972年），第1—28页。在战争结束后的几十年里，关于这一事件的争论仍在继续。例如，可参见斯科特·沙恩（Scott Shane），《越南研究，质疑，仍然是秘密》（"Vietnam Study, Casting Doubts, Remains Secret"），《纽约时报》，2005年10月31日，第A1版。

受河内的欢迎。[1]在法国于1954年失败后的10年里，据估计，中国向河内提供了大约6.7亿美元的援助，而且援助还在继续增加，1965年是1.1亿美元，1967年增加到2.25亿美元。在战争剩下的几年里，中国每年的援助平均在1.5亿—2亿美元。[2]

在《东京湾决议》通过后，毛泽东主席亲自向北越领导人胡志明保证，中国会支持北越。从1965年到1969年，据估计，北京向越南派遣了大约32万名人员，帮助北越管理军事设备，以及修建和维护运输路线。[3]

苏联的援助（在1954年到1964年间，估计为3.65亿美元）比北京少得多，这表明在苏联总书记尼基塔·赫鲁晓夫（Nikita Khrushchev）看来，印度支那与战后的德国问题和新兴的中国所造成的挑战相比，战略重要性要低得多。[4]1964年10月列昂尼德·勃列日涅夫（Leonid Brezhnev）的上台，标

---

1. "在北越部署有限但意义重大的苏联军事存在无疑加剧了中苏之间为争夺对河内的影响力而进行的竞争……使河内处于一种更有利的地位，他们可以采取独立的立场，让两个共产主义伙伴相互对抗。"［中央情报局，《苏联和中国对北越军事援助的状况》（"Status of Soviet and Chinese Military Aid to North Vietnam"），《特别报告》（*Special Report*），1965年9月，第5页，https://www.cia.gov/library/readingroom/docs/DOC_0000652931.pdf。］通过几个事件，可以看出中苏在这个问题上的紧张关系。中国不情愿地同意苏联援助通过中国领土进行铁路运输。参见布兰特利·沃马克（Brantly Womack），《中国与越南：不对称的政治》（*China and Vietnam: The Politics of Asymmetry*），纽约：剑桥大学出版社，2006年，第177页。例如，亚当·乌拉姆引用了1965年的一个例子，当时莫斯科请求北京允许4000名苏联军人通过中国领土，并在中国建立空军基地，以便为北越运送战争物资，但遭到了北京的拒绝。参见乌拉姆，《扩张与共存》，第705页。对北越的援助在两大共产主义巨头之间还引起了其他许多争端。例如，中国拒绝了苏联提出的在中国建立"空中走廊"，以便向北越提供补给的要求。细节请参见中央情报局，《中苏之间在援助北越问题上的争端（1965—1968）》［"The Sino-Soviet Dispute on Aid to North Vietnam (1965–1968)"］，1968年9月30日（前绝密文件，于2007年5月解密），情报处，https://www.cia.gov/library/readingroom/docs/esau-37.pdf。
2. 迈克尔·李·兰宁（Michael Lee Lanning）和丹·克拉格（Dan Cragg），《在越共和北越军队中：北越武装部队的真实故事》（*Inside the VC and the NVA: The Real Story of North Vietnam's Armed Forces*），纽约：福西特·科伦拜恩（Fawcett Columbine），1992年，第119页。
3. 沃马克，《中国与越南》，第176页。
4. 兰宁和克拉格，《在越共和北越军队中》，第119页；乌拉姆，《扩张与共存》，第699页；威廉·H. 莫特四世（William H. Mott IV），《苏联的军事援助：一种经验主义的视角》（*Soviet Military Assistance: An Empirical Perspective*），康涅狄格州，韦斯特波特（Westport）：格林伍德出版社（Greenwood Press），2001年，第239页。

志着莫斯科的做法发生了改变。[1]随着中苏分裂的加剧，"（对莫斯科而言）扭转河内亲中国的倾向"变得"非常重要"了。[2]把美国卷进一场旷日持久、制造分裂的斗争中，耗尽它的资源，这是苏联领导层试图从这场战争中得到的另一个好处。[3]

1965年，中国总理周恩来要求北越与莫斯科脱离关系，河内没有答应，还接受了苏联5.5亿美元的军事援助。[4]简而言之，现在北越能够同时从苏联和中国那里获得实质性的支持。它用来跟南越作战的部队包括北越军队和越共，后者是游击队和一些正规军组成的联合部队，主要驻扎在越南南部。[5]

同一年，在获得了苏联和中国将继续提供援助的保证之后，越共部队袭击了位于南越波来古（Pleiku）附近的一个美国空军基地，造成8名美国人死亡，126人受伤。[6]这导致林登·约翰逊总统下令迅速发动"滚雷"轰炸行动，这场行动从1965年3月开始，有部分轰炸目标位于北越。虽然有美国人员和顾问参与了早先发生的一些小规模战斗，但"滚雷"行动标志着美国开始进行直接军事参与。当月晚些时候，由3500名海军陆战队士兵组成的第一支美国作战部队抵达越南。[7]美国的参与迅速升级：到1965年年底，在越美军数量已经超过180,000人。在接下来的两年里，美军总数分别超过了385,000人

---

1. 有关细节和更多信息来源，请参见尼古拉斯·邱（Nicholas Khoo），《打破包围圈：中苏裂痕和中国对越政策，1964—1968》（"Breaking the Ring of Encirclement: The Sino-Soviet Rift and Chinese Policy Toward Vietnam, 1964-1968"），《冷战研究杂志》（Journal of Cold War Studies），第12卷第1期（2010年冬季），第3—42页。
2. 莫特四世，《苏联的军事援助》，第239页。
3. 乌拉姆，《扩张与共存》，第741页。
4. 沃马克，《中国与越南》，第177页；莫特四世，《苏联的军事援助》，第240页。
5. 在整个冲突过程中，美国和南越政府坚持认为越共只是北越的一个工具，而共产党和许多反战人士则认为越共是纯粹的民族解放阵线。
6. 阿瑟·J. 多门（Arthur J. Dommen），《法国和美国的印度支那经验：柬埔寨、老挝和越南的民族主义与共产主义》（The Indochinese Experience of the French and Americans: Nationalism and Communism in Cambodia, Laos, and Vietnam），布卢明顿（Bloomington）：印第安纳大学出版社，2001年，第636页。
7. 艾伦·泰勒（Alan Taylor），《越南战争，第一部分：早期和升级》（"The Vietnam War, Part I: Early Years and Escalation"），《大西洋月刊》，2015年3月30日。

和485,000人。到1968年，部署在越南的美军增加到536,100人。[1]

1968年1月30日，在越南新年——也叫作春节——这天，北越和越共的军队在整个南越展开了大规模的突袭。他们占领了几个城市，其中包括顺化——越南古代王朝的都城。他们袭击了从军事指挥中心到西贡的美国大使馆等许多目标，越共军队甚至短暂地占领了美国大使馆。在接下来的一个月里，美军和南越军队击退了北越的进攻，使北越和越共的军队在这场后来被称为"春节攻势"（Tet Offensive）的战役中蒙受了巨大的损失。

尽管军事结果对北越和越共不利，但"春节攻势"震惊了美国的政治和国防官员，他们当中的许多人认为敌人没能力采取如此雄心勃勃的行动。更重要的是，它使美国公众大为惊愕，他们普遍相信美国就要在这场战争中获胜了。哥伦比亚广播公司的新闻主播沃尔特·克朗凯特（Walter Cronkite）被广泛认为是"美国最值得信赖的人"，他惊呼道："到底是怎么回事？我还以为我们打赢了这场战争呢。"虽说"春节攻势"对北越来说明显是一场军事失败，但它被证明是一个具有巨大象征意义的政治胜利。它改变了美国对战争的态度，使美国果断地把目标从以武力赢得战争改为找到一条可接受的退路。[2]

随着美国在越南军事行动的升级，国内反战抗议的浪潮日益高涨。[3]由于约翰逊总统没有能力结束战争，同时又面临着巨大的国内反战压力，他终于在1968年3月宣布不再寻求连任。虽说越南战争断送了约翰逊的总统生涯，但

1. 人口调查局，《越南冲突——美国驻越南军队及其伤亡人数：1961年至1973年》，图428。
2. 詹姆斯·H. 威尔班克斯（James H. Willbanks），引自《1968年春节：转折点》（"Tet 1968: Turning Point"），2012年5月15日，脚注，外交政策研究所，http://www.fpri.org/article/2012/05/tet-1968-the-turning-point/。
3. 约瑟夫·A. 弗里（Joseph A. Fry），《不受欢迎的信使：学生反对越南战争》（"Unpopular Messengers: Student Opposition to the Vietnam War"），载于《永无止境的战争：越南战争的新视角》（*The War that Never Ends: New Perspectives on the Vietnam War*），戴维·L. 安德森（David L. Anderson）和约翰·厄恩斯特（John Ernst）主编，肯塔基州，列克星敦（Lexington）：肯塔基大学出版社，2007年，第227页。

他还是积极地推动与北越的谈判，其内容包括停止轰炸和提供经济援助。这些会谈差一点就要取得成果了，但终究功亏一篑（这很可能是因为当时的总统候选人尼克松的妨碍，他无疑说服了南越拒绝这次交易，因为等到他上台以后，他们能得到更好的条件）。[1]

新的尼克松政府：利益与目标协议

理解这一点是非常重要的，尤其是考虑到美国国内的局势：理查德·尼克松和亨利·基辛格都不再相信能像之前的几届政府所寻求的那样，在军事上赢得越南战争的胜利。作为总统候选人，尼克松承诺："下一届政府的首

---

1. 虽然与分析基辛格在这些谈判中所采取的方法没有直接关系，但值得注意的是，2017年1月2日刊登在《纽约时报》上的一篇文章描述了最近发现的文件，这些文件似乎证实了人们长期以来对理查德·尼克松参与此事的怀疑。许多人相信，在1968年总统大选前夕，当时的总统候选人尼克松试图干扰和破坏由林登·约翰逊总统领导的结束越南战争的谈判。具体来说，尼克松似乎一直保持着与南越政权的秘密沟通渠道，以说服其领导人抵制约翰逊的和平谈判，以期在尼克松政府的领导下达成更好的协议。参见彼得·贝克（Peter Baker），《笔记显示，尼克松在1968年试图破坏约翰逊的越南和谈》（"Nixon Tried to Spoil Johnson's Vietnam Peace Talks in '68, Notes Show"），《纽约时报》，2017年1月2日，https://www.nytimes.com/2017/01/02/us/politics/nixon-tried-to-spoil-johnsons-vietnam-peace-talks-in-68-notes-show.html?mcubz=2&_r=0。参与约翰逊时代谈判的菲利普·哈比卜（Philip Habib）提供了更多细节。参见菲利普·哈比卜，《被诅咒的是和平缔造者》（"Cursed Is the Peacemaker"），外交研究与训练协会，http://adst.org/oral-history/fascinating-figures/philip-habib-cursed-is-the-peacemaker/。不过，直到这一年8月之前，基辛格一直是尼克松的共和党对手纳尔逊·洛克菲勒的顾问。直到11月大选之后，他才正式成为尼克松团队的一员。基辛格激烈的批评者之一，社会学家托德·吉特林在评论尼尔·弗格森最近所著的基辛格传记时指出："在我看来，弗格森也完全驳倒了对基辛格的指控，即指控基辛格通过传播1968年林登·约翰逊倡议的巴黎谈判的内幕消息，帮助破坏了谈判，从而导致了理查德·尼克松的当选。"参见托德·吉特林，《卑躬屈膝的狂热者：尼尔·弗格森荒诞不经却又暴露实情的亨利·基辛格新传记》（"The Servile Fanatic: Niall Ferguson's Grotesque but Telling New Biography of Henry Kissinger"），《平板》（Tablet），2015年10月28日，http://www.tabletmag.com/jewish-news-and-politics/194356/niall-ferguson-henry-kissinger。有关尼尔·弗格森的分析，请参见弗格森，《基辛格：理想主义者》，第791—797页。

要外交政策目标将是给越南战争带来一个光荣的结局。"[1]在其他地方，他也直截了当地说出了他开始自己总统任期的一个"基本前提"：在越南，"取得完全的军事胜利已经是不可能的了"。[2]1968年，基辛格写道："'春节攻势'是美国努力的分水岭。从今往后，无论我们的行动多么有效，通行的战略都不可能让我们在一定的期限内或凭借让美国人民在政治上可接受的军力水平达成目标。"[3]所以，不足为奇，这两人从一开始就专注于寻求通过谈判解决问题。

主要参与方的利益概述

美国与南越的利益

要了解接下来的谈判，至少需要对双方如何看待其最重要的利益有基本的了解。受到"慕尼黑教训"和多米诺理论的影响，20世纪50年代和60年代的美国政策制定者首先就把越南战争设想为一个更大的世界格局的一部分。当尼克松政府上台时，中国和苏联仍在继续支持北越和越共对抗南越。然而，尽管外部的共产主义赞助者扮演着重要的角色，但这场战争越来越被视为越南人之间进行的一场内部斗争。

鉴于这种认识，以及美国从军事上赢得越南战争的前景渺茫，尼克松和

---

1. 理查德·M.尼克松，《在佛罗里达州迈阿密海滩举行的共和党全国代表大会上接受总统提名时的讲话》（"Address Accepting the Presidential Nomination at the Republican National Convention in Miami Beach, Florida"），美国总统计划（American Presidency Project），1968年8月8日，http://www.presidency.ucsb.edu/ws/?pid=25968。
2. 理查德·尼克松，《RN：理查德·尼克松回忆录》（*RN: The Memoirs of Richard Nixon*），纽约：格罗塞特和邓拉普，1978年，第349页。
3. 写于1968年，但出版于1969年1月。出处为亨利·基辛格，《越南谈判》（"The Viet Nam Negotiations"），《外交事务》，第47卷第2期（1969年），第216页。

基辛格放弃了先前那种以取得完全胜利为目标的做法。他们明确了美国的几个关键利益：给反共的南越政府一个扎扎实实的机会来抵挡北越的军事行动，让越南各方或多或少和平地决定自己的政治命运，让美国军队撤离印度支那，以及把美国战俘带回国。要实现这些利益，就要让北越军队撤出南越，并把越共纳入一个和平的政治进程。

更广泛地说，从尼克松政府上台开始，这场南北分裂的越南战争就主导了美国的外交政策，并且妨碍了美国去实现其更大的地缘政治目标，这个目标主要是与苏联缓和，以及与中国建立邦交。让美国从这场血腥的战争中脱身，会让它有能力在其他更具战略意义的战线上实行更有效的外交。然而，尼克松和基辛格决定，要以一种能保持美国在全球范围内安全承诺的信用的方式来处理越南问题。

南越的阮文绍政权显然把其核心利益视为保持权力，防止被强大的北越和越共接管。从它的角度来看，要做到这一点，就得让北越军队撤出南越，并继续让美国的军事参与保持在一个显著的水平上。后一个意愿与美国想把军队撤回国去的意愿有冲突。但是，在一个关键的方面，阮文绍的利益与基辛格的信念正好吻合，那就是南越作为四任美国总统的盟友，绝不容被随意抛弃，这样做不仅本身就是错误的，而且会不可挽回地损害美国在全球的威望和信用。实际上，基辛格强调，从德国和北约盟国到日本和韩国的众多国家，都在很大程度上把它们的安全寄托在对美国承诺的信赖上。[1]

基辛格特别担心迅速撤离越南，从事实上放弃西贡，会损害中国对美国实力的尊重。当时苏联在中苏边境上集结了重兵，面对这一威胁，中国很

---

1. 关于安全承诺的信用对基辛格的重要性，参见基辛格，《白宫岁月》，第1304页。基辛格一再重申，美国对南越的支持对于维护美国的全球信用至关重要。可参见基辛格，《白宫岁月》，第109、292、1038页。当然，正如我们在第四章中指出的，关于信用在国际关系和谈判中的重要性的学术辩论仍在继续。参见费特魏斯，《信用与反恐战争》；麦克马洪，《信用与世界强国》；沃尔特，《信用上瘾》。

希望借助美国的力量来制衡苏联，正是这个重要因素使得它寻求与美国建立邦交。"北京没兴趣看美国准备抛弃朋友的景象，"基辛格说，"从长远的角度来看，北京在寻求能制衡苏联的力量，他们实际上很重视我们'值得信赖'的名声。"[1]

北越与越共的利益

几十年来，北越和越共的利益都在于把外国人（中国人、法国人，然后是美国人）从越南的领土上赶出去。到尼克松和基辛格掌权时，北越的首要利益就是确保美国撤军，同时让自己的军队留在原地。它与越共游击队一起，试图接管南越剩下的非共产主义部分。

在1968年12月31日发出的消息中，河内要求"推翻……'绍—其—香'集团"，这是北越提及南越领导人时经常使用的蔑称。[2]有一次，北越谈判代表黎德寿很有建设性地向基辛格提议，没有必要公开地除掉南越总统阮文绍，这件事可以秘密地进行—— 例如，暗杀他。[3]

在到底是要推翻还是维持南越的西贡政府这个问题上，北越的利益和美国的利益之间有矛盾，这一矛盾有多大，可以用基辛格在这一点上毫不含糊的声明来衡量。他说："我们拒绝推翻（西贡的）盟国政府仍然是使所有的谈判陷入僵局的唯一和关键的问题，直到1972年10月8日河内撤回这个要求为止。"[4]北越外交部长从其政府的角度明确、断然地证实了这一点。[5]

---

1. 基辛格，《白宫岁月》，第1304页。
2. 基辛格，《白宫岁月》，第259页。这里提到的三个人是阮文绍、阮高其（Nguyen Cao Ky）和陈文香（Tran Van Huong），当时他们分别担任南越总统、副总统和总理。
3. 基辛格，《白宫岁月》，第1030—1031页。
4. 基辛格，《白宫岁月》，第282页。事实上，黎德寿一再明确表示，"即使我们（美国）撤退，河内也不会停止战斗，除非有一个政治解决方案"，其中包括推翻阮文绍政府。参见基辛格，《白宫岁月》，第444页。
5. 北越外交部长阮基石（Nguyen Co Thach）宣称："谈判和停火的转折点出现在1972年10月初。1972年10月8日，黎德寿提出了一个很新的建议。这意味着我们已经放弃了废除阮文绍政府的要求。"参见阮基石，《阮基石访谈》（"Interview with Nguyen Co Thach"）。

后来的事件表明，北越想要在整个（统一的）国家里推行共产主义政体。虽然北越和越共的胜利会使他们的苏联和中国赞助者感到高兴，但越南战斗人员关注的主要是印度支那，而不是全球共产主义的发展。

在这一背景之下，尼克松和基辛格试图通过谈判与北越达成一个协议，让各方的军队都撤出南越，让越南的各大势力和平地决定南越的政治前途——还有，让美国战俘回家。这必须以一种保持美国外交政策承诺的信用的方式来完成。即使是从这一对冲突的主要参与方的利益所做的粗略考察中也不难看出，这将是很难办到的。

在我们开始对越南会谈进行分析之前，先简单地回过头来强调一点，这是任何有效谈判的基础：准确评估你的利益。正是它驱动着你想要达成的目标协议，并时刻影响着你的战略和战术。如果你的利益评估背后的假设存在严重缺陷，那么即使你拥有杰出的谈判战略和战术才华，也无法取得真正的成功。为了进行接下来的谈判分析，我们暂且假设美国的利益和目标协议就是当时他们所表达的那样。在本章结束时，我们将再次讨论那些支撑着基辛格对这场冲突中美国的重大利益做判断的假设。

谈判开始

早在理查德·尼克松当选后不久，但还没正式就职之时，1968年12月20日，他那即将上台的新政府就表示愿意进行谈判。[1]虽然有许多军事和政治上的细节问题要讨论，但谈判的关键议题是停火和停止轰炸的条款、北越和美

---

1. 基辛格，《白宫岁月》，第237页。

国军队撤离南越的程度和时机[1]、如何处理战俘，以及找到能让西贡和越共在南越的政治前途问题上达成和解的基础。1969年5月14日，尼克松在他关于越南的第一次电视讲话中提出了一项包含八个要点的和平建议，其主要特点是在一年之内，双方都把军队撤走（至少是美国及其盟军的"主要部分"[2]）。

北越和越共还是坚持着他们的最后通牒：所有美军必须撤离越南，美国必须推翻它的盟友南越政府。[3]尼克松和基辛格拒绝了，认为答应河内的要求不仅会背叛盟友，而且会严重损害美国在全球的信用，使其他关键的外交政策目标难以达成。

在参加于巴黎举行的非决定性公开会谈（美国、北越、南越和越共都出席了）时，基辛格与他的北越对手黎德寿会面，并进行了秘密谈判。基辛格认为，私下会谈不能用于北越的宣传，而且北越方面若有任何想要达成和解的意愿，在秘密谈判中也比较容易吐露出来。[4]（在后文中，特别是在第十三章中，我们将进一步探讨保密在这些以及其他一些谈判中导致的结果。）从1970年2月20日到4月4日，基辛格和黎德寿进行了三次会面。在最后一次会面中，基辛格提出了一份美国和北越双方在16个月内撤出南越的精

---

1. 为了简单起见，我们经常在讨论中随意地把北越和越共武装混在一起讲。然而，南越有两种共产主义武装：第一种是越共起义者和一些正规军，从1959年5月起，在一定程度上接受河内的指挥；第二种是最早从1964年9月起部署在南越的北越正规军。基辛格在1970年4月4日与黎德寿会谈时，首次提出了双方（美国与北越）共同从南越撤军的问题。大家心照不宣的是，越共会留在南越，南越政府将不得不对抗这支武装力量。早在1965年9月，基辛格就指出："唯一的结果是（一个）有限的结果……越共在其中扮演着某种角色。"无论如何，基辛格认为："在许多地区，政府只能通过与越共达成默契来维持生存，在这种默契中，双方共存而互不干涉。"参见弗格森，《基辛格：理想主义者》，第683、63页。基辛格尖锐地指出："在一些地区，地方政府与越共相互勾结。"（弗格森，《基辛格：理想主义者》，第668页。）
2. 理查德·M.尼克松，《就越南问题向全国发表的演讲》（"Address to the Nation on Vietnam"），美国总统计划，1969年11月3日，http://www.presidency.ucsb.edu/ws/?pid=2303。
3. 基辛格，《白宫岁月》，第258—259页；基辛格，《复兴岁月》，第468页。
4. 基辛格，《白宫岁月》，第437页。

确时间表。[1]黎德寿拒绝了这一提议。

1969年3月，尼克松下令发动了一次秘密轰炸行动，打击北越在柬埔寨的避难所和补给线。1970年4月20日，为了维持公众对战争的支持，同时也为了兑现他在竞选时许下的结束战争的承诺，尼克松宣布将在一年之内从越南撤出15万美军。10天后，他又宣布要对柬埔寨发动一次地面"袭击"，由成千上万的美国和南越军队来进行。这一把战事扩大到一个中立的国家的计划一经披露，立刻引发了持续的反战示威，抗议的浪潮席卷了整个美国。1970年5月4日，在俄亥俄州的肯特州立大学（Kent State University），国民警卫队开枪打死了4名手无寸铁的抗议学生，这一事件进一步震撼了全国。5月8日，将近10万名游行者聚集于白宫。[2]事件和提案进展得越来越快。6月24日，参议院废除了《东京湾决议》，尽管众议院并未跟上。

在这一时期，河内对美国的各种提议无动于衷，继续坚持要求美国撤军，并推翻西贡政权。在1970年，战争继续肆虐，仅在这一年里，就有超过6100名美国人死在越南（越南方面的战争死亡人数更是这一数字的许多倍）。与之相比，从2003年到2010年的7年间，美军在伊拉克的总死亡人数是4424人。[3]

---

1. 基辛格，《白宫岁月》，第440—448页，特别是第445页。基辛格提出的16个月的时间表似乎与尼克松先前提出的建议相矛盾："北越表示这是不可接受的，因为它与总统在11月3日的讲话中提出的12个月的建议不同。（我提议16个月，是因为五角大楼实际上只有这么一份精确时间表，它反映了我们对需要多长时间才能撤回我们剩余的40万人及其装备的技术估计。）我解释说，时间表只是说明性的，最后期限当然要和总统的声明一致，但它还是被拒绝了，因为河内支持民族解放阵线提出的'正确和合乎逻辑'的最后期限——6个月。"（《白宫岁月》，第445页。）为了促使河内妥协，基辛格告诉黎德寿，美国并不要求北越公开撤军，也就是说，美国不会试图羞辱河内。参见基辛格，《白宫岁月》，第443页。然而，河内一再否认他们在南越有军队。参见肖尔茨，《基辛格是如何做到的》，第25页。
2. 想要了解这些事件及相关事件，请参见艾萨克森，《基辛格》，第269—270页。
3. 美国国防部，《"伤亡情况"：从2003年至今的美国军事行动》（"'Casualty Status': U.S. Military Operations 2003 to Present"），华盛顿特区：美国政府印刷局，https://www.defense.gov/casualty.pdf。

达成协议的障碍

为什么这些谈判会陷入僵局？从现实主义的角度（对交易/不交易平衡进行评估）来看，在一定时期内，这些谈判以及随后的谈判毫无结果，是不足为奇的。有三个相关的因素——我们可以把它们称为达成协议的障碍——在影响北越对这两种选择所做的权衡，即接受美国的提议和拒绝这些提议，拖延时间并继续斗争：

1. 1965年8月，有61%的美国人认为美国派遣军队到越南作战是正确的。而到了1968年3月31日，当林登·约翰逊因为不受欢迎的越南战争而宣布他不再寻求连任时，这一数字已经下降到了41%。到1971年5月，这个数字已经下降到了28%，这意味着72%的公众认为派遣美军是错误的（尽管公众对尼克松的越南政策的支持明显比对约翰逊的要高）。[1]

2. 美国国内要求新上台的尼克松政府撤军的压力在迅速增加。公众当中和国会里的大量批评者要求，只要美国战俘能得到释放，就马上从越南撤军。1969年10月15日，美国各地发生了大规模的示威活动——纽约有2万人，纽黑文有3万人，波士顿有10万人（在这里，还有一架飞机在空中画下了一个巨大的和平标志）。[2]1970年5月对柬埔寨的入侵引发了更为激烈的抗议活动。1971年，国会通过了72项（不具约束力的）决议，要求美国撤军。[3]随着国际

---

1. 关于派遣美军到越南是否错误的民意调查结果综述，请参见威廉·L. 伦奇（William L. Lunch）和彼得·W. 斯珀利奇（Peter W. Sperlich），《美国公众意见与越南战争》（"American Public Opinion and the War in Vietnam"），《西方政治季刊》（*Western Political Quarterly*），第32卷第1期（1979年），第25页。更完整的讨论请参见整篇文章（第21—44页）。尽管大多数美国人认为这场战争是一个错误，但在入侵柬埔寨之后，对"尼克松总统处理越南问题的方式"的支持率达到了50%。参见安德鲁·Z. 卡茨（Andrew Z. Katz），《公众意见和外交政策：尼克松政府与在越南光荣地追求和平》（"Public Opinion and Foreign Policy: The Nixon Administration and the Pursuit of Peace with Honor in Vietnam"），《总统研究季刊》（*Presidential Studies Quarterly*），第27卷第3期（1997年），第500—501页。
2. 基辛格，《白宫岁月》，第291页。
3. 基辛格，《大外交》，第689页。

社会对美国在战争中所扮演角色的谴责，这些压力还在继续升级。

3. 为了应对公众的反对、抗议和国会的行动——在很大程度上也是为了维持公众对其越南政策的支持，以及兑现让美国从越南脱身的竞选承诺——尼克松政府以惊人的速度单方面撤出了美国军队。在1968年尼克松赢得总统职位之时，越南大约有536,000美军；到1971年时，在越美军的总兵力下降了70%，只剩下大约157,000人；1972年，已经减少到不到25,000人了。[1]

考虑到这些因素，在谈判的最初几年里，军事上充满自信的河内有什么理由非要接受美国的提议呢？对它来说，不交易的方案还更有吸引力一些：美国公众和国会的反对正不断增强，而美国的军事存在正迅速削弱。基辛格注意到，北越"冷静地分析了（美军的）撤退，美军数量减少表示美国的军事效能在下降，他们用增强持久力来应对这一状况，根据这种局面权衡他们对我们的心理优势。河内持续不断地施压，想要让美国在尽可能短的时间内尽可能多地撤走军队。我们越是主动撤军，就越不能用撤军来做讨价还价的武器，因为我们单方面地加速撤退，使（我们的）双方一起撤军的要求变成了空谈"。[2]

鉴于这种状况，黎德寿用看似无解的军事问题来"捉弄"基辛格："以前拥有上百万美国和（南越）傀儡军队时，你也没能打赢。只靠傀儡军队来打仗，你要怎么获胜呢？现在只有美国的（空中）支援，你又怎么打得赢？"[3]基辛格对最初几年的谈判毫不客气地做了现实主义的评估：北越会在拖延谈判的同时寻求军事上的胜利。[4]

不妨回想一下1971年9月美国陆军将军弗农·沃尔特斯听到的黎德寿对基

---

1. 《越南冲突——美国驻越南军队及其伤亡人数：1961年至1973年》，图428。
2. 基辛格，《白宫岁月》，第275页。
3. 基辛格，《白宫岁月》，第444页。
4. 基辛格，《白宫岁月》，第275页。

辛格所说的话："我真的不知道我为什么要和你谈判。我刚刚和（乔治·）麦戈文参议员共度了几个小时，你的反对者会迫使你给我我想要的东西。"[1]

　　基辛格做了这样的评价："对他们（北越）来说，巴黎谈判不是解决问题的手段，而是政治斗争的工具。它们是一件武器，可以用来从心理上拖垮我们，让我们跟我们的南越盟友分裂，并通过含糊地暗示事情总也解决不了，正是因为我们政府的愚蠢或顽固，来让我们的公众意见产生分歧。"[2]他总结道："没有哪个谈判者，尤其是来自河内的冷峻的革命者，会在明知道他的对手受不断升级的国内压力所迫，无法坚持其立场的情况下，急着解决问题。"[3]

　　图6.1非常简略地描述了达成可接受协议的一个核心障碍。在图中，双向箭头表示美国和北越的直接谈判；单向箭头表示一方对另一方施加压力，不论这种压力是政治上的、公共关系上的、外交上的还是军事上的。"北越"右边的两个图形的相对大小代表着一个基本的、似乎显而易见的含义：对1970年的河内而言，说"不"有力地压倒了说"好"。如果这一观察是准确的，那么基辛格（和尼克松）究竟该采用什么方法，才有可能在这种毫无希望的情况下　——我们将之描述为"在弱势地位下进行谈判"——取得成果呢？

1. 弗农·A. 沃尔特斯，《强者与弱者：来自外交前线的报道》（*The Mighty and the Meek: Dispatches from the Front Line of Diplomacy*），伦敦：圣尔敏出版社（St Ermin's Press），2001年，第518页。（转引自霍恩，《基辛格：1973》，第51页。）
2. 基辛格，《白宫岁月》，第260页。
3. 基辛格，《动乱年代》，第86页。

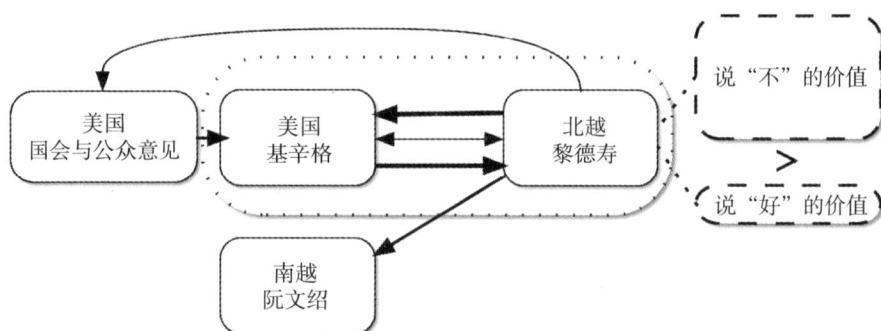

图6.1 1970年时的基本障碍——北越强烈地倾向于说"不"而非说"好"

注：双向箭头表示直接谈判，单向箭头表示压力（政治、公共关系、外交、军事）。

与尼克松总统一起，基辛格面对着三大挑战，因为他试图让北越不再说"不"，而是以可以接受的条件说"好"，从而结束战争，至少对美国来说是这样：

· 第一，他必须抑制住北越和越共为征服南越而做出的不屈不挠的努力，让河内相信，通过真诚的谈判达成一笔可接受的交易比不交易更符合其利益——尽管美国的军事存在正在迅速削弱。

· 第二，他必须设法回应国会和国内反战抗议者施加的越来越大的压力，他们要求美军完全地、单方面地从印度支那撤走。

· 第三，他必须劝说不情愿的南越总统阮文绍接受不包含南越热切追求的军事胜利的美国—河内协议。

人们可能会尝试以不同的谈判风格或谈判场地来应对这些挑战。合作和竞争这两种倾向，哪种对黎德寿更有效？更深入的文化理解和敏感性？一种精巧的调谐能力，以聆听黎德寿的声音、解读他的肢体语言或构想出真正有创造性的选择？调整美方言辞的说服力和魅力？只要列出这些不同的战术和过程选项，就能清楚它们在应对上述这些达成协议的障碍时是多么不适用。那么，有什么东西可能会起作用呢？

尼克松和基辛格克服这些障碍，把手里的坏牌变成好牌的行动可以被当作一场"谈判战役"来分析。[1]当我们谈起一场谈判战役时，正如我们在分析罗得西亚谈判时所做的那样，我们心里要有一个目标协议——在这个案例中，就是要让黎德寿对一笔可接受的交易说"好"。（虽说如果他真的这么做了，就还需要与南越进行一系列更艰难的谈判。）从作为目标的这个"好"出发进行地图回退，通常会涉及多条战线上的一系列其他必需的协议和行动，一旦其他协议都到位了，实现目标协议的机会就能被最大化。正如我们马上就要看到的，与黎德寿（北越战线）的直接谈判难以取得成功。在这些直接谈判之外，基辛格和尼克松通过改变参与方、问题以及陷入僵局的后果，从而改变了这场游戏。到1973年，已经到位的其他战线的简要清单包括[2]：与北越和越共的军事竞争，这逐渐把越南的邻国柬埔寨和老挝都卷了进来；美国国内和国会的意见；中国；苏联；西德和其他欧洲国家；南越总统阮文绍。

然而，在对这场旨在把弱势地位变强的多边谈判战役进行分析之前，我们先要提出一个更基本的问题——尤其是在面对这样令人望而却步的障碍的情况下，这些障碍已经断送了一位总统的前程，震动了这个国家，并迫使美国进行了从军事角度来看大有问题的撤军。对基辛格和尼克松来说，与在这种毫无希望的立场下进行谈判，指望达成一个更有利的协议相比，寻求在更早些的时候（比如，在1969年）达成一个协议——只要它能满足释放美国战俘和允许美国从这场冲突中抽身这两个条件——不是更明智吗？

考虑到在1973年1月签订《巴黎和平协定》之后仅仅两年，南越就落入了

---

1. 参见塞贝纽斯，《超越交易》，第2页；拉克斯和塞贝纽斯，《交易撮合2.0》。
2. 当然，与这些战线有关的一些行动是以在约翰逊总统领导下开始的谈判为基础的。

北越之手，这个问题显得特别有道理。如果早早地以跟这个最终结果差不多的条件达成协议，那么1969—1973年间死去的那成千上万人中，会有许多人能存活下来。[1]在分析了实际的谈判之后，我们会在这一章的末尾用单独的一节——根本的判断：为什么不干脆在1969年就撤出越南？——来重新讨论这个尖锐的问题。

谈判、军事反应和寻求国内支持

在对妨碍通过谈判达成协议的障碍进行分析之前，我们先通过1970年5月对柬埔寨的"袭击"（批评者称之为"入侵"）来详细叙述一下尼克松政府的军事和外交行动。尼克松和基辛格都确信，需要对北越采取强有力的军事反应。用基辛格的话来说就是："想要让一个决心进行长期斗争的敌人妥协，就只能让对方在对决中遇到不可逾越的障碍。"[2]按照我们之前所说的，军事行动的目的是使不交易的结果变得更糟，从而让进行交易对河内更具吸引力。然而，如果这些行动主要被视为战争的升级和扩大，那么它们将会引发强烈的抗议，并损害至关重要的国内支持。

一部分是为了功绩，另一部分是为了将公众对其越南政策的支持保持在必要的水平上，尼克松和基辛格采取了三组相关的行动。第一，正如我们所指出的，他们迅速加快了美军撤离行动。第二，随着美军回国，战斗的主要承担者由美国的地面部队转为南越军队，而美国空军和海军对它的支持则日益增加（空军、海军采取行动无须动用多少美国人，而且也不会被"算进"参战军队的最高限度）。这一政策转变被称为"战争越南化"，它要求迅速

---

1. 当然，在这种假设的情况下，战争会以怎样的方式结束以及战场上的结果，将取决于北越和南越的不可知的反应——包括他们对彼此的反应和对美军正在撤离的反应。
2. 基辛格，《白宫岁月》，第436页。

扩充南越军队的人数，并改善他们的训练。[1]第三，在巴黎寻求可接受的谈判结果时，美国政府试图"写出一份无可挑剔的合理记录"。[2]这是为了让国内和主要的国外观众相信，在谈判中，美国是乐于配合的，而北越是毫不让步的。如果美国在谈判中能被看作是非常灵活的，那么在必要的时候，即使它采取了粗暴的军事反应，也会更容易被人们接受。

1970年9月7日，在秘密的巴黎会谈中，基辛格在他先前提议（被河内拒绝了）的基础上又加了价：美国现在打算在一年之后（相对原来提议的16个月）撤离越南，在南越不留任何残余力量（不留军队、基地或美国顾问，正如先前的提议所设想的那样），前提是在南越举行自由的、有国际监督的选举。[3]

乍一看，给出这一提议可能表示基辛格犯了最基本的谈判错误——"自己和自己竞价"，因为北越不肯让步，所以他又提出了一个更好的报价。然而，有两个因素不支持这种解释。第一，这些谈判的一个关键目标是让美国国内以及其他地方的观众（当美国的让步被公开时）看到，与河内相比，美国是多么理性和乐于配合。第二，随着美军的迅速撤离，美国在战场上的地位正在逐渐下降；谈判中的立场反映了这一现实——而且双方都清楚这一点。

10月7日，在一次受到普遍欢迎的重要电视讲话中，尼克松提议在印度支那"就地"停火，包括停止轰炸，直到达成更广泛的协议。就像撤军以及持续推动战争越南化一样，这次演讲的部分目的是打开更多的国内政治空间，以加强对北越和越共的军事行动，基辛格和尼克松都认为这是必要的。在谈到巴黎的公开谈判时，尼克松说美国是灵活通融的，而且在坚持不懈地寻求

---

1. 我们稍后再讨论越南化成功的前景。
2. 基辛格，《白宫岁月》，第1108页。
3. 基辛格，《白宫岁月》，第976、1018页。

通过谈判解决问题；同时，他指责河内是不讲道理和不肯妥协的。[1]尼克松继续对基辛格和黎德寿的会谈保密，希望通过这条渠道取得更大的成果。北越人很快就拒绝了他的提议。[2]

美国采取了更广泛的措施来切断越共军队的供应线，并打击其位于邻国柬埔寨和老挝的避难所。自20世纪50年代末以来，河内一直在使用这些路线和地点来向越共游击队提供补给，并攻击南越及美国军队。[3]正如我们之前所说，在1969年3月开始的秘密轰炸之后，成千上万的美国和南越军人在1970年5月袭击了位于柬埔寨的北越避难所（这导致了大规模的美国反战示威）。1971年1月，美国的战斗轰炸机发动了大规模的空袭，目的是打击位于老挝和柬埔寨的北越补给营地。在那一年的头几个月里，在美国空军的援助下，一支全部由南越人组成的部队袭击了北越在老挝的阵地，造成惨重伤亡，这使得人们对越南化计划的有效性产生了严重的怀疑。[4]

在越南战争的背景之下，尼克松、基辛格以及其他人都把柬埔寨视作一条关键的战线，多年来北越人一直与此地有大量的牵扯，这与美国的行动并无关系。美国人认为，对柬埔寨和老挝的避难所进行地面入侵和轰炸，在军事上是有必要的，这可以阻断对越共军队的支持，并减少越共对美国和南越士兵的攻击。基辛格表示，尼克松政府上台才几个星期，"越南共产主义者就发动了一次攻势，每星期都会杀死400—600名美国人，因此一个月后，我

---

1. 小罗伯特·B.森普尔（Robert B. Semple Jr.），《尼克松敦促在越南、柬埔寨和老挝实行监督停战，并举行更广泛的和平会议》（"Nixon Urges Supervised Truce in Vietnam, Cambodia and Laos and a Wider Peace Conference"），《纽约时报》，1970年10月8日，第1版。

2. 基辛格，《白宫岁月》，第980—981页。

3. 基辛格，《动乱年代》，第86页。德怀特·艾森豪威尔（Dwight Eisenhower）总统在卸任时警告约翰·肯尼迪总统说，老挝的局势是"美国所面临的最重要的问题"。转引自弗格森，《基辛格：理想主义者》，第585页。

4. 参见托马斯·E.汉森上校（Col. Thomas E. Hanson）所做的评论，《过火的突袭：蓝山719行动与老挝的越南化和入侵老挝，1971年》（"A Raid Too Far: Operation Lam Son 719 and Vietnamization in Laos and Invasion of Laos, 1971"），《军事评论》（Military Review），2015年，第124—126页。

们在越南人的攻势中损失的人就会比我们在阿富汗的10年战争中损失的人还多。这些伤亡中，有许多是占领了部分柬埔寨领土的北越军队的4个师造成的"。[1]基辛格和尼克松把美国在柬埔寨的行动视为向北越及其在莫斯科和北京的赞助者发出的信号，表明美国具有抵抗河内的意愿和能力。[2]正如基辛格更广泛地主张的那样，"我们需要一种战略，使拖长战争对河内的吸引力比不上寻求和解"。[3]

在美国国内，这一军事战略引发了公众对美国在柬埔寨和老挝采取的军事行动的广泛抗议。批评家谴责这些有时候保密的行动在军事上毫无效果，从民主制度的角度来看不合法，是把战争不正当地扩大到中立国家，会对该地区造成可怕的长期后果。（在本章末尾，我们会在单独的一节中重新探讨这些批评，到时候我们会明确地考察强制成本——特别是使用武力——作为在谈判中催生协议的一种手段，其效率和伦理状况究竟如何。）

与此同时，美国的撤军行动仍在继续。最后一批美国海军陆战队人员在1971年4月离开越南，此后海军不再大规模地参与这场战争。在随后的一段时间里，基辛格做出了一系列越来越重要的让步。之前的提议设想的是美国和北越双方都从南越撤军，但基辛格在1971年5月31日告诉黎德寿，美国准备单方面撤军；作为回报，北越要停止对柬埔寨和老挝的渗透。这至少是在暗示，既存的越共和北越正规编队可以完整地留在南越。[4]8月16日，他提议在

1. 雷切尔·哈利伯顿（Rachel Halliburton），《亨利·基辛格的世界秩序：可能的外部边缘》（"Henry Kissinger's World Order: The Outer Edge of What Is Possible"），《独立报》，2014年9月26日，http://www.independent.co.uk/news/world/politics/henry-kissingers-world-order-the-outer-edge-of-what-is-possible-9752563.html。
2. 卡尔布和卡尔布，《基辛格》，第172页，还有第58页；弗格森，《基辛格：理想主义者》，第36—37页；基辛格，《白宫岁月》，第486页；基辛格，《动乱年代》，第35页。
3. 基辛格，《白宫岁月》，第262、311页。
4. 基辛格，《白宫岁月》，第1017页；《美国对外关系，1969—1976，第7卷，越南，1970年7月—1972年1月》，戴维·戈德曼（David Goldman）和埃琳·马哈（Erin Maha）编，华盛顿特区：美国政府印刷局，2010年，文档207，https://history.state.gov/historicaldocuments/frus1969-76v07/d207。这一让步不是公开做出的，与尼克松一年前提出的临时建议也没有确切的联系。

释放战俘的同时撤走美军，只要这不涉及让美国撤除正在逐渐退出舞台的西贡政府就行。[1]不过，河内还是拒绝了这些提议。

亨利·基辛格对他那决不让步的北越对手提出了更为详细的看法。在后来的反思中，他评论道："黎德寿的专业是革命，是他的职业游击战。他可以滔滔不绝地对和平发表意见，但说的全是一些和任何个人经验都不相容的抽象概念。在法国统治时期，他蹲过10年监狱。1973年，他带我参观了河内的一个历史博物馆，他羞怯地承认他以前从未去过该处。"[2]

基辛格对黎德寿及其所代表的北越领导层的评估，直接影响到如何制定有成功机会的谈判方法："我逐渐认识到，黎德寿认为谈判是另一场战斗。任何剥夺河内最终胜利的解决办法在他眼中都是诡计。他是来让我灰心失望的。作为真理的代表，他没有妥协这个范畴。对谈判来说，只有河内提出的建议才是'合乎逻辑和合理'的……作为'真理'的代言人，黎德寿的脑海里没有我们所谓的谈判方法的范畴；在交易中让步对他来说是不道德的，除非出现了更高的需要，而在这种情况发生之前，他打算无限期地等待我们自己撤走。他似乎很关心自己在越南斗争这史诗级的万神殿中的排名；他不能像这个来自大海那边的野蛮人一样，认为雄辩的语言是一种可以改变历史必然走向的手段。"[3]

当然，黎德寿拒不妥协的原因是他的个性也好，是意识形态也罢，有一个事实是显而易见的：鉴于美国立场的不断弱化，北越的耐心等待似乎很有可能获得回报。

然而，随着1972年的临近，许多迹象表明，北越正在准备对南越发动一次大规模的进攻。主要是出于他对黎德寿和他背后的河内政权的评估，基辛格认为这次进攻必须被削弱，以便让他在巴黎会谈中取得进展："归根结

---

1. 基辛格，《白宫岁月》，第1035页。
2. 基辛格，《白宫岁月》，第441页。
3. 基辛格，《白宫岁月》，第442页。

底，我们不能指望敌人与我们认真谈判，除非他确信使战争继续下去不会有任何收获。"[1]

尼克松和基辛格想要进一步为美国采取强有力的军事反应（主要是依靠空军）在外交上和国内打好基础，他们认为有必要加强南越的地面防御。[2]为了实现这一目标，尼克松认为，他需要大大加强其政府在谈判中公开的合理性记录，并撤出更多的士兵。虽然减少美军的人数会使挫败北越的进攻变得更困难，而且肯定会削弱基辛格在讨价还价时的力量，但尼克松还是继续撤走美军，到1971年年底，把美军人数降到了156,800人（就在两年前，还有50多万人——到1972年年底，这一数字还将迅速下降至不到25,000人）。

但是，为了在撤军的同时加强美国的军事立场，基辛格指出："到3月初，随着（北越）决定性的进攻明显逼近，我们发现自己处于一种很不协调的状态，一方面在调集那些不会被算进军队上限的武装力量——B-52、航空母舰，另一方面在继续按照承诺撤出地面部队，并准备宣布下一轮撤军，这轮撤军预计在5月1日左右开始。"[3]

在1972年1月25日对全美国发表的讲话中，尼克松总统首次披露了基辛格和黎德寿的秘密谈判，并公布了一项包含八个要点的和平计划。基辛格对秘密谈判被披露出来是有心理准备的，他后来写道："可以肯定的是，我们与北越的交流是秘密的。但我在进行这些交流的时候，总是在考虑它们最终会对公众造成的影响。如果压力太大，我们可以选择披露它们。"[4]尼克松先对河内早些时候拒绝了美国越来越友好的和平提议做了批评，然后又提出要在

1. 基辛格，《白宫岁月》，第1100页。
2. 基辛格指出，美国在1970年和1971年分别对柬埔寨和老挝采取的行动旨在打乱这次进攻的时间表。《白宫岁月》，第1099页。
3. 基辛格，《白宫岁月》，第1101页。
4. 基辛格，《白宫岁月》，第1103页。

六个月内撤走剩余的美军。[1]但是，他再度拒绝推翻西贡政府。[2]

　　基辛格把尼克松在1月25日演讲的文本发给了莫斯科和北京，并警告说，美国对北越的耐心正在下降。[3]果不其然，河内在1972年3月30日发动了一次大规模的春季攻势，动用了多达20万人的军队，想要彻底打败南越，其主力是正规部队，而不是游击队。

　　在尼克松和基辛格看来，这是北越最后一次（大规模地）掷下骰子。用基辛格的话来说，"现在，就和以前一样，（在巴黎谈判中）留给我们的摆脱战争的唯一办法就是推翻我们的盟友，并无条件撤军。我们拒绝在会议桌上投降，我们也会在战场上拒绝它"。[4]他接着说："我一直认为，无论发生什么，河内的进攻都会以一场认真的谈判为高潮。如果河内在战场上获胜了，那么尼克松就会被迫按照河内的条件来签订协议；如果进攻陷入停滞，而有可能成为民主党候选人的参议员乔治·麦戈文看起来像是能在选举中获胜的话，河内就会等待，他们会赌在他将提出非常有利的条件上……如果攻势被削弱，而且尼克松看起来会在选举中胜出的话，那么河内将做出重大努力，与我们达成协议。"[5]

　　尼克松和基辛格决定在北越的海防（Haiphong）港布设水雷，阻断由海路运抵河内的苏联军事物资（特别是石油），以这种方式来对北越大规模的春季攻势做出有力的回应。他们还对北越部队和越南北部进行了大规模轰炸，特别是通往中国的公路和铁路线，它们是补给的首选路线。[6]随着越南南

---

1. 基辛格，《白宫岁月》，第1043—1044页。基辛格指出，这与尼克松上一次向黎德寿提出的秘密建议相比，又提前了一个月。
2. 基辛格，《白宫岁月》，第1043—1046页。
3. 基辛格，《白宫岁月》，第1045页。
4. 基辛格，《白宫岁月》，第1109页。
5. 基辛格，《白宫岁月》，第1306页。
6. 基辛格，《白宫岁月》，第1178页。"相比之下，（通过拦截船只而不是布雷来进行）封锁会导致每天都与苏联发生冲突。每拦下一艘船，我们就会看到古巴导弹危机重演一次；我们的挑战和苏联对此的反应不得不一遍又一遍地上演，很可能是在电视上。出现疏失或落下口实的危险太大了。"（参见基辛格，《白宫岁月》，第1179页。）

部激烈战斗的逐渐平息，北越蒙受了超过10万人的伤亡，损失了一半以上的坦克和重型火炮。它需要三年多的时间才能重新组织起另一次对南越的大规模常规进攻（这场进攻发生在《巴黎和平协定》签订之后，这一次，他们成功地攻占了南越）。[1]此外，随着春季攻势的全面失败，河内在谈判中的态度开始软化。[2]

美国的轰炸和布雷行动在国内引发了大规模的抗议。尽管如此，与后来的普遍印象相反，仔细跟踪对尼克松越南政策的总体公众支持率所做的民意调查，我们可以发现，在1972年的春季攻势开始之后，这一数据一直稳步上升。当时，尼克松政策的支持率在50%左右，之后随着《巴黎和平协定》的签订，这一数据攀升到接近80%。[3]在某种程度上，积极的公众反应是被两项具有历史意义、广受欢迎（除了许多保守派人士）的美国外交行动鼓舞起来的，这两项行动正好把北越的春季攻势（发动于1972年3月）夹在了中间：其一是尼克松总统那受到高度关注的中国之行，他与毛泽东和周恩来举行了会谈（2月21日—28日）；其二是他在莫斯科与列昂尼德·勃列日涅夫进行的高调峰会（5月22日—30日）。

到目前为止，我们已经探讨了基辛格为了让河内说"好"而与北越进行的直接谈判、对武力的使用，以及为了应付美国国内和国会的激烈反对而采取的行动（包括撤军和巴黎谈判中看似合理的记录）。然而，从美国的角度来看，谈判仍然陷入了僵局，尽管在损失巨大的1972年攻势后，北越的态度显示出软化的迹象。基辛格要如何通过提高陷入僵局给河内造成的成本，来

---

1. 刘易斯·索利（Lewis Sorley），《勇气与鲜血：南越击退1972年的复活节攻势》（"Courage and Blood: South Vietnam's Repulse of the 1972 Easter Offensive"），《参数》（Parameters），第29期（1999年），第38—56页。

2. 除了刘易斯·索利对美国和南越军队如何削弱这场攻势所做的评价（见上），也可参见小罗伯特·A. 佩普（Robert A. Pape Jr.）的《越南战争中的强制性空中力量》（"Coercive Air Power in the Vietnam War"）中的文本和大量注释，该文载于《国际安全》（International Security），第15卷第2期（1990年秋季），第103—146页。

3. 卡茨，《公众意见和外交政策》，第498页。

增强自己在这些谈判中的地位呢?

除了以直接军事行动来对抗北越的进攻,尼克松和基辛格也一直在寻找可以用来在巴黎谈判中向河内施压的新资源。具体来说,莫斯科和北京在向北越提供重要的外交和军事支持,他们两人希望起码能减少或消除这些支持中的一部分。为此,尼克松和基辛格有意识地将美国的越南政策和推动与莫斯科缓和以及开始与北京建立邦交联系在一起——在这场谈判战役中,这是另外两条"战线"。事实上,基辛格一直强调,在美国和河内的"谈判桌"外,美国非常重视在越南谈判中获得苏联和中国的帮助。"(我们所做的)每一个声明,"基辛格宣称,"都是一种努力的组成部分,想要说服莫斯科和北京默许我们的做法,从而通过孤立河内来驱使他们进行有意义的谈判。"[1]

在越南问题上寻求中国的帮助

从刚刚进入尼克松政府时起,基辛格就在寻求与苏联改善关系,并与苏联签订军备控制协议。然而,苏联虽然公开宣称对此很感兴趣,但他们的动作很缓慢,甚至拖延进程,或许是希望美国会因为急于求成而做出让步。不过,尼克松总统在就任之后不久,就和基辛格一起抓住了历史性的机遇,开始探索与北京建立积极关系的办法,希望克服多年来美中之间的敌意。[2]与中国建立更好的关系不仅本身就会给美国带来利益,而且美中关系将会变得更

---

1. 基辛格,《白宫岁月》,第1190页。
2. 因此,基辛格撰文阐述了与中国的"意识形态休战"和"意识形态停战"。参见基辛格,《论中国》,第270、284页。正如他在1966年所写,"战术上的不妥协和意识形态上的持久力不应该与结构上的僵化混为一谈"。转引自弗格森,《基辛格:理想主义者》,第726页。基辛格"开始意识到,尽管中国具有明显的革命性质,但也可能陷入权力制衡的境地"(弗格森,《基辛格:理想主义者》,第704页)。

为密切的前景还有可能刺激苏联，使它乐于配合美国（在下一章中将对此进行更详细的探讨）。

之所以会出现这种动态，是因为中苏关系的恶化。自20世纪60年代中期以来，中国和苏联的关系不断变坏，苏联在中苏边境部署的部队数量也从12个师增加到40个师。[1]不只是莫斯科与北京之间的论战变得越来越尖锐，1969年在乌苏里江沿岸，两国还发生了严重的边境冲突，双方都有数十人死亡，数百人受伤。[2]

让我们暂停片刻，思考一下运气在谈判中所能发挥的作用——如果一个意外机会的潜力得到了认可和发展的话。基辛格解释说："到1969年3月，中美关系似乎基本上被冻结在互不理解、互不信任的敌对状态中，这是20年来双方关系的特征。新政府有一个想法，但还不是一个战略，想要接近中国。当想法碰上机遇时，政策就出现了。当苏联和中国的军队在冰封的西伯利亚冻土带上沿着一条我们从未听说过的河流发生冲突时，这样的机遇就产生了。从那时起，我们不再模棱两可，而是毫不犹豫地走向全球外交。"[3]

想要向前迈进，非常重要的一点是向心存怀疑的中国发出信号，表明美国对与它建立良好的关系很感兴趣。在1969年8月的一次国家安全委员会会议上，尼克松表示，鉴于两个共产主义巨头之间的紧张局势，苏联是更危险的一方，如果中国在一场苏中战争中被摧毁，那是不利于美国的。基辛格强调了这一转变的意义："这是美国外交政策的一个革命性时刻：一位美国总统宣布，一个主要共产主义国家的生存问题关系到了我们的战略利益。这20年来，我们没有与它进行过有意义的接触，而且还跟它打过一场仗，有过两场

---

1. 基辛格，《白宫岁月》，第167页。

2. 中央情报局，《中苏边界争端中的苏联政策的演变》（"The Evolution of Soviet Policy in the Sino-Soviet Border Dispute"），1970年4月28日（2007年5月解密），第31—38页；《战略考察：中苏争端》（"Strategic Survey: The Sino-Soviet Dispute"），《国际战略研究所》（*International Institute for Strategic Studies*），第70卷第1期（1969年），第100—102页。

3. 基辛格，《白宫岁月》，第171页。

军事冲突。"[1]

尼克松和基辛格做出了一个重大的决定，即在中苏冲突中，美国将采取中立态度，但会"尽最大可能向中国倾斜"。[2]许多美国官员在不同的场合以各种版本传达了这一信息。这些举措旨在消除毛泽东对美国会与苏联合作以对抗中国的担忧。

当美国开始直接与北京互动时——基辛格第一次秘密访华是在1971年7月，而1972年2月，尼克松对中国进行了首次国事访问——基辛格需要证实，中国与北越的密切关系不会妨碍美中关系的恢复。随着这种关系的发展，基辛格又向前迈了一步：他越来越清楚地向他在中国的对话者表明，美中战略合作部分地是与中国协助美国驾驭北越有关的，这一点没有被中国人忽略。在周恩来和基辛格的首次会面中，周恩来谈到了北越，"我们仍然深深地同情他们"。基辛格后来指出："当然，同情与政治或军事支持是不一样的；这是一种微妙的表达方式，表明中国不会参与军事行动，也不会在外交上对我们施加压力。"[3]

中国的这一转变震惊了河内。在一次采访中，在巴黎谈判中担任黎德寿的副手，后来还担任了北越外交部长的阮基石引人注目地描述了在基辛格于1971年7月访问中国之后，中国对北越提供的支持："我不得不说，我们已经意识到他们一步一步地减少了他们的支持。1971年是一个转折点。这不仅是减少援助，而且是一种背叛……在基辛格来访之后，他们建议我们接受美国的主张。所以，我们把这看作……背叛。"[4]

尼克松和基辛格认为，就算不能对越南谈判造成任何影响，通过谈判建

1.基辛格，《论中国》，第218页。
2.本段中的信息和引文均出自基辛格，《论中国》，第219页。
3.基辛格，《论中国》，第250页。
4.阮基石，《阮基石访谈》。他被问到的确切问题是："关于1971年7月基辛格访华后，中国是如何改变立场的，你能不能说得再确切一点？他们是停止提供援助了，还是对你施加压力让你谈判？"

立良好的美中关系本身也是很有价值的。然而，美国与中国的外交对谈判解决越南冲突的努力有三个直接和间接的影响。第一，与中美军队直接交战的朝鲜战争不同，中国给了基辛格心照不宣（而且非常真诚）的保证，即他们的军队不会参与越南战争。第二，这一点在一定程度上还有争议，但它是至关重要的：中国减少了对河内的物质支持，并帮忙从外交上孤立了北越。[1]第三，发展出一个美中轴心的威胁迫使苏联减少了对河内的支持。

在越南问题上寻求苏联的帮助

基辛格早就在寻求通过缓和政策来缓和美苏之间的紧张局势。苏联在一定程度上接受了这种做法，但故作矜持。美国突如其来地与中国建交，显然使莫斯科大感震撼，克里姆林宫很担心美国和中国有结盟的可能。在美中之间建立起正在发展的友好关系之后，基辛格又重新强调起苏联战线的重要性来。结果很快就出现了。基辛格指出："在我秘密访问中国之前，莫斯科在安排勃列日涅夫和尼克松的峰会这件事上拖了一年多的时间……然后，在我出访北京之后不到一个月的时间里，克里姆林宫便倒过来邀请尼克松去莫斯

---

1. 正如之前所表明的，北越外交部长阮基石提到了在基辛格于1971年访华之后中国对北越施加压力的重要性。基辛格认为，在美国对北越采取行动时，中美关系在抑制北京对此的反应方面发挥了重要作用："北京……表明他们有其优先顺序。（1972年）5月16日，驻联合国大使黄华（Huang Hua）在纽约与我交谈时，重申了中国支持其朋友的官方立场。但当我指出我们至少警告过北京五六次，如果河内寻求军事解决方案，那么我们将做出强烈反应时，他并没有提出异议。我们在越南的行动也没有阻止黄华邀请我在6月访问北京。我们不但取得了在越南放手去干的权力，同时还能在更大的范围内继续进行我们的外交政策设计。"参见基辛格，《白宫岁月》，第1197页。基辛格最近澄清说，"确实如此"，中国在与北越的实际谈判中没有帮助美国，但北京的贡献是"孤立河内"："中国在营造氛围上发挥了作用——而不是在具体问题上对他们（河内）施加压力。"参见《改变世界的一周》（*The Week That Changed the World*），迈克尔·特林克林（Michael Trinklein）导演，YouTube，2012年，https://www.youtube.com/watch?v=qoHAPj9O5c0。

科了。"[1]

在这种新形势下，基辛格试图说服克里姆林宫大幅减少它对北越的外交和军事支持，他的部分手段就是威胁莫斯科说要放弃缓和政策，使它的潜在利益面临风险。[2]据基辛格估计，苏联的"重大利益"已经建立在苏美双边关系进一步缓和的前景上了——基辛格认识到，莫斯科改善与美国的关系，部分原因是想要制衡正在迅速发展的美中关系。这一改善激起了莫斯科对进一步发展双边关系的欲望。[3]

开辟德国战线，诱使苏联进一步向河内施加压力

然而，要怎样利用苏联想要加强贸易的这种欲望来推动越南谈判以及限制战略武器会谈呢？在苏联与美国的西方盟国之间，关于战争索赔和德国地位的问题，长期存在着争议，而美国有能力提供或阻止解决这一争议的进程。在这种能力中，基辛格看到了一个潜在的资源。这一争议阻碍了苏联扩

---

1. 基辛格，《大外交》，第730—731页。
2. 基辛格，《白宫岁月》，第1116页，以及第13页。基辛格把这种孤立对手的逻辑比作下国际象棋，并对此进行了详细阐述："对学下棋的学生来说，一个基本的教训是，在选择如何移动棋子时，玩家会做得比去计算每种选择可以控制的格子数更糟糕。一般来说，玩家控制的格子数越多，他的选择就越多，而对手做选择时也就越受限。同样，在外交里，一方的选择越多，另一方的选择就越少，在实现其目标时就越要小心。实际上，这种情况可能会迫使对手及时设法停止与你作对。"参见基辛格，《大外交》，第719页。或者，正如基辛格在别处所说，"选择权的展示几乎总是一种资产"。参见基辛格，《白宫岁月》，第725页。在接受哈佛大学美国国务卿计划的采访时，他又重复了这一观点，当时正在讨论他设计的美国、苏联和中国之间的三角关系："美国的这些选项只要存在，就可以成为一种讨价还价的武器。"参见基辛格，《美国国务卿计划文字整理稿：亨利·A.基辛格》。
3. 基辛格在讨论与苏联缓和、与中国修好的过程中将压力与激励结合在一起所形成的动力时，多次使用了"重大利益"一词。举例来说，请参见基辛格，《大外交》，第714、740页；基辛格，《白宫岁月》，第192、1164—1165、1200页。基辛格努力保持警惕，不让莫斯科和北京利用美国从与苏联缓和以及与中国修好中获得的利益来控制美国在越南的政策。美国不会"让自己在情感上依赖于与苏联的关系"。参见基辛格，《大外交》，第712页。

大有价值的贸易和外交的努力，尤其是在西欧。[1]因此，基辛格为这场谈判战役设计了另一条战线，即德国战线，以说服莫斯科在北越与美国举行的巴黎谈判中向北越施压。

基本背景：1969年，西德总理维利·勃兰特（Willy Brandt）发起了一场密集的努力［"东方政策"（*Ostpolitik*）］，这一努力基本上独立于华盛顿的行动，其目的是打破多年来与苏联之间的冷战僵局。勃兰特提出了一系列条约，通过开放贸易协定、解决有争议的领土要求问题、澄清军事安排来缓和与苏联之间的紧张关系。他行动的动机主要来自他的目标——实现德国统一的梦想（通过让苏联在这个问题上变得更加灵活）。

勃兰特的"东方政策"将为他赢得诺贝尔和平奖，但华盛顿一直非常担心这项政策可能会导致一个中立的或许是民族主义的德国出现。现在基辛格意识到，为了让美国在越南谈判（以及军备控制谈判）中取得优势，这可能是一个适当的时机来软化美国对勃兰特"东方政策"的保留意见，苏联一直急切地想要推进这一政策。

获得这种优势的切实机会来自所谓的"东方条约"，这些条约能帮助莫斯

---

1. 基辛格，《白宫岁月》，第528—534页。背景：之所以会出现这种情况，是因为第二次世界大战后，四大盟国（美国、苏联、法国和英国）对德国实行了军事控制。实行民主制度的国家西德和亲共产主义、得到苏联支持的国家东德同时形成，这两个国家之间的关系非常紧张，柏林的地位问题成了关注的焦点。更全面的分析请参见戴维·M. 基思利（David M. Keithly），《东方政策的突破：1971年的四方协定》（*Breakthrough in the Ostpolitik: The 1971 Quadripartite Agreement*），科罗拉多州，博尔德：韦斯特维尔出版社，1986年。苏联之外的三个盟国继续对西柏林实行军事控制，而苏联则控制了东柏林。西柏林人不被承认为德意志联邦共和国（西德）——以波恩为首都——的公民，参见基辛格，《白宫岁月》，第529—534、824页。在整个20世纪60年代，由于柏林被东德领土包围，只能靠西方的脆弱供应线维持运转，西德和盟国拒绝与苏联解决重大领土争端和战争索赔问题。这个问题不解决，苏联的贸易能力——特别是与西欧国家的贸易能力——就会受到严重限制。

科缓和与西德以及整个西欧的紧张关系。[1]按照勃兰特所倡导的"东方条约"
（特别是西德和苏联于1970年签订的《莫斯科条约》），签约国将致力于关
系正常化，放弃使用武力。虽然西德和苏联于1970年8月12日签订了《莫斯科
条约》，但西德尚未批准这一条约。鉴于勃兰特面临的政治局势有些动荡，
莫斯科希望美国帮忙让波恩迅速批准条约（基辛格把这与跟柏林有关的另一
项协议联系起来了）。[2]在一份预备性备忘录中，基辛格手下的高级工作人员
明确提出了利用这些问题在越南谈判中获得苏联帮助的选项。[3]

　　私底下，基辛格很怀疑美国能否有效地干预西德的国内政治。尽管如
此，为了获得能让苏联在越南问题上帮助美国的力量，他还是利用了莫斯科
的想法，即美国的支持对德国批准条约至关重要。根据美国国务院历史文献
办公室的资料，在与勃列日涅夫会面后不久，基辛格向尼克松汇报了情况：
"'勃列日涅夫和他的同事对德国条约的结果表现出明显的不安，'他报告
说，'他们多次提出要我们直接出手干预。星期日选举的结果和自由民主党
的背叛加剧了他们的担忧，局势给了我们力量。我没有答应帮助他们摆脱困

---

1. 西德与苏联（《莫斯科条约》，1970年8月），西德与波兰（《华沙条约》，1970年12月），
　　美国、苏联、法国与英国（《四国协定》，1971年9月），西德与东德（《过境协定》，1971
　　年12月），西德与东德（《基础条约》，1972年12月），西德与捷克斯洛伐克（《布拉格条
　　约》，1973年12月）。参见《德国，国家研究》（"Germany, a Country Study"），1996年，联邦
　　研究部（Federal Research Division），国会图书馆，华盛顿特区。
2. 基辛格，《大外交》，第737页。也可参见基辛格，《白宫岁月》，第533页。尼克松和基辛格起
　　初对勃兰特的倡议持怀疑态度，后来他们逐渐认为勃兰特的外交政策是有利的，因为他们把他的
　　谈判与美苏之间关于柏林的谈判联系起来了（参见基辛格，《白宫岁月》，第530—534页），
　　而且还进一步在他的谈判与苏联的越南政策之间建立了联系。基辛格写道："尼克松和他的顾问
　　们……逐渐认为东方政策是必要的，即使他们认为勃兰特——不同于阿登纳（Adenauer）——从
　　未对大西洋联盟有过感情上的依恋。"（基辛格，《大外交》，第735页。）
3. 在那份备忘录中，哈尔·索南费尔特（Hal Sonnenfeldt）明确地阐述了这个问题："我们需要
　　弄清楚我们想要在多大程度上让越南发生什么事情，以及苏联在这方面扮演什么角色，这是
　　决定美苏关系接下来会如何发展的一个决定因素……我们需要弄清楚，我们在其他问题上的
　　实质性立场在多大程度上应该受到苏联在越南问题上为我们所做的一切的影响。"参见《美
　　国对外关系，1969—1976，第14卷：苏联，1971年10月—1972年5月》，戴维·C. 盖耶（David
　　C. Geyer）、尼娜·D. 豪兰（Nina D. Howland）、肯特·西格（Kent Sieg）和爱德华·C. 基弗
　　（Edward C. Keefer）编，华盛顿特区：美国政府印刷局，2006年，文档125，https://history.state.
　　gov/historicaldocuments/frus1969–76v14/d125。

境……如果他们不在越南问题上帮助我们，我们在这件事上也绝不会给他们任何帮助。'"[1]

除了中国因素，经济上的考虑也给了基辛格相当大的潜在影响力。在列昂尼德·勃列日涅夫底下担任苏联总理的阿列克谢·柯西金（Alexei Kosygin）主政时，扩大与西方国家特别是美国的贸易成了苏联的主要目标，这既有助于提振苏联衰退的经济，又能缩小日益扩大的技术差距。许多经济学家和安全分析专家追踪了这种优先事项的演变，根据他们的工作，可以得出一个结论："与西方的贸易日益成为勃列日涅夫解决问题的灵丹妙药：它将振兴经济，使苏联能与西方竞争；而且这样做不需要对经济进行根本性的改革。"[2]在1971年和1972年间，苏美两国签署了越来越多的大型贸易协定（例如谷物、卡车），而且美国还承诺给予苏联最惠国待遇，以及大量的贸易信贷。如果能让缓和变得不可逆转，人们会期望贸易扩大的趋势进一步加快。苏联的学术理论机构和中央委员会一样，都认同这种发展的价值。勃列日涅夫在访问美国和西德时，强调了它的重要性。他把"他的复兴计划的成功"系于稳定的美苏关系，并使缓和变得"不可逆转"。[3]

在与苏联大使阿纳托利·多勃雷宁（Anatoly Dobrynin）的谈话中，基辛格指责在河内于1972年3月对南越的进攻中，莫斯科也是"同谋"，并明确表示，苏联对北越的支持现在对华盛顿在"东方条约"问题上与莫斯科合作造成了严重困难。[4]为了防止苏联人没有认识到这一信息的严重性，基辛格又把这个观点告诉了勃兰特的顾问埃贡·巴尔（Egon Bahr），希望巴尔能把信

1. 《美国对外关系，1969—1976，第40卷：德国与柏林，1969—1972》，戴维·C. 盖耶和爱德华·C. 基弗编，华盛顿特区：美国政府印刷局，2008年，第356条编辑注释，https://history. state.gov/historicaldocuments/frus1969–76v40/d356。
2. 特别是参见戴尔·C. 科普兰，《对贸易的期望与和平的突然降临》，《安全研究》，第9卷第1—2期（1999年秋季—2000年冬季），第25—39页。
3. 科普兰，《对贸易的期望与和平的突然降临》，第29—31页。
4. 基辛格，《白宫岁月》，第1114、1150页。

息传递给苏联驻波恩大使。[1]

　　说到有关越南的巴黎谈判，尼克松公开披露的美国在谈判中表现出的灵活性和做出的重大让步与北越的拒不妥协形成了鲜明的对比。苏联人没有忽略这一点。5月8日，尼克松公开地向北越提出了迄今为止最慷慨的条件（同时仍在海防港布雷并轰炸连通北越与中国的交通系统，以应对北越的春季攻势）。正如基辛格所描述的，尼克松提议"就地停火，释放战俘，并在四个月内全面撤走美军。撤退的最后期限是迄今为止最短的。就地停火的提议意味着美国的轰炸将会终止，北越可以保留他们在进攻中获得的所有东西。我们承诺全面撤军，只求以停火和归还我们的战俘作为回报"。[2]

　　基辛格利用即将于1972年5月在莫斯科举行的苏美元首峰会（在这次峰会上将签署限制战略武器会谈的有关条约）作为另一个施压点。尽管对莫斯科支持河内的事做了警告，基辛格还是向苏联领导人强调了他已经传达给黎德寿的美方的重大让步：美国不会要求北越正规军队完全撤出南越，作为回报，北越不应再要求美国迫使阮文绍下台。[3]

　　在莫斯科，基辛格与苏联领导人列昂尼德·勃列日涅夫于峰会之前进行了一次会晤，基辛格尖锐地抱怨了北越无休止的拖延战术，最后发出了严厉的警告："如果这一进程继续下去，我们将会单方面采取行动，不论这样做

1. 基辛格，《白宫岁月》，第1117页。
2. 基辛格，《白宫岁月》，第1189页。
3. 基辛格后来说明了做出这一让步的实际时间："关于把北越军队留在南越，在1970年10月我们提出就地停火的时候，这个建议就已经隐含在其中了。我们没有附加任何让北越军队撤退的要求。1971年5月，我们提出的秘密建议中明确了这一点。我相信我们在1972年1月对此做了公开重复，声明我们的和平计划不要求撤走军队，只是呼吁停火，这样我们就无须对北越军队在1972年10月的存在做出额外的让步。"进一步的讨论请参见肖尔茨，《基辛格是如何做到的》，第36—37页。

会对什么关系造成什么影响。"[1]有一次，基辛格告诉苏联大使多勃雷宁说："苏联已经把自己置于这样的境地，一个微不足道的小国（北越）有可能会危及它花费多年时间进行谈判所想要得到的一切。"[2]尽管话说得很强硬，但基辛格自己并不认为莫斯科可以"通过一道谕旨（敕令）停止战争，或有望公开反对其盟友（北越）"。但莫斯科的默许可以"让我们的工作轻松些"。[3]

然而，在苏联外交战线上，美国取得了重大进展。在口头谴责美国的越南政策的同时，苏联并没有采取有意义的行动来应对美国在春季攻势中的大规模轰炸和布雷。莫斯科峰会召开了，第一阶段限制战略武器会谈的有关条约签订了，苏联相对河内而言采取了更为克制的公开姿态。许多美国官员非常担心美国在越南的重大军事升级会招致苏联的反对，但苏联对此没有做出明显的反应（例如峰会、限制战略武器会谈），这表明基辛格在努力提高苏美关系相对苏联对北越所做承诺的重要性方面取得了成功。

苏联对北越施加了多大的压力，一直是一个有争议的问题，但这无疑是河内必须考虑的因素之一。例如，马文·卡尔布和伯纳德·卡尔布对此做了一个相对积极的评估："（1972年）6月15日，（苏联的）波德戈尔内主席飞往河内。由于俄国人对尼克松的殷勤接待，北越感到被背叛了，尽管如此，他们还是要依靠莫斯科作为他们战争物资的主要供应者，他们仔细倾听了波德戈尔内带来的信息。这个信息很简单，但很重要：他表示，改变策略，与美国认真进行谈判的时候到了。他认为，风险不是关键；毕竟，尼克松在撤军这件事上似乎是认真的，而且美国的新立场不再要求北越军队撤出南方……这是俄国人的新词汇——他们还是第一次如此公开地以他们的威望

---

1. 然而，一旦知道尼克松多么热衷于峰会，苏联可能会以举行峰会为诱饵，诱使美国减弱让莫斯科对河内施加压力的要求。双方可以通过这个彼此都想要的事件（峰会）来进行联动游戏。基辛格，《白宫岁月》，第1145页。艾萨克森在《基辛格》的第19章中广泛讨论了越南与峰会的联系在实际中是如何发挥作用的。
2. 基辛格，《白宫岁月》，第1120页。
3. 基辛格，《白宫岁月》，第1135页。

来保证要恢复谈判。这清楚地反映了苏联的结论，对莫斯科来说，在诸如贸易、信贷和限制战略武器会谈等方面与华盛顿打交道所带来的利益，足以让它出手帮助尼克松解决越南战争问题。"[1]

与两位卡尔布的看法相反，其他人，例如温斯顿·洛德（他跟随基辛格参与了莫斯科、北京和河内的谈判）则认为苏联对北越施加的压力更多的是心理上的，而非物质上的。[2]正如刚才所提到的，基辛格本人认为苏联的压力在巴黎谈判中是有帮助的，但不是决定性的。

很难断定苏联对河内施加压力究竟是因为美国对中国开放、美国在苏德战线上采取的行动，还是因为苏联担心会失去缓和带来的利益。虽然众说纷纭，但含意都差不多：克里姆林宫重视它与美国正在发展的关系，所以对北越施加了一定的压力，促使它与美国和解。例如，在苏联顶尖的美国政治专家、曾为五位苏联总书记提供咨询的格奥尔基·阿尔巴托夫（Georgy Arbatov）看来，"基辛格认为是中国发挥了决定性作用，让我们感到有必要维护我们与美国的关系，但实际上柏林扮演了更大的、几乎是决定性的角色。对我们来说，让东德的局势安定下来是最重要的，我们不想

1. 卡尔布和卡尔布，《基辛格》，第336—337页。
2. 例如，记者阿利斯泰尔·霍恩在他对基辛格的外交基本上持赞赏态度的叙述中指出："尼克松和基辛格都希望利用他们对中国的开放以及与莫斯科的缓和来向北越施加压力……然而，就与越南有关的事务而言，美国从两大共产主义巨头那里取得的成功非常有限——莫斯科和北京划下了界限：'我们不会干涉越南的事务。' 尽管苏联武器的流入确实减少了。"参见霍恩，《基辛格：1973》，第155页。温斯顿·洛德直接参与了与中国、苏联和北越的谈判，他评论说"我们认为，通过与共产主义世界中的两大巨头打交道，我们会对河内造成一些心理上的影响。这向河内表明，莫斯科和北京更关心他们与美国的双边关系，而不是他们与河内的关系。他们不会冷落河内，但在心理上，这将有助于孤立河内。例如，当我们在1972年冬季和春季与河内举行会谈时——此时河内正在进攻南越——我们也在北京和莫斯科举行高层会议。无论是莫斯科还是北京，都没有切断对北越的援助，也不会真的去逼迫河内。然而，在我们试图摆脱越南战争这个问题上，莫斯科和北京都与我们有利害关系……我们相信，苏联和中国都与河内进行了会谈，并向北越建议，为了自身的利益，他们应该满足于一个军事解决方案"（洛德，《温斯顿·洛德大使访谈》，第271页）。

危及这一点"。[1]

不论基辛格在谈判桌外的北京、莫斯科和柏林所采取的行动对河内造成的压力有多重要，我们都停下来，注意一下这些创造性的举措是如何被设计来改善基辛格手里那原本很差的牌的。由于这些改变游戏的行动（相对在巴黎采取的纯粹的谈判桌前的战术而言），基辛格在谈判战役中开辟了新的战线。他在这些新战线上的行动在多大程度上促进了美国在谈判桌上对目标的追求（其证据是形形色色的），是一个重要的相关问题。

巴黎谈判取得突破性进展

美国在多条战线上的行动（通过对北越的轰炸和布雷削弱了河内在地面上发动的春季攻势；让中国答应减少对北越的支持；促使苏联加强与美国的合作，这是美国主动改善美中关系的作用之一，也与德苏谈判有关）似乎在基辛格认为至关重要的巴黎谈判中产生了结果。1972年10月8日，黎德寿放弃了一直以来北越对美国提出的要求——以此作为达成协议的条件，即强行在西贡实行政权更迭。临时协议的内容包括停火、美军撤离、北越停止从老挝和柬埔寨向南越渗透，以及释放美国战俘。[2]基辛格和他的同事们私下里为这个他们所寻求的突破得以实现而欢欣鼓舞。基辛格回忆道："我转向温斯顿

---

1. 艾萨克森，《基辛格》，第422页。阿纳托利·多勃雷宁为苏联决定不因对海防港的布雷和轰炸而取消1972年的莫斯科峰会提供了补充证据："与德意志联邦共和国的协议将在尼克松抵达前几天得到批准，取消峰会可能会使两国关系恶化并妨碍协议的批准，从而使西德那些反对协议的极端分子的主张更受重视。莫斯科完全清楚这一点。此外，莫斯科还意识到，拒绝接受尼克松将使我们与美国政府的关系在很长一段时间内复杂化，无限期推迟峰会，危及《反弹道导弹条约》和限制战略武器会谈的其他条约，并推动新一轮的军备竞赛。"参见阿纳托利·多勃雷宁，《信赖：冷战时期六位总统任期内（1962—1986）的莫斯科驻美国大使》［*In Confidence: Moscow's Ambassador to America's Six Cold War Presidents (1962—1986)*］，纽约：兰登书屋，1995年，第248页。
2. 基辛格，《白宫岁月》，第1345页，也可参见第17页。

（·洛德），说'我们做到了'，并和他握手。这的确是一个伟大的时刻。"[1]

说服南越总统阮文绍同意

　　基辛格认为谈判的转折点就在眼前了，于是一直与身在西贡的阮文绍总统保持联系。[2]然而，他没有对西贡透露美国对河内所做让步的全部内容。基辛格表示，是阮文绍"授权进行这些秘密谈判"的，而且他"从一开始就对我的秘密谈判有着全面的了解"。[3]关于阮文绍被告知了多少情况，或是谈判在多大程度上与他商量过，人们的看法有很大的分歧。[4]无论如何，基辛格的军事助理亚历山大·黑格（Alexander Haig）于8月17日在西贡向阮文绍简要报告了快要达成的协议，并向他递交了尼克松的一封安慰信。尼克松在信中承诺，战争结束后，会继续支持西贡。[5]不过，南越领导人最终是否会接受该协议，尚不清楚。实际上，阮文绍坚决反对它。

---

1. 基辛格，《美国国务卿计划文字整理稿：亨利·A. 基辛格》。然而，这完全是一种私下的反应："谈判者不应暴露他的情感，这会成为对方手中的武器。"参见基辛格，《白宫岁月》，第659页。此外，在1973年1月谈判接近尾声时，基辛格向尼克松吐露："流露出丝毫急切的迹象都可能会自取灭亡。"参见基辛格，《白宫岁月》，第1464、438页，这两页谈到了在谈判中给人一种"不必要的急迫印象"的危险。
2. 1969年6月8日，尼克松和基辛格在太平洋中途岛举行的一次会议中首次向阮文绍提起了美国与北越高层进行接触的可能性。"阮文绍答应了，"基辛格回忆道，"条件是任何有关政治的商讨都要让他知道。"参见基辛格，《白宫岁月》，第274页。1972年7月3日，基辛格的军事助理亚历山大·黑格也向阮文绍做了简要的汇报。参见基辛格，《白宫岁月》，第1310页。但基辛格在常常向阮文绍通报情况的同时，显然更倾向于不让阮文绍知道谈判的细节，这是因为他认为有必要把谈判的军事方面（撤军）和政治方面（南越政府的结构）分离开来。基辛格在1969年写道："美国……应该把精力集中在外部军队共同撤退这个议题上，并尽可能久地回避对南越内部结构的商讨……西贡和民族解放阵线（在谈判的早期阶段）参与进来会导致一些问题……最好是推迟它们的参与；这会让有关南越内部结构的讨论难以避免。"参见基辛格，《越南谈判》，第232页。
3. 基辛格，《白宫岁月》，第282页。
4. 关于谁在什么时候把什么内容告诉了谁，是一个会令看法产生分歧的话题。例如参见艾萨克森，《基辛格》；或基辛格，《白宫岁月》，第31、32章。
5. 基辛格，《白宫岁月》，第1319、1327页。

　　说服阮文绍总统（既靠威胁，也靠安抚）接受谈判结果几乎立刻就成了基辛格的首要任务。口头和书面的威胁以完全切断美国援助的可能性为主要内容，以防西贡拒绝同意谈判框架。[1]除了威胁，基辛格也频繁地传达尼克松的保证，这些保证都围绕着总统所声明的立场，即如果北越违反协议，美国会做出反应以支持它在西贡的盟友。[2]

　　1972年11月，面对反战的候选人乔治·麦戈文，尼克松以压倒性的胜利再次当选总统。尼克松认为他日益上升的政治地位似乎增强了这些承诺和威胁的可信度。通过选举，他好像获得了一项重要的民意授权。[3]"我们的想法是，"基辛格回忆道，"除非北越发动另一次全面进攻，否则协议是可以维持的。如果北越真的攻过来，我们相信，凭借美国空军和现有的南越地面部队的结合，可以重复1972年的经验（南越部队和美国空军对1972年春季北越进攻所做的成功的军事反应）。"[4]

　　从1972年10月初到11月中旬，阮文绍巧妙地推迟接受协议的时间，要求对它进行一些修改。[5]在基辛格看来，越来越清楚的是，西贡对任何谈判妥协都不感兴趣，而是想要美国在南越保持大规模的军事存在，并确保全面战胜

---

1. 传达这些威胁的日期为1972年10月22日、24日、28日，11月10日、29日，12月17日，以及1973年1月5日、16日、17日、20日。参见基辛格，《白宫岁月》，第1382、1396、1402、1412、1426、1459、1462、1469—1470页。
2. 传达这些保证的日期为1972年10月19日、24日、28日，11月14日、29日，以及1973年1月5日、14日、21日。参见基辛格，《白宫岁月》，第1369、1396、1402、1412、1426、1462、1470页。"美国空军从而一直被视为对重新开始全面战争的一种基本威慑。尼克松就此向南越总统阮文绍做出保证，以说服阮文绍接受《巴黎和平协定》。"（基辛格，《动乱年代》，第303页。）
3. 基辛格，《美国国务卿计划文字整理稿：亨利·A.基辛格》。
4. 同上。
5. 基辛格，《白宫岁月》，第1411页。

北越，这种想法也是可以理解的。[1]

　　阮文绍的深层利益和根本反对像这样明显地暴露出来，可能只会发生在基辛格谈判进程的后期，但基辛格大概早就感觉到南越根本不愿意接受一个涉及美国撤军的协议。或许这就是要在公开谈判之外再安排一场把西贡排除在外的秘密谈判的原因之一。北越当然预料到了阮文绍会阻碍谈判取得进展。正如前北越外交部长阮基石所指出的，他的政府"决定接受秘密谈判，是因为我们发现在克莱贝尔大道（Kléber Avenue）[2]举行的正式谈判无法解

---

1. 用基辛格的话来说："我们没能及早认识到，阮文绍真正反对的不是协议的条款，而是做出妥协这件事本身。我们和阮文绍之间的冲突源于这一事实：无论我们以什么样的条件结束战争，都比不上河内的完全投降。根据其定义，主权不可分割。因此，任何让阮文绍无法完全控制所有领土的结果对他来说都是一个挫折。他可能改变不了实际的力量平衡，但这与将其作为法律义务接受下来不是一回事。他接受了许多与此相悖的妥协提议，这样做不是出于他的信念，而是为了继续获得美国的支持。为了维持住美国对西贡的支持，我们提出了一系列建议，旨在证明我们愿意再多做出一点努力——所有的提议他都接受了。但是这些提议——就地停火、举行新的选举、美国撤军——的影响累积起来，就使得西贡的政治地位不同于河内了。这令他深感愤怒。"（基辛格，《白宫岁月》，第1393页。）

　　这与1968年之前的情况是一样的，当时林登·约翰逊的国防部长克拉克·克利福德（Clark Clifford）说："南越根本不想结束战争——起码在他们被50多万美军和大量资金保护着的时候是不想的。"引自道格拉斯·布林克利（Douglas Brinkley），《天职苦旅：约翰·克里与越战》（*Tour of Duty: John Kerry and the Vietnam War*），纽约：威廉·莫罗（William Morrow），2004年，第131页。或者，正如基辛格在1972年与阮文绍的谈判中所言，南越"对仅仅幸存下来感到不满，他们希望得到他们会获胜的保证"。参见基辛格，《白宫岁月》，第1323—1324页。然而，这与美国的目标背道而驰："我们必须一边打仗，一边加强南越的力量，让他们在没有我们的情况下也能生存下去——换句话说，让我们自己变得可有可无。"（基辛格，《白宫岁月》，第232页。）实际上，基辛格在同一本书中指出："我们没有责任保证他们获得我们根本无法定义的完全胜利，要达成这样的目标，我们需要做出一个持续多年的无限期承诺，而在过去三年里，我们曾公开宣布放弃这样的承诺。"（基辛格，《白宫岁月》，第1349页。）

　　在下面几段中，基辛格反思了妨碍北越和南越之间通过谈判达成协议的障碍，以及妨碍美国及时发现这些障碍的严重性的文化差异："我们不断寻求某种妥协方案，这说明了我们和越南人之间的文化差异，因为妥协的概念对北越和南越两方来说都是陌生的。

　　"我们无法理解激起两方争斗的原始仇恨。他们花了整整一个世代的时间去打仗。他们暗杀对方的官员，拷打对方的囚犯。互不信任和他们给彼此带来的痛苦所造成的鸿沟，无法靠善意或美国人想要的妥协方案来跨越。在不久之后的某个时候，北越和南越两方都会把解决方案视为新一轮斗争的起点。我提出的每一个故意含糊其词的方案都要经受他们两方的检验，以确定它在多大程度上可以成为对被鄙视的对手造成羞辱的机会。两方在修改措辞以把胜利算到自己头上这方面都异常灵巧和机敏，尤其是在越南语中，这种语言的细微含义远远超出了我们的理解范围。"（基辛格，《白宫岁月》，第1325页。）

2. 位于巴黎第16区。——译者注

决问题。因为阮文绍政府在那里。我们认为南越或越南战争的问题只能在美国和越南之间解决……阮文绍政府，他们想拖延战争，想把美军留在南越。而……尼克松政府想撤出去。所以存在矛盾。阮文绍政府在场对解决问题没有帮助"。[1]

尽管如此，11月20日至25日以及12月4日至13日，基辛格还是和黎德寿进行了谈判，以实现阮文绍所要求的修改。[2]黎德寿在谈判中故意拖延，使协议没有发生任何实质性的变化。[3]为了迫使河内采取行动，并让阮文绍理解美国结束战争和执行协议的决心，基辛格和尼克松决定采取短期但有力的军事行动：美国再次在海防港布雷，并且从12月18日至29日，猛烈轰炸北越。虽然这一行动被批评者们斥为"骇人听闻的残忍"和"石器时代的战术"，但可以说实现了其目标，尽管在美国国内和全球的舆论中，这幅大国痛打弱小国家的图景让美国付出了沉重的代价。[4]就在这场"圣诞轰炸"开始的那一天，华盛顿在国内激烈的反战抗议中提议重新进行谈判。1973年1月8日，基辛格会晤了黎德寿，敦促他接受协议；他们最终就一系列相对温和的修改进

---

1. 阮基石，《阮基石访谈》。

2. 基辛格，《白宫岁月》，第1416—1422、1428—1443页。

3. "12月4日，我遵照尼克松的指示来到巴黎，寻求解决问题。黎德寿让我在那里待了10天，这是我们耗时最长的一次谈判会议，但随着日子一天天过去，我们似乎离达成协议越来越远了……每天都会有几个我们认为已经在协议中解决的问题再次出现在北越起草的别有深意的谅解书或议定书中。然后，黎德寿会在长达一天的漫长谈判中放弃其中的大部分，但又会确保剩下足够的问题，或是重新提出新问题，以防止得出结论……这是无法解决的问题，5天之后，我们开始进行圣诞轰炸。"参见基辛格，《白宫岁月》，第1444—1445页。

4. 有关概述请参见斯蒂芬·E. 安布罗斯（Stephen E. Ambrose），《圣诞轰炸》（"The Christmas Bombing"），《MHQ：军事史季刊》（*MHQ: The Quarterly Journal of Military History*），第4期（1992年冬季），第8—17页。小罗伯特·A. 佩普仔细评估了这次行动以及早先的空中打击对谈判目标所产生的效力，他发现这些行动一般都是有效的。参见佩普，《越南战争中的强制性空中力量》，第103—146页。该文中这一效力声明背后的特定参考在第141页；也可参见基辛格，《白宫岁月》，第1448、1459页。这次轰炸行动（被称为"后卫2号行动"）的破坏力比1969—1971年间投在北越的所有炸弹加起来的破坏力还大。当时，越战老兵约翰·克里对这次"骇人听闻的残忍"轰炸行动感到"目瞪口呆"（用历史学家道格拉斯·布林克利的话来说），参议院多数党领袖迈克·曼斯菲尔德（Mike Mansfield）称这次袭击为"石器时代的战术"。参见布林克利，《天职苦旅》，第425—428页。基辛格对实际轰炸及其对谈判的影响有截然不同的看法。参见基辛格，《白宫岁月》，第1446—1457页。

行了协商。[1]从1月14日至21日，他们进行了最后的努力——包括承诺和严厉的美式恐吓，以说服极不情愿的阮文绍签署协议。他屈服了，协议于1973年1月27日生效。[2]

结局

河内"立即粗暴地"违反了《巴黎和平协定》，继续对南越进行渗透和袭击。[3]（而且南越也违反了这个协议。[4]）多年以后，基辛格认为："如果尼克松继续执政，那么我们肯定会（通过柬埔寨和老挝）攻击他们（北越）的补给线。"[5]相反，对此美国只在1973年3月22日至23日和4月16日至17日采取了集中但非常有限的轰炸行动。然而，基辛格很清楚，尼克松总统一心扑在水门事件的丑闻上，已经不可能再像以前那样有力地做出反应了。

在调查水门事件期间，由于大部分公众都对美国无休止地卷入越南事务感到厌烦，因此国会于1973年6月举行投票，决定禁止美国在8月15日之后进一步参与印度支那的军事行动。[6]基辛格哀叹："国内的无能使我们失去了轰

---

1. 具体的修改请参见基辛格，《白宫岁月》，第1461—1462页。道格拉斯·布林克利也认为"圣诞轰炸确实起到了作用"，迫使河内在谈判中至少对部分修改表示了同意。参见布林克利，《天职苦旅》，第427页。
2. 基辛格，《白宫岁月》，第1469—1470页。尼克松写给阮文绍的一封残酷的信反映了这两个名义上的盟友之间的紧张关系。1973年1月16日，他写道："因此，我决定于1973年1月23日初步达成协议，并于1973年1月27日在巴黎签署它，这是没有商量余地的。如果有必要，我会自己把这事给办了。在这种情况下，我将不得不公开解释说，是你的政府阻碍了和平。其结果是美国的经济和军事援助将不可避免地立即终止，就算你把政府班子全撤换了，也不可能阻止美国这样做。"引自基辛格，《白宫岁月》，第1469页。
3. 基辛格，《美国国务卿计划文字整理稿：亨利·A.基辛格》。
4. 例如，可参见乔治·C.赫林（George C. Herring），《美国最长的战争：美国与越南，1950—1975》（*America's Longest War: The United States and Vietnam, 1950-1975*），第5版，波士顿：麦格劳-希尔，2014年，第334页；以及达莱克，《尼克松与基辛格》，第468页。
5. 基辛格，《美国国务卿计划文字整理稿：亨利·A.基辛格》。
6. 基辛格，《大外交》，第696页。

炸这根大棒……在1973年年初的几个月里（到6月之前），我们曾拥有的那扇'窗'受水门事件的影响而关闭了。"[1]

指责美国未能抛开不负责任的国会，强制执行该协议，这忽视了公众舆论的力量。即使总统没有因为水门事件而丧失权力，公众是否会支持执行《巴黎和平协定》（这一点当然会对国会造成影响），也是值得怀疑的。在1973年1月签署协议后，盖洛普民意调查显示，79%的民众反对美军再度介入越南事务，就算"北越试图占领南越"，也是如此。[2]

1973年9月22日，基辛格宣誓就任美国第56任国务卿。1973年10月16日，因为通过谈判达成了《巴黎和平协定》，他和黎德寿被授予诺贝尔和平奖。黎德寿拒绝接受该奖项。基辛格把该奖项的奖金捐给了一个奖学金基金，这个基金是为在越南阵亡和失踪的美国士兵的孩子设立的。后来他试图退还该奖项，但没能成功。

在水门事件中，尼克松于1974年8月辞职——他是第一位这么做的美国总统。1975年4月30日，1972年的春季攻势受挫三年之后，北越占领了南越。在最后一批美国和南越人员乘坐直升机逃出西贡之后，基辛格感叹说，"徒存空虚之感"。[3]按照基辛格的传记作者之一阿利斯泰尔·霍恩所说，越南的失败是"他（基辛格）一生中最令他失望的事——是他无尽的悔恨之源"。[4]"对我而言，"基辛格说，"这是我从政经验中最悲哀的一点。"[5]

1. 基辛格，《动乱年代》，第327页。还是在这本书中，基辛格指出，"五角大楼希望把空军和海军调离东南亚，以便把稀缺的资金用在购买新武器上，而我则在与五角大楼进行殊死且必败的斗争"（第329页）。
2. 伦奇和斯珀利奇，《美国公众意见与越南战争》，第25页。
3. 基辛格，《复兴岁月》，第546页。
4. 霍恩，《亨利·基辛格案例》。
5. 基辛格，《美国国务卿计划文字整理稿：亨利·A.基辛格》。

作为一个整体的谈判战役

这场谈判战役在更大的目标上失败了，让南越在阮文绍政权垮台、北越统一越南之后遭受了多年的蹂躏。然而，谈判确实在很大程度上结束了美国对战争的参与。这一事件生动地说明了"谈判桌前"使用的战术和"谈判桌外"改变游戏的谈判举措具有内在的不可分割性。

出于对基辛格的谈判方法进行整体分析的目的，我们用这一案例对该方法中我们已经做过详细阐述的战略性和现实主义方面进行了补充。在最后一章中，我们会对一个现实主义的谈判者应如何持续监控交易/不交易平衡进行强调。例如，在以色列—约旦谈判（在上一章中讨论过）中，当这一平衡处于逆平衡状态的时候，谈判走到了一个关键点上。鉴于基辛格的评估，他放弃了这些谈判，把精力集中到别的事务上去了。在关于巴基斯坦核计划的谈判中，也出现了类似的关键点。正如我们在本章中所展示的，越南谈判在最初的几年里几乎毫无希望，当时河内显然认为拒绝美国的提议比接受它更好。对河内来说，说"不"压倒了说"好"，基辛格在那个阶段几乎无牌可出。

解读他用以加强自己手牌的行动和基本原则是本章的主要内容（尽管从长远来看，南越和美国无疑是失败者）。在这样做的同时，我们说明了监控和评估交易/不交易平衡之后的那个步骤。如果该平衡表现为逆平衡，那么谈判者想要达成协议，就需要另外采取行动，通常是在谈判桌外，以使平衡向支持说"好"的方向倾斜。这只能通过使不交易的后果变糟和（或）提高交易的价值来实现。在这样做的时候，需要改变参与方、问题或使谈判陷入僵局的后果。当你做到这些时，我们就说"游戏已经被改变了"。正如本章所描述的那样，如果某人只专注于基辛格和黎德寿在巴黎的会谈，声称这就是"谈判"，那他就搞错了谈判战略的本质。

面对在他看来毫不妥协的北越，基辛格从更大的背景中去寻找可能的连接和关系，寻找"各种各样的压力和激励"，这或许会让他有能力把河内从说"不"转向说"好"。他是通过我们所说的多边谈判战役来这样做的。图6.2是这场战役的简单示意图。对基辛格来说，主要战线是北越，与它的谈判（用"1"和双向箭头表示）受到军事形势以及美国国内和国会意见（这些意见本身又受到战争状态和北越的影响——用单向箭头表示）的严重制约。

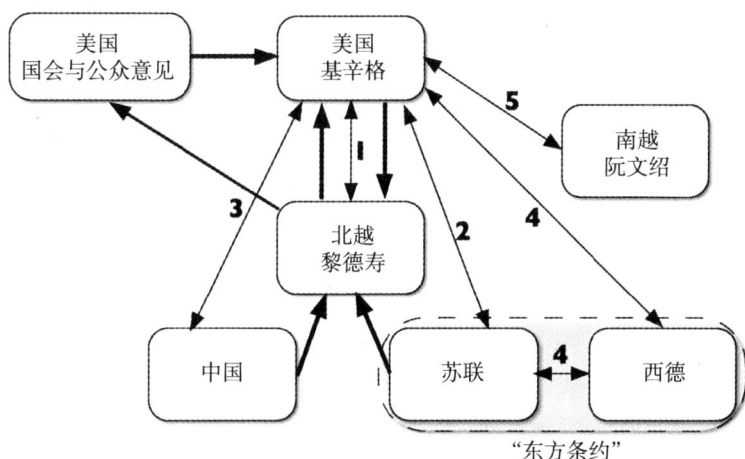

图6.2 对北越的谈判战役

注：双向箭头表示直接谈判，单向箭头表示压力（政治、公共关系、外交、军事）。

与此同时，基辛格与苏联开辟了起初与北越战线没有关联的第二条谈判战线（在图6.2中以"2"表示），以促进缓和和推动军备控制。由于第二条战线进展缓慢，莫斯科明显是在故意拖延，而中国又受到了苏联的严重威胁，因此基辛格又与中国开辟了第三条谈判战线（在图6.2中以"3"表示）。随着美中关系在中国人眼中越来越有价值，他们表明他们不会站在北越一方干预战争，并会帮忙迫使北越采取更为配合的谈判态度。随着这些事件的进展，苏联变得非常关注正在发展的美中轴心，并且也在改善与美国的关系中看到了更大的利益。随后，基辛格又开辟了第四条谈判战线（在图6.2中以"4"表示），这条战线涉及西德和"东方条约"，苏联热切盼望在这条战线上取得成果，而美国则表现得既可以促成也可以阻挠。

基辛格试图将苏联从与美国改善关系中获得的不断增长的利益（他经常称之为"利害关系"）——通过与中国及德国的谈判将其放大——转化为苏联对北越施加的压力，以使北越在巴黎谈判中变得更理性。正如基辛格不那么拐弯抹角地警告的那样，如果让那个"微不足道的小国"（北越）损害了通过许多谈判才得以改善的美苏关系对于苏联的潜在价值，那将是一件憾事。

要注意基辛格和尼克松想要培养的公众认知对各条战线的重要性：在巴黎，美国相对更理性，更乐于配合（例如，不断缩短撤军的期限，并不坚持要求北越军队也同时撤出南越），而河内则一直是顽固和拒不妥协的。就美国国内和国会战线而言，这种认知如果真的成立，则将使美国对北越进攻所做的强烈军事反应更为正当，政治代价也更为低廉（尽管这些军事反应仍然引发了大规模的国内抗议）。美国比河内更具有灵活性也让苏联和中国更容易向顽固的北越施压。（在图6.2中，中国和苏联施加的压力是用从这两大共产主义巨头指向北越的单向箭头表示的。）

1972年10月8日，河内放弃了长期以来对美国提出的要求，即以迫使西贡进行政权更迭作为达成协议的条件，对南越总统阮文绍的第五条战线（在图6.2中以"5"表示）出现了。临时协议的内容包括停火、美军撤离、北越停止从老挝和柬埔寨向南越渗透，以及释放美国战俘。在这个协议大体上谈成的时候，基辛格和尼克松通过向阮文绍保证美国会支持他，并以圣诞轰炸证明这种支持是真实的，以及威胁要在西贡不参与的情况下签署协议，赢得了阮文绍的默许。当然，部分由于水门事件以及不利的公众意见，尼克松和基辛格未能成功维持住美国的支持，以执行《巴黎和平协定》。

更广泛的观察

在以越南谈判作为一个说明性背景的情况下，让我们回过头来探讨基辛格所强调的论点："我从外交中学到的一个基本原则是，你不能把外交与行动的结果分开。"[1]还有："外交和武力不是分离的活动。它们是彼此联系的，但这并不是说每当谈判陷入停滞时，你都要诉诸武力。"[2]

具体谈到越南，他解释说："我的目标是编织一个复杂的网络，这将给我们提供最多的选择。虽然我赞同做出强烈的军事反应，但我从来没想过单独依靠武力，或者就这件事而言，也不打算只依靠谈判。在我看来，外交和战略应该相互支持。我总是赞成在采取军事行动之前或起码与之同时，也采取一次外交行动，即使是在我认为成功机会很小的时候，也是如此。如果它被接受，我们就能实现我们的外交目标。如果它被拒绝，和解提议也将有助于维持公众对我们军事努力的支持。"[3]

基辛格一直在强调将谈判与激励和压力分开的谬误是如何影响美国在许多谈判实践中的有效性的。但是，一个比运用"武力"或"压力"更普遍的概念涉及当事方的范围，以及可以使逆交易/不交易平衡向有利的方向倾斜的行动。面对不利的平衡与看似很少的好牌，有效的谈判者往往会以极富想象力和进取精神的方式"超越"眼前的谈判桌（正如巴黎谈判所展示的那样）来改变游戏。换言之，这不仅是你怎样熟练地打好手上的牌的问题，还与你有没有能力设法搞到一手更好的牌，并巧妙地打好这手经过改善的牌有关。

因此，结合"缩小焦距"所获得的战略性理解，基辛格建议现实主义的谈判者采取一种"广角观点"，这样的观点能超越"谈判桌前"纯粹的人

1. 基辛格，"美国海军学院福里斯特尔讲座"。
2. 戈德堡，《世界混乱与世界秩序》。
3. 基辛格，《白宫岁月》，第1102页。

际关系，找到通过发现和排列有效的激励和惩罚组合来改变游戏的可能性。正如他所强调的，为了最大限度地提高谈判取得成功的概率，"首先，（我们应该）正确分析什么是压力和激励，然后再……以一种整体的方式部署它们"。[1]

在语义学上，这种宽泛的方法是否与通常所说的"谈判""外交"或"治国之道"相对应，对我们的目的而言基本上是不重要的。战略性的、现实主义的谈判者并不认为游戏是不可改变的。这样的谈判者会全景式地寻找潜在的激励和惩罚，它们随后将成为整个过程的一部分，而不是被人为地分离、分隔，甚至被当作与"谈判"相反的东西。

带着对基辛格和尼克松如何将原本的一手差牌转变为好牌的理解，我们再回过头来考察两个基本的问题，它们的意义远远超出了作为本章主要内容的对印度支那案例的研究。第一个问题与作为你的谈判战略和战术基础的假设是否准确有关；考虑到武力与外交的密切关系，第二个问题与强制以及谈判的伦理和效率有关。

根本的判断：为什么不干脆在1969年就撤出越南？

在尼克松和基辛格进行长时间的谈判以达成他们艰巨的目标协议之前，他们有没有专门探究过另一种做法是否更有希望成功？基辛格没找到这样的做法。就越南来说，他在2014年回忆道："（在越南，）在我们继承下来的战争中，我们尽了最大的努力。人们忘记了这一点。我们不愿意屈服于这样一个条件：用一个共产主义政府取代我们的前任所建立的政府。我只搞错了一件事——谈判以达成妥协的可能性。不过，就算（当时）我没搞错，我们

1.基辛格，《美国国务卿计划文字整理稿：亨利·A.基辛格》。

又有什么其他路可走呢？"[1]

　　或者，面对那阻碍着他们所寻求协议的令人生畏的障碍，那已经挫败了林登·约翰逊的努力的障碍，为什么不干脆在1969年就撤出越南，只求美国战俘能够被释放？支持这种做法的人们认为，如果在1969年达成一个更有限的协议，那么在1969—1973年《巴黎和平协定》最终签订的这段时间里，死去的21,194名美国人和无数越南人当中，会有许多人得以幸存。毕竟，北越军队于1975年4月占领了南越，因此在长达4年的谈判中，美国坚持拒绝北越的要求，不肯推翻西贡政权，其实并没能改变最终的政治结果。

　　莫顿·卡普兰（Morton Kaplan）和艾布拉姆·蔡斯（Abram Chayes）所写的《越南问题的解决：为什么是1973年，而不是1969年？》（*Vietnam Settlement: Why 1973, Not 1969?*）这类书籍尖锐地提出了这些问题，并持续就此进行争论。[2]许多记者和政界人士，还有参加过这些会谈的一些官员，都激烈地辩论说确实可以达成这样的协议。[3]然而，鉴于河内的立场和利益，基辛格坚决反对这种观点，不认为这样的方针有实现的可能。他还进一步主张："从后勤上考虑，也不可能一下子撤出50万人；五角大楼估计，至少需要12—18个月的时间，才能把花了4年时间派往越南的军队运回来。我们不得不

---

1. 雷切尔·哈利伯顿，《亨利·基辛格的世界秩序》。

2. 莫顿·A.卡普兰和艾布拉姆·蔡斯，《越南问题的解决：为什么是1973年，而不是1969年？》，"理性辩论丛书"，华盛顿特区：美国企业研究所出版社，1987年。

3. 例如，当时的国家安全委员会成员罗杰·莫里斯（Roger Morris）因1970年4月对柬埔寨的入侵而辞职，他表示，入侵"违背了总统所做的在越南寻求一种光荣和公正的和平的承诺。我知道那种和平就在我们的掌握中。我深入地参与了谈判。我知道对方准备同意，我们也准备同意，入侵柬埔寨真的把这一切都毁了。就连在接下来的几年里也没有希望成功了。而它的代价是成千上万条美国人的生命和成千上万条越南人的生命"。出自英国广播公司第4台，《对亨利·基辛格的审判》（"The Trials of Henry Kissinger"），YouTube，https://youtu.be/DwGtctUYhRI。或者，按照英国广播公司的戴维·泰勒（David Taylor）的观点，"刚一上台（尼克松）就把战争扩大到了老挝和柬埔寨，在本应于1968年达成的协议终于在1973年达成之前，又造成了22,000名美国人丧生——更别说因为被卷进新攻势而死去的老挝人、柬埔寨人和越南人了"。戴维·泰勒，《林登·约翰逊的录音带：理查德·尼克松的"背叛"》（"The Lyndon Johnson Tapes: Richard Nixon's 'Treason'"），《BBC新闻杂志》（*BBC News Magazine*），2013年。电子杂志出版于2013年3月22日，http://www.bbc.com/news/magazine-21768668。

在我们的崩溃必然会导致的解体和恐慌中把他们解救出来，人数接近百万的南越军队很有可能把矛头指向背叛它的盟友。"[1]

但是，有人估计，如果战争早点结束的话，大量的流血是可以避免的。这是一个更广泛的观点：有时候，最明智的做法是放弃一个战场，以防止进一步的损失。尽管如此，我们还是需要区分挑战刚出现时所做的决定和后来的结果。举例来说，如果你起初是在了解了打官司的胜算、成本和好处的情况下做出了有利的评估，并基于这一评估做了决定，那么事后你输掉了这场官司并不意味着你应该在一开始就先发制人地解决问题。你认为应该战斗，这可能是一个好决定，但最后你输了，这是一个糟糕的结果。同样，拿你毕生的积蓄去买彩票，结果中奖了，这还是一个极糟糕的决定，只是它有一个极好的结果罢了。

从美国的观点来看，越南战争以及与其相关的谈判显然失败了。但是，在做出选择的时候，我们是没有这种"后见之明"的。怀着达成一个可接受的谈判解决方案的希望（"有荣誉的和平"）继续战争，做出这一决定的智慧来自尼克松和基辛格的至少四个关键判断，其中每一个都引发了激烈的辩论（直到现在仍然如此）。

1. 越南的战略意义重大。一个核心的判断涉及越南冲突本身的性质和战略意义。正如之前所说，在冷战时期的大部分时间里，许多美国人都相信北越的侵略仅仅是一个更广泛的共产主义战略的局部表现，这个战略由莫斯科和北京精心策划，用以对抗西方世界。在"遏制"时代，这种风险是如此重要，西方的果断回应似乎是势在必行的。然而在当时和后来，有许多持不同意见者。例如，科林·鲍威尔在1995年强烈批评了这个理论。鲍威尔曾经在

---

[1]. 基辛格接着说："即使是美国主流生活中最猛烈的批评者，也不主张在1969年立即撤军……最重要的是，河内一再明确地表示，即使我们单方面撤退，战争也不会结束——我们的战俘也不会被释放。"基辛格，《白宫岁月》，第286页。

越南作战（后来还担任过国家安全顾问、参谋长联席会议主席和乔治·W. 布什执政时期的国务卿），他说："我们的政治领导人曾经带领我们为一个一刀切的反共产主义理由而战，但这个理由在越南只是部分适用的。在那里，这场战争的历史根源在于民族主义、反殖民主义和与东西方冲突无关的内乱。"[1]如果越南战争在很大程度上可以被理解为一场冲突，甚至是一场内战，发生在拥有外国赞助者的越南竞争对手内部及之间，那么它就只有非常有限的战略意义。

2. 越南对美国在其他地方的信用来说是至关重要的。基辛格再三重申，美国支持南越对维护美国在全球的信用至关重要。"即使是美国主流生活中最猛烈的批评者，"基辛格辩称，"也不主张在1969年立即撤军。这将动摇亚洲对美国的信任，尤其是日本；在整个过程中，没有一个欧洲领导人敦促我们无条件放弃我们继承的这场战争。"[2]他接着说，在1969年，几乎没有精英、盟友或民众支持美国立即从越南撤军，人们普遍希望"我们离开越南，但又不希望遭受失败"。[3]

特别是，基辛格觉得，太快撤出越南，按照北越的要求放弃西贡，会让北京怀疑美国的决心和实力。他认为中国正面临苏联在其边境上集结重兵的威胁，借助美国的力量与之抗衡的可信前景正是中国寻求与美国和解的重要原因："我很怀疑在遭受了这样的屈辱之后，我们对中国的开放还能获得成功。毕竟，中国慢慢接近我们是为了找到一种力量，来制衡苏联在其边境上

---

1. 科林·L. 鲍威尔和约瑟夫·E. 珀西科（Joseph E. Persico），《我的美国之旅》（*My American Journey*），纽约：兰登书屋，1995年，第149页。
2. 基辛格，《白宫岁月》，第286页。
3. "每一项民意调查都显示，单方面撤军受到压倒性多数的反对。公众和政府中的规划者一样矛盾：他们希望我们离开越南，但又不希望遭受失败。"基辛格，《白宫岁月》，第286页。

造成的日益加剧的威胁。"[1]在基辛格的职业生涯中，他一直强调信用的重要性，但信用在特定情况下的适用性仍然是外交政策圈子里激烈争论的一个主题。[2]

3. 战争越南化会成功。有这样一个判断：尼克松和基辛格相信他们有一个似乎可行的战略，能让战争"越南化"获得成功。原则上，这可能会让西贡获得防御北越侵略的工具，并允许南越军队在美国加强空中支援的情况下接管美国的地面任务。[3]越南化在某种程度上成了必需的事情，因为总统和他的国家安全顾问已经确信，全面的军事胜利是不可能实现的。此外，尼克松还承诺减少美国对越南战争的参与，部分原因是维持公众对战争的支持。[4]当时的批评家认为越南化是白费力气，这项政策的优点在战争期间和战争结束之后很久一直是有争议的。[5]虽然美军撤退速度过快使得基辛格怀疑越南化能

1. 基辛格，《白宫岁月》，第286页。正如我们之前提到的，基辛格在他的著作中的其他地方进一步强调了这一点。"北京没兴趣看美国准备抛弃朋友的景象，"基辛格说，"从长远的角度来看，北京在寻求能制衡苏联的力量，他们实际上很重视我们'值得信赖'的名声。"基辛格，《白宫岁月》，第1304页。

2. 正如本书第124页的注释中提到的，基辛格一再重申，美国对南越的支持对于维护美国的全球信用至关重要。例如，参见基辛格，《白宫岁月》，第109、292、1038页。正如我们在第四章中指出的，关于信用在国际关系和谈判中的重要性的争论仍在继续，例如参见费特魏斯，《信用与反恐战争》；麦克马洪，《信用与世界强国》；沃尔特，《信用上瘾》。

3. 有关越南化计划及其军事和政治组成部分的重要性，参见格雷戈里·A. 达迪斯（Gregory A. Daddis），《美国在越南战争中的军事战略，1965—1973》（"American Military Strategy in the Vietnam War, 1965–1973"），《牛津美国历史研究百科全书》（*Oxford Research Encyclopedia of American History*），纽约：牛津大学出版社，2015年。

4. 尼克松，《RN：理查德·尼克松回忆录》，第349页；基辛格，《越南谈判》，第216页。关于政策制定者对美国力量的界限的理解，可参见劳伦斯·W. 塞雷维茨（Lawrence W. Serewicz），《处于帝国边缘的美国：腊斯克、基辛格和越南战争》（*America at the Brink of Empire: Rusk, Kissinger, and the Vietnam War*），巴吞鲁日（Baton Rouge）：路易斯安那州立大学出版社，2007年，第10页。

5. 例如，可参见尤金·麦卡锡（Eugene McCarthy），《话题：越南化的失败，无论它叫什么名字》（"Topics: The Failure of Vietnamization by Any Name"），《纽约时报》，1970年8月1日。1971年依靠越南军队对老挝进行地面入侵是对越南化战略的一次重大的进攻考验，这次考验表明了该方法的弱点。参见汉森所做的评论，《过火的突袭》；或者，之后可参见斯科特·西格蒙德·加特纳（Scott Sigmund Gartner），《对越南化的不同评估》（"Differing Evaluations of Vietnamization"），《跨学科史学期刊》（*Journal of Interdisciplinary History*），第29卷第2期（1998年）。

否成功，但他表示，他"之所以会赞同它，是因为作为另一个选择的无条件撤军……会给美国带来灾难性的后果"。[1]

4. 协议可以被强制执行。最后，受到尼克松在1972年的大选中获得压倒性胜利的鼓舞，基辛格和尼克松都认为和平协议可以得到执行——就像1972年春季北越的大规模进攻被美国空军和南越地面部队的联合作战削弱了一样。当然，这并没有把水门事件和随后国会削减战争经费的意外影响考虑进去。然而，正如我们所展示的，就算没有水门事件及其后果，美国的公众意见也已经果断地转向反对美国再采取进一步的军事行动——"就算北越试图占领南越"，也是如此。[2]

根据当时的这些判断以及这样做的成本，继续进行战争，直至达成可接受的协议的理由是充分的。但如果这其中有一个或多个假设是错误的呢？例如，假设越南的战略意义不大，它对美国在其他地方的信用不重要，越南化不起作用，和（或）协议不能被强制执行。如果是这样的话，尽早撤军的理由就会更加充分。

事后看来（当然，当时许多专家和外行人的看法也是如此），这些前提有着严重的缺陷，对那些直接受到战争影响的人，对美国的国内政治和社会，以及对更广泛的美国外交政策都造成了悲剧性的后果。不过，为了分析越南谈判，本章暂且假定这些基本判断是正确的，尽管我们认为自己也是怀疑论者。不管人们如何看待这些假设，我们相信，关于谈判桌前和谈判桌外的行动之间的紧密联系，关于如何改变游戏，关于怎样提高处于弱势的讨价

---

1. 基辛格，《亨利·基辛格访谈，1982年4月17日》（"Interview with Henry Kissinger, April 17, 1982"），《越南：电视上的历史》（*Vietnam: A Television History*），波士顿公共电视台（WGBH），https://www.digitalcommonwealth.org/search/commonwealth-oai:dv141j297。
2. 正如我们之前所指出的，在1973年1月《巴黎和平协定》签订后，盖洛普的一项民意调查显示，79%的民众反对美军再度介入越南事务，就算"北越试图占领南越"，也是如此。（伦奇和斯珀利奇，《美国公众意见与越南战争》，第25页。）

还价的地位，我们可以从尼克松和基辛格那里学到很多东西。

然而，谈判要取得最终的成功，还是要看最初促成谈判的假设的质量。如果你错误地高估了一家公司的价值，那么即使你用高明的战术收购了它，也不能说你获得了胜利。为了一项设计拙劣的政策倡议而建立一个复杂的立法联盟，这还是会被视为失败。尽管出于分析的目的，人们可以从研究这些案例的谈判战略和战术中学到很多东西，但这些谈判的结果必然会在很大程度上影响人们对谈判过程的印象。

武力与外交：对伦理和效率的思考

如果像基辛格那样，通过广角镜头来观察"谈判"，你会发现许多远远超出与你的直接对手面对面交流的东西。通过改变游戏本身（参与方、问题、不交易的选项等）来诱导对方说"好"，通常会比单纯的语言手段更能提高成功的概率，这是本章的核心分析主题。

但是，像"改变游戏以使交易/不交易平衡向对你有利的方向倾斜"这样的话其实带有一种无血无泪的性质。在更普通的谈判中，具有威胁意味的"不交易"后果可能是撒手不管并任由对方陷入困境，罢工或强制停工，给对手憎厌的敌人下一笔大订单，提起诉讼，或将环保集团和区域划分委员会纳入谈判，以阻挠竞争对手的建筑计划。

然而，在战争或军事行动的背景下，改变游戏以"恶化对方说'不'的后果"之举可能会带来可怕的结果：激烈的战斗、苦难、死亡、财物的毁坏、环境的破坏，以及国家和各国人民失去未来。尤其是在美国介入越南、柬埔寨和老挝的长篇故事中，军事力量在谈判中起着举足轻重的作用。应该对这类行动进行评估，以确定它们是否既有效，又合乎道德。

被提议的行动涉及的暴力越多，其倡导者必须承担的证明其有效性的责任就越大。毕竟，如果一项旨在恶化僵局后果的强制性措施不起作用，就没有必要去探究它是否合乎伦理。同样，非法和（或）不道德的行为应该总被排除在考虑之外，而不用去管其潜在的有效性。（明显的灰色区域包括人道主义干预和一些公民不服从的例子。）如果对这些问题的判断含糊、有争议或相互冲突，就像在高风险案件中经常发生的那样，则应该特别谨慎地评估被提议的行动的有效性和伦理性。

以威胁使用武力或实际使用武力作为谈判的一部分的效力取决于许多因素，尤其是威胁方的信用及其实施威胁的能力。这样的威胁能否催生出"好"，还取决于威胁有没有得到清楚的表达；威胁若被实施，目标预期将要付出的成本相对目标对威胁方的要求让步的成本有多高；目标对同意威胁方的要求确实可以防止其动用武力的信心；目标的抵抗能力和意志。即使满足了所有这些条件，暴力也有可能导致似乎非理性的反应。实施暴力可能会适得其反，使得双方相互破坏的规模扩大。这些因素已经得到了广泛的研究，一般是以"强制外交"为题。[1][对越南战争中强制性空中打击的有效性的详细学术性评论，请参考罗伯特·佩普的分析，该分析基本上断定，当北越主要依靠游击队时（早期），轰炸是无效的；而当北越开始重视常规作战时（例如1972年的春季攻势），轰炸更有效。[2]]

至少，这种关于强制外交的研究非常清楚地表明，没有一个简单的公式

---

1. 有关这个主题的经典著作是谢林的《冲突的战略》和《军备及其影响》。取得了实质性进展的著作有：罗伯特·J. 阿特（Robert J. Art）和帕特里克·M. 克罗宁（Patrick M. Cronin），《美国与强制外交》（ The United States and Coercive Diplomacy ），华盛顿特区：美国和平研究所出版社，2003年；乔治·亚历山大（George Alexander）和威廉·西蒙斯（William Simons），《强制外交的限度》（ The Limits of Coercive Diplomacy ），第二次修订版，科罗拉多州，博尔德：韦斯特维尔出版社，1994年；保罗·戈登·劳伦（Paul Gordon Lauren）、戈登·A. 克雷格（Gordon A. Craig）和亚历山大·L. 乔治（Alexander L. George），《武力与军事力量的限度》（ Force and the Limits of Military Might ），纽约：剑桥大学出版社，2002年；劳伦斯·弗里德曼（Lawrence Freedman）编，《战略强制：概念与案例》（ Strategic Coercion: Concepts and Cases ），牛津：牛津大学出版社，1998年。
2. 佩普，《越南战争中的强制性空中力量》。

能把武力的大小和谈判结果联系起来。几乎可以肯定，削弱北越在1972年3月发动的大规模攻势，扭转了巴黎谈判桌上的局势。然而，美国在东南亚的一个又小又穷的地区集中了这么多军事力量，是一件惊人的事。举例来说，有将近260万美军在南越服过役；投在北越领土上的炸弹数量，甚至超过了二战时期投在德国、日本和意大利的。[1]这么多武力也没能带来彻底的胜利，这应该会让任何关于使用蛮力能有效地产生预期结果的天真预言破灭。[2]

不过，如果武力或以武力威胁似乎有可能在谈判桌上产生结果，那么我们就必须问问在与相关价值观、规范和法律保持一致的意义上，这样做是否符合伦理了。和强制外交一样，与使用武力相关的伦理和合法性一直是受到广泛分析的主题，其中既有法律分析，也有哲学分析，而且常常涉及"正义战争"的概念。[3]有几个问题可以帮助人们思考这个议题：

1. 牵涉的利益有多重要？

---

1. 美国有线电视新闻网（CNN），《越南战争：事实速览》（"Vietnam War: Fast Facts"），2013年7月1日，http://www.cnn.com/2013/07/01/world/vietnam-war-fast-facts/。
2. 当然，运用武力的战略和战术与武力的多少一样重要。总结可参见达迪斯，《美国在越南战争中的军事战略，1965—1973》。
3. 对使用武力的伦理的经典分析，参见迈克尔·沃尔泽（Michael Walzer），《正义和非正义战争：带有历史例证的道德辩论》（*Just and Unjust Wars: A Moral Argument with Historical Illustrations*），第5版，纽约：基本图书（Basic Books），2015年。补充讨论可参见《正义战争及其批评者》（"Just War and Its Critics"）的特别章节，《伦理与国际事务》（*Ethics and International Affairs*），第27卷第1期（2013年），第1—114页。也可参见戴维·P. 菲德勒（David P. Fidler），《正义和非正义战争：强制的使用》（"Just and Unjust Wars: The Uses of Coercion"），《代达罗斯》（*Daedalus*），第145期（2016年），第37—49页。对这些问题的有用的法律论述可参见迈克尔·W. 赖斯曼（Michael W. Reisman），《国际法中合法使用武力的标准》（"Criteria for the Lawful Use of Force in International Law"），《耶鲁国际法杂志》（*Yale Journal of International Law*），第279期（1985年），http://digitalcommons.law.yale.edu/fss_papers/739。对国际法和使用武力的关键原则的通俗易懂的介绍，可参见克里斯蒂娜·格雷（Christine Gray），《国际法和武力的使用》（*International Law and the Use of Force*），牛津：牛津大学出版社，2001年。为了帮助思考谈判中更广泛的伦理问题，卡丽·门克尔-梅多（Carrie Menkel-Meadow）和迈克尔·惠勒（Michael Wheeler）编辑了一本极好的论文概要，《公平是什么？谈判者的伦理学》（*What's Fair? Ethics for Negotiators*），新泽西州，霍博肯（Hoboken）：约塞-巴斯/威利（Jossey-Bass/Wiley），2010年。

2. 是否有合法的理由（如自卫或明确的条约义务）？

3. 有非暴力的选项吗？

4. 使用武力的后果（尤其是对人们的生活而言）有多广泛和严重？

5. 被提议的行动是否会影响无辜的第三方？

6. 所使用的武力及其可能产生的后果，是否与要处理的不满和（或）要寻求的军事目标相称？

7. 在美国这样的国家，是否有合法、民主的程序来正当地获得使用武力的授权？

尼克松和基辛格（以及北越和越共，出于相反的原因）认为，军事力量对他们在谈判桌上取得成功至关重要，而且有助于促进他们认为至关重要的更大的美国外交政策利益。在1973年1月最终的和平协议达成之前，有效的军事行动包括1969年的秘密轰炸，1970年5月入侵中立的柬埔寨，从1971年1月开始再次轰炸柬埔寨，为了回应1972年3月的进攻而对北越进行轰炸并在海防港布雷，还有1972年12月的"圣诞轰炸"。这并非只是包含了名字和日期的清单，还是摧毁生命、震撼国家的暴力行动。

正如我们在本章前面所详述的，基辛格和尼克松认为这些行动在军事上至关重要，尤其是切断北越和越共在柬埔寨的补给线。基辛格认为，正因为如此，它们也是美国谈判战略不可或缺的组成部分："把武力和外交视为互不相关的现象导致我们的武力缺乏目标，而我们的谈判则缺乏武力的支持。"[1]

然而，战争的反对者强烈质疑这些大规模的军事行动是否明智，它们在美国国内引发了强烈抗议，并在许多地区损害了美国的声誉——除了它们带来的死亡和破坏之外。根据批评者的说法，这些对中立国家的攻击基本上

---

1. 基辛格，《白宫岁月》，第48页。

是无效的，还挑起北越进一步侵略柬埔寨，破坏了柬埔寨政府，并最终导致了红色高棉[1]的集体屠杀统治。而且，美国的信用问题在这个本质上是在打内战，并不具有重要战略意义的地区被过分夸大了。此外——批评还在继续——尼克松和基辛格故意扭曲了他们的柬埔寨和老挝政策的范围和效力，使他们的许多行动不为美国公众所知。

在这种文章中，关于战争的扩大和升级的激烈辩论持续不断。本章就这些行动对谈判的影响进行了研究，但由此产生的观点还是过于狭隘。正如上一节所强调的，评估基辛格所起的作用，包括他的谈判战略和战术，很大程度上要看他的政策背后的关键假设的质量。这些假设包括冲突的真实性质、信用、战争越南化、协议的可执行性，以及美国在印度支那的行动对更大范围的外交政策的影响。虽然我们仔细考察了这些假设，但我们的目的并不是要从它们的有效性和伦理的角度来评价这些对基辛格所采取行动的宽泛指责和反驳。[2]尽管如此，选择使用大规模武力作为谈判工具，无疑会在国内和国际上付出沉重的代价。

---

1. 红色高棉是柬埔寨左派势力，在1975—1979年成为柬埔寨的执政党。在其统治期间，柬埔寨有40万—300万人死于饥荒、劳役或迫害等。——译者注
2. 感兴趣的读者可能想回顾一下反对他在印度支那使用武力及其对美国外交政策的影响的主要论点。对尼克松政府的柬埔寨政策的主要批评，参见赫什，《权力的代价》；希钦斯，《对基辛格的审判》。对尼克松政府的柬埔寨政策最具影响力的批评可能出自肖克罗斯之手（见下文）。沃尔特·艾萨克森的观点较为温和，但仍然具有批判性："虽然北越侵犯了柬埔寨的中立地位，但他们的营地还没有扰乱柬埔寨农民和渔民的生活。而当美国的轰炸行动导致共产主义游击队的营地分散到更大的范围时，这种微妙的平衡开始动摇。轰炸可能不是柬埔寨在一年后陷入混乱的主要原因，但它肯定没有使西哈努克（Sihanouk）协调国内矛盾的行动变得更容易。"参见艾萨克森，《基辛格》，第177页。格雷格·格兰丁的评判比艾萨克森严厉得多，他说："红色高棉不是基辛格创建的，但他对柬埔寨疯狂、非法的轰炸创造了一种条件，使得在广泛而多样的叛乱中，最具种族灭绝性、最激进的派系可以首先控制叛乱，然后控制国家。"参见格雷格·格兰丁，《亨利·基辛格"疯狂且非法"的轰炸：关于他的真实历史，你需要知道道些什么——以及为什么桑德斯和克林顿的争吵很重要》（"Henry Kissinger's 'Mad and Illegal' Bombing: What You Need to Know About His Real History—and Why the Sanders/Clinton Exchange Matters"），《沙龙》（*Salon*），2016年2月12日，http://www.salon.com/2016/02/12/henry_kissingers_mad_and_illegal_bombing_what_you_need_to_know_about_his_real_history_and_why_the_sandersclinton_exchange_matters/。（下转175页）

（上接174页）

类似的评价参见托德·吉特林，《基辛格是暴行的朝臣》（"Kissinger Was a Courtier to Atrocity"），《纽约时报》，2016年2月13日，https://www.nytimes.com/roomfordebate/2016/02/13/henry-kissinger-sage-or-pariah/kissinger-was-a-courtier-to-atrocity?mcubz=2。毫无疑问，对基辛格行为的最广泛的解释和辩解可以在他的三卷回忆录中找到：《白宫岁月》《动乱年代》《复兴岁月》。汤普森在《亨利·基辛格：是善是恶？》中对基辛格在越南和其他地方所做之事的利与弊进行了总结。虽然我们引用了许多批评者的观点，但基辛格在印度支那的行动在很多方面也得到了强有力的支持。例如，参见罗伯特·D.卡普兰，《为亨利·基辛格辩护》（"In Defense of Henry Kissinger"），《大西洋月刊》，2013年5月；约菲，《为亨利·基辛格辩护》；罗伯特·D.布莱克威尔（Robert D. Blackwill），《为基辛格辩护》（"In Defense of Kissinger"），《国家利益》，2014年1—2月，http://nationalinterest.org/article/defense-kissinger-9642；尼尔·弗格森，《基辛格日记：他对越南的真实看法》（"The Kissinger Diaries: What He Really Thought About Vietnam"），"政客"网站，2015年10月10日，http://www.politico.com/magazine/story/2015/10/henry-kissinger-vietnam-diaries-213236；卡普兰，《基辛格、梅特涅和现实主义》。事实上，一些开始很严厉的批评者的态度后来变得暧昧了。例如，威廉·肖克罗斯在他1979年出版的影响深远的著作《政治杂耍：基辛格、尼克松与柬埔寨的毁灭》中指出，基辛格以及尼克松政府和南越政权的所作所为都存在特定的错误。在这本书中，肖克罗斯把这些错误挑出来，因为他认为他们对后来柬埔寨发生的暴行负有不成比例的责任。然而，在1995年，肖克罗斯大大缓和了他早年的批评。他指出，他最初的分析是偏颇的，特别是没有充分考虑到北越政权的残暴。他说："说实话，我们这些反对美国在印度支那的战争的人在面对那可怕的后果时应该感到特别羞愧：柬埔寨的集体屠杀，越南和老挝的可怕暴政。回顾我在《星期日泰晤士报》（Sunday Times）上写的那些关于1970—1975年间南越的战争努力的报道，我觉得我可能过于关注南越及其美国盟友的无能，而对河内政权的不人道一无所知，也太愿意相信共产主义者的胜利将带来一个更好的未来。"［威廉·肖克罗斯，《摆脱集体屠杀》（"Shrugging Off Genocide"），《泰晤士报》，1994年12月19日，第16版。］

第七章

多方谈判中的灵活性：协调复杂的谈判

　　研究美国总统的伟大学者理查德·诺伊施塔特（Richard Neustadt）曾经尖锐地指出，"现实不是双边的"。[1]我们已经在基辛格有关罗得西亚多数统治的谈判中看到了包含多个方面的现实。在巴黎和平谈判中，我们又看到了这种情况，这场谈判不能被理解为纯粹发生在美国和北越之间——这种理解甚至都没有考虑到与美国政府内部的敌对派系所进行的谈判。基辛格的一些谈判是我们没有考察过的，比如促成1975年《赫尔辛基协定》（Helsinki Accords）的会谈，这场谈判显然是多边的。以缓和冷战的紧张局势和提高人权为目的的赫尔辛基谈判，只能从参加谈判的35个国家的角度来进行分析。作为一名学者，基辛格的早期著作就是以17—19世纪欧洲的均势政治（balance-of-power politics）为剖析对象的，因此不足为奇的是，他的谈判方法始终显示出对多方动态以及联盟的形成和解散的敏锐洞察力。

　　多方谈判与纯粹的双方谈判有着本质上的区别，因为它有可能需要改变多方分组（或称"联盟"，我们有时候会这么说），以支持或反对一项协议。理所当然，在只有两方参与谈判的情况下，联盟是不可能形成的，两方

---

1. 理查德·E.诺伊施塔特，《联盟政治》（*Alliance Politics*），纽约：哥伦比亚大学出版社，1970年，第5页。

要么达成交易，要么达不成。然而，当涉及三个或三个以上的当事方时，任何两个当事方——有时候甚至是全部三个（或更多）当事方——都有可能达成协议，而这些联盟在谈判过程中又常常会发生变化。如果A、B、C三方都在竭力谋取利益，那么他们的谈判结果可能会是A和B交易、A和C交易、B和C交易以及A、B和C交易，或根本达不成交易。随着当事方数量的增加，可能存在的联盟和协议的数量会增加得更快。难怪与人们比较熟悉的双方谈判相比，在多方谈判中保持灵活性有完全不同的规则。在这种环境中，谈判者必须预想到哪些多方结盟（"联盟"）是可能的，哪些是可取的，哪些是不可取的，然后制定出最有可能建立或阻碍这些联盟的谈判战略。

例如，回想一下在南部非洲谈判中建立中心联盟的过程，我们在第一章至第三章中对此做过分析。首先从当事方的数量开始，除了福特政府和对其南部非洲倡议持批评态度的共和党人士，基辛格还列举了这些："五个前线国家，各有各的重点；在罗得西亚和纳米比亚内部相互竞争的团体；南非政府；罗得西亚当局；具有特殊地位的英国。他们的目的部分重叠，部分对立。但是，一方立场的改变可能会给整个体系带来冲击，还有可能会破坏历尽艰辛才建立起来的联盟。"[1]从这些混乱的当事方中，基辛格依次组建出一个默契的联盟，其成员集体向伊恩·史密斯施压，要求他接受黑人多数统治。

正如最近的谈判所强调的那样，为了达成协议而组建一个足够大的联盟所需要的谈判技巧之一，就是在多方谈判中保持灵活性。想想参加2015年巴黎气候变化谈判的196个当事方吧。不光是数量多，许多来到巴黎的代表团本身就不是一条心，他们代表着各种各样的通常是相互矛盾的"内部"利益，这些利益也必须得到调和。例如，美国代表团包括4名内阁部长和来自多个部门的高级官员，更不用说那些试图影响谈判的热情的非政府组织了。同样，

---

1. 基辛格，《复兴岁月》，第972页。

直接参与于2015年达成协议的伊朗核谈判的国家有法国、英国、俄罗斯、中国、德国、美国和伊朗，还有其他许多国家，如以色列、阿曼和沙特阿拉伯，它们发挥了重要的间接作用。

亨利·基辛格对这种多方谈判非常熟悉。具有讽刺意味的是，在他扮演了重要角色的多方谈判中，最简单的一场谈判"只"牵涉三个当事方：美国、中国和苏联。但是，这场"只有"三方的谈判对世界而言具有重大的意义。我们将深入研究它的动态，然后再观察基辛格在涉及不止三个当事方的谈判中所使用的方法。

三角谈判

美国、中国与苏联

在美国与中国没有正式建交的20年里，美国与苏联这两个超级大国之间的关系基本上是敌对的，并且在许多重要方面沿着一条双边（美国—苏联）轴线陷入僵持。然而，理查德·尼克松和基辛格一起看到了一种可能性，即通过精心策划的向中国开放的行动，将这一双边的超级大国结构转变为"三角"结构，并将美国放在美、中、苏三角的支点位置上。苏联对中国的军事行动越来越具有威胁性，这给这种新结构的形成提供了一个潜在的机会。

这个联盟目标是通过历史类比得出的。基辛格解释说："既然苏联是唯一有能力控制亚洲的国家，那么就可以设想在美国和中国之间建立一个阻止苏联扩张主义的默契联盟（与1904年的英法协约[1]和1907年的英俄协约[2]没多

---

1. 英、法两国于1904年4月签订的协定，旨在对抗德国，解决殖民地争端。——译者注
2. 英、俄两国于1907年8月签订的条约，旨在划分在亚洲的势力范围。——译者注

大差别）。"[1]

　　尽管对历史的洞察提供了一些指导，但基辛格和尼克松在美国当时的国家利益方面，对务实的"三角"行动的基本原理是非常清楚的："我们一致认为有必要挫败（苏联的）地缘政治野心，但我们没有理由卷入意识形态争端……如果莫斯科成功地羞辱了北京，使它变得无能，那么苏联的全部军事力量就会指向西方。像这样展示出苏联的冷酷无情和美国的无能（或漠不关心——其结果是一样的），会鼓励从日本到西欧的各个国家对苏联的其他要求让步，更不用说苏联周边许多较小的国家了。"[2]

　　因此，从广义的概念上讲，三角外交与当时存在于苏联和美国之间的双边超级大国关系相比，具有决定性的优势。但是，在实践中把它当作一个目标，意味着什么呢？基辛格解释了他和尼克松想要实现的三角平衡结构："只要中国对苏联的恐惧多于对美国的恐惧，中国自身的利益就会促使它与美国合作。出于同样的原因，中国并没有把反对苏联扩张主义视为对美国的恩惠，尽管这既符合美国的目的，也符合中国的目的。尼克松对中国领导人——尤其是周恩来总理——清晰的思路印象深刻，但他没有兴趣让美国在中国和苏联的冲突中明确地支持任何一方。当美国与这两个共产主义大国的关系比它们当中的任何一个与另一个的关系要密切时，美国的讨价还价地位就会是最强的。"[3]

　　奥托·冯·俾斯麦（Otto von Bismarck）[4]曾为地处多极欧洲大陆中心的普鲁士找到了一条生存之道，基辛格对此进行了细致的研究，这个最有利于处理苏联和中国问题的核心理念似乎就源自该研究。在1968年发表的一篇

---

1. 基辛格，《大外交》，第728页。
2. 基辛格，《白宫岁月》，第764—765页。
3. 基辛格，《大外交》，第729页。
4. 奥托·冯·俾斯麦（1815—1898），德国著名政治家、外交家。1862年出任普鲁士王国首相，通过外交和战争手段实现了德意志的统一，并于1871年出任德意志帝国宰相。其后通过外交结盟改善德国的地位，试图为德国取得在欧洲大陆的霸权。——译者注

有先见之明的文章中，基辛格写道，俾斯麦"提议巧妙地控制其他大国的承诺，这样普鲁士与任何一个竞争对手的关系都会比这些竞争对手彼此之间的关系更密切。如果普鲁士能设法为自己创造最多的选项，那么它就可以利用人为制造出来的隔离把它的合作卖给出价最高的国家"。[1]

为建立三角关系而谈判：向中国开放

基辛格希望将美国置于三角关系的支点位置上，但仅仅认识到要实现这种局面是不够的。实际上，通过谈判来获得能够实现这一局面的动力是一件非常棘手的事情。基辛格这样描述这个挑战："显然，三角外交需要灵活性。我们要以某种方式，不花费自己的力气，而是像柔道那样，利用对手的力量把他推向一个我们想要的方向。"[2]

这种灵活性的核心是美国对中国的开放，这震惊了全世界，尤其是克里姆林宫。但这一开放的根源在于美国和苏联之间的关系。在尼克松政府执政之初，苏联似乎有意就共同削减核武器展开谈判，在冷战期间，核武器的数量达到了令人恐惧的水平。在一个世代的时间里，缔结限制战略武器会谈的有关条约似乎第一次有了可能。[3]基辛格和尼克松试图通过缓和政策来缓和美国和苏联在广泛的战线上的紧张关系，包括核武器问题。这些复杂的谈判能够取得进展，部分原因是利用了基辛格和苏联大使阿纳托利·多勃雷宁之间的秘密"渠道"。（我们将在第十章和第十三章更深入地讨论这种"渠道"的潜在作用。）

1971年6月底，尼克松和勃列日涅夫的峰会对于消除美苏在限制战略武器会谈条约上的最后分歧似乎是至关重要的。然而，也许是因为苏联人认为他

---

1. 基辛格，《白色革命：对俾斯麦的反思》（"The White Revolutionary: Reflections on Bismarck"），第912—913页。
2. 基辛格，《白宫岁月》，第764—765页。
3. 基辛格，《白宫岁月》，第132页。

们有讨价还价的优势，或者是因为尼克松出于国内原因对峰会过于热衷，一种"慢慢来"的态度似乎正在莫斯科盛行。正如基辛格所说，"莫斯科在安排勃列日涅夫和尼克松的峰会这件事上拖了一年多的时间。通过某种反向联系，他们试图使高层会议取决于一系列条件"。[1]

由于美苏谈判进展缓慢甚至陷入停滞，亨利·基辛格于1971年7月9日乘坐从巴基斯坦总统那里借来的飞机抵达北京。[2]为了不让聚集在巴基斯坦的记者发现他的行踪，他雇用了一名替身，而他（本人）则戴着黑帽子、太阳镜，穿着一件黑雨衣。作为20年来首位与中国政府进行对话的美国高级官员，他受到了热情款待，下榻于国宾馆，等候周恩来总理的到来。[3]

基辛格中国之行的背景：相互敌对与猜疑

当基辛格在1969年1月成为理查德·尼克松的国家安全顾问时，美国已经与中国进行了多年的公式化会谈。[4]两国定期在华沙举行会议，而在第134次会议上，美国对"台湾独立"的支持遭到了中国的强烈反对，这被公开宣布为双方掘壕固守的原因，会谈变成了围绕各自不变且不相容的立场进行反复的声明。

一系列问题加剧并恶化了这两个国家之间的隔离状态。美国从意识形态上反对共产党在中国的领导，并认为中国打算在整个地区传播共产主义。中国对北越政权的支持证明了这一观点。

而在美国身上，北京也看到了一个同样受意识形态驱使，愿意使用残酷

---

1. 基辛格，《大外交》，第731页。
2. 基辛格，《论中国》，第237页。
3. 基辛格，《论中国》，第238页。
4. 基辛格，《大外交》，第772页。

手段来达到目的的对手。由于美国对越南战争的干预，毛泽东、周恩来和其他中国领导人认为他们的看法得到了证明——在中国领导层看来，美国对越南战争的参与和它对朝鲜战争的参与是一样的。当然，中国对朝鲜战争的大规模干预导致了20世纪50年代初美中外交关系的破裂。[1]

中国和苏联之间不断扩大的裂痕：美国能从中受益吗？

20世纪50年代和60年代，在美国外交政策的共识中，苏联与中国联手组成了一个庞大的共产主义集团，共同反对西方民主国家。然而，中国和苏联的关系在20世纪60年代初恶化了。苏联在1968年8月入侵捷克斯洛伐克，这引起了美国的严重关注，也激怒了中国，中国认为这标志着苏联开始对其他共产主义国家进行侵略。苏联在1968年11月以"勃列日涅夫主义"的名义对这一举动做了辩解，正式宣布它有权干预其他共产主义国家（可能包括中国），以压制反对派运动，这进一步证实了中国的怀疑。[2]

1969年3月，中苏之间的相互猜疑在西伯利亚爆发，两国军队沿着乌苏里江——标记两国边界的一条河流——发生了冲突。当中国进行反击以表明它将保卫自己的边界时，紧张局势进一步升级了。此举意在警告苏联，却产生了相反的效果。世界上的两大共产主义国家现在陷入了军事僵持的局面，苏联集结了大约65.8万人的军队，分为40个现代化师，与之对峙的是81.4万中国军队。这种紧张的对峙经常引发军事冲突，双方都有重大伤亡。[3]后来人们才知道，毛泽东主席非常担心苏联的军事威胁，以至于秘密地将中国政府的

---

1. 基辛格，《白宫岁月》，第685页。
2. 基辛格，《白宫岁月》，第166页。
3. 《战略考察：中苏争端》。

大部分部门撤出了北京。[1]

在迫于压力不得不声明美国在中苏分裂问题上的立场时，基辛格和尼克松思考，如果两国之间的冲突进一步扩大，什么才是正确的政策。他们的主要目标是限制苏联影响力的扩张。为此，基辛格和尼克松都支持向中国倾斜，1969年时尼克松就已经在很大程度上支持中国了。出于对苏联控制中国的担忧，同时也为了把这一点传达给毛泽东，基辛格表示："尼克松迈出了可能是他总统任期内最大胆的一步，他警告苏联，如果它攻击中国，美国不会无动于衷。"[2]鉴于当时中美之间没有正式的关系或官方交流，这的确是一个非同寻常的信息。

笨拙的协调过程

这个时候，毛泽东也在试着发出信号，表示愿意通过谈判来改善中美关系，但尼克松和基辛格几乎没能理解他的信号。迄今为止，两国之间的交流通常都是相互辱骂（"帝国主义者""意识形态狂热分子"等）。毛泽东冷静地考虑了地缘政治形势，担心与苏联开战。他把美国视为三角联盟中的一个潜在盟友。像他的美国同行一样，毛泽东相信一个实质性的公开协议将会抵消他的政权所面临的巨大压力，尤其是来自苏联的压力。

两个国家小心翼翼同时又有点盲目地相互接近。它们彼此隔绝的时间如此之长，以至于美国官员安排高层沟通的各种初步尝试几乎都只取得了滑稽可笑的结果。例如，一名美国外交官（在获得授权的情况下）试图在华沙的一场时装秀上与中国人进行接触，使得惊慌失措的中国外交官赶忙逃离现

---

1. 基辛格，《美国国务卿计划文字整理稿：亨利·A.基辛格》；基辛格，《论中国》，第220页。
2. 基辛格，《大外交》，第723页。

场。美国外交官沃尔特·斯托塞尔（Walter Stoessel）追在这位中国外交官身后，嘴里嚷着他希望代表美国总统建立一条高层会谈的渠道。[1]

基辛格意识到，为了向中国领导层传递更明确的信息，需要控制安全对话者的数量。他认为巴基斯坦和共产主义国家罗马尼亚是向中国传递信息的潜在渠道。这两个国家没有与美国结盟，但都与中国有接触，而且不是绝对的苏联盟友。在一系列初步交流中，美国通过罗马尼亚和巴基斯坦传达了信息，中国则通过挪威和阿富汗进行了回应。[2]几个月之内，周恩来总理就发出了一条信息，邀请美国派代表到北京。随后发出的信息向尼克松提出了邀请。周恩来希望讨论台湾问题，但尼克松和基辛格从他的信里读出了更多的信号。[3]

他们做了回复，想要看看周恩来是否愿意接受内容更广泛的议程。他们的试探得到了积极的回应。基辛格预料到美国国务卿威廉·罗杰斯和一系列可能的国内反对者会以意识形态为由反对此事，因此坚持绝对保密。（且让我们停下来强调一下，对一名国家安全顾问来说，在国务卿不知情的情况下展开一场对国家极为重要的谈判是多么非同寻常的一步，这种事几乎是不可想象的。在第十三章中，我们将更深入地探讨这种保密的利弊。）7月初，基辛格带着几名助手和几名特勤局的特工一起登上一架飞机，开始了一项"常规外交任务"，此行的终点是巴基斯坦。[4]随着他的行程一站站延续，媒体逐渐对他这次出行失去了兴趣。最后，基辛格和他的随行人员——就是在他们当中，也只有一部分人知道更多的事情——终于可以秘密地登上巴基斯坦总统的飞机，并于7月9日悄悄地进入中国。[5]

---

1. 基辛格，《大外交》，第223页。
2. 基辛格，《论中国》，第225—226页。
3. 基辛格，《论中国》，第230—231页。
4. 基辛格，《论中国》，第233—234页。
5. 基辛格，《白宫岁月》，第740页。

与周恩来进行谈判

与周恩来会面的时候，基辛格很快就甩掉了他那种认为中国充满敌意的流行假设，因为周恩来尽心竭力让他感到安心。起初，基辛格很担心没有充分的时间进行谈判，但他意识到，毛泽东和周恩来这样做并不是为了安抚他，而是想要在多年来没有直接交流的情况下，表明双方愿意更多地了解彼此，特别是对方对国际体系的基本看法。

在随后的正式谈判会议上，基辛格和周恩来讨论了中国台湾和越南这两个最紧迫的问题，以了解对话能否有效地进行。基辛格发现周恩来是一个很好打交道的谈判对手。在很大程度上，双方都把这两个问题与彼此都认为最重要的优先事项联系起来，通过围绕它们进行对话来商讨这些事情。基辛格试探了周恩来谈判台湾以外问题的意愿，并得到了令他满意的答复。周恩来希望就台湾问题进行谈判，但并不介意它与其他问题在谈判中的顺序安排，其他问题可以放到前面来谈。基辛格看到了一个机会，能够把中国在越南问题上可能做出的让步与美国在台湾问题上可能做出的让步联系起来，他把周恩来的立场称为"反向联系"。[1]

基辛格开始理解驱使北京寻求联盟的利益了："中国人想要消除两线作战的威胁，使莫斯科重新考虑攻击或逼迫中国的打算，或许还想让苏联在与北京打交道的时候更加柔顺。他们特别希望从我们这里得到美苏不会串通一气的保证。"[2]基辛格用更积极的措辞强调，毛泽东"致力于建立一个事实上的反苏联盟"。[3]

访问结束时，基辛格与周恩来起草了一份协议，交由两国领导人进行宣布。得知尼克松长期以来对中国的兴趣后，毛泽东邀请他对中国进行国事访

---

1. 基辛格，《论中国》，第249页。
2. 基辛格，《白宫岁月》，第765页。
3. 基辛格，《复兴岁月》，第150页。

问。理查德·尼克松接受了。20年来，美国和中国之间的关系头一次有望实现正常化。7月15日，两个国家都宣布了令人震惊的消息。[1]正如我们稍后将解释的那样，这一"尼克松冲击"激怒了美国的反共产主义者，令美国官员以及日本等被排除在这一进程之外的盟友深感尴尬。

基辛格立即着手安排一次临时出访，在此期间，他还要赶在尼克松和毛泽东的正式会议之前把公报的重要细节准备好。10月，基辛格再度来到中国，就两国的共同立场提出了一份相对温和、正式的统一声明。作为回报，他没有起草关于台湾问题的立场声明，以表明美国愿意改变立场来寻求与中国达成协议。周恩来以坚定的谴责作为回答。他要求双方在关键问题上表明自己的立场，不论该立场是共同的还是冲突的。基辛格起初对此大感惊讶，但他马上意识到周恩来的要求并不会实质性地改变双方未来的立场，却可以限制国内强硬派提出的异议。

由此产生的《上海公报》（Shanghai Communiqué）有着前所未有的结构，完全不同于美苏会议之后经常出现的那种不疼不痒的联合声明。在尼克松访华期间，最终条款谈判完成之后，基辛格指出："《上海公报》……为未来10年里中美关系的发展提供了路线图。公报具有前所未有的特点：有超过一半的篇幅是在阐述双方在意识形态、国际事务、越南和中国台湾问题上相互冲突的观点。奇怪的是，这份记录了双方分歧的目录使得双方一致同意的问题有了更大的意义……不用外交术语来说的话，这些协议的意思是，最低限度，中国不会做任何使印度支那或朝鲜半岛的局势恶化的事情，中国和美国都不会与苏联集团合作，这两个国家都反对任何国家企图主宰亚洲。由于苏联是唯一有能力控制亚洲的国家，一个阻止苏联在亚洲扩张的联盟正在形成。"[2]

---

1. 基辛格，《白宫岁月》，第758—759页。
2. 基辛格，《白宫岁月》，第758—759页；基辛格，《大外交》，第728页。

又过了四个月，在这次初步会谈之后，尼克松和基辛格发表了一份关于台湾的声明，为尼克松对中国的国事访问奠定了基础。2月下旬抵达北京后，尼克松和基辛格前往毛泽东的住所，受到了这位正在生病的领导人的热烈欢迎。毛泽东用迂回的比喻、提问和陈述与尼克松进行了对话，表示哪怕没有达成正式协议，这次访华本身也比任何进一步的协议都有意义。他说，从长远来看，两国终将走到一起。

尼克松和毛泽东谈得很笼统，把详细的谈判留给了基辛格和周恩来。几天之内，双方终于商定了《上海公报》的最终文本。在公报中，双方阐明了彼此在各种问题上的立场、已经达成共识的立场，以及将来处理台湾问题的方法。[1]（我们将在第十一章中再回过头来探讨使这个协议得以达成的一些非凡的创造。）

美国以精心设计的"模棱两可"来承诺支持"一个中国"的概念，大幅减少对"台独"组织的支持，逐步减少驻台美军人员，促进地区和平与安全。[2]此外，双方同意建立正式外交关系，避免不惜一切代价追求地区霸权。[3]

尼克松访华和《上海公报》成功地实现了基辛格的直接目标，把有关台湾问题的协议与中国默许减少对北越的支持联系在了一起。通过遏制苏联的侵略，通过以一种缓和不断升级的军事危机的方式来实现这个目标，双方都获得了利益。

---

1. 基辛格，《白宫岁月》，第1084—1087页。
2. 基辛格，《论中国》，第271页。
3. 基辛格，《论中国》，第270页。

联盟谈判中的灵活性：苏联的反应

尽管"大多数苏联专家都曾警告尼克松说，改善对华关系会破坏苏美关系"[1]，但基辛格对这种可能性并不那么担心。他认为，考虑到苏联担心采取这种行动会加深中美之间的关系，并且损害苏联从改善与美国的关系中可能获得的利益，苏联是不会去破坏美苏关系的。（回想一下我们在上一章中对莫斯科改善贸易关系的高期望值的评估，以及苏联为取得这一经济成果所做的最高级别的努力。）尽管有种种可怕的预测，但基辛格指出："相反的情况发生了。在我秘密访问中国之前，莫斯科在安排勃列日涅夫和尼克松的峰会这件事上拖了一年多的时间……然后，在我出访北京之后不到一个月的时间里，克里姆林宫便倒过来邀请尼克松去莫斯科了。[2]

"突然，莫斯科峰会就不是遥不可及的了……其他一些这几个月来陷入僵局的谈判也奇迹般地开始解冻，例如柏林谈判，以及防止意外核战争的谈判……这两场谈判都在北京发布公告之后的几星期内就迅速完成了。"[3]更广泛地说，"苏联开始积极地行动……以应对新的国际现实……它寻求迅速改善与华盛顿的关系：它突然急于给人留下这样一种印象，即莫斯科比北京更擅长处理重大事务"。[4]

对基辛格来说，在商谈出这个结果的过程中所表现出的"灵活性"涉及平衡一些棘手的中国、苏联和美国国内的动态："如果我们行动太快……中国人可能会断然拒绝我们的提议。如果我们行动太慢，可能会让中国人更加怀疑美苏勾结在一起了，这会促使他们以可能获得的最好条件与莫斯科达成协议。至于苏联，我们认为中国这个选项有助于让他们保持克制，但我们必

---

1. 基辛格，《大外交》，第730—731页。
2. 同上。
3. 基辛格，《白宫岁月》，第766—767页。
4. 同上。

须小心，不能过于急切，以免刺激苏联对中国发动先发制人的攻击。而在国内，我们必须克服一种思维惯性，即认为中国要么是一个不共戴天的敌人，要么是一个只关心……台湾的好糊弄的国家。"[1]

"另一方面，在这段时期，苏联的自信达到了顶点，而美国的自信处于低谷，"基辛格总结道，"尼克松政府想要重新洗牌。他们一直认为，全面战争对苏联来说风险太大。在对中国开放之后，苏联再施加低于全面战争水平的压力也变得过于危险，因为这样做有可能使令他们担忧的中美和解加速。一旦美国对中国开放，苏联最好的选择就是寻求缓和与美国的紧张关系。"[2]

打"中国牌"：一种天真的解释？

观察美国对华行动的人士很快就把基辛格的中国倡议解读为"打中国牌"对抗苏联。举一个相当典型的例子，战略学教授吴翠玲（Evelyn Goh）断言："北京很清楚，美国对中国开放的动机是想打'中国牌'，以促使苏联与美国进行谈判，缓和彼此的关系。"[3]

虽然这种解释表面上看起来有吸引力——毕竟美国是站在两个竞争对手中实力较弱的一方（中国）那边，以平衡实力较强的一方（苏联）——但美国选择与中国联盟的根本原因要比这微妙得多。实际上，基辛格尖锐地批评

---

1. 基辛格，《白宫岁月》，第177—178页。
2. 基辛格，《大外交》，第730页。
3. 吴翠玲，《中美友好关系的建立，1961—1974》（*Constructing the U.S. Rapprochement with China, 1961–1974*），剑桥：剑桥大学出版社，2004年，第231页。或者，用一句标准的话来说："尼克松总统和国家安全事务助理亨利·基辛格选择了三角外交。他们会打出'中国牌'来赢得莫斯科的让步，并打出'苏联牌'来影响中国。"［沃尔特·克莱门斯（Walter Clemens），《国际关系动力学》（*Dynamics of International Relations*），伦敦：罗曼&利特菲尔德，2004年，第254页。］

了那些油嘴滑舌地对政府和所谓的"中国牌"妄发意见的人："因此，所谓'中国牌'，通常所指的意思是，让我们和中国一起做一些让俄国人恼火的事，从而使我们可以跟俄国人讨价还价。（正好相反，）我们的观点是，三角关系的存在本身就对每一方形成了一种压力。我们小心翼翼地操纵，以使我们跟其他每一方的关系比他们彼此之间的关系更为密切……我们实现这一目标的方法之一是非常谨慎地告诉其中一方，我们和另一方在做些什么。这样就对他们造成了压力，但我们并没有进行威胁。我们把彼此之间的关系当作世界上最自然的事情，并使剩下的那一方也知情。这也有实际效果，事实上，这提高了另两方对我们的信任，起码在某种程度上，他们可以确信我们没有策划任何秘密阴谋。"[1]

当然，让每一方都非常清楚地了解美国与另一方在做什么，符合简单的礼貌和独立的透明精神。然而，这当中的潜在信息是显而易见的，没有必要做明确的说明，更不用说以威胁性的术语来表达了，正如基辛格向那些可能忽略这一点的人所解释的："美国的这些选项的存在给了我们一件讨价还价的武器。所以我总是担心，如果我们宣布中国是一件用来对付俄国的武器，就会引发一场致命的冲突，特别是我们也在推进与苏联缓和的政策，我们想给他们一个真正能改善与美国关系的选择。"[2]

当我们从战术层面来分析三角外交时——如何用A来对抗B，或者用B来对抗A，这当然是有用的——很容易忽略更广泛的战略上和结构上的动机与后果。在保护美国外交政策利益的同时，基辛格一直在寻求降低发生毁灭性核冲突的可能性。如果配置得当的话，一种新的三角关系将带来更大的、根本性的全球稳定，以及其他好处。"我们真的想要一个不太可能发生战争的世界。"基辛格解释道，"与此同时，我们也一直记得，我们想同时解决越南

1. 基辛格，《美国国务卿计划文字整理稿：亨利·A. 基辛格》。
2. 同上。

战争问题。我们不想要小小的胜利，我们想要的是结构上的改进。"[1]

正如我们在分析1973年阿以战争之后达成脱离军事接触协议以及巴黎和平谈判时所看到的那样，亨利·基辛格积极利用了中国和苏联通过改善与美国的关系所获得的日益增长的重大利益。作为北越在外交和军事上的支持者，中国和苏联都不得不权衡——并选择减少——这种支持，因为这两个国家与美国之间的关系的价值日益增长，而它们对北越的支持与此相抵触。同样，当基辛格在1973年阿以战争期间为实现停火而谈判时（同时也是为了使埃及、以色列和叙利亚之间达成脱离军事接触协议），苏联的行动在某种程度上也受到了缓和倡议及其可能带来的好处的限制。基辛格和尼克松通过谈判建立起一种美、苏、中三角关系，这一"结构上的改进"不仅本身就很有价值，而且事实证明，在追求其他重大的外交政策利益时，它也是一项宝贵的资产。

从三方到多方

除了刚才分析的三角谈判，基辛格也一直在尝试理解由多个当事方及其利益构成的整个体系，并在该体系中采取行动。正如他的传记作者沃尔特·艾萨克森略带嘲讽地评论的那样："这种思维方式很自然地出现在这样一个人身上，他既是一个能把事物概念化的聪明人，又是一个在观点上略有些阴谋论的人，他可以像蜘蛛感知蛛网上的颤动一样感知这些联系。"[2]基辛格从战术上提供了一个适应这种复杂性的例子："在推进正式的立场之前，有必要与所有当事方一起勘察情势，而且即使如此，也必须小

---

1. 基辛格，《美国国务卿计划文字整理稿：亨利·A.基辛格》。
2. 艾萨克森，《基辛格》，第166页。

心谨慎，绝不要在向其他当事方表态之前，与某一方就其立场进行探讨——
至少在某种程度上——以免做出的让步被独占，并引发新一轮的要求。"[1]

获胜联盟或阻碍联盟

虽然多方的行动和对抗手段可能是复杂的，但通常情况下，有两个基本
的谈判任务可以指导你的行动。第一个任务是，考虑到目标协议，其倡导
者必须找到足够数量的适当的当事方，在他们当中获得足够的支持，以使协
议能够获得通过和执行；我们称这样的联盟为"获胜联盟"。但是，目标协
议的反对者常常会设法阻止它的通过或执行；我们把能够完成这一负面任务
的一群反对者称为"阻碍联盟"。对寻求建立一个获胜联盟的协议倡导者来
说，挫败潜在的阻碍者也是必要的，这是第二个任务。

排序与谈判战役

能否建立起支持性联盟以及防止或破坏敌对联盟，往往取决于是否选
择了最有希望获得成功的顺序：先接近谁，然后接近谁，以此类推，以获
得最大的成功机会。这可能意味着要先谈成一系列附属协议，有效地为达
成最终目标创造条件。我们有时会把这样一系列谈判称为"谈判战役"，
其目的是组建一个"获胜联盟"，以便达成目标协议。[2]我们分析了罗得西
亚和越南这两场谈判战役，在这两场战役中，基辛格的目的是达成最终的
"目标协议"，他从这个目标出发进行地图回退，找出并落实附属协议。在

---

1. 艾萨克森，《基辛格》，第166页。
2. 参见塞贝纽斯，《超越交易》。

进行最终的谈判时，这些附属协议会使他更有可能取得他所期待的结果。

在这些案例中，成功取决于对哪些当事方倾向于服从其他哪些当事方的全面评估，以及各方之间的影响和对抗模式。[1]通过这一过程，可以搞清楚将谈判的重点放在哪里。用一个日常生活中的简单例子来说明，假设鲍勃（如果直接跟他接触，很难与他达成协议）听爱丽丝的话，爱丽丝则非常关心金，而如果你能就你所寻求的交易提出一套很好的论据的话，金是听得进去的。那么，正确的顺序是先说服金，这对说服爱丽丝有帮助，接下来爱丽丝又会向鲍勃呼吁，使你更有可能达成协议。

在不对细节做回顾的情况下，请回想一下图1.4，该图展示的是基辛格为说服罗得西亚的伊恩·史密斯在两年之内接受多数统治原则而制定的战略。把复杂的顺序分解开来以观察其本质，可以发现南非是说服罗得西亚的关键，而英国、美国和"前线"非洲国家则是获得南非默许的关键。图1.4在某种程度上机械地展示了这一循序渐进的战略（在这里标示为图7.1），但基辛格后来根据形势的发展修改了这个战略。

同样，正如我们在第六章中所描述的，基辛格策划了一场漫长的谈判战役，说服北越的黎德寿接受一个至少在最低限度上可以接受的协议。图7.2可以帮我们回想起那些动态的顺序。

---

1. 詹姆斯·K. 塞贝纽斯，《建立联盟的顺序：我应该先和谁谈？》（"Sequencing to Build Coalitions: With Whom Should I Talk First?"），载于《明智的选择：决策、游戏和谈判》（*Wise Choices: Decisions, Games, and Negotiations*），理查德·泽克豪瑟（Richard Zeckhauser）、拉尔夫·基尼（Ralph Keeney）和詹姆斯·塞贝纽斯，马萨诸塞州，波士顿：哈佛商学院出版社，1996年。还可参见拉克斯和塞贝纽斯，《三维谈判》，第7章。

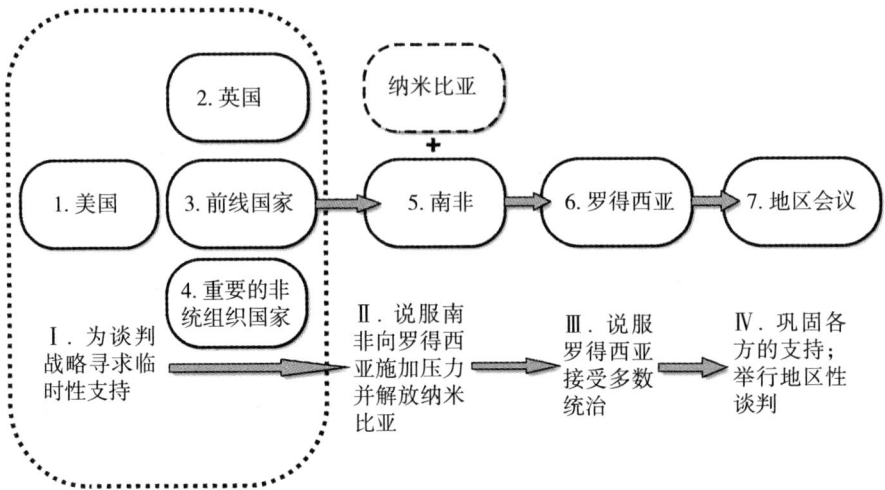

图7.1 基辛格寻求实现罗得西亚多数统治的最初战略

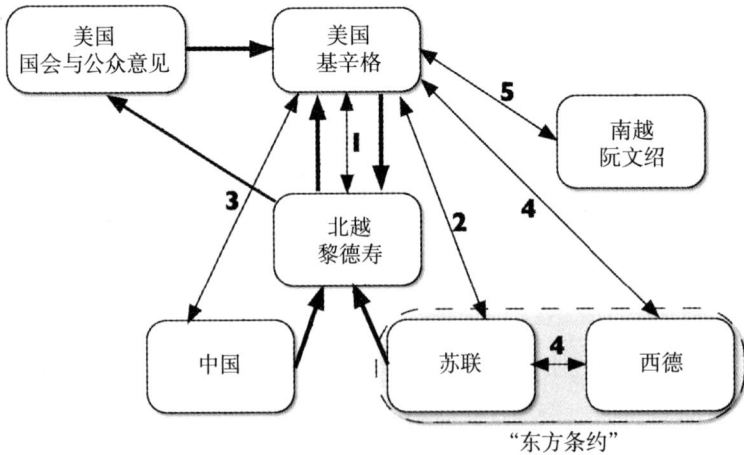

图7.2 基辛格为了与北越达成协议而实施的谈判战役

注：双向箭头表示直接谈判，单向箭头表示压力（政治、公共关系、外交、军事）。

这两个例子说明了多方谈判中的灵活性的一种重要形式。然而，除了精心策划按顺序进行的谈判战役来为目标协议建立支持，还需要一套与之互补的技能。

阻碍和对立的联盟

目标交易的倡导者必须有效地与潜在的对手竞争，这些对手有时被称为"破坏者"，他们可能会阻碍协议的达成或执行。有几种谈判方法可以用来对付可能的阻碍联盟：用有说服力的论据说服阻碍联盟的成员站在你这边；通过满足他们的一些关键利益或支付额外的费用，获得他们的支持；孤立并羞辱他们；回避他们；对他们逐个击破；压倒他们。

然而，忽视或不应对强有力的阻碍者的谈判往往以失败告终。关于被"忽视"的破坏者，可以想想1919年的《凡尔赛和约》（Treaty of Versailles），它结束了德国和协约国之间的战争状态。与大约一个世纪前的维也纳会议不同，战败的列强没能参加巴黎和会的谈判。基辛格评论道："因此，结束了这场结束一切战争的战争的和平没有把欧洲最强大的两个国家——德国和俄国——包括进去，这两个国家的人口占欧洲人口的一半以上，而且是迄今为止军事潜力最大的国家。光是这个事实就决定了凡尔赛的解决方案必将失败。"[1]

正如这个例子以及之前的例子中所显示的，基辛格经常在历史中寻找线索，以洞察可能会使决定性对立联盟形成的联盟动态。他警告说，占据支配地位的大国不要以一种会刺激小国联合起来反对它的方式施加影响力。他评论道："德国的邻国比其他任何欧洲国家都多，它……比任何一个邻国都强，但所有这些国家联合起来就比它强……具有讽刺意味的是，在第一次世界大战之前，德国企图通过威胁或敲诈来瓦解这些刚刚形成的联盟，结果这

1.基辛格，《大外交》，第231页。

成了一种自我实现的预言，使敌对联盟的出现几乎不可避免。"[1]

基辛格从苏联的扩充军力中吸取了类似的教训。"20世纪70年代统治苏联的那一代人不断积累军事和地缘政治实力，但这并不是长期地缘政治目标的一种表达，倒不如说是以这种积累取代了那些目标。为了自身的利益而追求力量，这不可避免地吓坏了大半个非共产主义世界，并导致所有的工业国家和中国组成一个默契的联盟来对抗苏联，它最终的崩溃是在所难免的。"[2]俄罗斯在2008年和2014年入侵格鲁吉亚和乌克兰（克里米亚和东乌克兰），对欧洲国家产生了影响，作为回应，它们开始增加国防支出。

经过对所有相关方的仔细评估，基辛格敏锐地意识到潜在的反对可能会以怎样的方式被激起。在中东的背景下，他警告说不要在那种讨论会被泄露出去的环境中"试探性"地探讨可能采取的敏感的谈判行动："当一个假设性协议的一部分被传了一年多之后，为了一笔几乎变得难以管理的实际交易而做出让步，是很难让热情的公众接受的。"[3]此外，当基辛格认为有必要同时与各方打交道时，他对达成任何单独的协议持谨慎态度，因为"所有没得到好处的当事方都有动机联合起来，对付最有可能按照自己的意思行动的领袖"。[4]

在评估按部就班地谈判与全面谈判可能取得的成功时，哪些当事方涉及哪些进程可能会决定谈判会取得成功还是会陷入僵局，基辛格敏锐地意识到了这种动态左右谈判的方式。关于1973年阿以战争后最有希望达成协议的办法，他认为："我们必须做出一个基本的战略决策：是现在就全面解决问题，还是继续按部就班地解决问题？全面努力有它的好处。其中最重要的一点是，人们可以把所有事情都摆在桌面上，可以在对所有有关各方的目标有

1. 基辛格，《复兴岁月》，第616页。
2. 基辛格，《复兴岁月》，第263—264页。
3. 基辛格，《复兴岁月》，第1028页。
4. 同上。

充分了解的情况下去讨论最终解决方案的框架。但缺点是，它会把所有阿拉伯人聚集在一起，在这种情况下，激进的阿拉伯人会占上风。然后，苏联的出价总是会比谈判桌上任何一方的出价都高，而激进的阿拉伯人当然会选择苏联开出的条件。当然，苏联提出的条件不是为了实现和平，而是为了确保谈判不会有任何进展。"[1]简而言之，在这种情况下，基辛格将全面谈判的过程视为潜在的阻碍因素。

全面谈判的方法可能会制造出一种导致谈判陷入僵局的动态，在对这一点做出预测之后，基辛格在1973年的案例中，将全面谈判与他为了避开这些陷阱而设计出来的截然不同的过程进行了对比。请注意，他选择的这个进程有一个重要的方面涉及没有被牵涉进来的各方："首先，我们寻求打破阿拉伯统一战线。其次，我们还希望确保欧洲和日本不参与这次外交；当然，我们也想让苏联远离这次外交的领域。最后，我们想要建立一种能够让以色列单独同每个邻国打交道的局面。我们告诉以色列人，如果他们想要发布宣言，那么他们可以去找欧洲人，但如果他们想要能带来和平的进程，他们就必须来找我们。因此，按部就班的进程启动了。这个进程带来了两个脱离军事接触协议（埃及—以色列和叙利亚—以色列）。"[2]

简而言之，尽管灵活的多方谈判能手基辛格十分注重吸收潜在的盟友，但他对潜在的对手以及可能唤醒或强化他们的过程选择也同样非常敏锐。

＊　＊　＊

在多方、多层次的形势下，谈判家基辛格同时也是一个联盟结构和动态的分析师与建筑师。他密切关注需要与哪些当事方达成一致，以便建立一

---

1. 亨利·基辛格，《基辛格备忘录："孤立巴勒斯坦人"——与犹太领导人的会议》（"Kissinger Memorandum: 'To Isolate the Palestinians': Meeting with Jewish Leaders"），谈话备忘录，1975年6月15日，纽约，http://www.merip.org/mer/mer96/kissinger-memorandum-isolate-palestinians。
2. 同上。

个可持续的获胜联盟，以推进他的目标。通过精心策划的谈判战役，他在罗得西亚和越南两个案例中明确地、战术性地建立了这样的联盟。在这个过程中，他注意到了阻碍和对立的联盟被激活以阻挠他达成目标的各种方式。在中国和苏联问题上，他将美国原本对双边关系的关注转变为对三角关系的关注，并使美国占据了有利的支点位置。在中东，由于认识到把许多当事方聚集在一个全面进程中可能带来的风险，他选择了按部就班的方法，把可能牵涉进来的大型当事方团体分解为一个个小子集来处理。总的来说，基辛格不仅在战术层面，而且在战略和结构层面敏锐地意识到了多方谈判的复杂动态。

为了打好个别的谈判遭遇战，在试图分析并有利地塑造大环境时，多方谈判中的灵活性与我们在前几章中讨论过的特征（战略性、现实主义和改变游戏）一起，使基辛格有能力"缩小焦距"回到战略层面。现在的挑战是，在缩小焦距回到战略层面的同时，如何有效地"放大焦距"去关注与你直接进行谈判的那个人。

Part III

"放大焦距"

Kissinger
the
Negotiator

第八章

基辛格的人际交往方法和战术导论

从越南和叙利亚到中国和罗得西亚，亨利·基辛格都强调"谈判的秘诀是精心准备"。[1]其他优秀的谈判家，如詹姆斯·贝克，也遵循这一原则。基辛格的部下和同行们一次又一次地证明他在把握问题上有多细致。以色列前总理果尔达·梅厄评论说，基辛格有"对他所要解决的任何问题的最微小的细节进行处理的神奇能力"。她接着说："他曾经告诉我，两年前，他从未听说过一个叫库奈特拉（Quneitra）[2]的地方。但是，当他开始参与有关叙利亚和以色列军队在戈兰高地脱离军事接触的谈判时，那里的每一条路、每一幢房子，甚至每一棵树，只要是他该知道的，他全都知道。正如我当时对他说的，'除了现在成为以色列内阁成员的前将军们，我认为我们没有哪个部长像你这样了解库奈特拉'。"[3]

除了对问题的把握，基辛格的"精心准备"还意味着明确他自己的利益所在，以及他的对手的心理、目的、关注点、看法、关系、政治背景和文

---

1. 基辛格，《白宫岁月》，第733页。
2. 叙利亚西南部戈兰高地的重要城市。——译者注
3. 果尔达·梅厄，《我的一生》（*My Life*），纽约：G. P. 帕特南之子（G. P. Putnam's Sons），
   1975年，第442页。

化。为了做好准备，他缩小焦距：预想一个目标协议和临时战略，对交易/不交易平衡做出现实的把握，经常采取改变游戏的行动，以使平衡向对他有利的方向倾斜。

他也放大焦距：先建立起对个别对手的理解，然后再为这个人量身定制一套人际交往方法和战术。在我们到目前为止讨论过的谈判中，我们经常看到战术家基辛格的闪光点。在与周恩来谈判时，基辛格以一段广泛的哲学式陈述作为开头，在提出具体问题之前，阐明了他试图实现的目标。在艰难的形势下，例如在与南非的约翰·沃斯特和罗得西亚的伊恩·史密斯进行谈判时，基辛格寻求做到既移情又强势。不论他关注的是安瓦尔·萨达特（Anwar Sadat）、梅厄、拉宾还是阿萨德，他都生动地描绘了不交易的可怕后果。面对不愿说"好"的态度，他提出了独具特色的质问："我知道你不喜欢这样，但还有什么别的选择吗？"他直截了当地反驳了勃列日涅夫的严厉指责；在谈判桌上面对中国类似的长篇指责时，他做出了间接但坚定的回应。

我们在具体的谈判和类似的工作中也遇到了许多这样的行动。接下来的五章内容分析并说明了基辛格所采用的几类人际交往方法和战术选择。这些方法和战术通常包括：

· 培养对"对方"个别人物的深刻洞察力；

· 建立融洽和重要的关系；

· 提出建议和做出让步；

· 运用辞令和"建设性模棱两可"；

· 暗中讨价还价；

· 保持和制造势头；

· 采用"穿梭"；

· 选择采用保密、集中控制和个人发挥主导作用的战术。

　　很多人都认为，战术是谈判的精髓。我们把基辛格在"谈判桌前"采取的战术行动放到全书的后半部分，在分析过他如何缩小焦距关注战略层面之后再来做详细探讨，可能会令有些读者觉得奇怪。然而，我们想要传达的核心信息之一就是"谈判家基辛格"为了获得他所寻求的"好"，会同时在谈判桌外和谈判桌前采取行动。现在，带着所做的全盘考虑，让我们放大焦距来观察他在会议室里的动作吧。

澄清谈判的真正性质和目的

　　为了评估什么才是最好的方法和战术，基辛格总会试着去澄清手边的谈判的真正性质和目的。例如，他把在"合法的国际秩序"下进行的谈判和与"革命"政权进行的谈判区别开来。

　　说起在"合法"秩序下进行谈判的例子，人们可能会想到美国、加拿大和墨西哥之间的贸易谈判，北约内部的负担分摊谈判，或是结束秘鲁和厄瓜多尔之间战争的谈判。在这些案例中，善意和至少愿意就互利的协议进行探讨会对谈判方法造成影响，但这些谈判仍然是非常艰难的。

　　相比之下，一个老练的谈判者在与"革命"政权［例如，阿亚图拉·霍梅尼（Ayatollah Khomeini）[1]时代的伊朗、早期的苏联或"文化大革命"时期毛泽东领导下的中国］打交道时，可能会发现标准的谈判方法不起作用。基辛格指出，在这种情况下，"外交官们仍然可以举行会议，但他们无法说服对方。相反，外交会议成了精心安排的舞台剧，试图影响其他国家的公众意见，赢得他们的支持……与其说它们是谈判的平台，不如说是宣传的平台"。[2]

---

1. 1979—1989年期间的伊朗最高领袖。——译者注
2. 亨利·A. 基辛格，《核武器与外交政策：精简版》（*Nuclear Weapons and Foreign Policy: Abridged Edition*），纽约：W. W. 诺顿（W. W. Norton），1969年，第44—45页。

　　显然，为了真诚地探讨协议而进行谈判和为了获得（或避免丢失）宣传分而进行谈判需要的是完全不同的方法。基辛格在哈佛大学和政府里的同事弗雷德·艾克勒（Fred Iklé）——曾担任美国军备控制与裁军署（U.S. Arms Control and Disarmament Agency）署长——强调了除了寻求达成协议以外的其他谈判动机，他把这些动机称为"副作用"，包括收集情报、影响第三方、把对方的注意力从使用武力上转移开、争取时间、蒙骗其他国家的政府，或是保持联系以便就其他事项进行沟通。[1]战术的选择显然取决于谈判的真正目的。

　　在谈判进程的不同阶段，选择的战术也会有所不同。在明确议程之前，尤其是在相互猜疑度很高、事先沟通有限或根本没有事先沟通的会谈中，会谈早期所使用的战术可能并不直接服务于达成协议这个目的。例如，1971年，中美两国互不承认对方，在对方的首都没有外交官，没有建立直接的对话方式，20年来没有正式的交流。因此，当基辛格秘密访问北京时，"潜在的挑战……是建立充分的互信，把第一次会议变成一个进程"。"短期内无法解决"的两个问题是中国台湾和越南的问题。"问题是如何把它们放在一边。"[2]

　　因此，选择最适于在谈判桌前采取的行动时，要依靠对当前谈判真正性质的分析，以及对谈判是处于初期还是后期的判断。根据这些评估，本书接下来的五章（第九章至第十三章）将深入探讨：个人关系在高风险谈判中有多重要？我应该花多少精力来和我的对手建立融洽的关系？我应该从高起点还是更适度的起点出发？如果需要做出让步，我应该在什么时候、以什么方式去做？在什么情况下，我应该对谈判进程保密？等等。当我们更系统地研究基辛格时，我们会对这些问题以及其他许多战术选择有更深入的了解。

---

1. 弗雷德·艾克勒，《国家是如何谈判的》（*How Nations Negotiate*），纽约：哈珀&罗，1964年。
2. 基辛格，《论中国》，第247—248页。

第九章

读懂对手

作为一名地缘政治学者，（基辛格）是一位杰出的战略家和概念思想家……他是一位出色的谈判家，能够根据对话者和他们的文化史调整他的谈判风格。

——温斯顿·洛德[1]

（基辛格表现出了）一种近乎邪恶的心理直觉，一种抓住隐藏的性格之源的本能，一种理解是什么在驱使或毁灭另一个人的本能。正是因为这种罕见的才能，他才成为一个最出色的面对面谈判者。

——斯坦利·霍夫曼（Stanley Hoffmann）[2]

---

1. 洛德，《温斯顿·洛德大使访谈》，第97页。
2. 斯坦利·霍夫曼，《基辛格博士案例》（"The Case of Dr. Kissinger"），《纽约书评》（*New York Review of Books*），1979年12月6日，http://www.nybooks.com/articles/1979/12/06/the-case-of-dr-kissinger/。

根据我们的经验，一些谈判者倾心于从总体和战略的角度来把握谈判，另一些谈判者则专注于具体和个人的角度。能有效地同时坚持这两种视角的人很少。到目前为止，我们已经详细阐述了基辛格"缩小焦距"观察全局的高超能力，在这方面，我们将他的方法描述为战略性的、现实主义的，倾向于改变游戏，并且在多方谈判中是非常灵活的。与这种有点超然的、分析性的观点相呼应的是，基辛格始终以高度定制化的个人和文化洞察力来"放大焦距"，关注他的个别对手。正如本章开头的引言所暗示的那样——一条出自温斯顿·洛德之口，他在外交界长期与基辛格共事，对他十分敬佩；另一条出自已故的斯坦利·霍夫曼之口，霍夫曼是基辛格在哈佛大学的同事，同时也是他严厉的批判者——基辛格在解读谈判对手和根据与他打交道的人来调整应对方法方面非常熟练。

把他这种特质描述为天生的未免太过简单。虽然其他谈判者的心理敏锐度可能比不上基辛格，但他们还是可以从他放大焦距关注每个对话者的方法中学到很多东西。特别是对那些认为谈判主要是比拼电子数据表格（或投资条件清单，或诉讼案例摘要）的人来说，培养一种自觉进行评估，并把对个人和心理因素的考虑包含进来的纪律是非常有益的。

我们先前对基辛格的罗得西亚谈判所做的描述表明，将这些宏观的和微观的观点结合起来，并试着让两者形成富有创造性的联合，是很有价值的。让我们以基辛格那广泛的循序渐进战略为背景，回顾一下他与坦桑尼亚总统朱利叶斯·尼雷尔之间的密集讨论。虽然这两人来自非常不同的文化，但基辛格还是寻求在理解尼雷尔的观点和动机的同时，在个人和地缘政治层面与他建立融洽的关系。同样，基辛格在尽力去了解了南非总理约翰·沃斯特和罗得西亚总理伊恩·史密斯的心态和利益之后，在他极具说服力的（而且基本上是成功的）谈判工作中，同时表现出了移情和强势。

我们一次又一次地观察基辛格为对话者所画的蚀刻肖像，这些肖像暗示着如何最有效地与他们进行谈判。他的行为和心理洞察力来自对那些谈判者的直接观察，来自与专家和其他与他的对手有直接接触者的磋商，来自研究，来自对塑造了他们的关键经历和事件的认识，还来自对政治和制度的力量如何在他们身上留下痕迹的评估。

对放大焦距来了解谈判对手的重要性进行说明，当然是必要的，但看看这在实践中意味着什么更有意义。因此，我们将回顾一下基辛格对与他进行谈判的几个人的描述，他们当中既有外国人，也有美国政府内部人士。（毕竟，"内部"谈判通常与"外部"谈判一样困难，有时甚至更困难。）这些评估中，有一部分是基辛格在谈判之前就做好的，其他的则是他从事后的反思中得出的。

超越刻板印象：理解个人的文化和政治背景

让我们从基辛格对三位重要的中国对手的简要描述开始："毛泽东、周恩来和后来的邓小平都是非凡的人物。毛泽东是一位有远见的革命者；周恩来，一位优雅、迷人、才华横溢的管理者；还有邓小平，基本信念的改革者。这三个人反映了一种共同的传统，即凭借区分什么具有永久性和什么只有战术性的本能，来仔细分析和提取一个古老国家的经验。"[1]在提出共同的"中国"特征的同时，请注意基辛格是如何通过直接区分毛泽东、周恩来和邓小平来避免刻板印象的。

在同一段话的后续部分，基辛格将"苏联"风格与中国人的方法进行了大致对比，中国人的"谈判风格与他们的苏联同行有极大的不同。苏联外交官几乎从不讨论概念问题。他们的战术是选择一个莫斯科直接关注的问题，然后用一种旨在耗尽对话者的耐心而不是说服他们的顽强坚持来不断破坏问

---

1. 基辛格，《大外交》，第727页。

题的解决。这种坚持和苏联谈判者提出政治局决议时言辞的激烈，反映了苏联政治的残酷纪律和内部紧张，并把高层的政策转变成了令人筋疲力尽的零售买卖"。[1]

苏联和中国谈判风格的这种对比，似乎有点过分依赖于民族的刻板印象了。基辛格时常会沉溺于宽泛的民族刻板印象。（例如，"跟叙利亚人说不要讨价还价就像跟鱼说不要游泳一样"[2]。还有，阮文绍处理问题时用的是"越南方式：间接、省略，与其说是为了澄清问题，还不如说是为了让人疲惫不堪，总是惹人生气却根本不能解决真正的问题"[3]。）然而，尽管文化、历史经验和政治结构肯定会对谈判对手产生影响，必须对此加以理解，但基辛格始终强调，拥有共同文化和背景的个人之间存在显著差异。为了更清楚地了解这一点，让我们来看看基辛格对两位苏联领导人和两位中国领导人的比较，他与这些人进行过重要的谈判。

两位苏联领导人：多勃雷宁和勃列日涅夫

这是基辛格对时任苏联驻美国大使阿纳托利·多勃雷宁所做的评价："多勃雷宁……是共产主义社会的典型产物。他出生在一个有12个孩子的家庭，是家里第一个上大学的人，他从他所代表的制度中获益良多。他本应成为电气工程师，但在战争期间被借调到了外交（部）。不论他所拥有的灵活性是来自他在一个相对没有被僵化的意识形态影响的学科中所受的训练，还是来自他天生的性格，他都是我所认识的少数几个能理解别人心理的苏联外交官之一……他知道如何以一种与美国人的先入之见完全一致的方式与他们交谈。他也特别善于唤起美国人无穷无尽的内疚感，坚持不懈但一团和气地反复强调，每次陷入僵局都是我们的错。（……）他明白可靠的名声是外

---

1. 基辛格，《大外交》，第727页。
2. 基辛格，《动乱年代》，第1099页。
3. 同上。

交政策的一项重要资产。多勃雷宁精明能干，纪律严明，态度温和，行为谨慎，他以高超的技巧打进了华盛顿的高层。"[1]

为了与基辛格对多勃雷宁的看法做比较，让我们看看基辛格写的一份预备备忘录，该备忘录旨在帮助杰拉尔德·福特总统更有效地与苏联总书记列昂尼德·勃列日涅夫打交道。（这类备忘录通常是集体努力的成果，由研究该地区的专家提供意见，只是以基辛格的名义提交给总统。）在备忘录中，基辛格对勃列日涅夫的背景、兴趣、政治地位、习惯和个人谈判风格做了精辟的评价。[2]基辛格在顺便提及一种刻板印象时，提醒福特注意即将举行的会议对勃列日涅夫的重要性："被看见有美国总统相伴，或是在秘密会议中与你私下交谈，都能满足一个俄国人对被平等接受的根深蒂固的需要。"

基辛格备忘录的摘录对总书记和多勃雷宁大使做了进一步的区分："勃列日涅夫是粗鲁与热情的混合体……他……喜欢身体接触——拍打背部、熊抱和亲吻……为自己是一名运动员而自豪……他发誓永远不会放弃打猎，而且他一直是一个狂热的足球迷……他总是没完没了地向同事抱怨自己的小毛病、工作量……勃列日涅夫是一个神经质的人，部分是因为他个人的不安全感，部分是由于他的生理状况——吸烟和饮酒、心脏病史以及工作压力。你会发现他的手永远在动，有时转动着他的金表链，有时弹去手里拿着的香烟的烟灰。对他来说，（第二次世界大战）依然是一次惊天动地的经历……他对战争给人类造成的灾难有一定的了解——人们应该相信他是真正厌恶战争的，当然，他也会利用人们对战争的恐惧来达到政治目的。勃列日涅夫可能会让你想起一个强硬而精明的工会老板，他对自己的地位和利益有清楚的认识，十分警惕遭人轻慢……他会设法奉承你……当勃列日涅夫想要什么东西

---

1. 基辛格，《动乱年代》，第140页。
2. 亨利·A. 基辛格，《给总统的备忘录：列昂尼德·勃列日涅夫其人及其风格》（"Memorandum to the President: Leonid Brezhnev: The Man and His Style"），美国国务院，杰拉尔德·福特总统图书馆，1974年，https://www.fordlibrarymuseum.gov/library/exhibits/vladivostok/brezhnev.pdf。

的时候，他会滔滔不绝地解释某种状况对你有多大的好处；他可能会说，让他的同事们同意做出让步需要付出很大的努力……他可能会没完没了地拖延，但一旦行动起来，就会希望事情立刻得到解决。"[1]

想到这些描述，我们就很难认真对待那些旨在告诉读者如何"与中国人谈判""与俄国人谈判"或"与×国人谈判"的手册，这些手册给每个民族的人都赋予了统一的特征。[2]当然，不同的国家有不同的集中趋势，但基辛格的评估提醒我们，我们是在与个别的人进行谈判，而不是刻板的文化平均水平。

两位中国领导人：毛泽东和周恩来

基辛格对中国的两位关键人物——毛泽东和周恩来的看法，可以帮助我们进一步了解如何放大焦距。在基辛格对中国进行了两次初步访问之后，尼克松也将于1972年2月21日访问中国，这是美国总统首次访华，基辛格打算为此做足准备。毫无疑问，尼克松将主要与毛泽东和周恩来打交道。[3]

基辛格的预备备忘录让尼克松对这两人有了一个比较全面的了解，首先是毛泽东："有个方便的办法可以把毛泽东和周恩来区别开……把毛泽东看作哲学家，把周恩来看作实践者。因此，我们可以把毛泽东看作哲学家、诗人、大战略家、灵感创造者和浪漫主义者。他设置了方向和框架，并将实施工作留给了他信任的副手。他会以广泛的、哲学的、历史性的术语发言，而

---

1. 基辛格，《给总统的备忘录：列昂尼德·勃列日涅夫其人及其风格》。
2. 有关此类手册的大量参考资料以及纠正措施的建议，请参见：詹姆斯·K. 塞贝纽斯，《跨境谈判的潜在挑战》（"The Hidden Challenge of Cross-Border Negotiations"），《哈佛商业评论》，第80卷第3期（2002年）；《评估，不要假设，第一部分：谈判中的礼仪和民族文化》（"Assess, Don't Assume, Part I: Etiquette and National Culture in Negotiation"），哈佛商学院工作报告，第10–048号，2009年12月；《评估，不要假设，第二部分：决策制定、治理和政治经济中的跨境差异的谈判意义》（"Assess, Don't Assume, Part II: Negotiating Implications of Cross-Border Differences in Decision Making, Governance, and Political Economy"），哈佛商学院工作报告，第10–050号，2009年12月。
3. 亨利·A. 基辛格，《总统国家安全事务助理（基辛格）给尼克松总统的备忘录》［"Memo from the President's Assistant for National Security Affairs (Kissinger) to President Nixon"］，《美国对外关系，1969—1976》，美国国务院，1972年2月19日，第672—677页。

把谈判留给周恩来。他会想要谈谈长远的观点、世界的基本潮流，还有中国和美国的关系以及它们与其他国家的关系正在走向何方。"[1]

接着是周恩来，基辛格总结了他的角色和个性："周恩来是战术家、管理者、谈判家、细节和攻防大师。他的重点将是具体的实质性问题，他会以似乎完全真诚的态度援引主席的权威和先见之明。然而，这两个人之间的区别可能具有误导性。周恩来其实也精通哲学，他可以从历史上和概念上来阐述他的战术观点……显然是周恩来在管理中国。他在党和政府中都是举足轻重的人物，在国内和国外政策上都起着主导作用。"[2]

除了对毛泽东的初步刻画（"诗人""哲学家"等），基辛格还提醒尼克松注意这位中国领导人的韧性和他克服的艰巨挑战："毛泽东在意识形态上是狂热的，但他同样也是务实的……一次又一次地，（毛泽东）面临着接踵而至的巨大危机——蒋介石的围剿、长征、日本侵略、与国民党的内战、朝鲜战争、'大跃进'、与莫斯科的分裂、'文化大革命'、苏联步步紧逼的包围。克服这些挑战既需要战术，也需要想象力……毛泽东的农民背景在他那直率而朴实的幽默中是显而易见的，他经常用这种幽默来嘲笑对手或平息他们的怒气。"[3]

基辛格随后向尼克松提供了更详细的建议，预测了周恩来的谈判方法，并就如何最有效地进行应对提出了意见。备忘录中的一些摘录值得引述以说明这一点："（周恩来）很有魅力，能言善辩，而且很强硬……你可以肯定他已经做足了功课，不仅是对要谈判的问题，而且是对美国和你个人……他的谈判风格非常有效，需要巧妙的应对。如果他以绝对的方式陈述一个立场，那么他至少会坚持一段时间。当他还没有做好承受压力的准备时，他就不会去承受压力。

---

1. 基辛格，《总统国家安全事务助理（基辛格）给尼克松总统的备忘录》，第673页。
2. 基辛格，《总统国家安全事务助理（基辛格）给尼克松总统的备忘录》，第674—675页。
3. 同上。

"然而，如果他总是闪烁其词或模棱两可——这是常有的情况——就意味着有探索的空间。在这种情况下，最好是迂回而非正面地处理这个问题。在稍后的会议上，或者在非正式场合，你可以再次提起这个话题，并提出另一种解决方法。然后他可能会接受它，并随后回过头来发表一个新的声明，把你所说的内容纳入其中，但把它呈现得就像中国的观点一样。

"采用间接的方法，即使用类比，是中国人的典型做法，周恩来尤其如此。他所说的几乎每一句话，不管看起来离眼前的话题有多远，都是在表达一个相关的观点。这种拐弯抹角的风格与坦率一点也不矛盾。实际上，在我们与周恩来的会谈中，坦率是具有主导性的因素之一。坦率在你的谈话中会很有用处。

"周恩来有时候会非常——而且是突然变得——强硬。黑格将军和我都曾受到过猛烈的抨击……你不能让这样的声明站住脚，而应该做出非常坚定的回应，即使是非攻击性的。如果你开始退缩，他就会继续进攻。"[1]

最后，与对付苏联人不同，基辛格提出了回应中国领导人"强硬"言论的最佳方法："然而，周恩来的坚毅并不同于我们在俄国人身上看到的那种残酷的韧性，而是从50多年的革命经验中产生的一种冷酷而坚定的意志……

"因此，如果周恩来（或毛泽东）做出强硬的声明，你的反应必须不同于你对俄国人的反应。对于后者，你既可以用强硬的语言，也可以用强硬的实质来对付他们。而对于中国人，用你自己的观点强有力地反驳他们是很重要，但你必须在一定程度上反映出你对他们的观点的理解。我个人的经验是，如果你坚持原则，但克制地表达自己，那么他们可能会改变自己的言辞，并以一种相对现实的方式解决争论的焦点……

"总而言之，这些人既狂热又务实。他们是强硬的理论家，完全不同意我们对世界正在走向何方或应该走向何方的看法。与此同时，他们又是灵活

---

1. 基辛格，《总统国家安全事务助理（基辛格）给尼克松总统的备忘录》，第675—676页。

的现实主义者，他们认为他们之所以需要我们，是因为苏联的威胁、日本的复兴和有可能'独立'的台湾……

"（然而）……这些领导人都已经70多岁了，他们肯定想在离开政坛之前达成某些目标……（国内对这两个人的反对意见）凸显了毛和周在与我们打交道和邀请你时所冒的巨大风险。因此，他们需要向他们国内的观众展示一些直接的结果。"[1]

在其他地方，基辛格对苏联和中国截然不同的做法进行了总结："苏联坚持他们作为大国的特权。而中国人是在普遍原则和展示自信的基础上提出他们的要求，试图让实力问题变得无关紧要。"[2]毛泽东和周恩来所在的中国"融合了征服者，并通过把它的社会和智力风格强加于他们，证明了它的内在力量。它的领导人冷漠，自信，沉着。而勃列日涅夫所代表的国家不是靠教化征服者生存下来的，而是靠超越征服者……他试图用粗鲁的态度来掩饰自己缺乏自信"。[3]

除了中国和苏联之外

无论对话者是苏联人（多勃雷宁、勃列日涅夫）、中国人（毛泽东、周恩来、邓小平）、越南人（黎德寿）、来自南部非洲的人（尼雷尔、沃斯特、史密斯），还是来自其他地方的人，基辛格对他们每个人都形成了一种细腻的感觉。他把这一做法扩展到了中东国家和美国政府内部的人士身上。例如，基辛格这样描述以色列总理果尔达·梅厄："她是她的国家的缔造者之一。以色列为之战斗的每一寸土地对她来说都是她的人民生存的象征，

---

1. 基辛格，《总统国家安全事务助理（基辛格）给尼克松总统的备忘录》，第675—677页。
2. 基辛格，《白宫岁月》，第1056页。
3. 基辛格，《白宫岁月》，第1138页。

应当顽强地抵抗敌人以捍卫土地，只有为了切实的安全保障，才能放弃。她有敏锐的头脑，还有一种质朴和顽皮的幽默感掺杂其中。她对高谈阔论不感兴趣，也不是特别关注谈判战术的细节。她总是直指问题的核心。对于自负的言论，她会反唇相讥，并以她的个性和精明的心理来主导谈话。她对我就像一个慈祥的姑妈对待一个特别受宠的侄子，因此，即使承认有存在分歧的可能性，也只是对会导致愤怒情绪的家庭等级制度的挑战。这通常是经过计算的。"[1]

而且，由于许多谈判都包含广泛的内部和国内要素，所以基辛格对国务卿威廉·罗杰斯等美国政府中的同事也做了评估——像对待外国对手一样仔细——这是不足为奇的。[2]例如，我们来看看他对梅尔文·莱尔德（Melvin Laird）的刻画，莱尔德当时是国防部长，经常成为基辛格的"内部"谈判对手。请注意这份简明的评估是怎样对莱尔德的个性以及他在当时的政治和官僚主义环境中的经历和地位做出评价的："在国会任职的16年里，莱尔德大部分时间都在众议院拨款委员会（House Appropriations Committee）的国防小组委员会工作，在就职之前，他就对他将要处理的问题了如指掌。而且莱尔德有一个重要的支持者。只要他在国会里还有影响力……总统就只有在面临重大风险的时候才会忽视他。虽然莱尔德的策略往往和尼克松的策略一样，在复杂性或间接性上具有一种拜占庭式的诡秘，但他是带着热情和令人惊讶的善意来执行策略的；而尼克松在执行策略时，怀有的是冷酷的决心和发自内心的怨恨。莱尔德喜欢赢，但他与尼克松的不同之处是，看到别人输并不会让他觉得特别开心。他身上有一种轻松愉快的气质和一种近乎无赖的幽默感，跟他共事会让人觉得很轻松，有时候甚至会令人疯狂。"[3]

---

1. 基辛格，《白宫岁月》，第370页。
2. 基辛格，《白宫岁月》，第27、28页。
3. 基辛格，《白宫岁月》，第33页。

把这样的观察看成纯粹的人物素描，几乎是为了文学目的而进行的，这也许很有诱惑力。然而，仔细观察显然是找出解决问题的最有效方法的一种手段。在莱尔德的例子中，就像对待中国和苏联领导人那样，基辛格运用他的心理洞察力提出了谈判建议："只要能在合理的范围内，让他在不难堪的情况下调到新职位上，保全他的面子，莱尔德就会毫无怨恨地接受仕途上的挫折……与他共事时，运用智识跟他争辩起不了多大作用，而直接对他下命令无异于自杀。最后我发现，与莱尔德开战的最安全的方式就是尽可能封锁他在官场上或国会中的所有逃生路线，如果我能把它们全部找出来的话，但这可不是一件简单的事。只有到那时，我才会开始跟他谈实质性的问题。但即使运用了这样的战术，我输的次数还是跟赢的次数差不多。"[1]

同样，关于越南谈判以及他和黎德寿的来往（我们在第六章中描述过），基辛格指出："一个经验丰富的谈判者——在这个时候，我就是这样的人——对于对方打算在什么时候解决问题有一种直觉。其信号通常是一些细微差别：有些问题没有被追逼到极限，有些要求被放宽了一点，妥协的大门总是稍稍敞开着一点。但这些信号都没有出现在11月的（巴黎和平）谈判中……一个很能说明问题的迹象是黎德寿一直拒绝让双方的专家对协议进行讨论……我反复要求北越拿出草案……并表示我们的专家……已经准备好就这些草案进行谈判。黎德寿借口北越的草案没有准备好，回避了我们的每一次要求。鉴于三星期前河内坚持要在10月31日之前签署基本文件，他的做法实在令人惊讶。"[2]

当然，正如我们之前所言，北越在谈判桌上的不妥协可能是受其他因素（例如，美国军队不断撤离，美国国内对战争的反对）驱动的。

---

1. 基辛格，《白宫岁月》，第33页。
2. 亨利·基辛格，《结束越南战争：美国参与越南战争和从越南战争中解脱的历史》（*Ending the Vietnam War: A History of America's Involvement in and Extrication from the Vietnam War*），纽约：西蒙和舒斯特，2003年，第394—395页。

关于基辛格对个人的洞察力以及如何最好地应对每个人，还有其他许多生动的例子（如周恩来[1]、安瓦尔·萨达特[2]、毛泽东[3]）。不过，具有规定性的要点应该是明确的：为了配合"缩小焦距"考察战略框架的能力，有效的谈判者应该培养敏锐地放大焦距观察对话者的习惯，以便在尽可能大的范围内富有成效地将微观因素和宏观因素结合起来。

对放大焦距以理解对手的四点观察

通过这些素描——多勃雷宁、勃列日涅夫、毛泽东、周恩来、黎德寿、梅厄和莱尔德——我们对基辛格"放大焦距"的做法进行了四点观察。

·第一，我们无法对基辛格所做的刻画的准确性进行评价。对谈判对手的评估做得好不好，完全取决于评估所依据的信息和经验。基辛格咨询了中央情报局和许多中国问题专家［包括埃德加·斯诺（Edgar Snow）、罗斯·特里尔（Ross Terrill）、费正清（John Fairbank），甚至是安德烈·马尔罗（André Malraux）］[4]，以编写有关毛泽东和周恩来的预备备忘录，但在过去20年里，美国几乎从未与中国进行过正式接触。基辛格用来作为评估基础的直接经验全部来自他在尼克松访华之前于7月和10月对中国进行的两次访问。难怪后来的学者们会对基辛格在他的预备备忘录中描绘的人物肖像——例如

---

1. 基辛格，《结束越南战争》，第710、745—746页。
2. 基辛格，《动乱年代》，第647—648页。
3. 基辛格，《动乱年代》，第1061、1065—1066页。
4. 基辛格，《白宫岁月》，第1051页。

毛泽东的——进行重大的修正。[1]

· 第二，我们注意到，为了对可以得到的有限信息和不可避免的个人偏见进行校准，基辛格在理解他或总统将打交道的人时特别谨慎。正如他在谈到尼克松访华时所说，"据我所知，从没有哪次总统之旅经过这样的精心策划"，当中有关于问题的大量简报、对谈话要点的建议和"对人物性格的冗长分析"。[2]这些分析不是在复述一些随处可见的形容词（例如"强硬""聪明""狡猾"）和简单的传记细节（例如教育背景、职业轨迹）。相反，它们是对个人及其成长经历的精细评估。基于这些评估，基辛格经常就最有效的战略和战术提出建议。即使是在缺乏信息的情况下，这对有效的谈判者来说也是一种非常有价值的做法。

· 第三，虽然我们所引用的许多人物描述都写于事后，其中包含了基辛格后来的观点，但我们特意引用了他所做的更详细的分析，这些分析是在即将到来的谈判开始之前写的。这些预备性评估的方法和重点与我们所引用的那些事后素描中的方法和重点是一致的。

· 第四，我们在前面用了四章的篇幅来论述如何缩小焦距以关注战略的、实质性的和分析性的因素，尽管我们觉得这些内容非常引人入胜——对许多谈判者来说，这些因素构成了谈判过程的核心或唯一焦点——但基辛格对个人的特别关注也是非常有教益的。要有效地进行谈判，地缘政治（或金融、法律）的棋盘固然是绝对必要的，但一般来说，仅凭此还是不足以成功地与谈判桌对面的人打交道。这里更为要紧的一点是深入探讨谈判对手的心理、历史、看法和动机的重要性。用我们的行话来说，必须要做的是在"放大焦距"关注谈判对手个人的同时，"缩小焦距"来进行战略性和实质性的分析。

---

1. 威廉·C. 柯比（William C. Kirby），《尼克松访华40周年纪念纪要》（"A Note on the 40th Anniversary of Nixon's Visit to China"），《跨潮流：东亚历史与文化评论》（*Cross Currents: East Asian History and Culture Review*），第2期（2012年3月）；基辛格，《给总统的备忘录：列昂尼德·勃列日涅夫其人及其风格》。
2. 基辛格，《白宫岁月》，第1051页。

对政治文化与决策过程的考虑

正如基辛格的素描所表明的，重要的不仅仅是独特的个人特征。为了避免犯错，有效的谈判者必须理解隐含在对方的文化、政治和制度背景中的限制。这既需要意识到自己知识上的不足，也需要下定决心去弥补。正如基辛格所指出的："我刚刚就职的时候，在主要国家中，我了解得最少的就是日本。像大多数美国人一样，我钦佩它从第二次世界大战的破坏中恢复过来的非凡能力。但我并未把握住日本的独特性。"[1]事实上，在1973年的阿以战争之后，基辛格没能说服日本首相追随美国的政策；在很大程度上，基辛格极力主张的路线会让日本遭受毁灭性的石油禁运。

不过，在后来的交易中，基辛格在与日本高级官员谈判时，对日本的文化和决策过程有了进一步的了解。他指出："在日本，身居高位不等于有了发号施令的权力，更别说通过颁布法令来实施统治了；它基本上就是赋予了一个人带头去说服其同事的特权。日本首相是国家共识的监护人，而非它的缔造者。面对美国谈判代表通过不断重申论点或人格魅力，从个人层面上来影响他的尝试——就好像双方无法达成一致，是因为互不理解似的——日本领导人会以隐晦的借口，或者如果被逼到没有退路了，会以承诺他无法实现之事的暗示来逃避……"[2]

接下来，基辛格强调了日本这种共识式决策过程所造成的限制："因此，美国总统和日本首相之间的峰会经常以失望告终。美国总统要的是一个决定，也就是说，一种把意志强加给不情愿的同事或顽固的官僚机构的行动。由于当代没有一个日本首相有——或者说，从来没有哪个首相有过——那么大的权威，因此他们给出的任何默许充其量只是一种承诺，承诺他们会

---

1. 基辛格，《动乱年代》，第735页。
2. 亨利·A. 基辛格，《美国需要外交政策吗？》（*Does America Need a Foreign Policy?*），纽约：西蒙和舒斯特，2002年，第121—122页。

努力去说服而不是命令其他人。除非与达成共识有关的团体（通常是那些必须执行决定的人）认同此事别无选择，否则这种承诺是无法兑现的。换取这种上下一心的共识过程的代价是对外国人的感情和观点在表面上无动于衷，以及在做出决策时举步维艰。"[1]

同样，说起以色列的谈判对手，该国的历史和支离破碎的政治体系都对其领导人的谈判方法有重大影响："由于以色列内阁是相互竞争的大人物和党派的联合体，因此以色列的公开立场通常代表着每一位重要部长的偏好的总和——尤其是在总理不能占据主导地位时，就像拉宾第一次组阁时那样。以色列的谈判代表只有在向他们自己以及（尤其是）他们的同事证明从谈判中再也没有什么利益可图了，或是当有调解人——就像穿梭外交期间那样——指责他们没有尽全力做好工作时，才会改变他们的立场。"[2]

关于在西奈半岛脱离军事接触的谈判，基辛格评论道："让以色列政府做出让步一直是一件让人捏一把汗的事。但人们必须理解它所处的困境。如果你的国家最宽的地方只有50英里，生存空间十分狭小，你也不会愿意冒险。而且，如果你属于那一代人……每一寸土地都是用自己的鲜血换来的，你就能理解……那种不情愿……但无论如何，以色列原则上同意撤退到离苏伊士运河有一段距离的地方，不过以色列内阁通常是分裂的，我不认为有谁能在议会里拥有超过四个席位的优势……他们从未对他们的谈判代表授予（总体的指示），所以他们必须给予每个人具体的指示。"[3]

用这种方式继续回顾基辛格对其他对手、文化和决策过程的分析是很容易的。不过，斯坦利·霍夫曼的观察似乎一针见血：基辛格的"谈判风格可谓五花八门"。在本章开头，我们引用了霍夫曼和温斯顿·洛德对基辛格在人际关系和文化方面的洞察力的共通看法。然而，这不仅仅是一种洞察力，

---

1. 基辛格，《美国需要外交政策吗？》，第122页。
2. 基辛格，《复兴岁月》，第387页。
3. 基辛格，《美国国务卿计划文字整理稿：亨利·A.基辛格》。

它与战略性的概览一起，指导着基辛格的谈判方法。温斯顿·洛德赞赏地说："基辛格对这些谈判风格（中国的、苏联的、以色列的、埃及的）都有所认识。他非常善于理解对方需要什么，以及我们需要什么……他从不天真地把自己的谈判风格建立在个人好恶上。他是根据国家利益来确定谈判风格的。然而，在某些情况下，你可以旁敲侧击地建立信任，这可以帮助你解决一些棘手的问题。"[1]

斯坦利·霍夫曼对基辛格放大焦距关注对手的能力的评价混合了对这一技术的钦佩和批评。霍夫曼表示，从基辛格的回忆录《白宫岁月》中，人们可以构建一份"《君主论》（*The Prince*）的附录，有关外交谈判技术的。基辛格的……天赋是可以将他对个性和文化的洞察力付诸实践：这是一种操纵权力的天赋——利用其对手性格上的弱点和长处，要么使他们中立（如果他们是敌对的），要么通过满足他们的需要并利用他们对其他国家的恐惧，把他们变成盟友或同谋"。[2]

这些观察结果表明了一个更为普遍而且明显的命题。除了战略和分析之外，你作为一名谈判者的有效性，还可以通过对你的对手的心理理解和对他们的历史经验以及民族和政治文化的评估而大大提高。同样，探索他们深陷其中的"台面下"的决策过程（无论这一过程是专制的、由相互斗争的派系联合参与的、多级分层的还是共识式的），可以有效地为你的方法提供信息。

有句老话说，你不可能找到你没有去寻找的东西。训练你的谈判方法，像基辛格那样放大焦距关注你的对手，往往会让你获得超越战略和分析的宝贵洞察力。

---

1. 洛德，《温斯顿·洛德大使访谈》，第97—98页。
2. 霍夫曼，《基辛格博士案例》。

第十章

个人关系和融洽的关系

　　鉴于基辛格那种作为一位地缘政治大师，在全球棋盘上移动棋子，以追求他眼中的美国利益的主导形象，一些人可能会对他在谈判中强调发展个人关系和融洽的关系感到惊讶。可想而知的是，基辛格把国家利益置于对个人或关系的考虑之上。[1]然而，国家利益并不是问题的全部。

　　基辛格观察到，"经常会出现一个灰色地带，其中的国家利益并不是显而易见的，或者说是有争议的"。[2]在这种情况下，基辛格特别重视与对手个人直接进行交流的独特价值。通常，直接接触是（因为）"他们必须向对方解释自己的实际想法是什么，而这些是你无法通过电缆传达的"。[3]在这些互动中，建立信任能够得到回报。[4]

　　基辛格强调在具体谈判的需要出现之前发展和培育关系的重要性。实际

---

1. 例如，他和"尼克松不依靠个人关系，也不依靠苏联的转变，而是依靠平衡激励措施来使克里姆林宫更有弹性"。（基辛格，《大外交》，第730页。）基辛格的同事温斯顿·洛德指出，基辛格"从不天真地把自己的谈判风格建立在个人好恶上。他是根据国家利益来确定谈判风格的"。（洛德，《温斯顿·洛德大使访谈》。）

2. 乔恩·米查姆（Jon Meacham）对亨利·A.基辛格和希拉里·克林顿的采访，2009年1月4日。

3. 同上。

4. 基辛格的同事温斯顿·洛德在指出基辛格会把国家利益放在首位后表示，"在某些情况下，你可以旁敲侧击地建立信任，这可以帮助你解决一些棘手的问题"。（洛德，《温斯顿·洛德大使访谈》。）

上，虽然我们当下关注的是基辛格与特定人物之间的关系，但他把这些关系构建成了一个惊人庞大而多样化的网络，远远超出了正式渠道，包括记者、新闻界人士和电视名人，以及文化名流和学者。正如尼尔·弗格森所示，这个精心打造的网络被证明是一笔巨大的资产。[1]

前国务卿乔治·舒尔茨强调了"照料外交花园"以便让关系茁壮成长的重要性，就像他一样，基辛格也指出，"在你有所求之前建立关系是很重要的，这样，在谈判开始或者有危机发生时，你就能得到一定的尊重。当你作为国务卿出访时……有时候最好的结果是你不要试着去获得一个结果，而要试着去获得一种理解，为你下次去他们那里做准备"。[2]领导人之间反复进行个人接触有助于使各国的目标相匹配，并"保持合作机制的正常运转"。[3]

有时候，在公众视线之外非正式地进行这样的交流会更有效。这样做能更广泛地探索各种可能性，并防止潜在的政治和官僚反对派过早地行动起来阻挠倡议。持续进行私人接触有一个有时候会被忽视的好处，那就是它对首脑之间的关系可能会产生积极的影响。相互信任的关系能让对手敞开心扉，吐露有用的信息和见解。而由这样的关系组成的网络在复杂的谈判中还能提供更大的价值。

1. 尼尔·弗格森，《亨利·基辛格成功的秘密》（"The Secret to Henry Kissinger's Success"），"政客"网站，2018年1月20日，https://www.politico.com/magazine/story/2018/01/20/henry-kissinger-networking-216482；以及尼尔·弗格森，《广场与塔：网络与权力，从共济会到脸书》（*The Square and the Tower: Networks and Power, from Freemasons to Facebook*），纽约：企鹅出版社，2017年。
2. 此处引文的出处在英文版原文中为"同上"，但看起来不像是从尼尔·弗格森的著作中引用的，疑为出自米查姆对基辛格和克林顿的采访。——译者注
3. 约翰·D. 蒙哥马利（John D. Montgomery），《亨利·基辛格的教育》（"The Education of Henry Kissinger"），《国际事务杂志》，第29卷第1期（1975年），第5页。

为打通"渠道"而与阿纳托利·多勃雷宁建立关系

相对通常举行正式谈判的会议室,有一条私人渠道被证明对基辛格与他的苏联对手阿纳托利·多勃雷宁大使打交道特别重要。这条后来逐渐为人所知的秘密"渠道"帮助基辛格和多勃雷宁建立了一种积极的关系,这反过来又促进了许多重要的谈判。从他们每个人的视角来仔细考察这组战术选择(在哪里、如何以及在什么条件下会面),是很有价值的。

基辛格认为:"谈判者必须拥有一条渠道,通过它,双方起码可以把自己的想法告诉对方,因为当你身居高位时,要把很多时间花在理解其他国家的意图上。如果这些国家准确地告诉你他们的意图是什么,而你足够相信他们的话,将有助于你做出决策。当然,他们有可能在欺骗你,也有可能只告诉了你一部分信息,但他们只能愚弄你一次,而且会把渠道给毁了。因此,我们可以通过多勃雷宁这条渠道来刺探对方的想法。"[1]

多勃雷宁描述了他与基辛格的关系,以及从逻辑上讲他们两人之间的沟通是如何发挥作用的:"两国领导人之间的秘密渠道在最高级别的保密下一直发挥着作用。我和基辛格私下里常邀请对方共进早餐或午餐,不过大多数情况下,我会通过工作闸门进入白宫去拜访他。我们通常是在总统办公室附近进行会晤,或者,在就越南和限制战略武器问题展开长期谈判时,是在气派而安静的一楼地图室里——战争期间,富兰克林·罗斯福(Franklin Roosevelt)就是在那里通过广播向全国发表讲话的。后来,我们之间的联系变得越来越频繁,几乎每天都要见面,总统就下令在白宫和苏联大使馆之间架设一条直接且安全的电话线,专供我和基辛格使用;我们无须拨号,只要拿起听筒就可以交谈了……

"我与基辛格之间良好的个人关系建立在我们相互倾听和理解对方的愿

1.基辛格,《美国国务卿计划文字整理稿:亨利·A.基辛格》。

望之上，建立在我们寻求对我们的分歧达成某种令人愉快的和解或妥协的愿望之上，所有这些都有助于克服或最大限度地减少我们在正式接触或谈判中遇到的困难。当然，我们在一些问题上进行了相当激烈的讨论，但这些讨论从来没有变成个人的对抗。我一直很重视的一个因素是亨利那敏锐的幽默感，我总是尽力以同样的方式回敬他。毕竟，幽默不仅能触动你的伙伴的头脑，也能触动他的心灵。"[1]

基辛格举了很多例子来说明这条渠道是如何在与苏联的谈判中发挥作用的。例如，在限制战略武器谈判中，他指出："每当正式谈判陷入僵局时，白宫总是倾向于通过渠道介入。一般来说，多勃雷宁和我会就僵持不下的问题达成原则上的协议，然后各代表团将拟订详细的技术执行方案和协议文本。"[2]

阿纳托利·多勃雷宁也认同该渠道对几次美苏谈判的结果所起的重要作用："我可以肯定地说，如果没有这条渠道，许多关于复杂和有争议的问题的关键协议将永远无法达成，柏林、古巴或中东地区的危险紧张局势也不会得到缓解。关于限制战略武器的基本协议，以及最后关于筹备峰会的最敏感的谈判，都是通过我们的秘密渠道达成或进行的。"[3]

虽然本节的重点是探讨在谈判中建立关系的价值（和局限性），但基辛格和多勃雷宁的故事又把保密的因素加了进来。在这种情况下，私人渠道促进了交流，加强了关系，这反过来又有助于在一些极具争议的领域达成非常有价值的协议。是否要秘密地进行谈判，就像基辛格在几次重要谈判中所做的那样，是一种战术选择。秘密谈判有明显的好处，但也有潜在的重大代价——我们将在第十三章探讨这一点。

---

1. 多勃雷宁，《信赖》，第200—201页。
2. 基辛格，《白宫岁月》，第1216页。
3. 多勃雷宁，《信赖》，第200—201页。

培养与总统/上司的重要关系

有上司的信任和支持，无疑会提高你作为谈判者的效率。你的对手会意识到你讲话有权威，不容易被推翻。就像詹姆斯·贝克与乔治·H. W. 布什、康多莉扎·赖斯与乔治·W. 布什一样，基辛格与尼克松总统的关系异常密切。这在一定程度上是因为他们的世界观和战略方向非常一致。

基辛格解释道："我和尼克松的关系很不寻常，因为他是从他在共和党内的最大对手（纳尔逊·洛克菲勒）的阵营里任命了我。我以前不认识他，他任命我的时候，我才头一次与他见面，但我们对总体战略需要的看法是如此相似，以至于我可以放心地出访，因为我确信他必定会支持我。我想不出一个他在谈判中推翻我的例子——根本没有这样的例子。"[1]

不要把你和上司之间的关系看成理所当然的，也不要认为它是你的正式职位导致的结果，哪怕你是国务卿。基辛格强调，必须在不断发展的基础上去培养这种关系："总统和国务卿的关系绝对是关键。国务院倾向于坚持自己的特权，即只有它有权执行外交政策。而我的看法是，当你需要维护自己的特权时，你已经在官场斗争中失败了。当我和总统都在城里时，我每天都会去见他，因为我觉得让我们的想法保持一致是绝对必要的。我很幸运，我与我服务过的两位总统（尼克松和福特）都有特别密切的关系。事实上，如果你看一看国务卿的历史，就会发现这是很罕见的。如果他们和总统没有密切的关系，他们就干不长。"[2]

基辛格可能是在拐弯抹角地说威廉·P. 罗杰斯，在尼克松的第一届政府中，他出任国务卿，却备受忽视和冷落，当时基辛格还在担任国家安全顾问。罗杰斯在艾森豪威尔时代担任过司法部长，也是一位非常成功的律师，

---

1. 基辛格，《美国国务卿计划文字整理稿：亨利·A. 基辛格》。
2. 乔恩·米查姆，《国务卿任上的希拉里·克林顿和基辛格》（"Hillary Clinton, Kissinger on Sec. of State Job"），《新闻周刊》，2009年1月4日。

但在外交事务方面缺乏经验。根据基辛格的判断，"尼克松认为罗杰斯对问题的不熟悉是一项资产，因为这保证了政策方向将由白宫来掌握……很少有国务卿是因为总统确信他对外交政策一无所知而被选中的"。[1]鉴于尼克松对国务院的不信任，任命罗杰斯为国务卿大大提升了国家安全顾问和他在白宫里的幕僚的影响力。1973年9月，基辛格接替罗杰斯出任国务卿，同时继续担任国家安全顾问。

在谈判中，下属的作用并不仅仅是在上司太忙或因为其他原因无法出面时充当代理人。总统或首相不亲自进行谈判有明确的结构性原因，除非是为了解决一小部分只有他们才能解决的问题。正如基辛格所解释的："让国家首脑承担谈判的细节几乎总是错误的。这样他们就必须掌握通常应该由外交部门来处理的细节，并把注意力转移到更适合其下属来解决的问题上，而把只有国家首脑才能解决的问题放到一边。由于能够获得最高职位的人都具有高度的自我意识，因此让他们做出妥协是困难的，而陷入僵局是危险的。"[2]他接着说："作为一条普遍的谈判规则，我认为除非国家首脑们对结果了解得非常清楚，否则让他们举行会谈是很危险的，因为他们都是非常自负的人，而且如果他们没谈拢，就再没有人能够出面来谈了。"[3]

与对手建立融洽的关系

不论是和总统建立关系，还是和谈判对手建立关系，基辛格都表现得很有魅力。尽管他的火暴脾气非常著名，但他的个人风格（见多识广，才思敏捷，喜欢分享信息和丰富多彩的逸事，有时会奉承他的对手，以及越来越有

---

1. 基辛格，《白宫岁月》，第26页。
2. 基辛格，《大外交》，第230页。
3. 基辛格，《美国国务卿计划文字整理稿：亨利·A.基辛格》。

名）可以成为一笔强大的谈判资产。

沃尔特·艾萨克森在他为基辛格写的传记中描述了基辛格的独特魅力，他采访了一些与基辛格打过交道的记者，其中一位指出："（基辛格）会告诉你他认为你想要听到的事，然后问你怎么想。这很讨人喜欢。"艾萨克森详细叙述："另一种战术是亲密。基辛格会带着显得有点轻率和对你个人抱有信任的神色——这两者都不完全是装出来的，与你分享知心话和内部情报。芭芭拉·沃尔特斯（Barbara Walters）说：'你总觉得他告诉你的比他不得不说的要多10%。'在社交场合，或是在他心里明白不会被记录下来的即席评论中，他会出人意料地吐露实情，特别是他对别人个性的描述。"[1]

我们已经从温斯顿·洛德和阿纳托利·多勃雷宁那里听说过基辛格的幽默感是多么有效，它可以缓和气氛，有时候还能化解剑拔弩张的局面。在基辛格与他人的往来中，幽默的观点和回敬非常多。1972年莫斯科峰会期间，美国的复印机出了故障。"我知道克格勃那奥威尔[2]式的无处不在的名声。"基辛格打趣道，"在克里姆林宫那高雅的圣叶卡捷琳娜大厅（原文如此）开会时，我问葛罗米柯（Gromyko）[3]，如果我们把某些文件拿到枝形吊灯前面，他能否给我们搞几份复本出来。葛罗米柯毫不犹豫地回答说，不幸得很，相机是由沙皇安装的，给人拍拍照还行，给文件拍照就无能为力了。"[4]英国首相泰德·希思（Ted Heath）[5]与基辛格在一些重要问题上发生了激烈冲突，其中包括在1973年阿以战争期间，他拒绝让美国利用英国在塞浦路斯的基地向以色列提供补给或收集情报。但希思挖苦式地评论基辛格说，他有"让人卸下心防的办法和一种令人愉快——虽说有点没创意——的幽

---

1. 艾萨克森，《基辛格》，第557页。
2. 乔治·奥威尔（George Orwell，1903—1950），英国作家。——译者注
3. 安德烈·葛罗米柯（Andrei Gromyko），苏联外交部长。——译者注
4. 基辛格，《白宫岁月》，第792页。
5. 即爱德华·希思（Edward Heath）。——译者注

默感"。[1]

移情式地认同谈判对手

我们已经用很多例子说明了基辛格如何一贯地、密切地寻求理解他的对手的心理和政治背景。这不是毫无意义的观察。与基辛格一起参加了无数次谈判会议之后，温斯顿·洛德评论道："当人们与基辛格交谈时，他们会觉得他同情他们的观点，即使他们在意识形态上处于不同的两极。无论是保守派还是自由派，他们都认为基辛格至少理解了他们的观点，可能也赞同他们的观点。"[2]

尼克松时代的美国新闻署（U.S. Information Agency）署长弗兰克·莎士比亚（Frank Shakespeare）做了一个直率的评论："基辛格可以会见六个人，表现各不相同，或聪明绝顶，或学问精深，或知识渊博，或经验丰富，而且告诉每个人的观点都不一样。他还会让这六个人都相信，真正的基辛格就是他们所看到的那样。"[3]还有人用更轻蔑的口气称基辛格是"变色龙"，扮演出"他的语言、行为、笑话和风格，只为了吸引眼前的对话者。当他描述他们所面对的风景时，他会对这个人强调山丘，对那个人强调山谷"。[4]

当然，在谈判中，向有着不同利益和看法的不同对手强调某种状况的不同方面是很常见的，而且通常是有用的。表现出移情和真心理解对方观点的态度，可以增强沟通、改善人际关系和促进谈判进程。移情可能是一个难以捉摸的词，当我们使用它时，我们指的并不是同情或与他人的感情产生联系。相反，我们指的是移情者真正理解对方的观点，但不一定认同它的不偏不倚的表现。只要不过头——并且如果还能把强势加进去，正如我们所见，

1. 爱德华·希思，《我的人生历程：自传》（*The Course of My Life: My Autobiography*），伦敦：霍德和斯托顿（Hodder and Stoughton），1998年，第244页。
2. 洛德，《温斯顿·洛德大使访谈》，第87页。
3. 哈利伯顿，《亨利·基辛格的世界秩序》。
4. 艾萨克森，《基辛格》，第553—556页。

在从南部非洲到苏联的案例中，基辛格都是如此——这就会是一种宝贵的谈判技巧。它能够让你的对手觉得自己的话被听进去了，并建立一种联系感，从而推动谈判进程。

是真正的移情还是口是心非？

不过，这种变化无常的做法有风险。这可能导致基辛格的对手们怀疑他两面三刀，尤其是当他们比较笔记，发现有些东西似乎互相矛盾时。据称曾两度出任以色列总理的希蒙·佩雷斯（Shimon Peres）私下里对伊扎克·拉宾说："恕我直言，基辛格是我见过的最狡猾的人。"[1]不怎么喜欢基辛格的埃及外交部长伊斯梅尔·法赫米（Ismail Fahmy）曾说："（基辛格）为了掩饰他的偏心，总是咒骂以色列人，不断对以色列领导人发表一些滑稽且难听的评论，想让我们相信他是站在我们这边的……[2]不幸的是，他这相当明显的诡计对萨达特来说很有效。"[3]（当然，基辛格通过谈判促成的埃及—以色列协议——不管他是如何做到的——为和平关系铺平了道路，这种关系持续了几十年，其中包括埃及在1979年正式承认以色列。）

说谎或对不同的人做出互相冲突的陈述很容易失去信用。据温斯顿·洛德说，基辛格试图减轻这种风险。洛德指出："基辛格很善于在与不同的听众交谈时传递有细微差别的信息……（但是）你没法通过比较访谈和演讲的记录来抓住他确实自相矛盾的地方。"[4]据沃尔特·艾萨克森说，希蒙·佩雷斯曾说："如果你不逐字逐句地听，你可能会被他说的话迷惑……但如果你逐字逐句地听，他又没有撒谎。"[5]艾萨克森很肯定地说，基辛格"小心翼翼地避免彻底的欺骗和两面三刀"，并引用这位前国务卿的话说，"我可能对

---

1. 艾萨克森，《基辛格》，第554页。
2. 艾萨克森，《基辛格》，第553页。
3. 艾萨克森，《基辛格》，第553、554页。
4. 洛德，《温斯顿·洛德大使访谈》，第87页。
5. 艾萨克森，《基辛格》，第554页。

一些事保密了……但这跟欺骗是不一样的"。[1]

　　基辛格的许多对手都对他个人的谈判方式抱有肯定的看法。尽管英国首相詹姆斯·卡拉汉在许多问题上与基辛格意见不一致，但卡拉汉表示："他思维的灵活和敏捷在某些方面使他获得了狡诈的名声，因此我郑重声明，他从未在我们的任何合作中误导过我。"[2]

　　阿纳托利·多勃雷宁认为："（基辛格）做事有条不紊，他不会采取模棱两可的手段，也不回避具体问题。后来我们进行过多次认真的谈判，我了解到他可能会让你很头疼，但他很聪明，而且很专业。"[3]果尔达·梅厄最终称赞了基辛格："他为这个地区的和平所做的努力只能说是非同凡响。我和亨利·基辛格的关系起起落落。有时候我们的关系很复杂，有时候我知道我惹火甚至激怒了他——反之亦然。但我钦佩他的智力天赋，他的耐心和毅力总是无穷无尽，最后我们成了好朋友。"[4]甚至一些与基辛格谈判，并最终接受了令他们憎恨的条款的人，也对他的风格和沟通能力有正面的评价。例如，伊恩·史密斯痛苦地强调，如果他拒绝英国和美国的计划，那么罗得西亚将面临孤立。史密斯哀叹道："基辛格是有同情心的……他把情况解释得很清楚；这个人显然有能力把握形势，分析形势，指出利弊。此外，我们所有人都有一种振奋的感觉，觉得事情会得到公正和诚心诚意的处理……基辛格是绝对坦率和真诚的。"[5]

　　基辛格一边培养对谈判者的理解，一边寻求与对手建立联系进而建立关

---

1. 艾萨克森更充分地解释道："对（基辛格的）话——甚至是那些相对不加掩饰的谈话记录——的研究表明，他措辞谨慎，以免与他告诉别人的话产生直接的矛盾。他会隐瞒某些信息，甚至刻意误导某个听众——这接近于欺骗。但他在努力谈判时，很少以赤裸裸的谎言为工具。"（《基辛格》，第554页。）
2. 詹姆斯·卡拉汉，《时间与机会》（*Time and Chance*），伦敦：柯林斯，1987年，第358—359页。
3. 多勃雷宁，《信赖》，第200—201页。
4. 梅厄，《我的一生》，第442页。
5. 史密斯，《大出卖》，第203—204页。

系。魅力、奉承和幽默都有作用，但更主要的因素是他努力去认同对方，表明他理解对方的利益，而且对他们的观点有共鸣。这种形式的移情是一笔珍贵的资产，但其产生的结果可能是好坏参半的，这取决于它被实行和被感知的方式。在这个领域，感觉比真实更重要。如果有某个对手怀疑自己受到了操纵或欺骗，即使严格的事实并不支持他的这种看法，可能还是会引起他的戒备和怀疑，损害双方的信任和积极的关系。正如基辛格自己所强调的，"同样的谈判者会一次又一次地见面；如果一个外交官因逃避或欺骗而声名狼藉，那么他与其他人打交道的能力就会受到损害"。[1]

然而，本章关注的是基辛格与个别谈判对手建立融洽的关系，而这些行动只是一个更大的故事的一部分，为基辛格写过传记的尼尔·弗格森把这个故事揭示了出来。在撰写基辛格传记的过程中，弗格森意识到，这不仅体现了基辛格与特定的谈判对手之间的融洽关系，还体现了他"建立一个兼收并蓄的关系网络的非凡能力，这个网络不仅包含他在尼克松和福特政府里的同事，还包含政府以外的人：记者、报纸老板、外国大使、国家首脑，甚至好莱坞制片人"。[2]弗格森在他的著作《广场与塔》中对此进行了详尽的阐述，指出基辛格在自己构建的庞大网络中建立情感和智力联系的能力，是他作为谈判者取得巨大成功的关键。[3]

---

1. 基辛格，《白宫岁月》，第791页。
2. 弗格森，《亨利·基辛格成功的秘密》。
3. 弗格森，《广场与塔》。

第十一章
建议、让步和"建设性模棱两可"

为了选出正确的战术，基辛格强调，理解过程的动态性非常重要。他用几乎富有诗意的语言描述了谈判者最初要面对的不确定性和无形因素，以及深层的情况是如何慢慢被揭示出来的："一场复杂谈判的开始就像一场包办婚姻的开始。双方都知道，一旦他们发现对方的真实品质，马上就会取消手续。没有哪一方可以预言必要性在什么时候会转化为接受；当对取得进展的抽象渴望至少留下了理解的残渣时，这些分歧，通过被克服的行为，将会照亮尚未被发现的团体意识，这将导致注定要撕裂双方关系的僵局。幸运的是，未来被蒙上了一层薄纱，各方都在试着去做他们原本可能不敢去做的事情，因为他们知道这会带来什么结果。"[1]

基辛格主张在为自己的观点、利益或立场辩护之前，尽可能多地去了解情况。在某种程度上，正如我们所强调的，一个人要通过精心的准备来掌握情况。然而，不论准备得多充分，还是会产生不够全面的理解。正如基辛格所解释的："几乎无一例外，我在新谈判的开始阶段都是在自学。我几乎从未提出过一个建议。正好相反，我在试图理解对话者立场中的无形因素，并

对可能做出让步的范围和限度进行估计。"[1]

提出建议和做出让步：如何做，什么时候做？

许多人认为谈判只不过是讨价还价，就像在集市上一样：一方提出了极端的初始报价，然后另一方开始砍价。各方慢慢地做出让步，希望最终能够达成协议。在职业生涯的早期和后期，在对经验进行反思时，基辛格都对标准的讨价还价方法做了描述和批判："如果通常情况下双方在起始点就能达成协议，那么提出更温和的报价就没有必要了。有高超的讨价还价技巧的人一开始就会提出一个远超出一般人愿意接受的范围的报价。最初的提议越离谱，他'真正'想要的东西就越有可能被视为一种妥协。"[2]

他详细阐述了自己的观点，并对提出极端要求的风险发出了警告："有这样一种战术——其实这也是一种传统的方法——先抛出自己的最高条件，再逐渐退回到一个更可行的立场。急于维护本国地位的谈判者非常喜欢这种战术。然而，尽管以一组极端的要求为起始点来进行谈判似乎很'困难'，但这一过程相当于通过放弃开放性举措来导入一种渐进式的弱化。另一方则会试图在每个阶段都进行深入挖掘，看看接下来的修改将带来什么，并将谈判过程变成一场耐力测试。"[3]

基辛格建议，与其采用战术性的夸大手段，不如明确地向对方传达自己的目标和根本利益。他认为，做不到这一点会妨碍谈判的有效进行。例如，回想一下他早先对南非总理约翰·沃斯特的关注："我首先——按照我在几

---

1. 基辛格，《动乱年代》，第214页。
2. 基辛格，《选择的必要》，第205页。
3. 基辛格，《论中国》，第270—271页。

乎所有谈判中的习惯——对我们试图达到的目标进行了哲学上的讨论。"[1]

基辛格把这一点扩展到一般的谈判上："为了使我们的基本方法没有漏洞，我做了相当大的努力。只有浪漫主义者会相信可以靠欺骗在谈判中获胜，只有书呆子才相信使人困惑的好处。在一个由主权国家组成的社会里，只有所有各方都认为协议符合他们的利益，协议才能维持。外交的艺术不是要智胜对方，而是要让对方相信，如果僵局持续下去，要么双方都能从中得到好处，要么都会受到惩罚。"[2]他接着说："聪明的外交官明白他无法欺骗对手；从长远来看，可靠和公平的名声是一项重要资产。同样的谈判者会一次又一次地见面；如果一个外交官因逃避或欺骗而声名狼藉，那么他与其他人打交道的能力就会受到损害。"[3]

* * *

在传统的讨价还价方法和与之截然不同的方法之间应该如何选择，基辛格表明了他的态度："更可取的做法是，让刚开始时的提议接近于被人们认为最可持续的结果。所谓'可持续'，指的是符合双方的利益，使双方都想维持下去。"[4]

始终向人们认为最可持续的结果靠拢，而不是"抬高起点，慢慢让步"，这样做还有一个潜在的好处，可以使谈判者避免获得一种战术上"灵活"的名声的风险。基辛格发现"美国外交……要求做到'灵活'，这让外交官觉得有义务提出新的建议来打破僵局——此举会在无意中导致新的僵局，从而再次引出新的建议。这些战术会被坚定的对手利用，以实施拖延战略"。[5]（当然，并不是所有美国外交官都容易受这种风险的影响。）

---

1. 基辛格，《复兴岁月》，第969页。
2. 基辛格，《动乱年代》，第214页。
3. 基辛格，《白宫岁月》，第791页。
4. 基辛格，《论中国》，第270—271页。
5. 基辛格，《论中国》，第221—222页。

然而，当基辛格没有遵守自己这个"别讨价还价"的建议时，是周恩来的当头棒喝让他回到了被证明更有成效的方法上。周恩来要求他直接就好处进行协商，而不要单纯地讨价还价。据基辛格说："在和周恩来一起起草《上海公报》时，我一度向他提出去掉中文草案中一个冒犯美国的词语，作为交换，美方也去掉英文文本中一些周恩来可能会反对的词语。'我们从来不这样做事，'他回答说，'如果你能说服我为什么我们的措辞冒犯了你们，那么我会去掉它。'"[1]

当然，这种联合起来解决问题的方法能在多大程度上得到回报，取决于对手。当我们三个人中有人问起这种方法是否适用于他的苏联对手时，基辛格断言，一般来说行不通。与他的愿望相悖——例如，1973年阿以战争之后，在以色列和叙利亚之间围绕戈兰高地的库奈特拉市一条街一条街地进行调停谈判时——他发现自己成了讨价还价的地毯商人。

基辛格对他关于何时应进行谈判、如何确立一开始的立场以及何时应做出让步的建议进行了总结："谈判的最佳时机是事情似乎进展顺利的时候。屈服于压力就是在邀请他们，被视为忍耐力低就是在鼓励对方拖延谈判。自愿做出让步会成为互利互惠的最大激励，它也为忍耐力提供了最好的保证。在我主持的谈判中，我总是试图先确定最合理的结果，然后以一两个步骤迅速达到目标。这被那些喜欢一点一点地采取行动或是在最后一刻才采取行动的人嘲笑为'先发制人的让步'战略。但我认为他们的战略的首要好处是安抚官僚机构，还有抚慰自己的良心，因为他们所显示出来的坚韧给新手留下了深刻的印象。[2]

"通常情况下，这会被证明是自讨苦吃；像把萨拉米香肠切成薄片那样一点一点地让步只会鼓励对方坚持下去，看看下一次让步会是什么样子，他永远没法确定对手是不是真的已经无路可退。因此，在我进行的许多谈判

---

1. 基辛格，《大外交》，第727页。
2. 这种名义上的一般性建议可能有例外情况。例如，一点一点让步的方式可能有助于说服国会的关键成员或持怀疑态度的盟友，让他们相信你已经尽力去争取最好的条件了。

中——和越南人或是其他对手——我赞成在最出乎意料的情况下，在压力最小的情况下做出重大让步，并让对方做出我们将坚持这一立场的推测。我几乎总是反对在胁迫下改变我们的谈判立场。"[1]

字斟句酌与"建设性模棱两可"

显然，亨利·基辛格心目中的现实主义者认为行动和结果比语言更重要："政治家看重的是盟友的稳定和可靠，他们不会去追求永远有效的魔法般的措辞。"[2]对于在峰会期间进行谈判的国家首脑，基辛格发出警告说，仅仅把分歧掩盖起来是很危险的："僵局会变得难以被打破。协议只有通过含糊不清的措辞才能达成，而这样的措辞很可能会在日后招致否定或异议。"[3]

然而，创造性的文字加工可以促成互利的结果，而笨拙的措辞会导致僵局。最有名的例子可能是中美公报，它使得双方可以去追求更重要的共同利益。在敲开中国大门的谈判中，最棘手的是台湾的地位问题，台湾当局自称是代表整个中国的合法政府。同时，中国（大陆）则声称台湾只是一个更大的政治实体的一个省份。基辛格更加清楚地说明了这一谈判挑战："我们需要斟酌措辞来表示对中国统一的承认，这一点是台北和北京都认同的，使用这种说法就无须对他们任何一方的主张表示支持。"[4]

主要就是因为这个问题，之前在华沙举行的130多次美中会议都陷入了僵局。为了克服这个问题，基辛格采用了一种高雅而模棱两可的措辞，以使双方都能接受。这使得美国与中国能够在一系列问题上实现合作。这个关键的

1. 基辛格，《白宫岁月》，第436—437页。
2. 基辛格，《动乱年代》，第685页。
3. 基辛格，《动乱年代》，第286页。
4. 基辛格，《白宫岁月》，第783页。

句子是："美国认识到，台湾海峡两岸的所有中国人都认为只有一个中国。美国政府对这一立场不提出异议。"[1]

基辛格提出修改措辞的建议之后，中美双方就这一提议进行了谈判。基辛格描述了这场谈判："中方在晚上11点35分请求休息。凌晨4点45分，我们收到了一份新的中文草案，到了早上5点30分，周恩来回来了。接下来的几个小时里，他和我一起修改文本，直到早上8点10分，这场开了将近24小时的会议终于告一段落，我们就《上海公报》的主要大纲达成了一致意见。这是一份非同寻常的文件。它那明确的，有时候甚至是无情的分歧，反而突出了双方共同的立场——对霸权主义（苏联扩张主义的一种委婉说法）的关注，对关系正常化的承诺。"[2]基辛格后来评论道："我认为，在我所做的事情或所说的话中，没有什么比这个模棱两可的措辞更能打动周恩来，在将近10年的时间里，双方都能接受它。"[3]

我们再来看看第二个例子，这个例子与1973年阿以战争的直接后果有关。对正式谈判邀请函措辞的争议使得谈判难以展开；每一方都试图利用邀请函的措辞来影响计划中的谈判，以使谈判结果对自己有利。谈判进程受阻，部分原因是巴勒斯坦人参与了这场阿拉伯人和以色列人的立场完全不相容的谈判。如果各方不来，问题就不会有进展。

令人沮丧的是，基辛格发现"关于邀请函的争论只能制造僵局，不能推动谈判进程。无论邀请函采用什么措辞，它都不可能代替实际的谈判……关于邀请函，我认为，各方必须摆脱无关紧要的事情，即企图利用起草工作在会议召开之前预先决定结果。如果我们真心希望先在埃及然后在叙利亚前线实现脱离军事接触，那么首要的任务就是……认真地进行谈判"。[4]

---

1. 基辛格，《白宫岁月》，第783页。基辛格承认，"公平而论，我必须说，这句话是我根据国务院起草的一份谈判文件中的话改编的，那次谈判在50年代夭折了"（第783页）。
2. 基辛格，《白宫岁月》，第783页。
3. 同上。
4. 基辛格，《白宫岁月》，第767、769页。

对邀请函的措辞进行争论只会制造僵局和浪费时间，克服这个问题显然是一个有价值的目标。但是，要如何行动才能成功地取得这一有价值的进展呢？基辛格解释道："我告诉萨达特，最好的办法是我们同意一种……关于其他参与者的中立表述，但完全不明确提及巴勒斯坦人。例如'增加参与者的问题'将会在会议的第一阶段进行讨论。阿拉伯人可能会说，到那时他们会极力主张让巴勒斯坦人参加会议；以色列人则可能会说，他们会拒绝——但这一切都将在会议召开后发生。"[1]（这起作用了，至少在没有巴勒斯坦人参加的情况下，日内瓦会议召开了。）

第三个例子：在以色列和埃及进行脱离军事接触谈判期间，一个特别具有挑战性的问题是如何控制开罗与苏伊士运河之间的道路。这条道路通向当时正被以色列军队完全包围的埃及第三军所在地。以色列内阁逼迫总理果尔达·梅厄拒绝把这条道路的控制权交给联合国，而萨达特需要利用这条道路向被围困的士兵运送非军事物资。然而，基辛格认为"要求萨达特通过以色列检查站运送非军事物资是对他的一种羞辱"。[2]

面对以色列拒绝将道路的控制权移交给联合国，而埃及拒绝在道路上向以色列检查站屈服的状况，如何利用创造性的文字加工来引发想要获得的实质性结果呢？基辛格解释道："解决办法是通过做出某种妥协来完全避免这个问题，接受这种妥协标志着信念战胜了实质。把检查站置于联合国的管理之下，同时准许以色列官员参与'监督物资是否属于非军事性质'。以色列人可以宣称，联合国的岗亭是获准在'他们'的道路上设立的；埃及则可以坚持认为，联合国的存在有效地解除了以色列对道路的控制问题。以色列人可以指出他们的官员参与了检查的事实，埃及人则可以把这当作联合国程序的一部分。根本的事实是，现在有了一种不间断地向第三军提供非军事物资

---

1. 基辛格，《白宫岁月》，第770页。
2. 基辛格，《动乱年代》，第641—642页。

的机制。"[1]

这只是耍嘴皮子吗？很难说。在基辛格所进行的谈判中，有无数这种创造性模棱两可的外交辞令。这些措辞的共同之处是它们能够让谈判者保全面子，使双方都能宣布自己取得了胜利，并跨越了以往的障碍。直接参与先前受阻的问题可能会使谈判取得进展。美国老牌谈判家埃利奥特·艾布拉姆斯（Elliott Abrams）强调了这个概念的几种用法之一："'建设性模棱两可'在逻辑上是丑陋的，但在战略上是有效的。如果有关各方都不用去讨论他们无法达成一致的某个大的概念性问题，那么他们就可以以无数实际方式参与进来。"[2]或者，创造性模棱两可可能会为充分改善关系赢得足够的时间，以便从实质上解决早先因为争议太大无法谈判而被压后的问题。

当记者们对正确解释他用过的一种模棱两可的描述提出质疑时，基辛格暴跳如雷："看在耶稣基督的分上，给大家留点面子吧！如果以色列人和埃及人在同一间屋子里，以色列人愿意把这称为'直接的'，而如果还有其他人在场，萨达特更想把这称为'间接的'，这能有什么差别？"[3]然而，有些建设性模棱两可的"解决方案"只是把即将浮出水面的根本分歧掩盖起来了，这就很可能会招致失败。

一些观察家对建设性模棱两可这一战术抱有深切的怀疑。例如，正如布鲁金斯学会（Brookings Institution）的研究员哈立德·埃尔金迪（Khaled Elgindy）所说："不论'建设性模棱两可'在其他情况下有什么优点，在以色列和巴勒斯坦谈判的背景下，它只会造成混乱并削弱双方之间的信任。在20世纪90年代奥斯陆谈判的整个过程中，关于如何解释各种条款的分歧导致

1. 基辛格，《动乱年代》，第641—642页。
2. 詹姆斯·法洛斯（James Fallows），《埃利奥特·艾布拉姆斯论虚伪》（"Elliott Abrams on Hypocrisy"），《大西洋月刊》，2011年9月19日。
3. 艾萨克森，《基辛格》，第556页。

了无休止的拖延，以及重新谈判和完全没有执行已签署的协议。"[1]虽然这种对建设性模棱两可的指责过于宽泛，但它包含着一个极为重要的警告，即不要回避那些不会随着时间的推移或关系的发展而变得容易解决的冲突。

对那些不太熟悉有效的谈判者和外交官所使用的方法的人来说，"单纯的措辞问题"可能会阻碍具有潜在共同利益的各方在达成协议（有时候甚至是生死攸关的协议）方面取得进展，似乎是一件荒谬的事情。然而，正如刚才给出的例子所表明的，基辛格在谈判桌前使用战术具有这样的特点：相信表面上互不相容的立场通常是可以被弥合的，而通过使用创造性的措辞以及潜在的、建设性模棱两可的解决方案，就可以做到这一点。只要这些措辞不是单纯地掩盖或恶化不可避免的爆炸，而是创造条件降低爆炸的可能性，并允许谈判继续进行下去，建设性模棱两可就是一种有用的战术。

暗中讨价还价：没有"协议"的协议

不过，在某些情况下，不论怎样措辞，协议的代价都可能过于高昂，无法宣之于口或正式化为一纸协议。就算起草的协议具备了建设性模棱两可的特点，如果正式要求对方表示同意，对方也可能不接受。前国务卿乔治·舒尔茨睿智地指出，在讨价还价时，对方的观点是"只要我不是非得同意它，我就可以接受它，但如果你想让我同意它，那我就无法接受它"。[2]基辛格也懂得，有时候只能通过达成事实上的共识来取得想要的结果，而所谓"暗中讨价还价"[3]在这方面是很有价值的。

---

1. 哈立德·埃尔金迪，《当模棱两可具有破坏性时》（"When Ambiguity Is Destructive"），2014年1月22日，布鲁金斯（博客），https://www.brookings.edu/opinions/when-ambiguity-is-destructive/。
2. 舒尔茨，《理念与行动》，第100页。
3. 这个术语出自谢林的著作《冲突的战略》。

　　尼克松政府通过与莫斯科之间非公开的秘密渠道非正式地处理犹太人从苏联移民的问题，这使得犹太移民的数量增加了。1968年，苏联只批准了400名犹太人离开本国到其他地方定居，主要是到以色列和美国。随着缓和政策的实施和美苏关系的慢慢改善，基辛格指出，尼克松政府开始"通过总统的秘密渠道提出这个问题，理由是苏联的行动无法逃过美国政府最高层的注意。克里姆林宫开始回应美国的'建议'，尤其是在美苏关系开始改善之后。犹太移民的数量逐年上升，到1973年，已经达到了35,000人。此外，白宫还定期向苏联领导人提交棘手案件的清单——清单上的人要么被拒发出境签证，要么家人被分开，还有些人正被关在监狱里。这些苏联公民大多数也被允许移居国外……在没有正式要求，也没有正式答复的情况下"。[1]

　　1973年，围绕着重新开放和清理苏伊士运河的问题，埃及总统安瓦尔·萨达特也出现了类似的暗中讨价还价的动态。基辛格认为萨达特"不可能把清理和重新开放苏伊士运河当成一种正式的义务。但他有可能跟我说，如果他能把这样做当成他自己的决定——如果以色列不再要求他这样做——那么只要双方的军队撤退到脱离军事接触协议中规定的边界，他就立即开始清理工作"。[2]因此，萨达特在台面上与基辛格商讨的同时，也被诱使在暗中与以色列讨价还价。

　　通常情况下，当一个强大的内部或外部利益相关者群体反对一项正式的协议，并将成本强加给同意该协议的谈判者时，这种暗中的协议可能会很有用处。一份暗中的协议即使不具备形式，也可能会产生所需的实质性结果，而且不会有许多潜在的成本。无论是建设性模棱两可，还是在适当的时候达成暗中协议，都在基辛格的战术工具包中占有重要的地位。

---

1. 基辛格，《大外交》，第753页。
2. 基辛格，《动乱年代》，第825页。

第十二章

坚持、势头和穿梭外交

有经验的谈判者都知道，很少有交易仅仅是因为卓越的洞察力或戏剧性的举措而达成的。一般来说，明智的战略加上谈判者软磨硬泡推动谈判走向成功的意愿和能力，才是达成交易的基本要素。在基辛格身上，我们可以看到将战略构想转变为可行的协议所需的那种持久的谈判动力。和其他许多人一样，英国首相泰德·希思指出，基辛格"能以无穷无尽的劲头努力工作，对旅行和长时间谈判的压力毫不在意"。[1]

坚持

达成协议往往需要时间和毅力：限制战略武器谈判持续了两年多时间，秘密的巴黎和平谈判则持续了将近三年时间——公开谈判开始得更早，持续的时间更长。然而，要在较短的时间内完成谈判，工作强度就会高得异乎寻常。例如，以色列总理伊扎克·拉宾在回忆1975年与埃及就达成第二份脱离军事接触协议进行谈判时说："在那10天里，我们整天——有时候还整

---

1. 希思，《我的人生历程》，第244页。

晚——开会讨论……一段100米长的沙漠可能要花上5个小时来讨论。这是对我们的耐心、毅力甚至身体承受力的最高考验……基辛格耐心地在萨达特遇到的困难和我遇到的困难之间，在双方都宣布'这是我们最后的让步'的情况下一点一点地向前推进……关于双边问题的决定性讨论从8月31日晚上开始，一直持续到第二天早上6点。随着时间的流逝，双方的与会者都退出了讨论，到最后只剩下基辛格和我还在对话，我们周围是一片鼾声。"[1]

根据哈罗德·桑德斯的描述，在寻求让以色列和叙利亚达成协议时，基辛格连续进行了35天谈判，"在本古里安（Ben Gurion）机场（以色列）和大马士革国际机场之间往返了26次。这意味着他和哈菲兹·阿萨德开了26次会。这些会议平均每场6小时。他的行动模式是早上在耶路撒冷开会，然后赶往本古里安机场，在午饭前飞抵大马士革"。[2]

谈判动态与"势头"

软磨硬泡的意愿和能力是基本要素，但究竟是出于什么目的？应当采用什么战术？基辛格评论了可能会影响战术选择的谈判进程的动态："在每一次谈判过程中，当各方断定他们终究会走到一起，或是将无法挽回地陷入僵局时，就会达到一个关键点。在前一种情况下，谈判将向前推进，各方会根据即将达成的共识重新斟酌个别问题。在后一种情况下，尽管谈判可能还会拖上一段时间，但它注定会失败，因为从那以后，各方都会集中精力把失败的责任推给对方。"[3]

1. 伊扎克·拉宾，《拉宾回忆录》（*The Rabin Memoirs*），伯克利：加利福尼亚大学出版社，1996年，第272—274页。
2. 桑德斯，《再次上路》。
3. 基辛格，《复兴岁月》，第406页。

这些积极的或消极的动态并非自动运作的，精明的谈判者采取一致行动可以推动势头向前发展。基辛格认为："速度……往往是极为重要的。每一场达到了关键点的谈判都会迅速结束或陷入停滞。这正是政府最高层必须克服官僚主义惰性的时候。"[1]当基辛格使用"势头"这个术语的时候，他指的是谈判者之间那种应该加速达成或放弃达成协议的共同感觉。这种感觉有自我实现预言的性质。

穿梭外交

在基辛格用来拉近各方距离的战术手段中，最著名的一种是"穿梭"，他和他的团队在各当事人之间飞来飞去，带着提议、回应和信息——四处穿梭的团队通常会把这些内容组织起来，以增强谈判进程向前发展的势头。"穿梭"这个术语显然是由基辛格的同事，后来当上了副国务卿的约瑟夫·西斯科（Joseph Sisco）发明的。在闪电式地访问了耶路撒冷、开罗并返回之后，西斯科喊道："欢迎乘坐埃及—以色列穿梭机！"[2]（鉴于基辛格这一新奇战术所取得的成功，许多观察家呼吁，在后来几乎所有关于中东和平的谈判中，都应当把"穿梭"视为最恰当的方法。[3]）由于开罗、耶路撒冷和大马士革相距不远，每天来往于它们之间很方便，这种地理条件使得这样的

---

1. 基辛格，《白宫岁月》，第803页。

2. 艾萨克森，《基辛格》，第546页。艾萨克森还指出，"已知第一次在这一背景下使用'穿梭'一词是在《纽约时报》1974年1月11日刊登的一篇文章中，作者伯纳德·格韦茨曼（Bernard Gwertzman）提到了基辛格'有点非正统的穿梭外交'"（第813页）。

3. 以下为这种建议的一小部分例子，分别向国务卿约翰·克里、沃伦·克里斯托弗（Warren Christopher）和詹姆斯·贝克推荐了穿梭外交：布鲁斯·范伍尔斯特（Bruce van Voorst），《沉默的穿梭》（"Silent Shuttle"），《外交政策》，2013年7月26日，http://foreignpolicy.com/2013/07/26/silent-shuttle/；安东尼·刘易斯（Anthony Lewis），《克里斯托弗穿梭？》（"A Christopher Shuttle?"），《纽约时报》，1993年12月3日，第A33版；以及《贝克穿梭》（"The Baker Shuttle"），《华盛顿邮报》，1991年5月14日，第A18版。

穿梭成为可能。

正如基辛格所做的那样，穿梭是外交中为人们所熟知的"近距离间接谈判"的高度活跃的版本，在这种谈判中，各当事人不进行面对面的谈判，至少在很大程度上是这样。相反，有个第三方来往于他们之间，通过这个过程撮合他们达成协议。（代顿谈判就是以这种方式结束波黑战争的，当时充当第三方的是理查德·霍尔布鲁克。）

有很多因素会导致把各方隔开的做法。例如，处于战争状态的国家的代表或是那些在外交上互不承认的国家的代表可能根本不愿意见面。在这种情况下，通过第三方进行间接谈判可能是唯一可行的选择。又或者，关键人物可能愿意见面，但他们之间的化学反应是有毒的。例如，在卡特总统的斡旋之下，安瓦尔·萨达特和梅纳赫姆·贝京（Menachem Begin）[1]在戴维营进行了会谈，但在会谈中，他们总是"陷入争吵，并不断地相互敌对"。有了这次的经验，卡特就不让这两个人再见面了——尽管他们住的小木屋相距不到100码。

与每位当事人分别举行会议可以帮助调停者了解各方的真正利益，传达另一方的优先考虑事项和敏感问题，并有助于形成更有可能被接受的提案。由于在穿梭中，交流是通过调停者来进行的，这就使得调停者有机会影响、过滤甚至缓冲当事人之间的信息交流，以使他们更紧密地联系在一起。例如，如果有一方提出了苛刻的、单方面的要求，那么调停者可能会进行缓和，或者至少是提醒另一方，这只是一种"讨价还价的立场"或"开场布局"。[2]这可以极大地提高调停者的重要性，扩大其活动范围和作用，基辛格对此有深刻的认识。

---

1. 以色列前总理。——译者注
2. 本段和上一段的大部分内容是直接引自戴维·A. 霍夫曼（David A. Hoffmann）的文章，或是受到该文章的启发，即《调停与穿梭外交的艺术》（"Mediation and the Art of Shuttle Diplomacy"），《谈判杂志》，第27卷第3期（2011年），第268—270页。

调停者把各方隔开有好处，但也有坏处。这会造成只有调停者知道到底发生了什么的状况，各方失去了直接评估彼此的利益和关注点、提出选项以及搞清楚如何一起做生意的机会。这样做虽然可以避免状况恶化，但可能会导致错误传达和失去机会。[1]

不过，穿梭也有其他用途。其中最重要的是引起势头和制造紧迫感。正如艾萨克森所说："宣传的旋风和基辛格以飞快的速度推进任务，把双方的谈判代表都卷了进去，创造了一种势头，使得在最后关头取得突破的可能性变大了。"[2]基辛格对此做了详细的说明："在穿梭中，高级别的美国调停者的存在为各方设定了最后期限，因此也带来了一种紧迫感。各方都有动机去考虑一下，就他们与美国的关系而言，使谈判陷入僵局到底要付出什么代价。"[3]

《新闻周刊》的记者布鲁斯·范伍尔斯特曾多次见证基辛格的穿梭，他说："我对这些日子记忆最深刻的是基辛格在国内外引起的巨大关注。双方的谈判代表都不能忽视他对成功的公开驱动。"[4]伊扎克·拉宾认为："只有运用穿梭外交，（基辛格）才能给双方创造一种氛围，这种氛围本身就使达成协议成为可能。"[5]此时，基辛格在全球的知名度为这一过程增加了一个关键因素。

除了势头和紧迫感，穿梭还可以诱导各方分别采取行动，从而刺激对方采取相对应的行动。基辛格认为："当穿梭有效的时候，它之所以能够持

1. 在法律纠纷中，一些调停者主要从事穿梭工作，把争论方分开来处理，而另一些调停者则主要要求当事人和调停者在同一个房间里进行工作。每种方法的支持者都表示这样做有很多好处。读者不妨做一下比较：G. 弗里德曼（G. Friedman）和杰克·希梅尔斯坦（Jack Himmelstein），《挑战冲突：通过理解进行调解》（*Challenging Conflict: Mediation Through Understanding*），芝加哥：美国律师协会，2008年，该书强调了把争论方聚在一起开展工作的好处；霍夫曼，《调停与穿梭外交的艺术》，该文强调了调停者与争论方单独会谈的优势。
2. 艾萨克森，《基辛格》，第559页。
3. 基辛格，《复兴岁月》，第390页。
4. 范伍尔斯特，《沉默的穿梭》。
5. 引自艾萨克森，《基辛格》，第559页。

续，是因为每一方……都准备在调停小组每次来访时，对自己的立场做出细微的调整。这缓和了气氛，并鼓励了对方做出自己的调整。这样，双方就拉近了他们之间的距离。"[1]然而，当某一方长时间坚持自己的意见不肯松口时，基辛格就知道，穿梭是无效的。[2]此外，如果有一方甚至双方都怀疑调停者有偏见或有秘密议程，那么穿梭也可能会失败。

总之，基辛格对谈判的典型动态有着清楚的认识，尤其是势头的有无。为了塑造这些动态，他经常采用穿梭外交。在1973年阿以战争之后的谈判中，这个方法取得了很大的成功，基辛格在别处也以其他形式使用了它。然而，无论穿梭外交多么具有创新性、多么巧妙，我们还是要强调，其成功也依赖于基辛格和他的团队那令人惊叹的毅力。

---

1. 基辛格，《复兴岁月》，第406—407页。
2. 例如，参见基辛格，《复兴岁月》，第394—395页。

第十三章

保密、集中控制和占主导地位的个人角色

在自己的倾向、尼克松谨慎的性格和（或）冷静的战术选择指引下，基辛格经常把他最重要的谈判隐瞒起来，通过"幕后渠道"进行运作，并在一个非常小的团队的支持下，发挥着主导性的个人作用。他通过白宫的秘密渠道与阿纳托利·多勃雷宁商讨有关限制战略武器会谈的问题，在执行秘密访华任务时与周恩来谈判，在外交部长阿巴·埃班（Abba Eban）不在场的情况下与伊扎克·拉宾和果尔达·梅厄会谈，偷偷摸摸地会见安瓦尔·萨达特，私下里与黎德寿在巴黎一处偏僻的别墅里展开交涉。然而，被隐藏起来的不仅仅是讨论的内容，他进行这些谈判的事实往往也是需要严格保密的。

不论是在尼克松的指示下还是在他的鼓励下，基辛格经常绕开那些可能反对某项倡议的同事进行谈判，这些同事包括国防部长梅尔文·莱尔德、国务卿威廉·罗杰斯以及国务院和国防部的官员。在核武器谈判中，他避开了杰勒德·史密斯（Gerard Smith）和他的限制战略武器谈判专家们。此外，美国的盟友，不论是南越总统阮文绍还是日本首相，都可能很晚才被带到谈判进程里，如果他打算把他们带进来的话。

战术选择

在这些情况以及类似的情况下，有三种战术选择交织在一起。当我们分析这些选择更普遍的优缺点时，它们几乎是不可分割的：

1. 在基辛格的严密领导下（至少在他出任国务卿之前），谈判的控制权往往集中在白宫。

2. 有关各方应对谈判的事实和内容严格保密。

3. 基辛格个人在谈判过程中发挥主导作用，有一个相对较小的团队支持他。

毫不奇怪，选择集中控制、秘密渠道和"独行侠"的方法提供了成本和收益的复杂组合。（为了简洁起见，我们有时会使用"保密"作为这三种战术选择组合的简称。）

对谈判保密的好处

在外交中，秘密谈判有着悠久的历史渊源。黎塞留（Richelieu）[1]的继承者枢机主教马萨林（Mazarin）[2]——凭借外交手段促成了具有里程碑意义的《威斯特发里亚和约》（Peace of Westphalia）[3]——曾经告诫外交官们说：

---

1. 黎塞留（Armand Jean du Plessis, Duc de Richelieu, 1585—1642），法国首相，枢机主教。任内旨在加强专制王权，提高法国的国际地位，在三十年战争中打击哈布斯堡王朝，为法国称霸欧洲大陆打下了基础。——译者注
2. 马萨林（Jules Mazarin, 1602—1661），法国首相，枢机主教。任内继续执行黎塞留的政策，促成了结束三十年战争的《威斯特发里亚和约》，加强了法国在欧洲的地位。——译者注
3. 《威斯特发里亚和约》是1648年在德意志威斯特发里亚地区签订的一系列条约，该和约结束了三十年战争，还建立了威斯特发里亚体系，开创了以国际会议解决国际争端的先例。——译者注

"即使是完全正当的，也不要透露你的政治计划。"[1]几十年后，路易十四任用弗朗索瓦·德卡利埃（François de Callières）[2]执行重要的外交任务。德卡利埃认为保密是获得成功必不可少的条件，他警告说："伟大的计划如果太早被发觉，就很容易遭到破坏。"[3]

预先防止可能出现的内部和外部反对

这些几个世纪前的告诫引起了许多人的共鸣，他们也在重要的事件中坚定地守护着自己的秘密渠道。在本章开头，我们提到了基辛格通过秘密渠道与多勃雷宁建立了越来越有成效的关系，这给美苏关系的缓和带来了许多实实在在的好处。后来成为美国驻华大使的温斯顿·洛德经常陪同基辛格进行外交，他认为应该对基辛格首次访华的有关事项保密。洛德给出了几条理由：

"中国方面表示，他们也希望进行一定程度的保密……如果基辛格访华之事早早就为人所知，那么第一，你不得不让华盛顿的官僚机构有针对性地参与进来。还有，在基辛格和尼克松看来，第二个层面的担忧是，那样的话，我们就必须考虑贸易、文化交流和其他方面的事情。

"第二，这会使我们的盟友提前介入，试图约束我们，不管事情是否与他们有关，我们的南越盟友、日本和欧洲盟国都会提出要求，并限制我们与中国人的讨论。

---

1. 这句话（由詹姆斯·K. 塞贝纽斯翻译）被认为出自枢机主教马萨林，《政治家的日课经》（*Bréviaire des politiciens*），1684年；巴黎：阿勒亚（Arlèa），1996年。

2. 弗朗索瓦·德卡利埃（1645—1717），法国外交家，路易十四的外交特使，晚年凭借自己的谈判经验写成《论与君主谈判的方法》（*De la manière de négocier avec les souverains*）一书，该书被视为18世纪欧洲外交的教科书。——译者注

3. 弗朗索瓦·德卡利埃，《论与君主谈判的方法》，阿兰·佩卡·朗珀勒（Alain Pekar Lempereur）编（引文由詹姆斯·K. 塞贝纽斯翻译），1716年；日内瓦：德罗兹（Droz），2002年，第69页。其他对在外交中保密的历史观察可参见：奥雷利安·科尔松（Aurélien Colson），《光影之间的大使：保密作为国际谈判准则的出现》（"The Ambassador, Between Light and Shade: The Emergence of Secrecy as the Norm for International Negotiation"），2007年，埃塞克商学院（ESSEC Business School），谈判研究与教育研究所（Institute for Research and Education on Negotiation），第DR07023号文件。

"第三，在美国国内，哪怕总统只是想要对中国采取这一戏剧性的行动，都会让保守派和许多共和党人大动肝火，引起轩然大波……这也会让中国人望而却步。

"第四，我们的台湾朋友会感到无比痛苦，这是可以理解的，但这会让所有问题变得更难处理。"[1]

基辛格强调，预先防止来自内部和外部的反对对达到他的目的非常重要，他认为"一项公开的任务会在美国政府中引发一个复杂的内部审批过程，他们还会坚持要求与世界各地进行磋商，包括台湾当局（当时仍被承认为中国政府）。这样，我们成功的希望就完全取决于北京了，我们前往那里就是去了解他们的态度的"。[2]除了中国这个案例之外，对谈判本身进行保密（而非对正在进行的谈判的内容保密）可以防止来自国内和国际的负面宣传和反对。避免这种宣传和反对有助于在一个微妙的过程中进行尝试性的探索和行动。

避免官僚机构的介入

对谈判保密的战术决策并不是基辛格唯一的特点。理查德·尼克松上任时，对整个联邦官僚机构尤其是国务院抱有深深的怀疑。基辛格也说，总统非常不喜欢和与他意见不合的内阁官员直接对抗。尼克松第一个总统任期之初的一个例子可能加快了白宫集中控制外交进程并选择保密的趋势。通过标准的行政部门政策渠道，基辛格和尼克松做出了一个明确的决定，把跟苏联之间的核武器控制谈判与中东和越南的谈判联系起来。国务院的许多人强烈建议把这些问题分开处理，他们还采取了一些措施，实际上这些措施将破坏一切有意义的联系。尼克松和基辛格坚决主张将这些问题联系起来，但由于内部的直接反对、拖延以及精心策划的向媒体和国会泄密的行动，他们的主

---

1. 洛德，《温斯顿·洛德大使访谈》，第98—99页。
2. 基辛格，《论中国》，第236页。

张暂时受阻，并被搁置了。[1]

　　然而，基辛格坚持认为："官僚机构的胜利是皮洛士式的胜利[2]。在屈服之后（即暂时放弃把这些问题联系起来）……尼克松在我的支持下，越来越多地把谈判的控制权转移到白宫。虽说（尼克松）对保密的偏爱终究会使他走到这个方向上来，但官僚机构无纪律的行动加速了这个过程……在美苏两国的用语中，'渠道'这个词就出现了。"[3]

　　正如基辛格明确指出的那样，把谈判的权力集中在白宫和保密对他们两个人都有利："尼克松喜欢保密的原因之一是这样做可以推迟与国务卿的争论。而我喜欢保密，是因为这让我不必遵守媒体和评论家事先设定的标准。当我们在事件过后做简报时，我们能够在已经取得的成就的背景下进行汇报，而无须以其他人的期望、要求和想象为背景。"[4]

允许不受阻碍的探索和灵活性

　　基辛格强调，除了避开潜在的对手，让他们蒙在鼓里之外，对政策机构的保密和严格控制还为谈判提供了灵活性，避免了烦琐而公式化的程序。他以134次在华沙举行的毫无结果的美中会议为例来说明这一点，在这些会议中，"主要的问题……是我们和台湾的关系，一个典型的第22条军规[5]式的论题：只要中美之间的敌意持续存在，就不可能找到解决方案，而只要台湾问题得不到解决，这种敌意就不会消失。其他问题……是那些陈旧的备用品……美方要求赔偿国有资产和偿还被拖欠的债务；中方则努力想要收回在

---

1. 从基辛格的视角对这些行动所做的详细描述可在《白宫岁月》中找到。
2. 皮洛士是古希腊伊庇鲁斯国王，曾率军队至意大利与罗马交战，虽取胜，但损失惨重。后世即以"皮洛士式的胜利"来比喻得不偿失的胜利。——译者注
3. 基辛格，《白宫岁月》，第138页。
4. 基辛格，《白宫岁月》，第1125页。
5. "第22条军规"出自美国作家约瑟夫·海勒创作的长篇小说，在该小说中，根据第22条军规规定，患有精神疾病的飞行员要停飞，必须由本人提出请求，但飞行员一旦提出请求，就证明其精神正常。——译者注

美国的资产，这些资产在1949年之后根据《对敌贸易法》（Trading with the Enemy Act）被冻结了……所有这些熟悉的主题都将在第135次会议上进行冗长的重演"。[1]

依靠通常的官僚和外交渠道来解决这些基本上陷入僵局的问题，阻碍了对利益和双方联手的可能性的真正探索。每次会议都要求有"一份饱经痛苦才得到官僚系统以及友好国家认可的声明。然后，我们的大使将宣读他的声明，他得到的答复无疑也是通过类似的程序产生的。大使们获得的自由裁量权仅允许他们澄清几个问题。在下一次会议上，他们将宣读在各自首都重新准备的一份冗长的答复。这一切都花了时间，却没有取得任何成果"。[2]当然，这种公式化的重复根本没有必要，只要中国对手能够做出回应，总统完全可以下令在更高级别的议程中采取不同的方法来进行谈判。（事实上，他最后就是这么做的，这促成了基辛格的中国之行。）

虽然这是一个相当极端的例子，但基辛格发现，跨部门推动政策制定的过程是非常艰难且受制约的，尤其是对真正的新倡议来说。他寻求一种更加灵活的过程："我认为有必要将对话推进到一个谈判者能够相互让步，并充分熟悉其领导人的思想，以掌握基本战略的水平。"[3]随着基辛格开始建立巧妙的联系并处理微妙的平衡，保密和由白宫集中控制谈判进程为谈判提供了越来越大的自由。

保密、集中控制和个人主导的成本

基辛格看到了由他个人主导的以白宫为中心的秘密谈判进程的巨大优

---

1. 基辛格，《白宫岁月》，第684页。
2. 基辛格，《白宫岁月》，第686页。
3. 同上。

势。然而，他和其他人也敏锐地意识到这样做的一些缺点。

被发现的风险

很显然，秘密谈判有被过早觉察的风险。隐蔽工作被揭穿会令人难堪，造成尴尬，还有可能会引起各方的愤怒，他们会觉得自己被错误地排除在外了。由于保密和事实上的理由，秘密暴露会激起各方的反对（内部的、外部的、国内的和国际的）。

参与的专家少导致对技术上的问题理解不足

这个缺点不太引人注目，但正如基辛格所言：“掌握谈判的主题是很成问题的。我的团队太小，没法支持我同时进行两场复杂的谈判。”[1]但是，除了对谈判的实质进行深入研究的做法外，基辛格还发现了一些隐秘的方法，可以从不同的政府机构和部门获得意见。“对跨部门的组织的控制起到了替代作用，使我能够利用官僚机构而不暴露我们的目的。我会把一些实际上正在秘密进行谈判的问题当成还在计划的议题介绍给他们。通过这种方式，我可以了解机构的意见（以及必要的背景），而无须正式向他们‘澄清’我的立场。”[2]

然而，在他的一些同事和下属看来，基辛格的知识极其贫乏，尤其是在那些技术性很强的谈判中。在官僚主义的战壕里，听到这种评价并不奇怪。限制战略武器谈判代表团成员雷蒙德·加特霍夫（Raymond Garthoff）对基辛格经常持批评态度，他声称基辛格“形成了一种信念，认为他不需要政府官僚机构。他觉得一个小小的私人团队就足以从跨部门团队那冗长的研究中去芜存菁，他下令让官僚机构进行那样的研究是为了让他们腾不出手来。他

---

1. 基辛格，《白宫岁月》，第805页。
2. 同上。

认为这样做就可以掌握他需要知道的关于某个主题的全部知识……有时候，他这种单干的嗜好会使他得不到必要的建议，美国的利益也会因此受损"。[1]

甚至一些令基辛格钦佩的人也做出了类似的批评。例如，杰勒德·史密斯大使是限制战略武器谈判的首席谈判代表和军备控制与裁军署署长。尽管这两个人经常意见不合，但基辛格把史密斯描述为"专注、不屈不挠、精明"的人，还称他为"为历届政府服务的优秀管理者之一，体现了公共服务的理想"。[2]同样，史密斯对基辛格的看法也是正面的。[3]

然而，就连史密斯也以谨慎的方式指责基辛格没有充分利用政府里的专家，还总是想要大包大揽："不论总统的心腹有多能干，像基辛格那样同时就许多重要问题展开谈判是不可能取得最好的成果的。"[4]史密斯更尖锐地描述了当交易的主要部分是"在总统助理——由几个军备控制经验并不丰富的白宫官员组成的团队支持——的干预下"完成的时候，专家和代表团成员对自己应当扮演的角色会感到多么怀疑，心情会有多么沮丧。[5]

引发混乱和缺乏协调的风险

一条表面渠道和一条秘密渠道双轨并行，往往会不可避免地在各个方面引起一些混乱。史密斯注意到"有好几次，总统认为打破限制战略武器谈判僵局所必需的秘密谈判反而导致了美国谈判态势的混乱和中断……在启发美国官僚机构方面没有取得多少成果……我怀疑，苏联代表团也对这种高层捉摸不定地参与谈判进程的做法感到困惑，按理说谈判进程要靠一个艰苦的过

---

1. 雷蒙德·L. 加特霍夫，《谈判限制战略武器条约》（"Negotiating SALT"），《威尔逊季刊》（*The Wilson Quarterly*），第1卷第5期（1977年）。
2. 基辛格，《白宫岁月》，第147页。
3. 杰勒德·C. 史密斯，《双重谈判：第一轮限制战略武器谈判的故事》（*Doubletalk: The Story of the First Strategic Arms Limitation Talks*），纽约州，加登城（Garden City）：双日公司（Doubleday and Co.），1980年，第1页。
4. 史密斯，《双重谈判》，第466页。
5. 史密斯，《双重谈判》，第235页。

程来推进，即不断发展和记录双方对复杂概念的共同理解"。[1]他进一步表示，在要求官僚机构把通过秘密渠道达成的笼统条款转化为精确、详细的协议时，双轨并行的办法和不尽力把情况告知给那些没有参与秘密谈判的人会造成问题。[2]

这样的批评并不仅仅针对的是限制战略武器谈判。关于中国，基辛格承认，"那些可能已经意识到中国所关心的事情的高级官员都被排除在对中国开放之外了。因此在美国，没有人觉得他应该对'中国客户'负全责，更别说去充分理解对中国开放的根本原因了——这是我们为我们的非传统行政手段付出的代价之一"。[3]至于《上海公报》，当被蒙在鼓里的国务院"要求进行大量修改"时，多少还是得到了一定程度的满足。[4]

中央情报局和国务院官员威廉·邦迪（William Bundy）在谈到美国和以色列的谈判时指出："在早期阶段，尼克松和（以色列总理）果尔达·梅厄同意通过基辛格和拉宾来处理重大问题，而国务卿罗杰斯和外交部长阿巴·埃班则被排除在外。然而，国务院仍在积极参与此事……结果我们经常得不到通过白宫的线路传递的信息，这既令人沮丧，又令人困惑。"[5]

在关于苏联保证让西方国家不受限制地进入柏林以及加强东德和西德之间的政治、经济和文化联系的谈判中，也出现了类似的混乱。基辛格注意到，"我们、（德意志）联邦共和国和苏联之间秘密缔结协议使我们这种两

1. 史密斯，《双重谈判》，第466页。
2. 史密斯指出，当通过秘密渠道进行的谈判有时只使用苏联口译员时，这个问题可能会更严重。"如果没有美国口译员的逐字记录，就无法准备尽可能完整的谈判交流记录。在很多情况下，限制战略武器谈判的官员没有得到关于秘密渠道发生的事情的记录……无法利用记录的重要部分可能是一个重大的障碍。"（《双重谈判》，第467页。）当然，没好好使用口译员这一点是可以纠正的；除非找不到守口如瓶的口译员，否则这一点不会成为秘密谈判的固有缺陷。
3. 基辛格，《白宫岁月》，第865页。
4. 斯坦利·霍夫曼，《基辛格博士案例》。
5. 威廉·P. 邦迪，《错综复杂的网络：尼克松总统时期外交政策的制定》（*A Tangled Web: The Making of Foreign Policy in the Nixon Presidency*），纽约：希尔&王（Hill and Wang），1998年，第128页。

条渠道的系统给官僚机构带来的问题更加戏剧化了。莫名其妙地，我们必须确保我们自己的国务院不会使问题复杂化。此外，该协议还必须在一个由外交官组成的四大国论坛上获得批准，这些外交官非常清楚自己作为占领国代表的特权。还有，谈判的进展速度突然加快，让那些10年来习惯了僵持局面的人感到很困惑……一场谈判即将完成，这是3个月以来的第三次了，正规的官僚机构没有参与谈判，事实上，他们并不知道它的存在。没有什么协议是不能被没有参与谈判的专业人士挑出来终止的"。[1]

这种情况导致了基辛格所说的"严重的两难局面"，这个局面"可能会迫使我们就那些已经解决了两次的问题重新与苏联谈判"。这一难题只有依靠一个疯狂的过程才能克服，要求"具有为既成事实想出解释的天赋"的尼克松总统把谈判的事情告知国务卿罗杰斯，并亲切地邀请他参与其中，而在此之前，罗杰斯连同整个国务院都被排除在谈判进程之外。[2]

在白宫和国务院之间还有少许信任的情况下，解决这类协调问题的一种相当普遍的办法是，每一"方"都指派一名高级官员陪同首席谈判代表。这不但可以防止交叉信号，还能化解疑虑，否则这种疑虑可能会无休止地扩大。

矛盾和破坏的风险

这种混乱还导致了其他问题。例如，有时候，在表面渠道进行谈判的美国军备控制谈判代表所发表的声明，不论是无意的还是有意操纵舆论，会导致国内强烈要求谈判代表接受不利的条件。正如基辛格所哀叹的那样，"我们秘密的谈判风格让我们很容易受到这些压力的影响，我们的批评者不知道我们可以做得更好"。[3]

---

1. 基辛格，《白宫岁月》，第831—832页。
2. 同上。
3. 基辛格，《白宫岁月》，第816页。

偶尔还会有彻底的破坏活动。在回想起与埃及外交部长秘密会谈的隐蔽工作被揭穿时，基辛格的语言变得富有戏剧性："没有什么愤怒能与一位被撇在一边的外交官员的愤怒相提并论……被触怒的外交官（不知从哪里得知了秘密会谈的事情）……可以在常规渠道把他掌握的情况报道出去，从而使它通过计算机分配系统在官僚机构中传播。这样很快就会产生足够多的副本，以破坏任何保密的愿望。"[1]

遭受双重打击的风险

除了"友好"的无心之失以外，对手还可以利用公开的表面渠道/秘密的背后渠道这一结构来打击美国谈判者，他们确实也是这么做的。例如，北越可以大肆宣扬他们所谓的灵活性和美国所谓的不妥协，以激起公众、媒体和国会对美国政府及其谈判代表的批评。有一次，越共的谈判代表阮氏萍女士（Madame Binh）在公开场合暗示，美国撤军及释放美国战俘是有可能与其他问题脱钩的。这个新的"和平机会"引发了美国对尼克松和基辛格不接受这一"提议"的广泛批评。

国内的这种批评让基辛格很沮丧，因为在通过秘密渠道与河内进行谈判时，他们的实际立场要比这强硬得多，而且他们把所有问题都联系在一起了。[2]他认为通过秘密谈判达成协议的可能性最大，但"我们无法证明这个'机会'是虚假的……（保密）使我们那些心怀恶意的对手能够在我们不敢反驳的公开场合和我们无法公布的秘密记录中对我们进行双重打击"。[3]这样的插曲让基辛格"怀疑我们是否为保密付出了过高的代价"。[4]

---

1. 基辛格，《动乱年代》，第224—225页。
2. 基辛格，《白宫岁月》。
3. 基辛格，《白宫岁月》，第1025页。
4. 同上。不过，他也表示："毫无疑问，1971年的保密使河内能够对我们进行双重打击；但更公开的做法能否阻止这种情况的发生，或者是否会在更早的阶段导致僵局，就只能靠推测了。"（基辛格，《白宫岁月》，第1020页。）

谈判结果得不到官僚机构的支持

在基辛格的秘密谈判取得成果之后，他还要付出进一步的代价："我发展出了一套程序来增强谈判的果断性，但这使得在谈判结果背后达成共识更加困难。"[1]这可能会给执行过程带来致命的障碍。此外，保密和被排除在外使"官僚机构"士气低落，官僚机构的"反应是强调独立性和自我意志，但正是这种独立性和自我意志使得尼克松从一开始就决定绕开他们"。[2]这在限制战略武器谈判中尤其明显，基辛格指出："我们付出了代价，谈判代表们——被排除在他们认为自己有特权的谈判进程之外——在事情敲定后采取的立场可能比他们自己进行谈判时更强硬。"[3]专家们的这种强硬立场会帮助立法机构和外部的反对者用有力的理由反对一项如果他们之前参与其中，则可能会予以支持的协议。

受到官僚机构的孤立

基辛格频繁地依赖于保密和白宫对谈判的控制，这样做造成了一个累积式的破坏性后果，即政府内部越来越普遍地预期，"真正"的谈判会在正式渠道之外进行。在基辛格把谈判代表团蒙在鼓里之后，杰勒德·史密斯报告说，"对华盛顿的信任一直没有恢复。后来我们总是认为还存在着与苏联的其他接触，而我们不被信任，无法了解那些情况——事实证明，确实如此"。[4]

基辛格遗憾地回顾了这一进展：到1973年，各个机构"都发现重大谈判是在他们不知情的情况下进行的。因此，我可能会因为失败而受到指责，或是被迫承受哪怕成功也一定会出现争议的冲击。此后，每个部门都会提出其

---

1. 基辛格，《白宫岁月》，第805页。
2. 同上。
3. 基辛格，《白宫岁月》，第1229—1230页。
4. 史密斯，《双重谈判》，第235页。

最大的目标，而不去管它究竟有什么意义。如果没能实现这一初始立场，各机构也不需承担责任。想要解决问题，做出妥协是不可避免的，在正常程序中，他们本应大力主张妥协，但现在他们会把妥协归咎于谈判者不够警惕。简而言之，我的立场在官僚体系里已经站不住脚了……所以，自从政以来，我第一次被官僚机构孤立了"。[1]

让盟友感到尴尬和不快

保密可能会给美国的盟友带来相当大的问题，尤其是在没有小心处理的情况下。关于对中国的开放，基辛格认为，"即使只考虑今后10年左右的发展，我也不知道如何才能避免这种基本的保密。这一事件的微妙性和机会的唯一性使美国有必要控制其陈述的语境"。[2]然而，日本首相佐藤荣作（Eisaku Sato），这位"美国的忠实朋友"，在尼克松宣布基辛格对中国进行了访问之前，却对此事一无所知，就连美国驻日本大使都是从武装部队电台的广播中得知此事的。考虑到"让一个为巩固我们两国的友谊付出了如此多努力的人（佐藤）难堪是特别痛苦的"，基辛格希望总统至少在声明公布前几个小时派一名特使向佐藤简单介绍一下情况。[3]同样，英国首相希思也"一直对尼克松没有将秘密访华之事提前告知他感到非常愤怒。他觉得特别受伤，因为他一向认为尼克松和他的关系很好"。[4]

更为严重的是，美国的盟友南越总统阮文绍没有参加巴黎的秘密谈判，在有关这些谈判的实质和方向问题上，他觉得自己受到了严重的误导。基辛格表示，阮文绍"在中途岛的会议上授权进行这些秘密谈判，而且……他从一开始就对我的秘密谈判有着全面的了解"。[5]关于阮文绍被告知了多少情

---

1. 基辛格，《动乱年代》，第264页。
2. 基辛格，《白宫岁月》，第762页。
3. 同上。
4. 霍恩，《基辛格：1973》，第112页。
5. 基辛格，《白宫岁月》，第282页。

况或者谈判在多大程度上与他商量过，人们的看法有很大的分歧。[1]在与黎德寿最终达成临时协议后，基辛格一开始并没有把协议全文给阮文绍看。而当他这么做的时候，阮文绍立即大发雷霆："基辛格说，他总是在向我通报情况。是的，他向我通报了情况——他把经过他挑选的情况告诉了我。而我还在相信我的盟友绝不会欺骗我，不会背着我做交易，偷偷地出卖我的国家。"[2]（正如我们前面阐述的，尼克松和基辛格都会极力否认这一意图。）

　　阮文绍坚决反对这个临时协议，这给尼克松带来了重大问题，他绝不希望在国内或国际上被视为背叛了南越。要让阮文绍接受这个协议，美国需要施加极大的压力，向他做出会支持他的承诺，并努力（包括对北越进行所谓的圣诞轰炸）让河内接受按照南越总统的意愿对协议做出的修改。

　　虽然阮文绍最终默认了这个协议，但除了对巴黎谈判保密之外，还有许多因素在推动这个故事的发展。可以这样说，如果阮文绍参与了谈判，并有权中断正在进行的谈判，那么协议可能永远都达不成。对巴黎谈判保密以及阮文绍被排除在美国和北越的谈判之外，有助于避免这一结果。然而，在基辛格看来，阮文绍义愤填膺的反对从根本上来说不是战术失误的问题，不是处理方式不够圆滑的问题，也不是谈判是通过表面渠道还是背后渠道进行的问题。

　　相反，鉴于双方的国家利益相互矛盾（美国必须从越南抽身，而南越害怕要放弃占领北方），双方"注定要发生冲突"。基辛格最终得出结论："我们没能及早认识到，阮文绍真正反对的不是协议的条款，而是做出妥协这件事本身。我们和阮文绍之间的冲突源于这一事实：无论我们以什么样的

---

1. 关于谁把什么内容告诉了谁，有许多比本书更详细的叙述。例如，可参见艾萨克森，《基辛格》，第20章；或基辛格，《白宫岁月》，第31、32章。
2. 《明镜》周刊（*Der Spiegel*），《美国人背叛了我们：阮文绍访谈》（"The Americans Betrayed Us: Interview with Nguyen Van Thieu"），第50卷第33期，1979年12月10日，第197—213页，https://www.cvce.eu/content/publication/1999/1/1/20035c62-a1c8-44ab-9721-273749085ae4/publishable_en.pdf。

条件结束战争，都比不上河内的完全投降。"[1]我们难以确定基辛格这个宿命论式的判断是否正确。如果它是对的，那么保密对达成协议就可能是必要的，而对谈判的结果则并不会造成多少影响；如果它是不对的，那么进行保密的方式以及如何向阮文绍披露交易就可能是非常重要的。

对保密、集中控制和基辛格个人主导的评估

亨利·基辛格的谈判常常是公开的，非常引人注目，例如他在中东的穿梭外交、与罗得西亚的谈判、首次访华之后与中国的交涉，还有与他15次登上《时代》周刊封面有关的多次谈判。然而，就像自18世纪以来外交界的前辈所做的那样，他经常选择在谈判中发挥主导性的个人作用，而这些谈判的存在和实质都不被公众所知。

保密使谈判得以在不引起国内舆论、政界、立法机构、官僚机构或外国——其利益或意图可能会与基辛格的目的相冲突——反对的情况下进行。通过将谈判进程集中掌握在白宫，基辛格可以迅速采取行动，在很大程度上避开跨部门磋商和审批过程，这些程序通常被他认为是烦琐且无关紧要的。当谈判还处于根基不牢、尚需探索的状态时，或是当基辛格希望以既成事实的方式提出协议时，不受外界干涉的自由尤为重要。如果谈判是不公开的，基辛格或尼克松就可以在不受其他人的期望或目的影响的情况下宣布结果。

然而，保密、集中控制和个人主导的成本和风险也与它们潜在的好处相当。秘密谈判可能会被发现或告发，从而使被排除在外或没有得到通知的当事方大感尴尬和愤怒。虽然更谨慎的处理方式有时候可以缓和这个问题，但如果美国的主要盟友被谈判或协议的新闻弄了个措手不及，他们是会觉得颜

---

1. 基辛格，《白宫岁月》，第1393页。

面扫地的。

根据问题的性质，秘密谈判可能违反了许多美国人高度重视的透明、民主问责和合法性原则。毕竟，作为对欧洲历史悠久的外交阴谋和欺骗的回应，伍德罗·威尔逊总统著名的十四点原则[1]中，第一条就是"以公开的方式缔结和平协议，在此之后，不应有任何形式的秘密国际默契，外交必须始终在公众的视野中坦诚地进行"。

基辛格无疑会同意许多分析人士的看法，他们认为，尽管谈判正在进行的事实可能可以公之于众，但如果实际讨论本身在公开的状态下进行，那么谈判进程就会受到阻碍。就算再理想主义的人，如果想要达成交易，也会把伍德罗·威尔逊那诱人的观点修正为"以秘密的方式缔结协议"。[2]

秘密地单干就意味着失去了从各政府机构和部门获取大量专业知识的优势。表面渠道/秘密渠道的结构可能会在所有方面导致混乱和矛盾，尤其是在右手不知道左手在做什么（甚至可能不知道有左手存在）的时候。对那些没有参加秘密谈判的人来说，将秘密达成的笼统协议转变为详细的条文可能是一项挑战。内部的参与者甚至可能破坏谈判进程。心怀恶意的对手可能会公开地打击美国谈判者，而后者如果不把秘密谈判的事披露出来，就无法做出反击。

随着人们对重要的谈判将直接由白宫而不是相关政府部门来处理的预期越来越高，基辛格发现自己日益受到孤立。而在秘密谈判被公开之后，心怀不满的机构可能会不愿意积极地予以支持，或是想方设法来诋毁谈判结果。

权衡所有这些因素之后，不同的观察家对基辛格的集中控制、走秘密渠道的战术是否明智有大相径庭的看法。斯坦利·霍夫曼强调了缺点："当美国谈判者对通过秘密渠道达成的协议一无所知时，经常会出现混乱；这也给

---

1. 美国总统伍德罗·威尔逊在1918年1月提出的建立世界和平的纲领。——译者注
2. 费希尔、尤里和巴顿，《达成交易》，第36页。

了苏联人机会，让他们可以利用这个团队反对那个团队。被白宫忽视或架空的美国外交官对此深感不满。这种做法甚至引起了莫斯科和北京的怀疑，因为苏联和中国的外交官们都想知道为什么美国人这么想保密。这意味着重要的决定……都是背着国务卿罗杰斯和莱尔德或是在他们的反对下做出的。"[1]

在将基辛格对保密的某些偏好归因于"虚荣"之后，沃尔特·艾萨克森又指出："基辛格相信，为了建立微妙的联系和校准精巧的平衡，他必须通过秘密渠道来严格控制政策的各个部分，这并非没有道理。此外，他觉得如果他把国务院蒙在鼓里，就可以更好地与中国谈判，敲开它的大门；如果他不让阮文绍总统知情，就可以更容易地就越南问题达成协议；如果他避开杰勒德·史密斯和他的限制战略武器谈判专家们，就可以拼凑出一份军备控制协议。"[2]

基辛格在评价自己的这些战术选择时闪烁其词，但总的来说，鉴于利用它们所取得的显著成果，他的评价是积极的。他直率地承认"对史密斯这样的人来说，这是不公平和耻辱的"[3]，而且"这使得官僚机构士气低落"[4]。然而，基辛格清楚地指出："但它们是有效的……在1971年和1972年，这些方法促成了限制战略武器谈判的突破、对中国的开放、柏林协议的达成，北京和莫斯科峰会也没有遇到任何挫折。对结果的评价应该以功绩为依据，尽管我承认我因为取得结果的方式而付出了代价。"[5]

然而，有趣的是，基辛格既认识到了导致他和尼克松采用这种方法的独特环境，也认识到了它的缺点和局限性。一般来说，他沉思道："我不认为这是一个能够制度化的程序。"[6]

---

1. 斯坦利·霍夫曼，《基辛格博士案例》。
2. 艾萨克森，《基辛格》，第762—763页。
3. 基辛格，《白宫岁月》，第822页。
4. 基辛格，《白宫岁月》，第806页。
5. 同上。
6. 基辛格，《白宫岁月》，第822页。

＊＊＊

很显然，当我们把视线投向基辛格和20世纪70年代的外交这个范围以外时，我们会发现在谈判中寻求保密的做法仍然很常见——尽管无处不在的带摄像头的智能手机和无孔不入的社交媒体使保密变得更加困难了。毕竟，正是副国务卿比尔·伯恩斯（Bill Burns）于2012年和2013年在阿曼与伊朗所进行的秘密接触，促成了2015年的伊朗核问题协议。考虑到市场反应、竞争优势和内部士气，保密在金融谈判中是非常普遍的。那么，通盘考虑的话，秘密谈判是一个好主意吗？我们对基辛格使用这一战术的情况及其潜在的利弊所做的回顾表明，答案是不怎么令人振奋的"视情况而定"。

结论
来自亨利·基辛格的重要谈判经验

　　是迷恋让我们承担了这个项目。我们曾与世界上许多令人印象极为深刻的谈判家共事，并对他们进行研究，但谈判家亨利·基辛格似乎与众不同。当我们读了他的许多书，查阅了无数资料，并采访了他以及观察过他谈判的人之后，这种感受更加强烈了。读者不妨回想一下沃尔特·艾萨克森关于基辛格是20世纪"美国首屈一指的谈判家"的判断，或者我们所引用的最近对许多高等院校的1615位国际关系学者所做的调查。这个专家群体中的绝大多数人把亨利·基辛格评为美国过去50年来最有效率的国务卿。在完成了为本书所做的研究之后，我们对这些评价并不感到惊讶。他尽心竭力促成那些具有开创性的协议（与中国、苏联、中东、南部非洲以及其他地方）体现了一种独特的谈判方式，我们想要系统地将其阐述清楚。

　　我们的第一个目标是准确地描述基辛格在诸多谈判中采用的方法。在这样做的过程中，我们发现了很多值得钦佩的地方和几个需要质疑的方面。虽然我们对基辛格在20世纪70年代以冷战为主导的外交世界中实际应对各种挑战的方式感到着迷，但我们真正的动机是具有规定性和前瞻性的。

　　当然，昔日美苏两极争霸的格局已经让位给了多极化的现实，中国和印度等国家正扮演着越来越重要的角色。ISIS[1]等非国家行为体以及从气候变化到金融流动等跨境挑战，在当今这个高度互联的世界中扮演着更重要的角色。然而，尽管有这些变化，我们还是想要汲取持久的经验，以便有效地处理冲突，在具有挑战性的局势下达成协议。如果你认为这些经验主要具有的是历史价值，或是基本上只对外交官有用，那就大错特错了。读者很快就会明白，我们本章开出的处方（并未提及其外交渊源）是针对当前和未来的谈判者的，他们要处理的并不只是公共和国际问题，还包括法律和商业问题。当然，想要用好这些经验，就必须对相关因素（合适的背景、当事方、他们如何看待自己的利益、他们用来替代协议的方案等）加以考虑。

凭着我们几十年来作为谈判者、研究人员和讲授这一主题的教授的经验，我们开出了许多处方，这些处方已经展现在我们其他的一些书籍、文章和案例研究中了。[2]那么，除了那些能够从我们的工作中和其他地方轻而易举地获得的谈判建议外，我们对基辛格那独特的方法所做的研究还激发和说明了哪些特殊见解呢？

带着读者能够从我们对基辛格谈判的描述中汲取经验的期望，我们在本章中对这个问题提供了回答。当然，我们并没有发现一种非同凡响的"基辛格万能药"，能够消除任何达成协议的障碍。我们也不认为基辛格技巧的每一个要素对有效的谈判者而言都是新颖或独特的。基辛格方法中的有些要素非常独特，但他广泛使用的其他要素则更为通用。然而，当我们把本章中的建议当作一种整体性的谈判方法中的一部分来进行分析，并把它们放到许多

---

1. 即"伊斯兰国"，全称为"伊拉克和大叙利亚伊斯兰国"（Islamic State of Iraq and al Shams, ISIS），是一个自称建国的极端恐怖组织。——译者注
2. 参见罗伯特·H. 姆努金、斯科特·R. 佩珀特和安德鲁·S. 图卢梅洛，《超越胜利：在交易与争议中创造价值的谈判》，马萨诸塞州，剑桥：贝尔纳普出版社/哈佛大学出版社，2000年；戴维·A. 拉克斯和詹姆斯·K. 塞贝纽斯，《作为谈判者的经理人：为合作和竞争优势而讨价还价》（*The Manager as Negotiator: Bargaining for Cooperation and Competitive Gain*），纽约：自由出版社，1986年；拉克斯和塞贝纽斯，《三维谈判》。

具有全球意义的艰难案例中加以说明时，它们就变得鲜活起来，而且在实践中非常有价值。

从本书分析的事件中可以得出许多关于谈判的经验，我们从中选择了15条特别值得强调的。[1]对坚持读到这里的读者来说，这15条经验应该或多或少都是熟悉的，而且应该可以把这些内容与前面各章中的案例讨论联系起来。有些事件需要略详细的重述，而其他的则只需要简单提醒即可。当然，我们绝不认为你应该照本宣科地遵循这些经验来进行谈判。相反，把关联性最高的经验整合到你现有的方法中，可以大大提高谈判的有效性。（在本章的结尾，我们对每一条经验都进行了总结，以供读者参考。）

我们的前三条经验相当宽泛。它们突出了基辛格谈判技巧的一个核心特征，强调了基本假设在决定最后的成功方面发挥的关键作用，并强调了谈判概念和技巧的缺陷，即这些概念和技巧本身并不能让谈判者对关键问题有深入了解。随后的建议把"缩小焦距"和"放大焦距"在实践中的实际含义具体化了。

经验1：缩小焦距考察你的战略，放大焦距关注你的对手，并不断地将这两种视角结合起来。

在与亨利·基辛格讨论各种各样的谈判，详细解读这些谈判的过程中，我们所突出的独特和有价值的特点逐渐具体化了。基辛格似乎一直在流畅地反复缩小焦距和放大焦距：针对他广泛的战略缩小焦距，针对他的对手放大焦距，寻求将宏观因素和微观因素结合在一起，以推动核心利益的实现。在

---

1. 在本书中，我们非常关注基辛格在谈判中实际做了什么，以及他用什么词语来描述他对某个问题的看法。但在我们觉得更合适的地方，我们会用自己的术语来进行分析，而不是基辛格的。例如，尽管他从未使用过"交易/不交易平衡""谈判战役"或"移情和强势"等术语，但我们相信，这些术语准确地描述了他的方法中的一些重要元素。在对本章中的建议进行具体化时，我们还是在似乎能最好地传达我们想法的地方使用自己的术语。

制订计划和执行计划的过程中，这种双重视角使他获得了至关重要的、互补的见解。

许多谈判者专注于缩小焦距来观察大局和更广泛的战略，他们要做的交易就是在这样的背景下展开的。确保有一个经过深思熟虑的战略来指导谈判的确是一种优势，我们在本书的第二部分对此进行了详细的阐述。然而，一些专注于大局的谈判者在人际关系方面缺乏有效性。这可能是因为这种素质对他们来说并不重要，也可能是因为他们傲慢自大，或是他们根本不具备良好的"人际交往能力"。

其他谈判者则专注于放大焦距来观察他们的对手，专注于融洽、沟通、信任和关系。培养感情联系也是一种真正的优势，我们在本书的第三部分对此进行了详细的阐述。但是，一些以人为本的谈判者缺乏强烈的战略或分析意识。这可能是因为这些东西对他们来说并不重要，也可能是因为他们是从纯粹的人际关系意义上来理解"谈判"的，或是他们根本不具备良好的分析和制定战略的技能。

很明显，是缩小焦距和放大焦距这两种方法共同支撑着基辛格的成功。他缩小焦距打造一个经过深思熟虑的战略的能力无疑应当被看作他最独特和最广为人知的特点。然而，这个特点与他对人际关系的关注密不可分，我们认为这才是他取得谈判成功的关键。回想一下他在南部非洲谈判中所发挥的作用，我们会发现，他把他与尼雷尔、沃斯特及史密斯等各具特色的领导人建立起来的友好关系与他的总体战略紧密地关联在一起，这是令人惊叹的。他与周恩来及多勃雷宁的个人关系帮助他实现了在美国、中国、苏联之间建立三角关系的战略。在1973年的阿以战争之后，为了寻求更稳定的地区关系和削弱苏联在中东的影响，基辛格非常依赖他与萨达特、梅厄和拉宾建立的亲密关系。在这些谈判和其他谈判中，他把宏观因素和微观因素结合起来，为他的长期目标服务。

我们不应该把缩小/放大焦距视为一种两步走的程序，即先缩小焦距制定战略，再放大焦距关注对手个人——这就算完成了。相反，随着战略逐渐变得明确和你的对手不断参与进来，你可能要随着谈判的进展，一直反复地在这两种视角之间切换，推动事态朝着达成你的目标协议的方向发展。

我们的目的是找到具有规定性的谈判经验，就此而言，基辛格这种双重关注到底是他有意为之还是出自他的本能其实并不重要，重要的是你应该不断地询问自己：我的谈判方法是否同时包含了这两种视角？如果没有，那么你最好训练自己同时从这两个角度来看问题。如果经过再三考虑，你还是强烈倾向于重视战略或对手个人，那么你能注意把部分精力集中在等式里被忽略的那部分上吗？如果你觉得自己很难做到这一点，那么你能和技能与你互补的人合作（或雇用他）吗？

经验2：**再三评估你的基本前提。**

谈判最终能否取得成功，取决于你对世界、形势和你的利益所做的基本假设是否正确。不论你的战术多么精巧，如果作为其基础的假设不正确，或是你误判了你真正的利益之所在，那么你都是无法取得胜利的。你巧妙地排除万难，与一个不值得信赖的对手建立了伙伴关系，这种情况不会带来好结果。例如，为了支持2003年的伊拉克战争而进行的外交活动以大规模杀伤性武器的存在（其实不存在）为基础，后来的事态发展证明，这只起到了负面作用。同样，眼光独到地把各种难以驾驭的利益相关者聚到一起，以支持某次复杂的房地产开发，开发完之后，却发现该地区有一处有毒废物的倾倒场，这只能被视为失败。

在大多数美国人视中国为狂热的、势不两立的敌人的时候，基辛格（和尼克松）认为中国与苏联之间日益增长的敌意为实现一个潜在的变革打开了大门，这个变革有利于全球重新洗牌。基于这个前提，基辛格通过精明的谈判把美国放在了一个新的三角关系的支点位置上，这样，中国和苏联这两个主要的共产主义对手和美国之间的关系就比它们彼此之间的关系更为密切。正如我们所展示的，这一战略性谈判除了增强了全球的稳定性，也为基辛格代表美国进行越南谈判和1973年阿以战争后的谈判带来了好处。

然而，基辛格的世界观并非总是正确的。他在越南谈判中提出的关键假设在当时就受到了质疑，此后也一直受到质疑。正如我们详细讨论过的，这些前提包括：越南是冷战的一条主要战线，而不是两股各自拥有外国赞助者的本土势力之间的内战；对美国的全球信用而言，坚守对南越政府的承诺至关重要；战争越南化很有可能取得成功；美国有意愿也有能力在撤军后强制执行《巴黎和平协定》。尽管出于分析的目的，我们认为我们从研究基辛格在这一案例中所使用的谈判战略和战术中学到了很多东西，但谈判结果不可避免地影响了我们对谈判过程的印象。

我们对基辛格以冷战为基础来对南部非洲和越南做出假设的做法当然是持批评态度的。然而，无论我们之后对基辛格给出的前提是否明智做出了什么样的评价，在研究他的谈判时，我们都会把他的总体目标和世界观作为分析的初始依据。当这些假设被证明可靠的时候，他的谈判就是有坚实基础的，其中有些谈判取得了显著的成就。而在相反的情况下，再伟大的谈判战略、再精妙的战术，也不能挽救一个从根本上存在缺陷的计划。尽管这听起来是不言自明的，但抱着怀疑的态度重新审视和确认你对自己想要达成的交易所做的基本假设，对取得长期的成功至关重要。

经验3：深入了解你的谈判主题和（或）确保你的团队拥有这方面的知识。

跟我们一起来做个简单的思想实验。假设基辛格是一名制药行业的业务拓展经理，几十年来，他开发出了一套成熟的谈判方法。然后，他突然从这个职位上被直接提拔为国务卿，那么他作为一名外交谈判者的有效性就会因为缺乏外交知识而受到严重限制，至少在他对这个新环境中的政策和人非常熟悉之前，会是这样。事实上，如果没有真正了解一个国家的历史、文化、经济和政治状况（或是你的对手国家的这些情况），就很难成为一个有效的外交谈判者。基辛格对国际关系——无论是历史上的还是当今的——的深刻理解使他的谈判能力得到了极大的提高。他的同行经常谈到他对掌握新学科知识的强烈兴趣以及他非同寻常的快速学习能力。当他对问题或地区的理解不太可靠的时候（例如，与限制战略武器谈判有关的一些技术性很强的核问题，或是南部非洲新独立国家的政治问题），确保他的团队掌握这些知识对取得良好结果是至关重要的。

许多书籍都含蓄地宣称，只要掌握了谈判的概念和技巧，就算你不去深入了解使用这些知识的背景，也能取得惊人的成果［例如畅销书《谈判天下》（*You Can Negotiate Anything*）[1]］。我们很怀疑这种说法，尤其是当你面对自己完全不熟悉的问题时。此外，也很少有人会说，单凭专业知识就能成为一名出色的谈判者。根据我们的经验，基辛格在外交中运用的概念和技巧，如果被人用在他已经相当熟悉的领域，将会有巨大的效果。理想情况下，你会在你非常熟悉的领域发现这种方法的价值。如果你是在不熟悉的领域进行谈判，那么请务必先摸清状况，或是在你的团队里安排具备相关专业知识的人。

正确的假设和具有相应领域的专业知识在谈判中所起的作用，无论怎样强调都不为过。把这些广泛的经验记在心里，有所权衡地采纳我们的建议，在缩小焦距观察战略的同时放大焦距观察战术和人际关系的确切含义就会变得清楚明白。

---

1. 赫布·科恩（Herb Cohen），《谈判天下》，纽约：班特姆（Bantam），1982年。

经验4：**做长远打算。**

要仔细分析你目前正在考虑的谈判与你的长期目标之间的关系。我们在本书中为进行更充分的分析而选出的每一场谈判，对美国外交政策而言都具有长期的意义。当然，这并不意味着从这个意义上讲，所有谈判都是"战略性"的。非战略性的交易通常包括买车或买房，签订清洁服务合同，续签友好国家之间关于教育交流或科学合作的无争议协议，或协商联合播出一个小型有线电视节目第四季的有关事宜。这类交易有许多——如果不是大多数的话——是事务性的，没有什么更广泛的意义（虽说在谈判过程中，各方关系的增强或恶化可能会引起更大的关注）。

基辛格一贯反对那种极为普遍的根据谈判的"独立价值"来对谈判进行分析的习惯。例如，1969年，他要求对中国进行重要的跨部门分析。他想要的是广泛的分析，而他收到的文件"高度关注传统的中美双边问题：台湾、加入联合国、贸易和旅游，以及……裁军……就好像所有这些问题都存在于真空中一样。完全没有提到中苏关系紧张对全球的影响以及我们所面临的建立三角关系的机会。（文件）过分强调了中国的意识形态和所谓的好战性。我认为应该以完全不同的方式来提出问题……我们与中国之间的问题，哪些是由中国的规模和形势造成的，哪些是由中国的领导层造成的？我们想从中国那里得到些什么，我们该如何合理地去影响中国的决定？我们该如何看待中苏关系的演变？我们能在多大程度上影响他们，我们应该支持哪一方？"。[1]

基辛格并没有把重点放在某次具体谈判所造成的直接影响上，而是一直在问，要如何利用这次谈判来配合解决一个更大的难题。鉴于我们对他的几次谈判所做的回顾，接下来的这几句话应该能够引起读者的共鸣："我试图把事件联系起来，在世界的某个地方创造激励或压力来影响发生在其他地方

---

1. 基辛格，《白宫岁月》。

的事件……我想要把细微的变动累积起来，为一个长期的战略服务……我更关心几年之后的结果。"[1]当基辛格想要达成一个能够促进更广泛的利益的理想协议，但目前还无法实现时，他常常会去设想那些他可以提前采取的行动，这些行动往往是跨不同问题或地区的。这样的举措通常会为实现他的目标交易创造一个更有希望的环境。

重要的谈判实践总是涉及探寻某次特定的谈判是否具有长期的意义。例如，在决定应该用多少资金和管理资源来进行诉讼或寻求和解时，判断的关键之一就是这场官司是否与法律或实际判例的确立有关。如果只关注这一特定诉讼本身，那么以低于辩护成本的价格来寻求和解看起来就会很有吸引力。但这样的和解可能会成为一个先例，日后会招致更多类似的诉讼。如果打官司，短期的花费可能更大，但是从长远来看会节省开支。类似地，假设你最近开发出了一项新技术，并且正在和想要获得该技术使用权的客户谈判，但这个客户摆出的姿态很高。如果这个客户是众所周知的精通技术的人，那么最终接受他提出的折扣条件也许是值得的，因为其他人可能会把这笔交易当成你的新技术经得起考验的可靠信号。

在我们对长远打算的探讨中，信用是一个主要问题。你在一次谈判中建立起来或破坏掉的信用往往会对你以后的谈判产生深远的影响。基辛格把一个人的信用比作其他人对他性格的观感。他们有多相信你会按照自己说的话去做，不去做你答应不做的事情，兑现你的诺言或实施你的威胁？如果他们对你的话信心十足，那么你的信用就很高；反之，你的信用就很低。因此，信用——不论是个人的信用还是国家的信用——在谈判中是一项至关重要的资产，要好好维护并提高它。信用很难建立，却很容易失去。在叙利亚使用了化学武器，触犯了奥巴马总统划定的红线之后，他未能采取行动，人们认为这削弱了他后来在中东及其他地区的影响力。同样，特朗普总统在国内

---

1. 基辛格，《白宫岁月》，第31页。

外的重大问题上屡次发表相互矛盾的声明，这也可能会让对手对他的话产生怀疑。

经验5：采用广角视角。

与长远打算密切相关的是我们所说的用广角镜头来审视谈判的方法。你手头的谈判应该单独处理，还是应该放到更大的情境中去考虑？当你放眼扫过其他方面、问题和地区时，有没有看到可以派上用场的潜在联系？基辛格的方法有一个显著的特点，就是他一贯注重识别和处理不明显但可能非常重要的关系，特别是在涉及苏联、中国、越南、中东和南部非洲的谈判中。

当你把全部注意力都集中在眼前的谈判对手身上，但这样做却使你身处劣势时，采用广角镜头可能会非常有用。采用一种更广泛的视角可以帮助你识别应该包含到（或排除出）谈判进程中的当事方和问题。例如，如果基辛格试图在一场面对面的交锋中说服伊恩·史密斯接受黑人多数统治，那么我们几乎可以肯定，他会失败。相反，广角分析表明，在直接与史密斯打交道之前，让英国、"前线"非洲国家、非洲统一组织的其他成员国以及南非参与到这一进程中可能会很有用处。在巴黎和平谈判中，为了获得优势，基辛格越过北越和越共，把目光投向了远处；最终他把中国、苏联，还间接地把西德都卷了进来。在基辛格卸任很久之后，在与伊朗的核协议谈判中，美国也试图通过与其他几个"P5+1"国家[1]——法国、英国、德国、俄罗斯和中国联合起来，再加上藏在幕后的以色列，使自己的影响力最大化。

在你准备谈判的时候，问问你自己，你是否认真地考虑过你的直接对手以外的其他人，他们的参与可能会增加你成功的机会。举一个小规模的例

1.　"P5+1"国家即伊朗核问题六国，包括美国、俄罗斯、英国、法国、中国五个联合国安理会常任理事国和德国。——译者注

子，有一家公司可能是你的产品的买家，假设你要和这家公司的一名采购专家谈判，他的短期动机是压低你的报价。比起把注意力全部集中在你的采购对手身上，你有没有事先暗中谋划，就你的产品的真正价值与这家公司的最终用户建立一个联盟（而非"谈判"）？如果你已经拥有了一个内部的"拥护者"——在理想状况下，他应该是一个既能真正理解你的产品的价值，又具有一定政治影响力的人——那么你以后与该公司的采购人员进行谈判就会容易得多。

经验6：做一个现实主义者——跟踪交易/不交易平衡。

对于任何即将进行的谈判，基辛格都要先搞清楚他这边的利益所在，以及在无法达成协议的情况下可以做出的选择。同时，在了解了对方的利益之后，基辛格总是会评估对方是如何看待交易和不交易这两种选择的价值并对此进行比较的。在对方眼中，说"好"和说"不"两者相较，哪个更有利？如果一个现实主义的评估显示，对对方来说，说"不"压倒了说"好"，那么你只有采取两种行动中的一种，甚至双管齐下，才能达成协议（假设你不打算降低自己可以接受的标准）。你要提出对对方来说更有利的价格，和（或）恶化陷入僵局的后果，这样交易/不交易平衡就会向有利于交易的方向倾斜。虽然这一主张看上去几乎是不言自明的，但很多时候，即使一些交易/不交易分析表明对方认为说"不"明显有利，谈判者也会因为有要求进行谈判的呼声而无法抽身——像这样的谈判，对方一开始就没有达成交易的动机。

跟踪交易/不交易平衡是一个重要的诊断工具，基辛格几乎是发自本能地运用着这一工具。的确，当他打算就罗得西亚的黑人多数统治问题进行谈判时，他立即领会了之前英国谈判者没能领会的东西：如果直接与伊恩·史密斯接触，那么他会认为把谈判拖进僵局比达成协议更可取。因此，基辛格得出结论，采用直接的方法本身就会招致失败。

在巴黎和平谈判初期，基辛格痛苦地意识到为什么北越拒绝达成协议：黎德寿知道，参与越南战争越来越不受美国公众和国会的欢迎，实际上尼克松正在迅速地无条件撤出美军，美军撤退将增强越共和北越军队的军事实力，同时削弱南越军队。为了开辟达成协议的空间，基辛格需要使交易/不交易平衡倒向不利于北越的方向。

相比之下，即使美国和中国经历了长达20年的相互敌对，没有任何官方交流，基辛格和尼克松还是意识到了毛泽东领导下的中国正面临着苏联日益加强的军事威胁。没有美国作为一种制衡力量，中国的地缘政治形势就会变得越来越糟糕。除了与美国改善关系可以给双方带来的共同利益之外，中国的不交易选项日益恶化无疑也为美国和中国订立互利的协议开辟了空间。

在用"现实主义"一词来描述基辛格的谈判方法时，我们指的是他对交易/不交易平衡有着敏锐的关注，而不是指"现实主义"或外交事务中的现实政治学派，这个学派将国际关系体系解释为一组理性的国家行为体在一种永远相互冲突的状态下谋求获得和（或）运用权力。相反，我们极力主张仔细评估达成协议的基本条件是否存在——即对有关各方来说，与陷入僵局或其他更糟的局面相比，达成协议的吸引力是否更大。

粗略地说，评估这种平衡就像询问你和你的潜在对手是否都有谈判的动机。如果我有一份很棒的工作，而你试图说服我接受一份更差的工作，那么在我看来，说"不"比说"好"更有吸引力。如果你坚定地相信你会在法庭上赢得胜利，那么我寻求庭外和解的努力可能就会落空。如果单独一个消费者抱怨某种产品有问题，那么其制造商很可能会置之不理。但如果这个愤愤不平的消费者把其他心怀不满的消费者召集起来，在社交媒体上发起一场运动，使整件事在网络上疯传，那么谈判可能就会以完全不同的方式来进行。简而言之，对交易/不交易平衡的现实主义评估能让谈判者对谈判能否取得成功做出有用的初始判断，并使谈判者清楚，为了达成协议，应该把努力集中在哪里。

经验7：**不要认为谈判中的要素是固定的；只要有用，就寻求实施改变游戏的举措，以使交易/不交易平衡向对你有利的方向倾斜。**

如果跟踪交易/不交易平衡是一个很有用的诊断工具，而广角镜头提供了更大的场景来定位你的特定交易，那么下一条经验就是：分析了形势之后，你应该考虑改变"谈判游戏"，使其符合你的利益。这意味着采取一些措施"添加"或"删除"某些参与方或问题，改变形势，使之对你有利。当然，在最初的形势下运用各种巧妙的战术来排除困难往往是最好的选择。然而，把谈判中的各种要素视为固定的，可能会对你不利，甚至让你的努力变得徒劳。

我们已经对基辛格改变游戏的两个案例——罗得西亚和越南——进行了广泛的讨论。正如我们对交易/不交易平衡的分析所表明的，如果谈判只限于直接对抗的双方，那么伊恩·史密斯和黎德寿都不大可能接受基辛格的要求。正是改变游戏的举措扩大了这两场谈判的范围，制造了改变平衡，使平衡向有利于基辛格的方向倾斜的可能性。

正如我们在对这些案例的分析中看到的，在与史密斯接触之前，基辛格先获得了美国的支持。然后，他改变了"基辛格单独面对史密斯"的"游戏"，把英国、前线国家、非洲统一组织的其他成员国和南非都拉了进来。只有通过采取一系列复杂的、旨在恶化史密斯不做交易的后果的行动，再加上一些对白人少数群体进行保护的措施，才有可能达成协议。虽然史密斯很不情愿，但最终在他看来，说"好"比说"不"还是要好一些。

在巴黎和平谈判中，基辛格为了取得优势，在远远超出北越和越共的范围之外寻求支持；通过把中国、苏联，以及间接地把西德卷进来，他改变了"美国对越南"的"游戏"。与此同时，通过在谈判中建立一份名义上的"合理记录"，再加上尼克松稳步地撤出美军，他创造了足够的"国内空间"，使美国和南越能够对北越在1972年发动的大规模攻势做出强有力的反应。这些举措为达成1973年的协议铺平了道路（当然，在水门事件和国会取消了用于印度支那的资金之后，协议只维持了两年，就宣告失败）。

经验8：评估为实现你的目标交易而发动一场谈判战役的可能性，要特别注意"国内战线"。

在许多案例中，特别是罗得西亚和越南案例中，基辛格将他改变游戏的行动构筑为包含多条战线的"谈判战役"。从概念上讲，策划谈判战役者要确定最终的目标协议，仔细考察所有当事方及其利益，将各方分成类似的"战线"，以目标协议为起点进行地图回退，以确定最有希望获胜的谈判顺序，然后再对整场战役进行精心的安排。简单的买卖谈判有时需要小规模的谈判战役，而更复杂的交易往往就需要一场雄心勃勃的战役了。读者不妨想想要在多个司法管辖区获得监管批准的大型跨境并购，为联合国安理会做出的一项重要决议寻求支持，从金融、政治、环境和工会方面获得对一个重大基础设施项目的批准等。

然而，我们注意到，在罗得西亚和越南的谈判战役中，基辛格在"外部"战线上的行动都比较微妙和复杂。在这两个案例中，尽管基辛格小心翼翼地维持着总统的支持——对任何一位国务卿来说，这都是成功的关键条件——但事实证明，更广泛的国内战线是有问题的。基辛格倡导在罗得西亚实行黑人多数统治的时机，使杰拉尔德·福特在保守派人士中的声望受到了严重损害。同样，尽管令美国公众和国会反对印度支那战争的因素的确很复杂，但这并不能减轻尼克松和基辛格的责任，他们最终未能维持住对执行《巴黎和平协定》的支持。这些结果表明，有必要制定一个战略来维持内部战线的支持，不论这个内部指的是全国还是你的总公司。

经验9：形成多方洞察力和灵活性——联盟动态、排序和信息。

人们所熟知的谈判似乎都是双边谈判：买卖双方讨价还价，原告和被告庭外和解，制造商和供应商订立合同，或两个核大国签订军备控制协议。然而，双边关系的表象下往往隐藏着更大的复杂性，这种复杂性可能会以双方内部的不同派系、律师或银行家等怀着各自目的的代理人，或者其他有利益纠葛的、最终能发挥影响力的有关方等形式表现出来。很明显，美国、苏联和中国之间的三角外交不能从任何两个当事方的角度去理解。同样，尽管用过分简化的观点来看，美国对北越或基辛格对伊恩·史密斯的谈判也可以被当成一种双边的互动，但实际情况显然并非如此。

时机

参与多方谈判的谈判者必须至少同时在空中抛接三个球，通常还会更多，以寻求有利和稳定的结果。在有三个当事方参与谈判的情况下，我们可以看到，这绝不只是其中一方试图让其他两方相互竞争这么简单。通过三角外交，基辛格将美国置于一个比苏联和中国都有更多选择的位置上。这种新的结构降低了爆发核战争的总体风险，并在其他谈判中为美国带来了优势，其中就包括越南谈判和1973年阿以战争后的脱离军事接触协议谈判。读者应该还记得，基辛格在探讨进程中的动态时，对实现这一新的结构所需掌握的时机做了怎样的分析："如果我们行动太快……中国人可能会断然拒绝我们的提议。如果我们行动太慢，可能会让中国人更加怀疑美苏勾结在一起了，这会促使他们以可能获得的最好条件与莫斯科达成协议。至于苏联，我们认为中国这个选项有助于让他们保持克制，但我们必须小心，不能过于急切，以免刺激苏联对中国发动先发制人的攻击。"[1]

---

1. 基辛格，《白宫岁月》，第177—178页。

分开处理还是合并处理?

当基辛格试图在埃及人和以色列人之间促成脱离军事接触的协议,以及不久之后在叙利亚人和以色列人之间促成类似的协议时,他面临着两种截然不同的战术选择——在纯粹的双方谈判中无须进行这种选择:是把双方分开分别处理,还是把他们聚到一起一并处理。名义上,基辛格是在两个主角之间扮演调停者的角色,但美国与此事有很深的利益纠葛,这实际上是一场三方谈判,而美国在谈判中发挥着各种影响力。基辛格选择在谈判中将双方分开,这一方面是出于政治原因——埃及和叙利亚都没有承认以色列,另一方面是出于战术上的原因。这种"穿梭"方法不仅在加快进程的同时建立了势头,还允许他过滤和管理信息流,推动各方达成可能的交易,并避免各方面对面时可能出现的争吵。把你自己放在中间人的位置上有这样的好处,但也有一些缺点。这种做法阻止了各主要参与方进行直接交流,使他们无法亲自了解对方的观点和利益,并降低了他们建立工作关系的可能性。这样做还可能引起人们的怀疑,即中间人是否出于另一个目的歪曲双方的看法,这或许会让各方更不信任彼此。

排序

请注意,在最后几个例子中,不论是合并或分开各方,还是披露信息,这些决策都与一个因素有密切的关系,就是顺序选择。这个因素是非常重要的。基辛格和尼克松为了促使苏联在各种停滞不前的问题上采取灵活的态度,不遗余力地隐瞒他们与中国的接触,这种接触必须在与苏联进行后续交易之前披露出来。同样,基辛格先进行了他认为(相对)容易的以色列和埃及脱离军事接触的谈判,然后在以色列和叙利亚之间进行类似的谈判(受到以埃谈判成功的影响),他认为要让岌岌可危的以色列和约旦谈判取得成功,就必须先完成以叙谈判。

当我们讨论改变游戏的举措和谈判战役时,排序这个问题就已经潜藏在水面下了。读者可以回想一下促成《巴黎和平协定》的多战线、多阶段、循序渐进的谈判战役。事实上，正如对罗得西亚案例的研究所充分表明的，基辛格策划的谈判战役实质上有着一个精心安排的顺序。依次排下来，在直接与伊恩·史密斯谈判之前，他需要获得美国的授权、英国的参与承诺、前线国家和非统组织的支持，以及南非的同意。谈判的顺序是经过深思熟虑的，每个阶段都以先前的阶段为资本，这使得谈判者能够评估哪一方的同意（或反对）会对其他各方产生积极（或消极）的影响。

信息披露

在多方谈判中，搞清楚应该透露多少信息以及在什么时候透露，可能是一件特别棘手的事情。因为透明度和包容性，向各方充分披露信息的做法听起来很有吸引力。然而，分享所有信息可能会妨碍谈判取得进展。例如，基辛格私下得到了南非领导人约翰·沃斯特对罗得西亚人施压以及英国同意召开地区会议的承诺。他把这些私下的承诺隐瞒起来，然后与一些非洲领导人进行了谈判，基本上就是在问他们："如果我能得到英国和南非的承诺，你会支持我的倡议吗？"例如，坦桑尼亚的朱利叶斯·尼雷尔认为基辛格不可能得到这样的承诺——他说，如果基辛格能得到这些承诺，那将是一个"奇迹"——但他同意以英国和南非的首肯为条件支持基辛格的计划。在基辛格看来，如果尼雷尔和其他人得知了这些私下的协议，他们就会"私吞"这些协议，并提出更多的要求。对他们保密推动了谈判进程，但日后真相被揭露时，人们不免会认为基辛格是一个狡猾的人。

我们可以采取无数种方式来在多方谈判中保持灵活性，但基辛格在我们分析过的几次谈判中所展示出的就是上述这些特征。通常，像披露信息或排序等许多战术选择，其目的都是建立一个"获胜联盟"：找到足够的、合适的参与方，让他们积极或消极地支持你的目标交易，以确保交易被采纳、实施并维持下去。除了建立一个获胜联盟，还需要挫败那些实际的或潜在的阻碍者或破坏者。当有许多当事方参与谈判时，建立获胜联盟或阻碍联盟就成了那些寻求协调谈判进程的人的当务之急。

经验10：**战略性地思考，机会主义地行动**。

战略这一概念清楚地指导了基辛格在我们分析过的谈判中的行动。他反复强调——对他的团队、对我们，以及在他的著作中——战略的重要性。然而，正如基辛格的行动所表明的那样，谈判者不应该把计划好的战略看作只需要一丝不苟、按部就班地遵循的既定方案，或是只需要有条不紊地执行的蓝图。谈判形势不可避免地会发生变化和演变，这通常是不可预测的，而你对形势的理解也会发生改变。出招和回击可能会制造新的机会或限制。有关各方都会产生变化，比如他们表面上的结盟、他们的立场和利益、他们的不交易选项、可用的信息、各方的备选方案、采取行动的紧迫性等。当形势发生变化时，你应该重新评估你的策略，然后决定是否以及如何调整你的方法，以促进你的利益。

在某些情况下，意想不到的变化可能会揭示出谈判的可能性。例如，当尼克松和基辛格觉察到苏联对中国造成了军事威胁时，发起一次基础谈判以重塑中美两国关系的选项就出现了，这个选项本来看似是遥不可及的。

环境的变化也可能会阻碍计划的实施。例如，在罗得西亚案例中，美国国会阻止了基辛格通过秘密行动阻挠苏联和古巴在安哥拉取得进展的初步计划。这一变化迫使他在保持目标不变的同时，转而采取纯粹的外交行动，这种外交行动的基础是精心策划的循序渐进的战略。后来基辛格又在他最初的冷战目标上增加了一些其他的目标（包括推动多数统治和避免地区种族战争这样的民主原则），他的谈判遵循了这个新计划，但出乎意料的是，他本以为已经到手的英国和前线国家的支持开始迅速削弱。基辛格再次顺应形势的变化，推翻了起初确定的顺序，前往伦敦以获得英国人的书面同意（后来，他还说服了一个因为被紧张的首相排除在此事之外而大感惊讶的内阁成员）。

也许把基辛格式的谈判看成围绕一个中心战略主题演出的即兴爵士乐，而不是精确的计划，是很合适的。当不同的可能性和障碍出乎意料地出现时，你应该采取机会主义的行动，把它们纳入你的战略计划。

经验11：努力理解对方的观点，并在要建立融洽关系时展示出这种理解，同时坚持自己的需要和利益。

那些认为基辛格主要是一位地缘政治大师的人，可能会因为他如此密切地关注他的对手个人而感到惊讶。尽管基辛格不相信个人之间的纽带胜过国家利益，但他还是强调个人关系和融洽的关系是有用的谈判工具。正如我们在基辛格精心撰写的大量精辟资料中看到的那样，他热心于研究那些与他打交道的人：他们的心理倾向、个性、风格和历史。

除了纯粹的个人特征外，基辛格还认为他的对手们受到了他们的政治和民族文化的影响。因此，虽然果尔达·梅厄在谈判上有着独特的个人风格，但她体现了一种暴躁易怒的政治传统，这种政治传统受到了以色列当时岌岌可危的存在状态和其人民的悲惨历史的强烈影响。日本文化和治理的共识性严重限制了日本首相佐藤荣作做出和执行决定的个人自由。基辛格对中国和俄国的历史、文化和政治制度进行了许多犀利的观察。然而，在大多数情况下，他抛开民族刻板印象，明确地对毛泽东和周恩来以及阿纳托利·多勃雷宁和列昂尼德·勃列日涅夫做了区分。

虽然基辛格在事后给出了许多这样的评估，但我们特别注意到了他为尼克松和福特总统撰写的大量备忘录，这是为他们两人与中国和苏联领导人单独进行谈判所做的前期准备。基辛格依靠自己的观察、他的团队所做的广泛研究以及与外部专家的磋商写出了这些准备材料。他所做的这种基础工作，为他对问题和更广泛的战略所进行的分析做了补充，给那些想要为富有挑战的谈判做充分准备的人提供了一个榜样。

这些评估给基辛格提供了重要的线索，让他知道如何运用最有效的谈判方法来接近他的个别对手，了解他们最容易接受的论点、敏感点和弱点，并搞清楚哪些压力和激励能造成最大的影响。不论是友好的还是批判的观察家都认为，基辛格对他的对手有着非同寻常的洞察力，这往往有助于建立积极、融洽的关系。

基辛格经常向对方表达自己对其观点的细微理解。出于谈判的目的，我们把这种举动称为"移情"。这与表示同意或同情不同，而是要向对方表明你对其观点的理解。这是在谈判中改善沟通、建立融洽关系和增进个人关系的一种方式。

在某些情况下，持有截然不同观点的人会觉得，基辛格不仅理解他们，而且同意他们的观点。如果他们交换意见，就可能会对基辛格产生怀疑和不信任。基辛格冒着被视为善于操纵人心，甚至具有欺骗性的变色龙的风险。但这绝不是一种普遍的看法，所有人都说，他非常小心，在和不同的听众说话时，他会避免自相矛盾。不过，对谈判者来说，这其中更广泛的含义是显而易见的：移情在谈判中非常有用，但要注意别给人留下两面派的印象。

为了避免给人留下（当然，这不太可能）基辛格的主要人格特质是移情的印象，我们强调，他在主张自己的观点和利益时往往是很强势的。这种强势所传达出的是强硬且不受欢迎的信息，虽然这种信息有时候是以相对低调甚至移情的方式来传达的。例如，伊恩·史密斯对基辛格有着积极的看法，认为他"非常诚实、直率，而且直截了当"[1]，尽管基辛格实际上是在要求史密斯在他所说的他自己的"遗书"上签名。[2]正如我们所强调的，没有必要在移情和强势之间进行折中。根据我们的经验，最有效的谈判者同时具备这两种特质。

1.伊恩·史密斯，新闻发布会，1976年10月25日。
2.艾萨克森，《基辛格》，第690页。

尽管基辛格竭尽全力去理解和联系对方，但有时候他和对手之间的关系仍是敌对的，比如他与黎德寿、伊斯梅尔·法赫米以及阮文绍的关系就是如此。这并不奇怪，因为除了建立融洽关系的尝试，还有许多因素会影响谈判双方的关系（例如，人际摩擦、尖锐对立的核心利益以及相互冲突的世界观）。

尤其是，人们对亨利·基辛格的抵触可能有着复杂的基础。他在官僚机构中树敌甚多。人们普遍认为他是一个才华横溢的人，但有时候既傲慢又脸皮薄。尽管如此，他的魅力、幽默和吸引别人的能力还是很出名的。当然，他在许多有争议的美国政策的制定中发挥了核心作用，这些政策引起了强烈的敌意。尽管有这些复杂的因素，我们还是要强调，谈判者付出实际努力去了解对方，以建立融洽的关系，并了解他们真正的利益和优先事项，是很有价值的。

经验12：重新考虑传统的"抬高起点，慢慢让步"的谈判方法。

基辛格喜欢的谈判风格并不包括极端的提议和没完没了的讨价还价。在讨论具体问题、提出建议或采取立场之前，他敦促谈判者去倾听、调查和尝试理解他们在与谁打交道，并培养对对方的真正利益和背景的认识。在谈判过程的初期，他提出了这样一种观点，即谈判者应该以粗略的甚至哲学上的描述来表达他对谈判总体目标的看法。这对我们来说很有意义。

在基辛格看来，在谈判开始时提出非常极端的建议，然后在迫不得已的时候再慢慢向自己"真正"的底线让步，会把谈判变成对意志和耐力的长期考验。尽管向国内观众展示"强硬"是有用的，但这一过程所需的时间可能会远远超过必要的时间，还可能会使谈判陷入不必要的僵局。与其自讨苦吃地讨价还价，还不如（像《上海公报》的谈判那样）采取更有成效的办法，即付出实际努力确定各方都能接受的真正可持续的结果，然后合理地提出一个初步建议，并坚持下去。虽然应该留出一些调整的空间，但建立一种擅长进行这种谈判的声誉可能是一项长期资产。同样，在压力下做出让步只会招来更多的压力。如果确实需要做出让步，那么最好是在有点出人意料的情况下让步，别等到迫不得已时再让步。这样做能放大让步的影响。

基辛格也做不到一直坚持他所偏爱的这种方法。在他的一些谈判中，同样有讨价还价的场面，尤其是在谈判接近尾声时。限制战略武器谈判中的数字游戏以及以叙脱离军事接触谈判中库奈特拉的命运就是很好的例子，基辛格与苏联的许多交易也是如此。然而，他始终坚持主张运用这种性质完全不同的讨价还价方法。

在某些情况下，很难或根本不可能提前搞清楚一个人真正的底线在哪里。例如，在巴黎谈判期间，美国在撤军时间上的立场逐渐从一年缩短到六个月，又从六个月缩短到四个月——这很可能不是讨价还价这一战术选择的结果，而是形势的演变造成的。

经验13：培养文字加工的技术；"建设性模棱两可"可能有用，但也有风险；"暗中讨价还价"可能是一个有价值的选项。

作为一个不感情用事的谈判者，基辛格以国家利益为自己的指导原则，他往往能运用巧妙的言辞推动看似陷入僵局的谈判。尤其是在主要成员想继续谈判，至少想把谈判推进到下一阶段，但又心存疑虑时，或是当反对谈判的选民阻碍了进程时，巧妙的措辞可以为谈判者开辟前进的道路。归根结底，是实质支配着话语。然而，在适当的情况下，精心构思的话语可以为谈判者提供取得宝贵的实质性成果的钥匙。

虽说我们提供了各种例子来说明精心推敲的措辞可以使受阻的谈判继续进行下去，但其中最好的例子可能还是《上海公报》。中国大陆和台湾当局都极力主张自己代表着整个中国，都坚持国家的统一。美国希望在维持与台湾当局的关系的同时，与中国大陆建立关系，因此不能直接承认北京对台湾的主权控制。仅仅求同存异是不够的，这个问题对双方来说都太重要了，多年来一直阻碍着中美谈判向前推进，而且有可能继续阻碍谈判。因此就有了对谈判而言至关重要的一句话："美国认识到，台湾海峡两岸的所有中国人都认为只有一个中国。美国政府对这一立场不提出异议。"[1]这些精心设计、故意模棱两可的措辞使得美国和中国能在接下来的10年中展开合作。

　　一开始就坚持明确解决这些问题可能只会导致僵局。如果双方的核心利益互不相容，而且这种状况将会继续下去，那么这可能就是正确的结果。除了把清算的日期往后推（在某些情况下，这可能是可取的）之外，把真正的根本性差异掩盖起来没有任何意义。然而，由创造性的文字加工所产生的"建设性模棱两可"则是非常宝贵的。它能使谈判在比较容易处理的问题上取得进展，让各方都可以声称在争议极大的问题上获得了"胜利"。如果能先解决其他问题，使合作相对冲突的好处变得更加明显，并且使各方的关系得到加强，那么在面对更棘手的问题时，解决的可能性就会更大。

　　与此密切相关的一个问题是，谈判者需要告诉各当事方什么。抱着"声音隔离"的希望把不一致的信息传递给不同的方面，只会在这种行为被揭穿时造成悲剧，导致失去信任、信用受损和被指责欺诈。然而，对不同的观众强调同一情况的不同方面或特征可以把每个人都留在游戏中，也许会有足够长的时间来达成一个对大家来说都有价值的协议。

　　然而在某些情况下，无论怎样修改措辞，都不能达成一份明确的协议，在这种时候，一份心照不宣的协议也可能会产生预期的结果。随着缓和政策的基础越来越稳固，苏联对犹太人移民他国（这是尼克松政府想要的）的态度也越来越宽容，尽管这是"在没有正式要求，也没有正式答复的情况下"进行的。[2]安瓦尔·萨达特非常愿意在战争结束后清理苏伊士运河，前提是这一行动要被描述成他自己的独立决定，而且"以色列不再要求他这样做"。[3]

---

1. 基辛格，《白宫岁月》，第783页。基辛格承认，"公平而论，我必须说，这句话是我根据国务院起草的一份谈判文件中的话改编的，那次谈判在50年代夭折了"。
2. 基辛格，《大外交》，第753页。
3. 基辛格，《动乱年代》，第825页。

当达成协议的事实可能代价高昂，或许会激起反对并引发负面反应时，这种暗中缔结的协议可能会有所帮助。

精心选择的措辞和行动可以成为老练的谈判者的有用工具。如果小心运用，它们可能会非常精妙。通过这样做，可以对不同的人强调问题的不同方面，或刻意表明完全没有暗中的协议。

经验14：选择保密时要特别小心；虽然保密在有些时候是至关重要的，但它可能是一把双刃剑。

亨利·基辛格和理查德·尼克松经常选择对谈判保密，既对正在讨论的内容保密，也对谈判正在进行这一事实保密。这种选择通常是与白宫对谈判的集中控制和基辛格个人对谈判的主导作用结合在一起的。正如对中国开放的案例所体现的，保密提供了一个重大的潜在优势：它能使谈判继续进行下去，还可以使谈判者在不惊动国内、政界和盟国的反对者——他们可能会推迟或阻挠这一行动——的情况下探索各种选择。如果连举行谈判都会引起争议，无法好好保密，那么可能就不应该把谈判的事实公布出来。通过把谈判进程集中控制在白宫，基辛格可以迅速采取行动，避免那些常常被他视为繁文缛节的跨部门流程。

出于类似的原因，涉及并购或剥离等敏感因素的企业谈判，通常需要保密。披露信息就等于发出了该实体"正在采取行动"的信号，提醒可能阻挠交易的反对者（例如工会、政府官员），导致股价急剧变化，或是使运营部门士气低落。然而，如果协议是秘密达成的，那么此事一旦被披露，很可能就会成为既成事实。

对谈判进程保密确实会造成一些潜在的成本。首先，这样做要冒着被发现和被谴责的风险。这可能会让那些被排除在外的人感到尴尬和愤怒，包括亲密的盟友、高级官员和通常情况下与正在讨论的主题有关的机构。如果之前的秘密谈判公开化，那么心怀不满的机构可能就不会积极地提供支持，还会想方设法地抨击甚至破坏谈判结果。其次，就公共和外交问题进行秘密谈判，也可能会违反透明、民主问责和合法性的原则。

另外，单枪匹马、秘密地去干，还意味着失去了那些被排除在外的机构和部门的支持，而他们拥有必要的专业技能。同时利用公开的表面渠道和秘密的背后渠道进行谈判，可能会给各方带来破坏性的混乱和矛盾，特别是当右手不知道左手在做什么（甚至不知道有左手存在）的时候。如果人们普遍认为"真正"的谈判正秘密地在别处举行，那么正常的谈判可能会因为大家相信它只是一个幌子而难有进展。

基辛格的经验正好表明了选择保密和集中控制的利弊。仔细研究它们，可以为判断是否要做出这一重要的战术选择提供有效的指引。

经验15：**不屈不挠地坚持下去。**

在研究像亨利·基辛格这样的知识型国务卿时，人们很容易将谈判的成功归因于概念上的突破。我们充分论证了精心策划的战略能帮助谈判者克服艰难险阻，达成协议。然而，基辛格和许多顶级谈判家的经验都提醒我们，顽强的毅力往往是将战略与结果联系起来的关键因素。不论是持续了3年的巴黎谈判，进行了2年的限制战略武器谈判，还是在35天之内往返于特拉维夫和大马士革之间26趟，这些例子都表明，明智地反复磋商，把不同的方面撮合在一起以达成协议的意志力，正是我们应当从亨利·基辛格身上吸取的重要谈判经验之一。

* * *

回顾亨利·基辛格的这15条谈判经验，我们发现，它们的适用范围远远超出了他为美国政府工作的那个时期。的确，当今的情况已经发生了很大的变化：一个由冷战主导的、有两个超级大国的世界正日益变得多极化，非国家行为体所扮演的角色越来越重要，从气候变化到有组织的犯罪以及可能破坏稳定的金融流动等跨境挑战也在增加。更概括地说——让我们借用一下安妮-玛丽·斯劳特那个巧妙的多重隐喻——全球"棋盘"如今已经被许多互联的网络包围住了。[1]然而，仔细审视我们提炼出来的这些谈判经验——从战略到战术，无所不包——我们可以看到，这些经验并不专属于某个特定的外交时代，甚至根本不专属于外交。当然，为了应用这些普遍的经验，必须适当地考虑有关的情况（背景、参与方、他们如何看待他们的利益等）。

与此同时，无论是过去还是现在，有效的外交所需要的远不只是有效的谈判（例如，代表自己的祖国，建立相互理解并为自己政府的政策提供支持，收集和评估信息，形成对另一个国家的文化、政治和管理的洞察力）。尽管外交不仅仅是谈判，但谈判仍然是外交的一个重要组成部分。在这方面，基辛格对交易的见解将会继续为我们提供有益的指导。

虽说外交远远超出了谈判的范围，但谈判显然也远远超出了外交的范围，涉及商业、金融、法律、公共政策以及其他许多领域。基于我们在这些领域的研究和经验，我们可以自信地断言，从基辛格的高层交易中提炼出来的战略和战术经验能够为读者提供宝贵的指导。尽管这些经验是从将近半个世纪前的外交活动中产生的，但它们还是可以继续指引今天的谈判者，他们同样面对着复杂和艰巨的挑战，寻求着有价值的协议。

总结：来自谈判家基辛格的重要经验

有效谈判的核心方面：

1. 缩小焦距考察你的战略，放大焦距关注你的对手，并不断地将这两种

---

1. 安妮-玛丽·斯劳特，《棋盘与网络》。

视角结合起来。

2. 再三评估你的基本前提。

3. 深入了解你的谈判主题和（或）确保你的团队拥有这方面的知识。

缩小焦距以考察战略优势之所在：

4. 做长远打算。

5. 采用广角视角。

6. 做一个现实主义者——跟踪交易/不交易平衡。

7. 不要认为谈判中的要素是固定的；只要有用，就寻求实施改变游戏的举措，以使交易/不交易平衡向对你有利的方向倾斜。

8. 评估为实现你的目标交易而发动一场谈判战役的可能性，要特别注意"国内战线"。

9. 形成多方洞察力和灵活性——联盟动态、排序和信息。

放大焦距以考察谈判过程中的战术和人际关系：

10. 战略性地思考，机会主义地行动。

11. 既移情又强势：努力理解对方的观点，并在要建立融洽关系时展示出这种理解，同时坚持自己的需要和利益。

12. 重新考虑传统的"抬高起点，慢慢让步"的谈判方法。

13. 培养文字加工的技术；"建设性模棱两可"可能有用，但也有风险；"暗中讨价还价"可能是一个有价值的选项。

14. 选择保密时要特别小心；虽然保密在有些时候是至关重要的，但它可能是一把双刃剑。

15. 不屈不挠地坚持下去。

致 谢
Acknowledgments

　　我们感谢亨利·基辛格慷慨地分享他的时间、思考和见解，不论他身在哈佛还是纽约。我们不仅从他的著作中，还从他本人那里学到了很多东西。亚历山大·格林孜孜不倦地为这个项目做了大量的背景研究，起草了一些关键部分和工作论文，提供了广泛的编辑建议，还竭力帮我们解决了许多琐碎的、由EndNote和Word软件造成的文本问题。尤金·科根对本书有关越南的部分做了相当多的研究，和我们共同撰写了关于这一主题的工作论文，并对文本提出了有益的建议。南希·巴克（Nancy Buck）、乔恩·多尔夫曼（Jon Dorfman）、戴维·拉克斯、保罗·利维（Paul Levy）、简·马丁内斯（Jan Martinez）、戴维·桑德伯格（David Sandberg）、阿丽莎·塞贝纽斯（Alyza Sebenius）、艾萨克·塞贝纽斯（Isaac Sebenius）、赞德·塞贝纽斯（Zander Sebenius）、罗伯特·特夫斯（Robert Toews）、威廉·尤里和迈克尔·惠勒对本书的初期草稿提出了无数有用的基本建议和编辑建议。他们慷慨的建议给本书带来了极大的改进。我们的编辑索菲娅·格鲁普曼（Sofia Groopman）眼光独到地改进了我们的文字和观点。我们的代理吉姆·莱文（Jim Levine）那睿智的建议和支持

是不可或缺的。如果没有伊丽莎白·斯威尼（Elizabeth Sweeny）、艾利森·希莱盖斯特（Alison Hillegeist）、卡琳·谢尔顿-梅（Caryn Shelton-May）和我们的谈判研究项目的同事，特别是苏珊·哈克利（Susan Hackley）、詹姆斯·克尔温（James Kerwin）和波莉·哈姆伦（Polly Hamlen）的帮助，不论是本书，还是美国国务卿计划中那些执行得非常完美的活动，都是不可能完成的。还有我们的妻子，在我们执行那些真的永无止境的写作计划时，她们容忍并鼓励着我们，我们实在亏欠她们太多。在这里，吉姆对南希，鲍勃对黛尔（Dale），尼克对莉比（Libby）致以诚挚的谢意。

参考文献
Bibliography

Abbasi, Rizwana Karim. "Understanding Pakistan's Nuclear Behaviour (1950s–2010): Assessing the State Motivation and Its International Ramifications (a Three Models Approach)." PhD diss., University of Leicester, 2010. https://lra.le.ac.uk/bitstream/2381/27568/1/2010abbasirkdsocsci.pdf.

Ali, Tariq. *The Duel: Pakistan on the Flight Path of American Power*. New York: Scribner, 2008.

Ambrose, Stephen E. "The Christmas Bombing." *MHQ: The Quarterly Journal of Military History* 4 (Winter 1992): 8–17.

Art, Robert J., and Patrick M. Cronin. *The United States and Coercive Diplomacy*. Washington, DC: United States Institute of Peace Press, 2003.

Bailey, Clinton. *Jordan's Palestinian Challenge, 1948–1983: A Political History*. Boulder, CO: Westview Press, 1984.

Baker, Peter. "Nixon Tried to Spoil Johnson's Vietnam Peace Talks in '68, Notes Show." *New York Times*, Jan. 2, 2017. https://www.nytimes.com/2017/01/02/us/politics/nixon-tried-to-spoil-johnsons-vietnam-peace-talks-in-68-notes-show.html?mcubz=2&_r=0.

Baldwin, David Allen, ed. *Neorealism and Neoliberalism: The Contemporary Debate*. New York: Columbia University Press, 1993.

Bauer, Gretchen. "Namibia in the First Decade of Independence: How Democratic?" *Journal of Southern African Studies* 27, no. 1 (2001): 33–55.

Beauchamp, Zack. "The Obama Administration Is Honoring Henry Kissinger Today. It Shouldn't Be." *Vox*, May 9, 2016. http://www.vox.com/2016/5/9/11640562/kissinger-pentagon-award.

Bhutto, Benazir. *Daughter of the East*. London: Hamish Hamilton, 1988.

Bishop, William Lowrey. "Diplomacy in Black and White: America and the Search for Zimbabwean Independence, 1965–1980." PhD diss., Vanderbilt University, 2012.

Blackwill, Robert D. "In Defense of Kissinger." *National Interest* (Jan.–Feb. 2014). http://nationalinterest.org/article/defense-kissinger-9642.

Boston Globe. "Israeli Parliament Approves Pact over Right-Wing Bloc Objections." May 31, 1974, p. 26.

Brinkley, Douglas. *Tour of Duty: John Kerry and the Vietnam War.* New York: William Morrow, 2004.

Brown, L. Carl. "The Endgame." In *The October War.* Ed. Richard B. Parker. Gainesville: University Press of Florida, 2001.

Bundy, William P. *A Tangled Web: The Making of Foreign Policy in the Nixon Presidency.* New York: Hill and Wang, 1998.

Burr, William, ed. *The Kissinger Transcripts: The Top-Secret Talks with Beijing and Moscow.* New York: The New Press in conjunction with the National Security Archive, 1999.

————."The United States and Pakistan's Quest for the Bomb." In *The Nuclear Vault Briefing Book 333.* National Security Archive, George Washington University. http://nsarchive.gwu.edu/nukevault/ebb333/.

Butterfield, Fox. "Nguyen Van Thieu Is Dead at 76; Last President of South Vietnam." *New York Times,* Oct. 1, 2001, p. A1.

Callaghan, James. "Leader's Speech." Labour Party Conference, Sept. 28, 1976, Blackpool. http://www.britishpoliticalspeech.org/speech-archive.htm?speech=174.

————."Rhodesia." Debate on March 22, 1976. UK House of Commons. Vol. 908 cc29–45. http://hansard.millbanksystems.com/commons/1976/mar/22/rhodesia.

————.*Time and Chance.* London: Collins, 1987.

Callières, François de. *De la manière de négocier avec les souverains.* Ed. Alain Pekar Lempereur. [Passage translated by James K. Sebenius.] 1716; repr. Geneva: Droz, 2002.

Central Intelligence Agency. "The Evolution of Soviet Policy in the Sino-Soviet Border Dispute," April 28, 1970 (declassified May 2007).

————."The Sino-Soviet Dispute on Aid to North Vietnam (1965–1968)." Directorate of Intelligence. Sept. 30, 1968 [formerly top secret; released in May 2007]. https://www.cia.gov/library/readingroom/docs/esau-37.pdf.

————."Status of Soviet and Chinese Military Aid to North Vietnam." Office of Current Intelligence Special Report, Sept. 1965 [formerly top secret; released in Sept. 2001]. https://www.cia.gov/library/reading room/docs/DOC_0000652931.pdf.

Christison, Kathleen. "Kissinger: Years of Renewal (Review)." *Journal of Palestine Studies* 29, no. 1 (1999/2000). http://www.palestine-studies.org/jps/fulltext/40756.

Clemens, Walter. *Dynamics of International Relations.* London: Rowman and Littlefield, 2004.

CNN Library. "Vietnam War: Fast Facts." CNN, July 1, 2013. http://www.cnn.com/2013/07/01/world/vietnam-war-fast-facts/.

Cohen, Herb. *You Can Negotiate Anything.* New York: Bantam, 1982.

Collins, Jim, and Morten T. Hansen. *Great by Choice.* New York: Harper Business, 2011.

Colson, Aurélien. "The Ambassador, Between Light and Shade: The Emergence of Secrecy as the Norm for International Negotiation." *International Negotiation* 13, no. 2 (2008): doi: 10.1163/157180608X320199.

Compagnon, Daniel. *A Predictable Tragedy: Robert Mugabe and the Collapse of Zimbabwe.* Philadelphia: University of Pennsylvania Press, 2011.

Copeland, Dale C. "Trade Expectations and the Outbreak of Peace: Détente 1970–74 and the End of the Cold War, 1985–91." *Security Studies* 9, nos. 1–2 (Autumn 1999–Winter 2000): 15–58.

Cowell, Alan. "Ian Smith, Defiant and Steadfast Symbol of White Rule in Africa, Is Dead at 88." *New York Times*, Nov. 21, 2007, p. A25.

Craig, G. A., and A. L. George. *Force and Statecraft: Diplomatic Problems of Our Time*. New York: Oxford University Press, 1995.

Daddis, Gregory A. "American Military Strategy in the Vietnam War, 1965–1973." *Oxford Research Encyclopedia of American History*. New York: Oxford University Press, 2015.

Dallek, Robert. *Nixon and Kissinger: Partners in Power*. New York: Harper-Collins, 2007.

Davidow, Jeffrey. *A Peace in Southern Africa: The Lancaster House Conference on Rhodesia, 1979*. Westview Special Studies on Africa. Boulder, CO: Westview Press, 1984.

DeRoche, Andy. *Kenneth Kaunda, the United States, and Southern Africa*. London: Bloomsbury, 2016.

Der Spiegel. "The Americans Betrayed Us: Interview with Nguyen Van Thieu," vol. 50, no. 33, Dec. 10, 1979, pp. 197–213. http://www.cvce.eu/content/publication/1999/1/1/20035c62-a1c8-44ab-9721-273749085ae4/publishable_en.pdf.

Dobrynin, Anatoly. *In Confidence: Moscow's Ambassador to America's Six Cold War Presidents (1962—1986)*. New York: Random House, 1995.

Dombroski, Kenneth R. "South Africa After Apartheid." *Journal of Democracy* 17, no. 3 (2006): 43–57.

Dommen, Arthur J. *The Indochinese Experience of the French and Americans: Nationalism and Communism in Cambodia, Laos, and Vietnam*. Bloomington: Indiana University Press, 2001.

Donnelly, Warren H. "Pakistan's Nuclear Activities: A Chronology of Four Eras." 1987. U.S. Congressional Research Service. Environment and Natural Resources Policy Division. Library of Congress, Washington DC, p. 22.

Easum, Donald B. "Nyerere and Obasanjo on Rhodesia, Report to Secretary of State Henry A. Kissinger." Wikileaks cable 1976STATE286831_b. Dated Nov. 23, 1976.

The Economist. "The Spider's Stratagem." Jan. 3, 2008. http://www.economist.com/node/10424283.

Elgindy, Khaled. "When Ambiguity Is Destructive" (blogpost). *Brookings*, January 22, 2014. https://www.brookings.edu/opinions/when-ambiguity-is-destructive/.

Fallows, James. "Elliott Abrams on Hypocrisy." *The Atlantic*, Sept. 19, 2011. https://www.theatlantic.com/international/archive/2011/09/elliott-abrams-on-hypocrisy/245319/.

Ferguson, Niall. "The Kissinger Diaries: What He Really Thought About Vietnam." *Politico*, Oct. 10, 2015. http://www.politico.com/magazine/story/2015/10/henry-kissinger-vietnam-diaries-213236.

———.*Kissinger: Volume 1, 1923–1968: The Idealist*. New York: Penguin Books, 2015.

———."The Meaning of Kissinger: A Realist Reconsidered." *Foreign Affairs* 94, no. 5 (Sept./Oct. 2015): 134–43.

———. "The Secret to Henry Kissinger's Success," *Politico*, January 20, 2018. https://www.politico.com/magazine/story/2018/01/20/henry-kissinger-networking-216482.

———. *The Square and the Tower: Networks and Power, from Freemasons to Facebook*. New York: Penguin, 2017.

Ferguson, Niall, and Todd Gitlin. "Henry Kissinger: Sage or Pariah?" *New York Times*, Feb. 13, 2016. http://www.nytimes.com/roomfordebate/2016/02/13/henry-kissinger-sage-or-pariah.

Fettweiss, Christopher. "Credibility and the War on Terror." *Political Science Quarterly* 122, no. 4 (2007–2008): 607–33.

Fidler, David P. "Just and Unjust Wars: The Uses of Coercion." *Daedalus* 145 (Fall 2016): 37–49.

Fisher, Roger, William Ury, and Bruce Patton. *Getting to Yes: Negotiating Agreement Without Giving In.* 2nd ed. New York: Penguin, 1991.

Flower, Ken. *Serving Secretly: An Intelligence Chief on Record: Rhodesia into Zimbabwe, 1964 to 1981.* London: J. Murray, 1987.

Ford, Gerald R. *A Time to Heal: The Autobiography of Gerald R. Ford.* New York: Harper and Row, 1979.

Ford, Gerald R., and King Hussein. "Joint Statement Following Discussions with King Hussein of Jordan." News release, Aug. 18, 1974, http://www.presidency.ucsb.edu/ws/index.php?pid=4454.

Foreign Relations of the United States, 1969–1976, Volume XXXVIII, Part 1, Foundations of Foreign Policy, 1973–1976. Ed. Kristine L. Ahlberg and Alexander Wieland. Washington, DC: Government Printing Office, 2012. Doc. 77. https://history.state.gov/historicaldocuments/frus1969–76v38p1/d77.

Foreign Relations of the United States, 1969–1976, Volume VII, Vietnam, July 1970–Jan. 1972. Ed. David Goldman and Erin Maha. Washington, DC: Government Printing Office, 2010. Doc. 207. https://history.state.gov/historicaldocuments/frus1969–76v07/d207.

Foreign Relations of the United States, 1969–1976. Volume XIV: Soviet Union, Oct. 1971–May 1972. Ed. David C. Geyer, Nina D. Howland, Kent Sieg, and Edward C. Keefer. Washington, DC: Government Printing Office, 2006. Doc. 125. https:/history.state.gov/historicaldocuments/frus1969–76v14/d125.

Foreign Relations of the United States, 1969–1976. Volume XXVIII: Southern Africa. Ed. Myra F. Burton and Edward C. Keefer. Washington, DC: Government Printing Office, 2011, Doc. 195. https://history.state.gov/historicaldocuments/frus1969–76v28/d195.

Foreign Relations of the United States, 1969–1976. Volume XL: Germany and Berlin, 1969–1972. Ed. David C. Geyer and Edward C. Keefer. Washington, DC: Government Printing Office, 2008, p. 356, "Editorial Note." https://history.state.gov/historicaldocuments/frus1969–76v40/d356.

Foreign Relations of the United States, 1981–1988, Volume XLI: Global Issues II. Ed. Alexander O. Poster. Washington, DC: Government Printing Office. https://history.state.gov/historicaldocuments/frus1981–88v41.

Frankel, Jeffrey. "Deal-maker Trump Can't Deal." *Views on the Economy and the World* (blog), Aug. 28, 2017. https://www.belfercenter.org/publication/deal-maker-trump-cant-deal.

Freedman, Lawrence, ed. *Strategic Coercion: Concepts and Cases.* Oxford: Oxford University Press, 1998.

Friedman, G., and Jack Himmelstein. *Challenging Conflict: Mediation Through Understanding.* Chicago: American Bar Association, 2008.

Fry, Joseph A. "Unpopular Messengers: Student Opposition to the Vietnam War." In *The War that Never Ends: New Perspectives on the Vietnam War.* Ed. David L. Anderson and John Ernst. Lexington: University Press of Kentucky, 2007.

Future of Diplomacy Project. "Special Initiative—American Secretaries of State." Harvard Kennedy School Belfer Center for Science and International Affairs. http://www.

belfercenter.org/american-secretaries-state/secretaries-state-interviews.

Gallup, Alec. *The Gallup Poll: Public Opinion 2005*. Rowman & Littlefield. pp. 315–18. 2006.

Garthoff, Raymond L. "Negotiating SALT." *Wilson Quarterly* 1, no. 5 (Autumn 1977): 76–85.

Gartner, Scott Sigmund. "Differing Evaluations of Vietnamization." *Journal of Interdisciplinary History* 29, no. 2 (Autumn 1998): 243–62.

Gavin, Philip. *The Fall of Vietnam*. World History Series. New York: Lucent Press, 2003.

———."United States in Vietnam, 1945–1975: Comprehensive Timelines with Quotes and Analysis," http://www.historyplace.com/unitedstates/vietnam/index.html.

George, Alexander L., and William Simons. *The Limits of Coercive Diplomacy*. 2nd rev. ed. Boulder, CO: Westview Press, 1994.

The Gerald R. Ford Presidential Library and Museum. Grand Rapids, MI. https://www.fordlibrarymuseum.gov/contact.aspx.

"Germany, a Country Study." 1996. Federal Research Division. Library of Congress, Washington, DC, 1996.

Gillespie, Mark. "Americans Look Back at Vietnam War." Gallup News Service, Nov. 17, 2000, http://www.gallup.com/poll/2299/americans-look-back-vietnam-war.aspx.

Gitlin, Todd. "Kissinger Was a Courtier to Atrocity." *New York Times*, Feb. 13, 2016. https://www.nytimes.com/roomfordebate/2016/02/13/henry-kissinger-sage-or-pariah/kissinger-was-a-courtier-to-atrocity?mcubz=2.

———."The Servile Fanatic: Niall Ferguson's Grotesque but Telling New Biography of Henry Kissinger." *Tablet*, Oct. 28, 2015. http://www.tabletmag.com/jewish-news-and-politics/194356/niall-ferguson-henry-kissinger.

Gleijeses, Piero. "A Test of Wills: Jimmy Carter, South Africa, and the Independence of Namibia." *Diplomatic History* 34, no. 5 (2010): 853–91.

Goh, Evelyn. *Constructing the U.S. Rapprochement with China, 1961–1974*. Cambridge: Cambridge University Press, 2004.

Goldberg, Jeffrey. "The Obama Doctrine." *The Atlantic*, April 2016. http://www.theatlantic.com/magazine/archive/2016/04/the-obama-doctrine/471525.

———."World Chaos and World Order: Conversations with Henry Kissinger." *The Atlantic*, Nov. 10, 2016. https://www.theatlantic.com/international/archive/2016/11/kissinger-order-and-chaos/506876/.

Grandin, Greg. "Henry Kissinger's 'Mad and Illegal' Bombing: What You Need to Know About His Real History—and Why the Sanders/Clinton Exchange Matters." *Salon*, Feb. 12, 2016. http://www.salon.com/2016/02/12/henry_kissingers_mad_and_illegal_bombing_what_you_need_to_know_about_his_real_history_and_why_the_sanders-clinton_exchange_matters/.

———.*Kissinger's Shadow: The Long Reach of America's Most Controversial Statesman*. New York: Metropolitan Books/Henry Holt and Company, 2015.

Gray, Christine. *International Law and the Use of Force*. Oxford: Oxford University Press, 2001.

Habib, Philip. "Cursed Is the Peacemaker." Association for Diplomatic Studies and Training. http://adst.org/oral-history/fascinating-figures/philip-habib-cursed-is-the-peacemaker/.

Halberstam, David. *The Best and the Brightest*. New York: Random House, 1972.

Halliburton, Rachel. "Henry Kissinger's World Order: The Outer Edge of What Is Possible." *Independent*, Sept. 26, 2014. http://www.independent.co.uk/news/world/politics/henry-kissingers-world-order-the-outer-edge-of-what-is-possible-9752563.html.

Hanhimäki, Jussi M. *The Flawed Architect: Henry Kissinger and American Foreign Policy*. New York: Oxford University Press, 2004.

Hanson, Col. Thomas E. "A Raid Too Far: Operation Lam Son 719 and Vietnamization in Laos and Invasion of Laos, 1971." *Military Review* (Jan.–Feb. 2015): 124–26.

Harris, Louis. "Public's Appraisal of Henry Kissinger Remains High." Harris Poll press release, Aug. 19, 1974. http://media.theharrispoll.com/documents/Harris-Interactive-Poll-Research-PUBLICS-APPRAISAL-OF-HENRY-KISSINGER-REMAINS-HIGH-1974-08.pdf.

Heath, Edward. *The Course of My Life: My Autobiography*. London: Hodder and Stoughton, 1998.

Herring, George C. *America's Longest War: The United States in Vietnam, 1950–1975*, 5th ed. Boston: McGraw-Hill Education, 2014.

Hersh, Seymour M. *The Price of Power: Kissinger in the Nixon White House*. New York: Summit Books, 1983.

The History Place. "United States in Vietnam 1945–1975: Comprehensive Timelines with Quotes and Analysis." http://www.historyplace.com/unitedstates/vietnam/index.html.

Hitchens, Christopher. *The Trial of Henry Kissinger*. New York: Verso, 2001.

Hoffmann, David A. "Mediation and the Art of Shuttle Diplomacy." *Negotiation Journal* 27, no. 3 (2011): 263–309.

Hoffmann, Stanley. "The Case of Dr. Kissinger." *New York Review of Books*, Dec. 6, 1979. http://www.nybooks.com/articles/1979/12/06/the-case-of-dr-kissinger/.

Horne, Alistair. "The Case for Henry Kissinger." *Independent*, Aug. 17, 2009. http://www.independent.co.uk/news/world/americas/the-case-for-henry-kissinger-1773365.html.

———.*Kissinger: 1973, the Crucial Year*. New York: Simon and Schuster, 2009.

Howe, Herbert. *Dancing on Cobwebs: American Diplomatic Participation in the 1976 Rhodesian Peace Process*. Pew Case Studies in International Affairs. Washington, DC: Pew Charitable Trusts, 1988.

Iklé, Fred. *How Nations Negotiate*. New York: Harper and Row, 1964.

Isaacson, Walter. *Kissinger: A Biography*. New York: Simon and Schuster, 1992.

Jackson, Paul. "The Civil War Roots of Military Domination in Zimbabwe: The Integration Process Following the Rhodesian War and the Road to Zanla Dominance." *Civil Wars* 13, no. 4 (2011): 371–95.

Joffe, Josef. "In Defense of Henry Kissinger." *Commentary*, Dec. 1, 1992. https://www.commentarymagazine.com/articles/in-defense-of-henry-kissinger/.

"Just War and Its Critics." *Ethics and International Affairs* 27, no. 1 (April 2013): 1–114.

Kalb, Marvin. *First Line Report*. CBS Radio, May 4, 1976.

Kalb, Marvin L., and Bernard Kalb. *Kissinger*. Boston: Little, Brown, 1974.

Kamm, Henry. "Rhodesian Drama Engrosses South Africa." *New York Times*, March 22, 1976, p. 3.

Kanter, R. M. "Zoom In, Zoom Out," *Harvard Business Review* 89, no. 3 (2011): 112–16.

Kaplan, Morton A. and Abram Chayes. *Vietnam Settlement: Why 1973, Not 1969?* Rational Debate Series. Washington, DC: American Enterprise Institute Press, 1987.

Kaplan, Robert D. "In Defense of Henry Kissinger." *The Atlantic*, May, 2013. https://www.theatlantic.com/magazine/archive/2013/05/the-statesman/309283/.

————."Kissinger, Metternich, and Realism (Parts 1 and 2)." *The Atlantic*, June 1999. https://www.theatlantic.com/magazine/archive/1999/06/kissinger-metternich-and-realism/377625/ and https://www.theatlantic.com/past/docs/issues/99jun/9906kissinger2.htm.

Karnow, Stanley. *Vietnam: A History*. New York: Penguin, 1984.

Katz, Andrew Z. "Public Opinion and Foreign Policy: The Nixon Administration and the Pursuit of Peace with Honor in Vietnam." *Presidential Studies Quarterly* 27, no. 3 (Summer 1997): 496–513.

Kaufman, Michael T. "Chrome Ban Asked: Secretary, in Zambia, States Africa Policy and Promises Aid. Kissinger to Press Rhodesia on Rule by Black Majority." *New York Times*, April 28, 1976, p. 1.

Keithly, David M. *Breakthrough in the Ostpolitik: The 1971 Quadripartite Agreement*. Boulder, CO: Westview, 1986.

Kennan, George F. "Black Rule in Rhodesia: Some Implications." *New York Times*, May 2, 1976, p. E15.

Kerry, John. "Remarks at the U.S. Diplomacy Center Groundbreaking Ceremony." News release, Sept. 3, 2014. https://2009–2017.state.gov/secretary/remarks/2014/09/231318.htm.

Khoo, Nicholas. "Breaking the Ring of Encirclement: The Sino-Soviet Rift and Chinese Policy Toward Vietnam, 1964–1968." *Journal of Cold War Studies* 12, no. 1 (Winter 2010): 3–42.

Kirby, William C. "A Note on the 40th Anniversary of Nixon's Visit to China." *Cross Currents: East Asian History and Culture Review* 2 (March 2012). https://cross-currents.berkeley.edu/e-journal/issue-2/note-40th-anniversary-nixon-s-visit-china.

Kissinger, Henry. "Comments on Draft NIE on Rhodesia." Wikileaks cable 1976SECTO27189_b. Dated Sept. 19, 1976. https://wikileaks.org/plusd/cables/1976SECTO27189_b.html.

————.*Diplomacy*. New York: Simon and Schuster, 1994.

————.*Does America Need a Foreign Policy?* New York: Simon and Schuster, 2002.

————.*Ending the Vietnam War: A History of America's Involvement in and Extrication from the Vietnam War*. New York: Simon and Schuster, 2003.

————."Henry A. Kissinger." http://henryakissinger.com/.

————."Henry A. Kissinger—Biography." www.henryakissinger.com/biography.html.

————."Interview with Henry Kissinger, 1982." *Vietnam: A Television History*. WGBH (1982). https://www.digitalcommonwealth.org/search/commonwealth-oai:dv141j297.

————."Kissinger Memorandum: 'To Isolate the Palestinians': Meeting with Jewish Leaders." Memcon, June 15, 1975, New York. http://www.merip.org/mer/mer96/kissinger-memorandum-isolate-palestinians.

————."Memo from the President's Assistant for National Security Affairs (Kissinger) to President Nixon, Feb. 19, 1972." *Foreign Relations of the United States, 1969–1976*. Washington, DC: Government Printing Office, 2006, pp. 672–77.

————."Memorandum to the President: Leonid Brezhnev: The Man and His Style." Memorandum, U.S. Department of State. Gerald Ford Presidential Library, 1974, https://www.fordlibrarymuseum.gov/library/exhibits/vladivostok/brezhnev.pdf.

————."Message for President Houphouët-Boigny." Wikileaks cable 1976SECTO27213_b. Dated Sept. 20, 1976. https://wikileaks.org/plusd/cables/1976SECTO27213_b.html.

————.*The Necessity for Choice.* New York: Harper and Brothers, 1961.

————.*Nuclear Weapons and Foreign Policy.* New York: Harper, 1957.

————.*Nuclear Weapons and Foreign Policy: Abridged Edition.* New York: W. W. Norton, 1969.

————.*On China.* New York: Penguin Press, 2011.

————."A Path out of the Middle East Collapse." *Wall Street Journal*, Oct. 16, 2015. https://www.wsj.com/articles/a-path-out-of-the-middle-east-collapse-1445037513.

————."Transcript of the American Secretaries of State Project: Henry A. Kissinger." Interview with R. Nicholas Burns, Robert Mnookin, and James K. Sebenius, Nov. 6, 2014.

————."U.S. Naval Academy Forrestal Lecture." Annapolis, MD, April 11, 2007. Speeches and Public Statements. http://www.henryakissinger.com/speeches/041107.html.

————."The Viet Nam Negotiations." *Foreign Affairs* 47, no. 2 (Jan. 1969): 211–34.

————.*White House Years.* Boston: Little, Brown, 1979.

————."The White Revolutionary: Reflections on Bismarck." *Daedalus* 97, no. 3 (Summer 1968): 888–924.

————.*World Order.* New York: Penguin Press, 2014.

————.*A World Restored: Europe After Napoleon.* New York: Grosset and Dunlap, 1964.

————.*A World Restored: Metternich, Castlereagh, and the Problems of Peace, 1812–22.* Boston: Houghton Mifflin, 1957.

————.*Years of Renewal.* New York: Simon and Schuster, 1999.

————.*Years of Upheaval.* Boston: Little, Brown, 1982.

The Kissinger Telephone Conversations: A Verbatim Record of U.S. Diplomacy, 1969–1977. Digital National Security Archive. George Washington University, Washington DC. http://proquest.libguides.com/dnsa/kissinger1.

Klotz, Audie, Cecelia Lynch, Jeffrey T. Checkel, and Kevin C. Dunn. "Moving Beyond the Agent-Structure Debate." *International Studies Review* 8, no. 2 (2006): 355.

Knowles, Elizabeth. *Oxford Dictionary of Modern Quotations.* 3rd ed. New York: Oxford University Press, 2008.

Kogan, Eugene B. "Coercing Allies: Why Friends Abandon Nuclear Plans." PhD diss., Brandeis University, 2013.

Lake, Anthony. *The "Tar Baby" Option: American Policy Toward Southern Rhodesia.* New York: Columbia University Press, 1976.

Lanning, Michael Lee, and Dan Cragg. *Inside the VC and the NVA: The Real Story of North Vietnam's Armed Forces.* New York: Fawcett Columbine, 1992.

Lauren, Paul Gordon, Gordon A. Craig, and Alexander L. George. *Force and the Limits of Military Might.* New York: Cambridge University Press, 2002.

Lax, David A., and James K. Sebenius. "Deal Making 2.0: A Guide to Complex Negotiations." *Harvard Business Review* 90, no. 12 (Nov. 2012): 92–100.

————.*The Manager as Negotiator: Bargaining for Cooperation and Competitive Gain.* New York: Free Press, 1986.

————."3-D Negotiation: Playing the Whole Game." *Harvard Business Review* 81, no. 11 (Nov. 2003): 65–74.

————.*3-D Negotiation: Powerful Tools to Change the Game in Your Most Important Deals.* Boston, MA: Harvard Business School Press, 2006.

Lewis, Anthony. "A Christopher Shuttle?" *New York Times*, Dec. 3, 1993, p. A33.

Lind, Michael. *The Necessary War: A Reinterpretation of America's Most Disastrous Military Conflict*. New York: Free Press, 1999.

"List of Countries by Past and Projected GDP (Nominal) Per Capita." Wikipedia. https://en.wikipedia.org/w/index.php?title=List_of_Countries_by_past_and_projected_GDP_(nominal)_per_capita&oldid=711796013.

Logevall, Fredrik. *Choosing War: The Lost Chance for Peace and the Escalation of War in Vietnam*. Berkeley: University of California, 1999.

———.*Embers of War: The Fall of an Empire and the Making of America's Vietnam*. New York: Random House, 2012.

Lord, Winston. "Interview with Ambassador Winston Lord." Foreign Affairs Oral History Project, April 28, 1998. http://www.adst.org/OH%20TOCs/Lord,%20Winston.pdf.

Low, Stephen. "Interview with Stephen Low." Foreign Affairs Oral History Project, Dec. 5, 1997. http://adst.org/wp-content/uploads/2012/09/Low-Stephen.-1997-.toc_1.pdf.

———."The Zimbabwe Settlement, 1976–1979." In *International Mediation in Theory and Practice*. Ed. Saadia Touval and I. William Zartman. Washington, DC: Westview Press, 1985.

Lunch, William L., and Peter W. Sperlich. "American Public Opinion and the War in Vietnam." *Western Political Quarterly* 32, no. 1 (1979): 21–44.

Maclear, Michael. *Vietnam: The Ten Thousand Day War*. New York: Methuen, 1981.

MacMillan, Margaret. *Nixon and Mao: The Week that Changed the World*. New York: Random House, 2007.

Maliniak, Daniel, Susan Peterson, Ryan Powers, and Michael J. Tierney. "Best International Relations Schools in the World." *Foreign Policy*, Feb. 2, 2015. http://foreignpolicy.com/2015/02/03/top-twenty-five-schools-international-relations/.

Marder, Murrey. "U.S. Seeking to Oust Soviet Units in Egypt: U.S. Seeks Soviet Pullback in Mideast." *Washington Post*, July 3, 1970, pp. A1 and A4.

Martin, David. "Mwalimu Julius Kambarage Nyerere Remembered." Undated. *Knowledge for Development* (blog). Southern Africa Research and Documentation Centre. http://www.sardc.net/en/mwalimu-julius-kambarage-nyerere-remembered-a-candle-on-kilimanjaro-by-david-martin/.

Mazarin, Cardinal Jules [passage translated by James K. Sebenius]. *Bréviaire des politiciens*. 1684; reprint. Paris: Arlèa, 1996.

McCarthy, Eugene. "Topics: The Failure of Vietnamization by Any Name." *New York Times*, Aug. 1, 1970, p. 22.

McMahon, Robert J. "Credibility and World Power: Exploring the Psychological Dimension in Postwar American Diplomacy." *Diplomatic History* 15 (Fall 1991): 455–71.

McNeil, Donald G., Jr., "Joshua Nkomo of Zimbabwe Is Dead at 62." *New York Times*, July 2, 1999, p. C17.

Meacham, Jon. "Hillary Clinton, Kissinger on Sec. of State Job." *Newsweek*, Jan. 4, 2009. http://www.newsweek.com/hillary-clinton-kissinger-sec-state-job-75525.

Meir, Golda. *My Life*. New York: G. P. Putnam's Sons, 1975.

Menkel-Meadow, Carrie, and Michael Wheeler, eds. *What's Fair? Ethics for Negotiators*. Hoboken, NJ: Jossey-Bass/Wiley, 2010.

Metternich, Clemens von. *The Autobiography, 1773–1815*. Garden City, NY: Welwyn, 2007.

Miller, Jamie. *An African Volk: The Apartheid Regime and Its Search for Survival*. New

York: Oxford University Press, 2016.

Mnookin, Robert H. *Bargaining with the Devil: When to Negotiate, When to Fight*. New York: Simon and Schuster, 2010.

Mnookin, Robert H., and Ehud Eiran. "Discord 'Behind the Table': The Internal Conflict Among Israeli Jews Concerning the Future of Settlements in the West Bank and Gaza." *Journal of Dispute Resolution* 1 (2005): 11–44.

Mnookin, Robert H., Scott R. Peppet, and Andrew S. Tulumello. *Beyond Winning: Negotiating to Create Value in Deals and Disputes*. Cambridge, MA: Belknap Press/Harvard University Press, 2000.

———."The Tension Between Empathy and Assertiveness." *Negotiation Journal* 12, no. 3 (1996): 217–30.

Moise, Edwin. *Tonkin Gulf and the Escalation of the Vietnam War*. Chapel Hill: University of North Carolina Press, 1996.

Montgomery, John D. "The Education of Henry Kissinger." *Journal of International Affairs* 29, no. 1 (1975): 49–62.

Morning Journal-Record. "Whites in Africa Fear Race War." Feb. 28, 1976, p. 7.

Mott, William H., IV. *Soviet Military Assistance: An Empirical Perspective*. Westport, CT: Greenwood Press, 2001.

Mutiti, A. B., "Rhodesia and Her Four Discriminatory Constitutions." *Présence Africaine*, Nouvelle série no. 90 (2e Trimestre 1974): 261–75.

Muzorewa, Abel Tendekayi. *Rise Up and Walk: An Autobiography*. Ed. Norman E. Thomas. London: Evans Books, 1978.

Neale, Margaret Ann, and Max H. Bazerman. *Cognition and Rationality in Negotiation*. New York and Toronto: Free Press, 1991.

Neustadt, Richard E. *Alliance Politics*. New York: Columbia University Press, 1970.

New York Times. "Twilight in Pretoria." *New York Times*, Feb. 5, 1989, p. E24.

Nixon, Richard M. "Address Accepting the Presidential Nomination at the Republican National Convention in Miami Beach, Florida." American Presidency Project, Aug. 8, 1968. http://www.presidency.ucsb.edu/ws/?pid=25968.

———."Address to the Nation on Vietnam." American Presidency Project, Nov. 3, 1969. http://www.presidency.ucsb.edu/ws/?pid=2303.

———.*RN: The Memoirs of Richard Nixon*. New York: Grosset and Dunlap, 1978.

Novak, Andrew. "Face-Saving Maneuvers and Strong Third-Party Mediation: The Lancaster House Conference on Zimbabwe-Rhodesia." *International Negotiation* 14, no. 1 (2009): 149–74.

Observer. "The Road to Zimbabwe." Sept. 26, 1976, p. 8.

Onslow, Sue. " 'Noises Off': South Africa and the Lancaster House Settlement 1979–1980." *Journal of Southern African Studies* 35, no. 2 (2009): 489–506.

———."A Question of Timing: South Africa and Rhodesia's Unilateral Declaration of Independence, 1964–65." *Cold War History* 5, no. 2 (2005): 129–59.

———."South Africa and the Owen/Vance Plan of 1977." *South African Historical Journal* 51, no. 1 (2004): 130–58.

———." 'We Must Gain Time': South Africa, Rhodesia and the Kissinger Initiative of 1976." *South African Historical Journal* 56, no. 1 (2006): 123–53.

Otte, T. G. "Kissinger." In *Diplomatic Theory from Machiavelli to Kissinger*. Ed. Maurice Keens-Soper, G. R. Berridge, and T. G. Otte. New York: Palgrave, 2001.

Pallotti, Arrigo, and Tornimbeni, Corrado. *State, Land, and Democracy in Southern Africa*. London: Routledge, 2015.

Pillalamarri, Akhilesh. "Pakistan's Nuclear Weapons Program: 5 Things You Need to Know." *The National Interest*, April 21, 2015. http://nationalinterest.org/feature/pakistans-nuclear-weapons-program-5-things-you-need-know-12687?page=2.

Powell, Colin L., and Joseph E. Persico. *My American Journey*. New York: Random House, 1995.

Program on Negotiation at Harvard Law School. http://www.pon.harvard.edu/.

Quandt, W. "Kissinger and the Arab-Israeli Disengagement Negotiations." *Journal of International Affairs* 9, no. 1 (1975): 33–48.

Rabin, Yitzhak. *The Rabin Memoirs*. Berkeley: University of California Press, 1996.

Rahman, Shahid ur. *Long Road to Chagai*. Islamabad: Print Wise, 1999.

Record, Jeffrey. *The Wrong War: Why We Lost in Vietnam*. Annapolis, MD: Naval Institute Press, 1998.

Reisman, Michael W. "Criteria for the Lawful Use of Force in International Law." Yale Faculty Scholarship Series 739. *Yale Journal of International Law* (1985). http://digitalcommons.law.yale.edu/fss_papers/739.

Richard Nixon Presidential Library and Museum. Yorba Linda, CA. https://www.nixonlibrary.gov/.

Rogers, William D. "Interview with Under Secretary William D. Rogers." Foreign Affairs Oral History Project, July 8, 1992. http://www.adst.org/OH%20TOCs/Rogers,%20William%20D.toc.pdf.

Ross, Dennis. *Doomed to Succeed: The U.S.-Israel Relationship from Truman to Obama*. New York: Farrar, Straus, and Giroux, 2015.

Rotberg, Robert. "Namibia's Nationhood." *Christian Science Monitor*, March 20, 1990, p. 19.

Rubin, Jeffrey Z. *Dynamics of Third Party Intervention: Kissinger in the Middle East*. New York: Praeger, in cooperation with the Society for the Psychological Study of Social Issues, 1981.

———."Editor's Introduction." *Negotiation Journal* 1, no. 1 (1985): 5–8.

Rucker, Philip, Sean Sullivan, and Paul Kane. "The Great Dealmaker? Lawmakers Find Trump to Be an Untrustworthy Negotiator." *Washington Post*, Oct. 23, 2017. https://www.washingtonpost.com/politics/the-great-dealmaker-lawmakers-find-trump-to-be-an-untrustworthy-negotiator/2017/10/22/7709aea8-b5d4-11e7-be94-fabb0f1e9ffb_story.html?utm_term=.ba98764241d3.

Saunders, Harold. "On the Road Again—Kissinger's Shuttle Diplomacy." Moments in U.S. Diplomatic History. Association for Diplomatic Studies and Training. http://adst.org/2016/03/on-the-road-again-kissingers-shuttle-diplomacy/.

Schaufele, Jr., William E. "Interview with Ambassador William E. Schaufele, Jr." Foreign Affairs Oral History Project, Nov. 19, 1994. http://www.adst.org/OH%20TOCs/Schaufele,%20William%20E.%20Jr.pdf.

Schelling, Thomas C. *Arms and Influence*. New Haven, CT: Yale University Press, 1966.

———.*The Strategy of Conflict*. Cambridge, MA: Harvard University Press, 1960.

Sebenius, James K. "Assess, Don't Assume, Part I: Etiquette and National Culture in Negotiation." Harvard Business School Working Paper, No. 10–048, Dec. 2009, Boston.

———."Assess, Don't Assume, Part II: Negotiating Implications of Cross-Border

Differences in Decision Making, Governance, and Political Economy." Harvard Business School Working Paper, No. 10–050, Dec. 2009, Boston.

————."Beyond the Deal: Wage a 'Negotiation Campaign'." *Negotiation Journal* 13, no. 11 (2010): 1–4.

————."The Hidden Challenge of Cross-Border Negotiations." *Harvard Business Review* 80, no. 3 (2002): 76–85.

————."International Negotiation Analysis." In *International Negotiation: Analysis, Approaches, Issues.* 2nd ed. Ed. Victor Kremenyuk. San Francisco: Jossey-Bass, 2002, pp. 229–52.

————"Level Two Negotiations: Helping the Other Side Meet Its 'Behind-the-Table' Challenges." *Negotiation Journal* 29, no. 1 (2013): 7–21.

————."Negotiating Lessons from the Browser Wars." *MIT Sloan Management Review* 43, no. 4 (Summer 2002): 43–50.

————."Negotiation Arithmetic: Adding and Subtracting Issues and Parties." *International Organization* 37, no. 2 (Spring 1983): 281–316.

————."Sequencing to Build Coalitions: With Whom Should I Talk First?" In *Wise Choices: Decisions, Games, and Negotiations.* Ed. Richard Zeckhauser, Ralph Keeney, and James Sebenius. Boston, MA: Harvard Business School Press, 1996.

Sebenius, James K., R. Nicholas Burns, Robert H. Mnookin, and L. Alexander Green. "Henry Kissinger: Negotiating Black Majority Rule in Southern Africa." Harvard Business School Working Paper No. 17–051, Dec. 2016, Boston.

Sebenius, James K., Laurence A. Green, and Eugene B. Kogan. "Henry A. Kissinger as Negotiator: Background and Key Accomplishments." Harvard Business School Working Paper No. 15–040, 2014, rev. Dec. 2016, Boston.

Sebenius, James K., and David A. Lax. "The Power of Alternatives or the Limits to Negotiation." *Negotiation Journal* 1, no. 2 (1985): 77–95.

Semple, Robert B., Jr. "Nixon Urges Supervised Truce in Vietnam, Cambodia, and Laos and a Wider Peace Conference." *New York Times*, Oct. 8, 1970, p. 1.

Serewicz, Lawrence W. *America at the Brink of Empire: Rusk, Kissinger, and the Vietnam War.* Baton Rouge: Louisiana State University Press, 2007.

Shane, Scott. "Vietnam Study, Casting Doubts, Remains Secret." *New York Times*, Oct. 31, 2005, p. A1.

Shawcross, William. "Shrugging Off Genocide." *Times* (London), Dec. 19, 1994, p. 16.

————.*Sideshow: Kissinger, Nixon, and the Destruction of Cambodia.* New York: Simon and Schuster, 1979.

Sheehan, Edward R. F. "How Kissinger Did It: Step by Step in the Middle East." *Foreign Policy* 22 (1976): 3–70.

Shirin, Tahir-Kheli. *The United States and Pakistan: The Evolution of an Influence Relationship.* New York: Praeger Publishers, 1982.

Shlaim, Avi. *Lion of Jordan: The Life of King Hussein in War and Peace.* New York: Alfred A. Knopf, 2008.

Shultz, George P. *Ideas and Action: Featuring the 10 Commandments of Negotiation.* Erie, PA: Free to Choose Press, 2010.

Slaughter, Anne-Marie. *The Chessboard and the Web: Strategies of Connection in a Networked World.* New Haven, CT: Yale University Press, 2017.

Smith, Gerard C. *Doubletalk: The Story of the First Strategic Arms Limitation Talks.*

Garden City, NY: Doubleday and Co., 1980.

Smith, Ian Douglas. *Bitter Harvest.* London: Blake, 2001.

———.*The Great Betrayal: The Memoirs of Ian Douglas Smith.* London: Blake Publishing Ltd, 1997.

———.News Conference, Oct. 25, 1976. https://youtu.be/6gZx6Nda2tM.

———."Smith Speech." Wikileaks cable 1976SECTO27255_b. Dated Sept. 21, 1976. https://wikileaks.org/plusd/cables/1976SECTO27255_b.html.

Smock, David R. "The Forgotten Rhodesians." *Foreign Affairs* 47, no. 3 (1969): 532.

Sorley, Lewis. "Courage and Blood: South Vietnam's Repulse of the 1972 Easter Offensive." *Parameters* 29 (Summer 1999): 38–56.

Spiegel, Marianne. "The Namibia Negotiations and the Problem of Neutrality." In *International Mediation in Theory and Practice.* Ed. Saadia Touval and I. William Zartman. Washington, DC: Westview Press, 1985.

Steel, Ronald. *Walter Lippmann and the American Century.* Boston: Little, Brown and Company, 1980.

Stein, Janice. "Structures, Strategies, and Tactics of Mediation: Kissinger and Carter in the Middle East." *Negotiation Journal* 1, no. 4 (1985): 331–47.

"Strategic Survey: The Sino-Soviet Dispute." *International Institute for Strategic Studies* 70, no. 1 (1969): 66–72 and 100–102.

Sulzberger, C. L. "Policy and Politicians," *New York Times*, May 12, 1976, p. 41.

Szulc, Tad. "How Kissinger Did It: Behind the Vietnam Cease-Fire Agreement." *Foreign Policy* 15 (1974): 21–69.

Tamarkin, Mordechai. *The Making of Zimbabwe: Decolonization in Regional and International Politics.* Savage, MD: F. Cass, 1990.

Taylor, Alan. "The Vietnam War, Part I: Early Years and Escalation." *The Atlantic*, March 30, 2015. https://www.theatlantic.com/photo/2015/03/the-vietnam-war-part-i-early-years-and-escalation/389054/.

Taylor, David. "The Lyndon Johnson Tapes: Richard Nixon's 'Treason.' " *BBC News Magazine* (2013). Published electronically March 22, 2013. http://www.bbc.com/news/magazine-21768668.

Thach, Nguyen Co. "Interview with Nguyen Co Thach, 1981." *Vietnam: A Television History; Peace Is at Hand (1968–1973).* WGBH (Feb. 24, 1981). https://www.digitalcommonwealth.org/search/commonwealth-oai:dv141t68k.

Thompson, Leigh L. *The Mind and Heart of the Negotiator.* 5th ed. Boston: Pearson, 2012.

Thompson, Nicholas et al. "Henry Kissinger: Good or Evil?" *Politico*, Oct. 10, 2015. http://www.politico.com/magazine/story/2015/10/henry-kissinger-history-legacy-213237.

Thrall, Nathan. *The Only Language They Understand.* New York: Henry Holt and Company, 2017.

Time. "A Dr. K. Offer They Could Not Refuse." Vol. 108, no. 14, Oct. 4, 1976, p. 43.

———."Poised Between Peace and War." Oct. 11, 1976, p. 44.

The Trials of Henry Kissinger. Directed by Eugene Jarecki. BBC4 (2002). YouTube. https://youtu.be/DwGtctUYhRI.

Tzeng, Peter. "Nuclear Leverage: US Intervention in Sensitive Technology Transfers in the 1970s." *The Nonproliferation Review* 20, no. 3 (2013): 473–92.

Ulam, Adam B. *Expansion and Coexistence: The History of Soviet Foreign Policy,*

1917–67. New York: Praeger, 1968.

United Nations. "Treaty on the Non-Proliferation of Nuclear Weapons," United Nations Office for Disarmament Affairs, March 5, 1970, New York. http://disarmament.un.org/treaties/t/npt.

United Nations Security Council. Resolution 385 Adopted by the United Nations Security Council at Its 1885th Meeting. S/RES/385. 1885, Jan. 30, 1976.

U.S. Census Bureau. "Vietnam Conflict—U.S. Military Forces in Vietnam and Casualties Incurred: 1961 to 1972." Table 590: Statistical Abstract of the United States, 1977. U.S. Department of Commerce, 1980, Washington, DC. https://www.gilderlehrman.org/history-by-era/seventies/resources/vietnam-war-military-statistics.

U.S. Department of Defense. " 'Casualty Status': U.S. Military Operations 2003 to Present." Washington, DC: Government Printing Office, ND. https://www.defense.gov/casualty.pdf.

U.S. Department of State. "Meeting with Moshe Dayan and Ambassador Simcha Dinitz." Memcon, U.S. Department of State, June 8, 1974. In the Kissinger Telephone Conversations: A Verbatim Record of U.S. Diplomacy, 1969–1977. Digital National Security Archive. George Washington University, Washington DC. http://proquest.libguides.com/dnsa/kissinger1.

———."Memorandum of Conversation Between Henry Kissinger and Xuan Thuy, Paris," May 31, 1971. In Ed. David Goldman and Erin Mahan, *Foreign Relations of the United States, 1969–1976*. Washington, DC: Government Printing Office, 1971. https://history.state.gov/historicaldocuments/frus1969–76v07/d207.

———."The Pakistan Nuclear Reprocessing Issue." Folder: "Nodis Memcons, Sept. 1976/2." National Archives and Records Administration. U.S. Department of State, College Park, MD.

———."Secretary's Visit to Tanzania." Wikileaks cable 1976DARES01504_b. Dated, March 25, 1976. https://wikileaks.org/plusd/cables/1976DARES01504_b.html.

———."Southern Africa." Memcon. Number 10 Downing Street, London, Sept. 23, 1976. In the Kissinger Telephone Conversations: A Verbatim Record of U.S. Diplomacy, 1969–1977. Digital National Security Archive. George Washington University, Washington DC. http://proquest.libguides.com/dnsa/kissinger1.

———."Southern Africa." Memcon. Foreign and Commonwealth Office, London. Sept. 24, 1976. In the Kissinger Telephone Conversations: A Verbatim Record of U.S. Diplomacy, 1969–1977. Digital National Security Archive. George Washington University, Washington DC. http://proquest.libguides.com/dnsa/kissinger1.

———."Memcon with B. J. Vorster, Zurich, Switzerland." Sept. 4, 1976. In the Kissinger Telephone Conversations: A Verbatim Record of U.S. Diplomacy, 1969–1977. Digital National Security Archive. George Washington University, Washington DC. http://search.proquest.com.ezp-prod1.hul.harvard.edu/docview/1679067316?accountid=11311.

Van Alstyne, William W. "Congress, the President, and the Power to Declare War: A Requiem for Vietnam." *University of Pennsylvania Law Review* 121, no. 1 (1972): 1–28.

Van Der Vat, Dan. "Ian Smith, 88 Politician." *Globe and Mail*, Nov. 21, 2007, p. S10.

van Voorst, Bruce. "Silent Shuttle." *Foreign Policy*, July 26, 2013. http://foreignpolicy.com/2013/07/26/silent-shuttle/.

The Vietnam War. Documentary. Directed by Ken Burns and Lynn Novick. PBS. Walpole, NH: Florentine Films, 2017.

The Wall Street Journal. "Kissinger Talks in Pakistan Again Show Problems of Curbing

Nuclear-Arms Flow." Aug. 10, 1976, 8.

Walt, Stephen. "The Credibility Addiction." *Foreign Policy*, January 26, 2015. http://foreignpolicy.com/2015/01/06/the-credibility-addiction-us-iraq-afghanistan-unwinnable-war/.

Walters, Vernon A. *The Mighty and the Meek: Dispatches from the Front Line of Diplomacy*. London: St. Ermin's Press, 2001.

Walton, Hanes. *The African Foreign Policy of Secretary of State Henry Kissinger: A Documentary Analysis*. Lanham, MD: Lexington Books, 2007.

Walzer, Michael. *Just and Unjust Wars: A Moral Argument with Historical Illustrations*. 5th ed. New York: Basic Books, 2015.

Washington Post. "The Baker Shuttle." May 14, 1991, p. A18.

———."On 'Expelling' the Russians from the Mideast." July 7, 1970, p. A14.

———."Rhodesia's Alternatives." Nov. 2, 1976, p. A8.

Watkins, Michael, and Susan Rosegrant. *Breakthrough International Negotiation: How Great Negotiators Transformed the World's Toughest Post-Cold War Conflicts*. San Francisco, CA: Jossey-Bass, 2001.

Watts, Carl. "Ripe for Settlement? Kissinger's Attempted Mediation of the Rhodesian Conflict." 22. http://www.academia.edu/3878573/Ripe_for_settlement_Kissinger_s_Attempted_Mediation_of_the_Rhodesian_Conflict.

The Week That Changed the World. Directed by Michael Trinklein. YouTube (2012). https://www.youtube.com/watch?v=qoHAPj9O5c0.

Wendt, Alexander E. "The Agent-Structure Problem in International Relations Theory." *International Organization* 41, no. 3 (1987): 335–70.

White, Luise. *Unpopular Sovereignty: Rhodesian Independence and African Decolonization*. Chicago: The University of Chicago Press, 2015.

"Who Was the Most Effective U.S. Secretary of State in the Last 50 Years?" TRIP Faculty Survey in United States, Feb. 9, 2014. https://trip.wm.edu/charts/#/bargraph/37/1282.

Willbanks, James H. "Tet 1968: Turning Point." Foreign Policy Research Institute, May 15, 2012. http://www.fpri.org/article/2012/05/tet-1968-the-turning-point/.

Association for Diplomatic Studies. Interview with Ambassador Frank G. Wisner. Foreign Affairs Oral History Project, March 22, 1998. http://www.adst.org/OH%20TOCs/Wisner,%20Frank%20G.toc.pdf.

Wisner, Frank G. Authors' interview with Ambassador Frank G. Wisner, May 5, 2016.

Womack, Brantly. *China and Vietnam: The Politics of Asymmetry*. New York: Cambridge University Press, 2006.

Wright, Robin. "Vorster and Smith Hold Talks on Kissinger's Africa Shuttle." *Washington Post*, Sept. 15, 1976, p. A10.

"Z." "The Year of Europe?" *Foreign Affairs* 52, no. 2 (Jan. 1974): 237–48.

Zartman, I. William. *Ripe for Resolution: Conflict and Intervention in Africa*. New York: Oxford University Press, 1985.

"Zimbabwe: Mugabe Booed over Economic Crisis." *Africa Research Bulletin: Economic, Financial and Technical Series* 52, no. 8 (2015): 20957B–C.doi:10.1111/j.1467–6346.2015.06619.x.

"Zimbabwe's Landslide Leader." *Christian Science Monitor*, March 5, 1980, p. 24.

著作权合同登记号：图字 18-2019-227

图书在版编目（CIP）数据

基辛格谈判法则 /（美）詹姆斯·K.塞贝纽斯（James K. Sebenius），（美）R.尼古拉斯·伯恩斯（R. Nicholas Burns），（美）罗伯特·H.姆努金（Robert H. Mnookin）著；龚昊译. -- 长沙：湖南文艺出版社，2020.7

书名原文：Kissinger the Negotiator

ISBN 978-7-5404-9559-6

Ⅰ.①基… Ⅱ.①詹… ②R… ③罗… ④龚… Ⅲ.①基辛格（Kissinger, Henry Alfred 1923-）—谈判—语言艺术 Ⅳ.①C912.35

中国版本图书馆 CIP 数据核字（2020）第 043665 号

上架建议：经管·谈判

JIXINGE TANPAN FAZE
基辛格谈判法则

作　　者：〔美〕詹姆斯·K.塞贝纽斯（James K. Sebenius）
　　　　　〔美〕R.尼古拉斯·伯恩斯（R. Nicholas Burns）
　　　　　〔美〕罗伯特·H.姆努金（Robert H. Mnookin）
译　　者：龚　昊
出 版 人：曾赛丰
责任编辑：刘诗哲
监　　制：秦　青
策划编辑：张　卉
文字编辑：郑　荃
版权支持：辛　艳
营销编辑：李　帅　吴　思
版式设计：李　洁
封面设计：天行健设计 QQ1156584786
出　　版：湖南文艺出版社
　　　　　（长沙市雨花区东二环一段 508 号　邮编：410014）
网　　址：www.hnwy.net
印　　刷：三河市兴博印务有限公司
经　　销：新华书店
开　　本：700mm×995mm　1/16
字　　数：295 千字
印　　张：21.5
版　　次：2020 年 7 月第 1 版
印　　次：2020 年 7 月第 1 次印刷
书　　号：ISBN 978-7-5404-9559-6
定　　价：58.00 元

若有质量问题，请致电质量监督电话：010-59096394
团购电话：010-59320018